教育部哲学社会科学研究重大课题攻关项目(15JZD023)

国家科技支撑计划课题项目(2015BAH27F01)

国家社会科学基金重大项目(16ZDA045)

CEGS

中国企业综合调查报告

China Enterprise General Survey

2016

武汉大学质量发展战略研究院
武汉大学中国企业调查数据中心　编

中国社会科学出版社

图书在版编目(CIP)数据

中国企业综合调查报告.2016/武汉大学质量发展战略研究院,武汉大学中国企业调查数据中心编.—北京:中国社会科学出版社,2019.12
ISBN 978-7-5203-5756-2

Ⅰ.①中… Ⅱ.①武…②武… Ⅲ.①企业—劳动关系—调查报告—中国—2016 Ⅳ.①F279.23

中国版本图书馆 CIP 数据核字(2019)第 268692 号

出 版 人	赵剑英
责任编辑	田　文
责任校对	张爱华
责任印制	王　超

出　　版	中国社会科学出版社
社　　址	北京鼓楼西大街甲 158 号
邮　　编	100720
网　　址	http://www.csspw.cn
发 行 部	010-84083685
门 市 部	010-84029450
经　　销	新华书店及其他书店

印刷装订	北京君升印刷有限公司
版　　次	2019 年 12 月第 1 版
印　　次	2019 年 12 月第 1 次印刷

开　　本	787×1092 1/16
印　　张	17.75
插　　页	2
字　　数	291 千字
定　　价	106.00 元

凡购买中国社会科学出版社图书,如有质量问题请与本社营销中心联系调换
电话:010-84083683
版权所有　侵权必究

序
企业调查的坚韧

CEGS调查之所以能够坚持下来,最重要的就是我在2015年序言中所讲的坚持初心。正是因为对初心的坚持,才能够正确地衡量包括花费的个人时间、投入和精力等似乎得不偿失的成本,才能够真正地从大局、从历史的角度看待企业调查,也才有定力去坚持不懈地做好调查。

初心不单纯是一种情怀,更重要的是一种原始动力,形成了对于CEGS调查必不可少的一套坚韧不拔的运作体系。

首先,坚韧表现在要科学地配置与企业调查相关的各种要素资源。企业调查涉及方方面面,包括要获得企业登记的原始样本,要基于这些样本进行区域、行业和个体的分层抽样;更重要的是要能找到这些样本所在的区域,并且要核实他们的实际状态;以上还是最基础的,更大的挑战还在于能够进入企业,并且能够让企业真实地填报问卷,无论是填报率、准确率都要达到基本要求;数据清洗、回访和统计时间也在一年左右,问卷的设计、测试与定稿时间也需要这么长;更不要说对数以千计的调查员的招募、培训和管理,以及巨大的安全风险和财务投入;除了这些要素外,还要与包括从中央部委一直到最基层的镇村和街道社区以及各种不同类型的企业主体,形成紧密协同的网络调查系统。因而,对于企业调查来说,不仅需要学术能力,更重要的是要有资源配置和系统的管理能力。武大质量院之所以能做成CEGS调查,就在于能够不计得失地将以上工作的细节真正做到位,并且形成了今天这样一个能够持续推进的调查网络生态系统。

其次,坚韧表现在团队成员"努力到无能为力,奋斗到感动自己"的精神气质。企业调查做不成可以有100条理由,要做成,作为一个亲历者来说，我的体会只有一条，那就是"绝不、绝不、绝不放弃"。CEGS 调查，2014 年在广东省一些地区做测试时，可以说是屡战屡败，当时也确实有很多人认为，企业调查看来正如其他机构一样很难成功。但是面对这样的挑战，武大质量院依然坚持屡败屡战，又经过多轮的测试、摸索与对规律的总结，最终在 2015 年，成功地在广东省全面开展，2016 年更是拓展到广东和湖北两省。企业拒绝填报问卷，以及关键的财务、销售等数据不填报，更是企业调查中的常态。CEGS 面对这些困难，不是找理由为自己解释，而是想尽一切办法去解决它。对此，我们将调查时间安排为 3—4 周，这样就将更多的时间，放在与企业上上下下不同人员的深度沟通上，从而为填报赢得了时间。同时，我们科学分工团队的人员结构，让不同的调查员与企业不同部门进行对接，从而实现沟通与填报的专业化，这样也解决了企业因为嫌麻烦而拒绝调查的问题。更重要的是，我们坚持为企业数据保密的信用底线，迄今为止，没有一起因为 CEGS 管理不善，而使企业个体的原始数据外泄的事件发生，从而赢得了在企业持续调查的良好声誉。我们不认为调查只是使学术机构单向受益，而是在每次调查完成之后，都为每一个被调查区域的政府机构，特别是每个企业，回馈一份该区域的企业综合调查报告，这些报告都得到了当地政府、企业的高度肯定和采纳应用。

最后，坚韧表现在对"质量第一"的坚守。从调查第一天开始，我们就将质量作为生命，而且通过一系列的系统管理，将这一理念真正地落在每一个行为之中。在调查机制上，CEGS 将调查的执行和调查的质量控制，分为两个互不隶属的并列系统，每个调查区域的每一份问卷是否能够审核通过，都不由该区域或上级机构的管理者所决定，而是由总部所设立的质控中心直接决定。在调查手段上，CEGS 开发了智能化调查软件系统。该系统能够精准定位调查员在调查期间的业务行为，通过智能审核和智能计算功能，能够实时提醒调查员所填报内容的准确性和逻辑自洽性。特别是系统所拥有的知识管理和知识交流功能，为调查员和被调查对象正确理解问项要求提供了支撑。在调查管理上，CEGS 设置了过程管理的流程表单，覆盖了调查的每一道程序和相关的细节内容，使得调查拥有了统一的质量标准，而且每天晚上 12 时都要统计和发布各区域的调查进展与质量状况，通过 PK 激发各区域的每日过程改进与日清日高。

《中国企业综合调查报告（CEGS）——2016》，依然由我作为调查的总负责人，提出总体构思和篇章逻辑，并组建参与本书写作的团队成员，对每章的具体内容提出写作要求，定期开展讨论修改，并最后修改定稿；由罗连发和李丹丹作为调查的核心组织参与者，具体带领团队开展每一章节的统计研究与内容写作；参与具体章节写作的成员有：贾旭、白云、陈佳、王岚、马娟霞、张伟、金荷、李媛媛、黄圆圆、董一鸣、沈笑寒、代丹、吕宵、张伟、陈佳、吴成强、许宁翰、王俊苏、方宁静、肖轶伦、赵晓松、郜蕊、谭俊、谢超鹏。

武汉大学质量发展战略研究院院长
武汉大学中国企业调查数据中心主任
程　虹
于珞珈山
2019 年 11 月 29 日

目　　录

第一章　调查基本情况 …………………………………………………（001）
　一　调查区域的扩展 ……………………………………………………（001）
　二　样本回收及回答率 …………………………………………………（001）

第二章　调查问卷设计 …………………………………………………（002）
　一　企业问卷 ……………………………………………………………（002）
　　（一）企业基本情况 …………………………………………………（002）
　　（二）企业家状况 ……………………………………………………（003）
　　（三）企业生产情况 …………………………………………………（003）
　　（四）企业销售情况 …………………………………………………（003）
　　（五）技术创新与企业转型 …………………………………………（003）
　　（六）企业质量状况 …………………………………………………（003）
　　（七）企业人力资源情况 ……………………………………………（004）
　二　员工问卷 ……………………………………………………………（004）
　　（一）个人信息 ………………………………………………………（004）
　　（二）当前工作状况 …………………………………………………（004）
　　（三）工作历史 ………………………………………………………（005）
　　（四）保险和福利 ……………………………………………………（005）
　　（五）绩效管理行为 …………………………………………………（005）
　　（六）性格特点 ………………………………………………………（005）

第三章　电子调查系统 …………………………………………………（006）
　一　主要模块 ……………………………………………………………（006）

二　主要功能 ·· (007)
　　　　（一）管理平台 ·· (007)
　　　　（二）企业样本确认 ·· (008)
　　　　（三）问卷开发和录入 ·· (008)
　　　　（四）数据可视化呈现 ·· (009)

第四章　企业基本情况 ·· (012)
　　一　企业行业分布情况 ·· (012)
　　二　企业所有制分布情况 ·· (013)
　　三　企业占地面积情况 ·· (013)
　　四　企业所在开发区状况 ·· (014)
　　五　企业存续年限情况 ·· (015)
　　六　影响企业发展的因素 ·· (016)
　　　　（一）最严重的妨碍因素 ·· (016)
　　　　（二）第二位妨碍因素 ·· (016)
　　　　（三）各类妨碍因素的评价 ·· (017)

第五章　劳动力基本状况 ·· (018)
　　一　劳动力总体特征 ·· (018)
　　　　（一）性别结构 ·· (018)
　　　　（二）年龄结构 ·· (018)
　　　　（三）行业结构 ·· (018)
　　二　劳动力身份特征 ·· (019)
　　　　（一）户口性质 ·· (019)
　　　　（二）户籍分布 ·· (020)
　　　　（三）政治面貌 ·· (020)
　　三　劳动力生活状况 ·· (021)
　　　　（一）婚姻状况 ·· (021)
　　　　（二）住房状况 ·· (021)
　　　　（三）健康状况 ·· (022)

第六章　企业绩效状况 (024)
一　企业成本状况 (024)
（一）主营业务成本及其变化 (024)
（二）原材料成本及其变化 (025)
（三）工资成本及其变化 (026)
（四）企业折旧情况 (026)
（五）费用及其变化 (027)
二　企业利润状况 (028)
（一）利润总额及其变化 (028)
（二）税后利润率及其变化 (029)
（三）省份差异 (029)
（四）所有制和贸易类型差异 (030)
三　企业资产与负债状况 (031)
（一）资产状况 (031)
（二）负债状况 (031)
（三）资产负债率 (032)
四　税收状况 (032)
（一）税收总额 (032)
（二）增值税 (033)
（三）所得税 (034)
（四）其他税 (034)
五　企业信贷状况 (035)
（一）赊销 (035)
（二）应收账款 (036)

第七章　企业生产状况 (037)
一　工业总产值与增加值状况 (037)
（一）工业总产值 (037)
（二）工业增加值 (038)
二　企业购买机器设备状况 (039)
（一）总体状况 (039)

（二）不同所有制企业购买机器设备状况 ……………………………… （039）
　　（三）不同行业机器购买情况 …………………………………………… （040）
三　机器设备进口状况 …………………………………………………………… （041）
　　（一）总体状况 …………………………………………………………… （041）
　　（二）机器产地和品牌 …………………………………………………… （041）
　　（三）不同规模企业进口机器设备状况 ………………………………… （042）
　　（四）不同行业进口机器设备状况 ……………………………………… （043）
四　机器设备使用情况 …………………………………………………………… （043）
　　（一）数控机器使用情况 ………………………………………………… （043）
　　（二）使用数控机器的价值占比 ………………………………………… （044）
　　（三）机器人使用情况 …………………………………………………… （045）
五　进口中间品使用情况 ………………………………………………………… （046）
　　（一）总体状况 …………………………………………………………… （046）
　　（二）不同规模企业进口中间投入品状况 ……………………………… （046）
　　（三）不同行业使用进口中间品状况 …………………………………… （046）
六　企业投资情况 ………………………………………………………………… （047）
　　（一）企业最近一次购买固定资产年份 ………………………………… （047）
　　（二）资金对企业投资的影响 …………………………………………… （048）
七　生产外包状况 ………………………………………………………………… （049）
　　（一）外包整体情况 ……………………………………………………… （049）
　　（二）不同所有制状况 …………………………………………………… （049）
　　（三）不同规模企业状况 ………………………………………………… （050）
　　（四）不同行业外包行为分析 …………………………………………… （050）

第八章　企业销售状况 …………………………………………………………… （051）
一　企业销售 ……………………………………………………………………… （051）
　　（一）总体状况 …………………………………………………………… （051）
　　（二）行业差异 …………………………………………………………… （052）
二　销售市场 ……………………………………………………………………… （053）
　　（一）主要销售地区状况 ………………………………………………… （053）
　　（二）销售额最大产品市场份额状况 …………………………………… （056）

（三）产品市场占有率排名 …………………………………… (056)
　二　销售回款 …………………………………………………………… (057)
　　（一）赊账销售 …………………………………………………… (057)
　　（二）应收账款回款周期 ………………………………………… (058)

第九章　出口状况 …………………………………………………… (060)
　一　出口基本情况 ……………………………………………………… (060)
　　（一）出口企业比例 ……………………………………………… (060)
　　（二）出口额 ……………………………………………………… (061)
　　（三）出口市场分布 ……………………………………………… (063)
　　（四）出口退税率 ………………………………………………… (065)
　二　出口方式 …………………………………………………………… (066)
　　（一）直接出口与间接出口 ……………………………………… (066)
　　（二）加工贸易出口 ……………………………………………… (067)
　三　企业的结算与计价货币 …………………………………………… (069)
　　（一）结算货币 …………………………………………………… (069)
　　（二）计价货币 …………………………………………………… (070)

第十章　企业技术创新状况 ………………………………………… (071)
　一　企业总体创新状况 ………………………………………………… (071)
　　（一）高新技术企业状况 ………………………………………… (071)
　　（二）企业研发部门状况 ………………………………………… (072)
　　（三）研发方式 …………………………………………………… (073)
　二　产品创新状况 ……………………………………………………… (074)
　　（一）企业自主专利申请状况 …………………………………… (074)
　　（二）企业专利引进状况 ………………………………………… (075)
　　（三）企业缴纳专利许可费支出状况 …………………………… (076)
　三　企业创新投入状况 ………………………………………………… (077)
　　（一）企业研发支出状况 ………………………………………… (077)
　　（二）研发周期 …………………………………………………… (078)

第十一章　企业质量状况 ……………………………………………… (080)
一　质量管理效率情况 ……………………………………………… (080)
（一）质量管理方法 ……………………………………………… (080)
（二）质量风险控制方法 ………………………………………… (081)
（三）了解客户的渠道 …………………………………………… (081)
（四）供应商质量管理覆盖状况 ………………………………… (082)
（五）对生产过程中问题的处理方式 …………………………… (082)
（六）客户退货状况 ……………………………………………… (083)
二　质量信号情况 ………………………………………………… (084)
（一）品牌状况 …………………………………………………… (084)
（二）自愿性认证 ………………………………………………… (085)
（三）参与标准制定状况 ………………………………………… (086)
（四）广告状况 …………………………………………………… (087)
三　质量创新情况 ………………………………………………… (090)
（一）质量战略 …………………………………………………… (090)
（二）质量文化 …………………………………………………… (091)
（三）新产品状况 ………………………………………………… (092)
（四）产品更新换代和升级周期 ………………………………… (094)
（五）建立资源管理系统状况 …………………………………… (094)
四　质量监管 ……………………………………………………… (095)
（一）接受监督抽查状况 ………………………………………… (095)
（二）名牌状况 …………………………………………………… (095)
（三）政府质量奖状况 …………………………………………… (098)
（四）产品召回状况 ……………………………………………… (099)

第十二章　企业管理状况 ……………………………………………… (101)
一　企业整体管理效率 …………………………………………… (102)
（一）总体状况 …………………………………………………… (102)
（二）省份差异 …………………………………………………… (103)
（三）所有制差异 ………………………………………………… (103)
（四）出口类型差异 ……………………………………………… (103)

二　企业四个维度的管理效率 …………………………………… (104)
　　（一）总体状况 ………………………………………………… (104)
　　（二）省份差异 ………………………………………………… (105)
　　（三）所有制差异 ……………………………………………… (105)
　　（四）出口类型差异 …………………………………………… (106)

第十三章　企业家状况 ……………………………………………… (108)
一　企业家的基本情况 …………………………………………… (108)
　　（一）企业家的个体特征 ……………………………………… (108)
　　（二）企业家政治关系 ………………………………………… (111)
二　企业家的工作与企业管理情况 ……………………………… (113)
　　（一）企业家的工作时间状况 ………………………………… (113)
　　（二）企业家从事企业工作前的身份情况 …………………… (113)
　　（三）企业家拥有自己的企业的状况 ………………………… (114)
　　（四）企业家是企业创始人状况 ……………………………… (115)
　　（五）民营企业家的接班选择 ………………………………… (116)

第十四章　企业治理状况 …………………………………………… (118)
一　股权结构 ……………………………………………………… (118)
　　（一）总体状况 ………………………………………………… (118)
　　（二）企业外资持股情况 ……………………………………… (119)
　　（三）外资主要来源地 ………………………………………… (119)
二　董事会治理 …………………………………………………… (120)
三　企业劳动关系治理 …………………………………………… (121)
　　（一）成立工会的企业占比情况 ……………………………… (121)
　　（二）工会管理人员结构 ……………………………………… (122)
　　（三）工会经费 ………………………………………………… (123)
　　（四）工会领导/代表任命方式 ………………………………… (124)
　　（五）工会参与经营决策情况 ………………………………… (125)
　　（六）企业工资集体协商程序 ………………………………… (125)

第十五章　企业劳动力使用状况 …………………………………（127）
一　劳动力规模 ………………………………………………（127）
（一）企业平均人数及其增长情况 ……………………………（127）
（二）不同类型员工的占比情况 ………………………………（128）
（三）劳务派遣与劳务输出情况 ………………………………（128）
二　劳动力成本 ………………………………………………（130）
（一）不同类型员工的工资与奖金情况 ………………………（130）
（二）工资及奖金的内部差异 …………………………………（131）
（三）不同行业的员工月均工资情况 …………………………（132）
三　员工内部流动 ……………………………………………（133）
（一）晋升的总体状况 …………………………………………（133）
（二）不同类型员工的晋升状况 ………………………………（134）

第十六章　劳动力市场状况 …………………………………………（135）
一　劳动力供给状况 …………………………………………（135）
（一）劳动力求职时间 …………………………………………（135）
（二）劳动力的工作机会 ………………………………………（138）
二　劳动力需求状况 …………………………………………（139）
（一）各岗位平均招聘难度 ……………………………………（140）
（二）不同类型企业的招聘难度差异 …………………………（140）
三　员工离职率 ………………………………………………（142）
（一）不同岗位员工的离职率差异 ……………………………（142）
（二）不同类型企业员工的离职率差异 ………………………（142）
四　劳动关系状况 ……………………………………………（144）
（一）劳动力对工会作用的评价 ………………………………（144）
（二）员工对劳动纠纷的处理方式 ……………………………（145）
（三）劳动争议状况 ……………………………………………（146）

第十七章　劳动力人力资本状况 ……………………………………（147）
一　受教育水平 ………………………………………………（147）
（一）全日制教育 ………………………………………………（147）

（二）非全日制教育 …………………………………………（150）
二　劳动力培训状况 ……………………………………………（151）
　　（一）参与培训的比例 ………………………………………（151）
　　（二）培训内容和类型 ………………………………………（153）
　　（三）培训时长 ………………………………………………（154）
　　（四）培训费用 ………………………………………………（156）
三　工作任务 ……………………………………………………（157）
　　（一）抽象性任务 ……………………………………………（157）
　　（二）程序性任务 ……………………………………………（167）
　　（三）体力性任务 ……………………………………………（170）
四　健康状况 ……………………………………………………（174）
　　（一）员工患有职业病的情况 ………………………………（174）
　　（二）员工参与体育锻炼的情况 ……………………………（175）
　　（三）员工参与体检的情况 …………………………………（177）
　　（四）员工 BMI 状况 …………………………………………（178）
　　（五）员工中心型肥胖状况 …………………………………（181）

第十八章　劳动力收入状况 …………………………………（184）
一　劳动力收入的基本情况 ……………………………………（184）
　　（一）收入总体水平 …………………………………………（184）
　　（二）小时工资状况 …………………………………………（184）
　　（三）中国工资水平的国际竞争力 …………………………（185）
　　（四）劳动力收入的主要构成部分 …………………………（186）
二　不同劳动力的收入差异 ……………………………………（186）
　　（一）职位差异 ………………………………………………（186）
　　（二）学历差异 ………………………………………………（187）
　　（三）性别差异 ………………………………………………（187）
　　（四）工龄差异 ………………………………………………（188）
　　（五）年龄差异 ………………………………………………（188）
三　不同类型企业的收入差异 …………………………………（189）
　　（一）行业差异 ………………………………………………（189）

（二）规模差异 ……………………………………………………（189）
　　（三）省份差异 ……………………………………………………（189）
　　（四）所有制差异 …………………………………………………（192）
　　（五）出口与非出口差异 …………………………………………（195）

第十九章　员工工作状况 ……………………………………………（197）
一　员工劳动合同签订状况 ………………………………………（197）
　　（一）合同签订率 …………………………………………………（197）
　　（二）员工签订的劳动合同类型 …………………………………（201）
二　工作时间 ………………………………………………………（202）
　　（一）每周工作天数 ………………………………………………（202）
　　（二）每天工作时间 ………………………………………………（203）
　　（三）每月加班天数 ………………………………………………（204）
三　岗位流动情况 …………………………………………………（205）
　　（一）内部晋升情况 ………………………………………………（205）
　　（二）首次晋升状况 ………………………………………………（207）
四　入职时工资状况 ………………………………………………（208）
　　（一）入职当年收入状况 …………………………………………（208）
　　（二）不同职位类型新员工收入增长状况 ………………………（209）
　　（三）不同行业新员工收入增长状况 ……………………………（209）
　　（四）不同规模企业新员工收入增长状况 ………………………（210）
五　中高层管理者参与企业决策状况 ……………………………（211）
　　（一）雇佣或解雇工人方面的管理权 ……………………………（211）
　　（二）决定下级报酬方面的管理权 ………………………………（211）
　　（三）企业重大决策投资方面的管理权 …………………………（212）
　　（四）股份转让决策方面的管理权 ………………………………（213）
六　工作满意度 ……………………………………………………（213）

第二十章　员工工作历史状况 ………………………………………（216）
一　员工更换工作状况 ……………………………………………（216）
　　（一）更换工作次数状况 …………………………………………（216）

（二）更换工作城市状况 ………………………………………（219）
　　（三）更换职业状况 ………………………………………（221）
二　员工工作单位所有制变化情况 ……………………………………（224）
三　员工离职原因 ………………………………………………………（225）
　　（一）总体状况 ……………………………………………………（225）
　　（二）年龄差异 ……………………………………………………（225）
四　员工上一份工作时长 ………………………………………………（226）
　　（一）总体状况 ……………………………………………………（226）
　　（二）年龄差异 ……………………………………………………（227）
　　（三）学历差异 ……………………………………………………（227）
　　（四）员工前三份工作工作时长变化状况 ………………………（227）
五　员工上一份工作收入变化 …………………………………………（228）
　　（一）总体状况 ……………………………………………………（228）
　　（二）学历差异 ……………………………………………………（229）
六　员工更换工作后起薪变化 …………………………………………（229）
　　（一）总体状况 ……………………………………………………（229）
　　（二）户口性质差异 ………………………………………………（230）
　　（三）学历差异 ……………………………………………………（230）

第二十一章　社会保险与福利状况 ……………………………………（231）
一　社会保险状况 ………………………………………………………（231）
　　（一）社保参保率 …………………………………………………（231）
　　（二）企业实际社保支出情况 ……………………………………（235）
　　（三）住房公积金状况 ……………………………………………（237）
二　补充保险状况 ………………………………………………………（238）
　　（一）企业年金状况 ………………………………………………（238）
　　（二）补充医疗保险状况 …………………………………………（240）
　　（三）补充养老保险状况 …………………………………………（240）
三　企业福利支出状况 …………………………………………………（240）
　　（一）所有制差异 …………………………………………………（241）
　　（二）企业规模差异 ………………………………………………（242）

（三）行业差异 ·· (242)

第二十二章　员工管理效率 ··· (244)
　一　一般状况 ·· (244)
　二　不同维度差异 ·· (245)
　　（一）省份差异 ·· (245)
　　（二）员工身份差异 ·· (245)
　　（三）所有制差异 ·· (247)
　　（四）企业管理维度分析 ······································· (247)
　三　管理效率不同方面的得分 ·· (247)
　　（一）管理实施 ·· (247)
　　（二）绩效奖励 ·· (248)
　　（三）目标规划 ·· (248)
　　（四）考核监督 ·· (250)

第二十三章　冒险精神与人格特征 ···································· (252)
　一　冒险精神及风险偏好 ·· (252)
　　（一）冒险精神 ·· (252)
　　（二）风险偏好 ·· (254)
　二　员工人格特质 ··· (256)
　　（一）不同维度的总体得分 ···································· (257)
　　（二）外向性人格特质 ·· (258)
　　（三）顺同性人格特质 ·· (258)
　　（四）严谨性人格特质 ·· (260)
　　（五）神经质人格特质 ·· (261)
　　（六）开放性人格特质 ·· (262)

参考文献 ·· (264)

第一章
调查基本情况

一 调查区域的扩展

为了使调查样本更具有代表性,在2015年成功调查广东省的基础上,2016年的中国企业综合调查(CEGS)进一步将调查区域扩展到了中部的湖北省,按同样的抽样方法在湖北省抽取了20个区县作为调查单元。这样,在2016年的CEGS调查中,调查区域覆盖了2个省的39个区县。

二 样本回收及回答率

2015年和2016年两轮调查的区域与样本如表1-1所示。

表1-1　　　　　　　　CEGS历次调查的基本情况

	时间	区域	企业样本数	员工样本数
第一轮	2015年	广东省	573	4838
第二轮	2016年	广东省、湖北省	1122	9130

2016年的CEGS企业样本的回答率为83%,较2015年提高了1个百分点;员工问卷的回答率为95%,较2015年提高了2个百分点。

第二章
调查问卷设计

一 企业问卷

2016年CEGS的新样本企业问卷共包含242个问项，1030个具体的调查指标。在主体问卷之前设计了调查基本信息部分，包括：企业的法人单位地址、名称、法人代码、法人代表姓名、法人代表联系电话、企业方联系人信息、独立核算单位、行业类型等。而主体问卷则由七个模块组成：企业基本情况、企业总经理和一把手/老板基本情况、企业生产情况、企业销售情况、技术创新与企业转型、企业质量状况、企业人力资源情况。除企业基本情况需要企业内掌握企业总体信息的高级经理人填写外，其他部分均需要对应部门的负责人填写。以下是每个模块的主要内容：

（一）企业基本情况

本模块是对企业基本情况的收集，分为五个小部分，总计39个问项。第一部分为基本信息，包括注册信息、控股情况、财务信息等，共25个问项；第二部分为企业治理，包括董事会信息，共1个问项；第三部分为影响企业经营和发展的因素，共3个问项；第四部分为税收及补贴，包括税收减免、科技创新补贴、税收返还、行政规费等，共6个问项；第五部分为信贷环境，包括银行贷款利率、民间贷款利率、企业贷款信息等，共4个问项。

(二) 企业家状况

本模块是对企业家信息的收集，其中 B1 部分为总经理的信息，如果本企业总经理不是企业一把手/老板（制定主要投资决策、任免总经理），还需要回答 B2 部分内容。该模块主要包括企业家性别、年龄、婚姻家庭、学历、政治关联、出身、工作经历、持股情况、创业情况等信息，总计 30 个问项。

(三) 企业生产情况

本模块是对企业生产情况的收集，分为四个小部分，总计 47 个问项。第一部分为生产情况，包括停产信息、生产机器、机器人、进口中间品、固定资产投资等，共 17 个问项；第二部分为绩效管理行为，共 18 个问项；第三部分为要素和能源使用情况，包括自有土地信息、租用土地信息、能源使用信息、碳交易等，共 9 个问项；第四部分为组织与分工情况，包括企业的生产和外包，共 3 个问项。

(四) 企业销售情况

本模块是对企业销售情况的收集，分为两个小部分，总计 19 个问项。第一部分为销售情况，包括销售地区、最大销售额产品、前三位销售额产品等，共 3 个问项；第二部分为出口情况，包括出口额、出口方式、出口地区、结算和计价货币等，共 16 个问项。

(五) 技术创新与企业转型

本模块是对企业研发和创新情况的收集，包括研发设计人员、研发设计方式、专利情况、研发支出、研发部门情况、企业内部交流等，总计 14 个问项。

(六) 企业质量状况

本模块是对企业质量情况的收集，分为四个小部分，总计 47 个问项。第一部分为质量管理效率，包括质量管理方法、质量风险控制方法、供应商质量管理情况、检查设备情况、企业内部交流情况、退货情况等，共 11

个问项；第二部分为质量信号，包括质量信号、品牌、海外投资、收购行为、标准、认证、广告、售后服务等信息，共 14 个问项；第三部分为质量创新，包括质量文化、个性化产品、新产品情况、质量阶梯、资源管理系统等，共 11 个问项；第四部分为质量政策，包括接受监督的频率和费用、一次检验的不合格率、名牌称号、政府质量奖等，共 11 个问项。

（七）企业人力资源情况

本模块是对企业人力资源信息的收集，分为七个小部分，总计 48 个问项。第一部分为员工基本情况，包括不同职位人数情况、性别、教育、年龄等，共 8 个问项；第二部分为劳务派遣情况，共 4 个问项；第三部分为工资及奖金情况，共 6 个问项；第四部分为员工流动情况，包括离职、招聘、内部晋升，共 16 个问项；第五部分为劳动合同及培训情况，共 4 个问项；第六部分为社会保险情况，包括社保项目、社保比例、社保金额等，共 5 个问项；第七部分为劳动关系治理情况，包括工会的组成、工会领导的任命、工会的作用等，共 5 个问项。

二 员工问卷

2016 年 CEGS 员工问卷共涵盖 248 个问项。具体包含：个人信息、当前工作状况、工作历史、保险和福利、绩效管理行为、性格特点六个模块。以下是每个模块的主要内容：

（一）个人信息

本模块是对员工基本信息的收集，包括性别、出生年月、政治身份、学历信息、培训情况、户籍信息、居住信息、家庭支出、配偶信息、子女信息、父母信息、住房信息、健康信息等，总计 60 个问项。

（二）当前工作状况

本模块是对员工目前工作情况的收集，包括工作时间、职位晋升、劳动合同信息、技能情况、工资及奖金信息、问题讨论情况、持股情况、工会情况等。如果该员工为企业中高层管理人员，则需另外收集其管理信息，总计 96 个问项。

（三）工作历史

本模块是对员工工作经历情况的收集，包括初始工作情况和工作经历。如果该员工目前的工作并不是第一份工作，则需另外收集上一份工作的性质、时间、工资及离开原因等信息，总计 21 个问项。

（四）保险和福利

本模块是对员工保险情况的收集，包括医疗保险、养老保险等五险一金的信息，总计 10 个问项。

（五）绩效管理行为

本模块是对企业绩效管理的情况进行收集，总计 17 个问项。其中，普通员工仅回答 2015 年；中高层管理者需要回答 2010 年和 2015 年两年的问项，若中高层管理者在 2010 年以后入职，或企业成立于 2010 年以后，则只填 2015 年。

（六）性格特点

本模块是对员工性格特点信息的收集，包括冒险精神和大五人格，总计 45 个问项。

第三章
电子调查系统

2016年CEGS开始对利用电子系统展开调查的方式进行优化。使用系统的主要目的为：固化流程，提高效率，保证质量。此次调查主要依靠纸质问卷入企调查，并配合使用电子系统对问卷进行电子录入，同时配合使用移动端APP对调查过程进行轨迹追踪。2016年CEGS电子调查系统，主要在管理平台、企业样本确认、电子问卷设计开发和问卷录入、数据可视化呈现等方面，表现出了电子化调查的优势。依靠这些优势，2016年调查相比2015年在数据质量、调查效率等方面均有明显提高，并为接下来全面开展电子化调查奠定了良好的基础。

一 主要模块

调查管理系统功能涉及以下三大模块：

表3-1　　　　　　2016年CEGS电子系统功能模块介绍

功能模块	使用对象	描述
移动调查APP（CAPI-Mobile）	所有调查员	支持android、IOS平台
		支持实时定位、轨迹管理
		支持在APP端进行拍照、定位、录音等功能
		可设置在WIFI/4G网络下提交录音、照片等文件

续表

功能模块	使用对象	描述
问卷 Web 录入系统（CAPI-WEB）	数据录入员	在 PC 端通过网页进行问卷的录入
		问卷的录入支持部分题先空着不填写、涉及逻辑的给予警告提示、完成一部分问卷后，可以暂存、问卷可以分模块提交以及提交后不可以修改。
		已完成的问卷可通过督导的账号进入修改
管理平台	小组组长、片区长、总部管理者	能够实时了解单个企业问卷填写的进度；可查看项目整体调查进度完成情况
		通过 APP 收集到企业的位置信息后，可在地图上查看企业的位置信息
		在地图上查看每个访问员的实时位置和历史轨迹

二 主要功能

（一）管理平台

为了便于管理者对整个调查前期准备、调查过程和调查结果的全流程管理，本项调查将 CEGS 电子系统所有功能集合到电子管理平台。该平台允许添加不同的调查信息、企业样本，进行调查员管理和数据管理。通过该平台，可以让管理者、片区长和小组长对调查过程进行更加全面的管理。

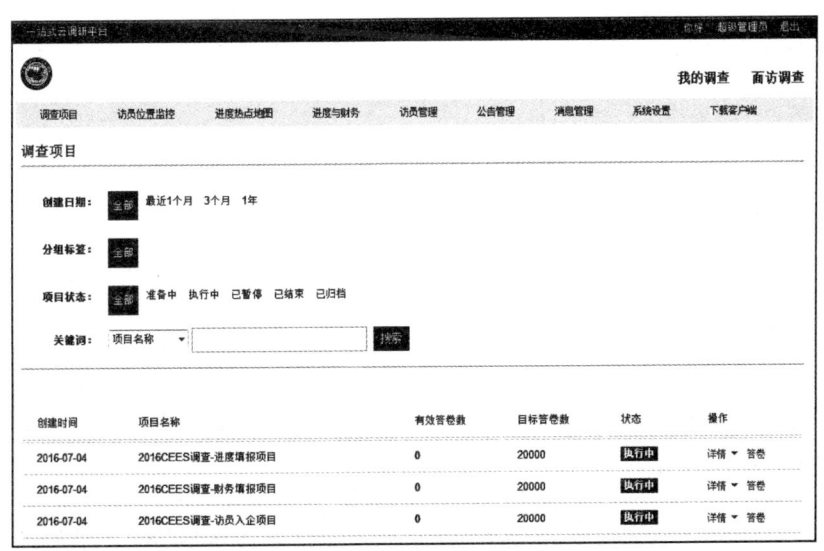

图 3-1 2016 年 CEGS 电子系统管理平台

（二）企业样本确认

为了提高2016年调查样本的真实性和可靠性，调查的电子系统开发了样本确认的移动端APP。在进入企业开展调查前，调查员需进入手机APP端，对将要进行调查的样本企业进行确认，并拍摄有调查员和企业门牌的照片，上传到云端服务器。同时，调查员需对企业位置进行定位，并同步上传位置信息到后台服务器进行保存。在调查完成后，CEGS数据中心可以根据调查期间拍摄的企业门头照和上传的企业位置信息，对调查进行二次审核，确保调查企业样本的真实性和可靠性。

图3-2　企业门头照

图3-3　企业位置定位

（三）问卷开发和录入

2016年调查问卷题目类型包括：单选题、多选题、打分题、表格题、赋值题、填空题和文本题等，具有题型丰富、题目涉及面广等特点。为了保证数据录入的质量，在数据录入过程中，问卷电子版和纸质版问卷保持一致，进而保证数据录入的准确性。但是传统的电子问卷设计系统无法满足CEGS电子调查的问卷设计需要，为此，电子系统内部单独设计并开发了独立的问卷引擎系统，允许问卷设计人员可以自由添加、删除、编辑各种题型，并通过可视化的操作形式，快速、方便地完成问卷电子化的工作。灵活的问卷设计引擎功能，极大地节省了问卷电子化录入的时间，为问卷设计工作预留了充足的时间，保证了问卷设计的科学性。

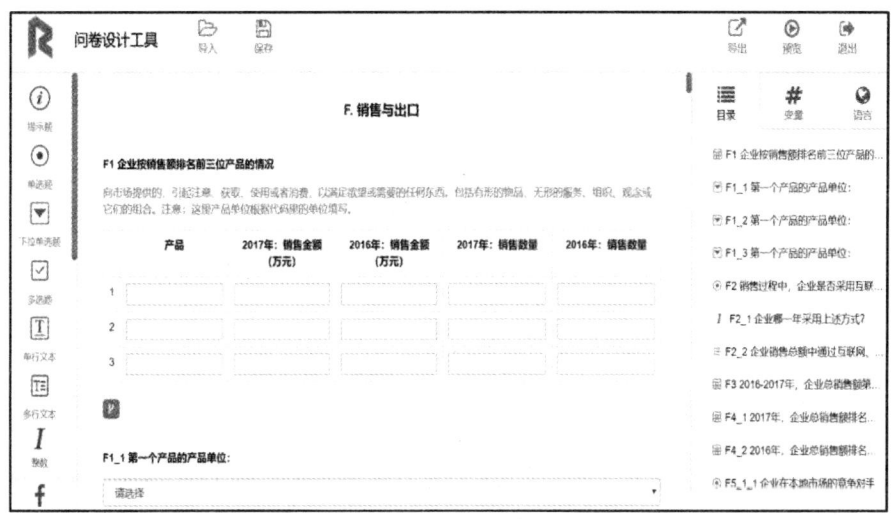

图3-4　问卷设计系统

问卷设计系统的开发与电子问卷录入系统的使用，解决了调查结束后需要长达数周的数据录入、统计和核对工作。在电子问卷设计的基础上，保证电子问卷录入形式和纸质版问卷的一致性，提高了问卷录入的效率和准确性。调查员在每日入企填写纸质问卷后，在任何地点均可在线完成电子问卷数据的录入工作，极大地提高了调查员的工作效率。

（四）数据可视化呈现

针对调查过程中产生的问卷、录音、图片和位置信息等数据，2016年CEGS电子系统开发了可视化的数据呈现形式，包括统计报表功能和访员轨迹追踪功能。

为了便于管理员、片区长和组长对调查进展的掌握，电子系统开发了报表功能，每天统计各组完成情况，形成表单汇报给总指挥长。总指挥长根据数据统计结果对各个片区或小组下达具体的指令，让效率差的组学习先进组的调查方法和经验，提高整体调查效率。

轨迹定位追踪会定时对调查员的位置信息进行采集并将数据上传到后台服务器，确保调查过程的透明性和提高调查质量，同时保证调查员在调

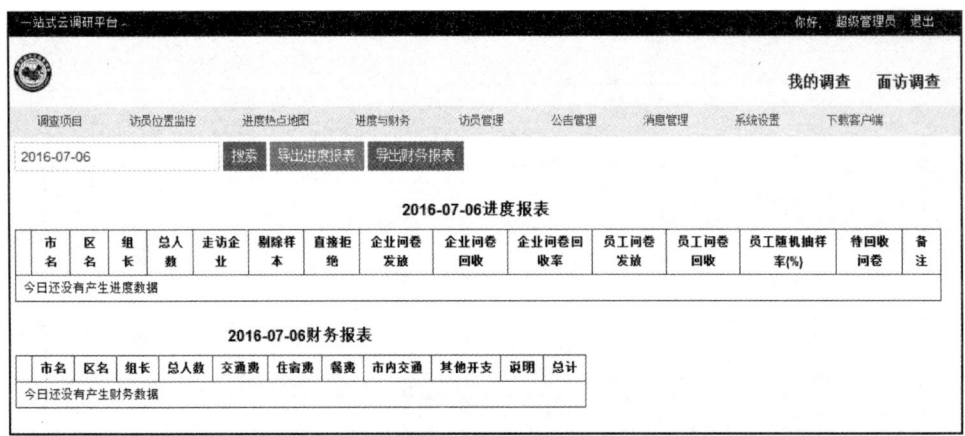

图3-5 统计报表

查过程中的安全。轨迹定位追踪功能可以根据调查期间调查员的位置信息，形成调查员的运动轨迹监控图。在运动轨迹监控图中可以清晰地显示出调查员在调查期间的运动过程和调查活动范围，后台督导人员可以根据调查员的实时位置信息确认调查员的调查质量。

图3-6 调查员轨迹定位追踪

正是基于以上功能，2016 年 CEGS 调查成功完成了 1208 家企业和 11366 份员工问卷的调查工作。同时，依靠本次电子化调查的方式，在调查结束后总结和整理相关经验，设计和开发电子调查平台，为之后调查的全面电子化调查奠定了良好基础。

第四章
企业基本情况

一 企业行业分布情况

按照国民经济行业分类与代码（GB/T 4754—2017），2016 年 CEGS 制造业行业可以细分为 31 类。其中企业数量排名前三位的行业分别为计算机、通信和其他电子设备制造业、非金属矿物制品业、电气机械和器材制造业，分别占比 11.3%、9.4% 和 8.2%。

表4-1　　　　　　　　2016 年 CEGS 企业行业分布情况

行业	占比（%）	行业	占比（%）
39 计算机、通信和其他电子设备制造业	11.3	15 酒、饮料和精制茶制造业	2.2
30 非金属矿物制品业	9.4	40 仪器仪表制造业	2.1
38 电气机械和器材制造业	8.2	21 家具制造业	1.9
18 纺织服装、服饰业	6.9	22 造纸和纸制品业	1.4
33 金属制品业	6.5	31 黑色金属冶炼和压延加工业	1.4
17 纺织业	6.0	32 有色金属冶炼和压延加工业	1.4
36 汽车制造业	5.5	14 食品制造业	1.3
13 农副食品加工业	5.3	20 木材加工和木、竹、藤、棕、草制品业	1.0
34 通用设备制造业	3.9	37 铁路、船舶、航空航天和其他运输设备制造业	0.9

续表

行业	占比(%)	行业	占比(%)
35 专用设备制造业	3.9	41 其他制造业	0.7
19 皮革、皮毛、羽毛及其制品和制鞋业	3.8	42 废弃资源综合利用业	0.5
29 橡胶和塑料制品业	3.1	16 烟草制品业	0.3
23 印刷和记录媒介复制业	2.9	43 金属制品、机械和设备修理业	0.3
26 化学原料和化学制品制造业	2.6	25 石油加工、炼焦和核燃料加工业	0.2
24 文教、工美、体育和娱乐用品制造业	2.5	28 化学纤维制造业	0.1
27 医药制造业	2.5	总计	100

按照所属的类别又可以划分为 8 大类制造行业，其中编码为 13—16 的行业划分为食品制造，编码为 17—19 的行业划分为纺织皮革制造，编码为 25—27 的行业划分为化工产品制造，编码为 28—30 的行业划分为非金属制造，编码为 31—33 的行业划分为金属制造，编码为 34—37 的行业划分为机器和通用设备制造，编码为 38—40 的行业划分为电子制造，其他行业划分其他制造业。

二　企业所有制分布情况

2016 年 CEGS 调查的企业中，民营企业共 985 家，占比 81.4%；国有企业 97 家，占比 8.0%；外资企业 128 家，占比 10.6%。

三　企业占地面积情况

2016 年调查数据表明，调查企业平均占地面积为 184.8 亩。按照 2015 年底企业就业人数计算，企业人均占地为 1.1 亩。按照 2015 年底企业的产值计算，企业亩均产值为 593.3 万元。按照企业所有制划分，国有企业占地面积为 232.5 亩；民营企业占地面积为 174.9 亩；外资企业占地面积为 220.8 亩。

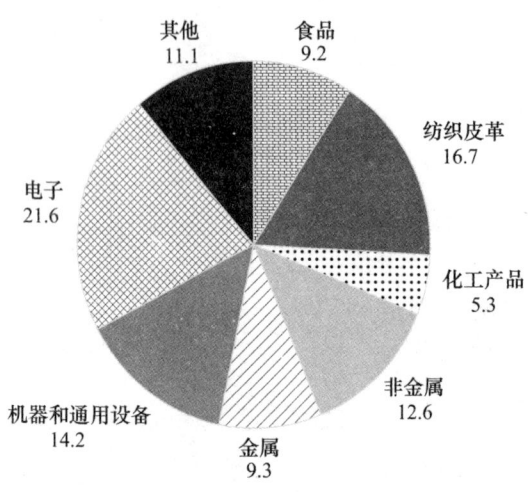

图 4-1 企业的行业分布情况（%）

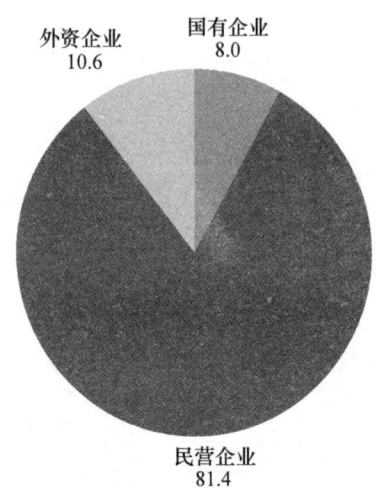

图 4-2 企业的所有制分布（%）

四 企业所在开发区状况

2016 年调查数据表明，65.3% 的企业位于开发区，其中：位于工业园区的企业占比 27.0%，位于经济开发区的企业占比 24.0%，位于高新技术开发区的企业占比 11.7%，位于其他开发区的企业占比 2.5%。

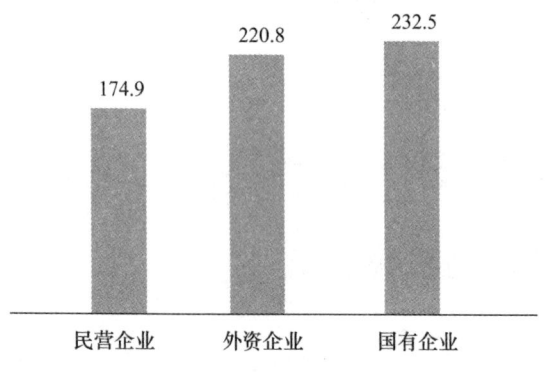

图 4-3 不同所有制企业占地面积（亩）

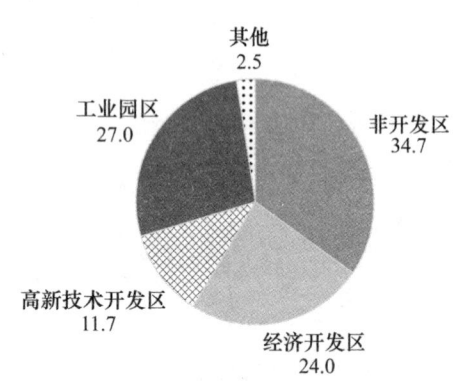

图 4-4 企业所在开发区情况（%）

按企业所有制划分，国有企业中 45.2% 位于开发区，民营企业中 65.1% 位于开发区，外资企业中 78.9% 位于开发区；按企业规模[①]划分，

[①] 企业规模根据企业 2015 年底就业人数平均三等分，分别划分成小型企业、中型企业和大型企业。

小型企业中51.2%位于开发区,而中型企业和大型企业中分别有73.4%和69.8%位于开发区。

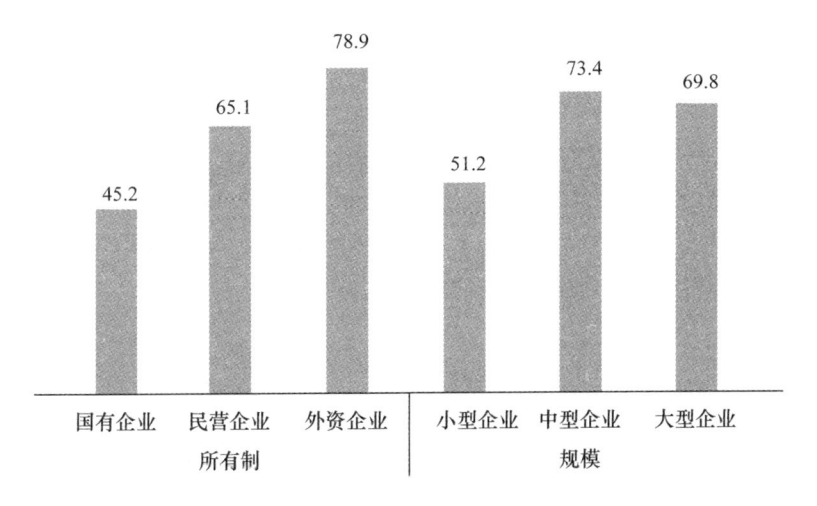

图4-5 不同所有制、规模企业在开发区的占比(%)

五 企业存续年限情况

调查数据表明,样本企业平均存续年限为12.4年。按企业的所有制分类,国有企业存续时间最长,平均为22.8年,民营企业存续时间平均为12.1年,外资企业存续时间平均为16.3年;按企业的规模进行分类,小型企业

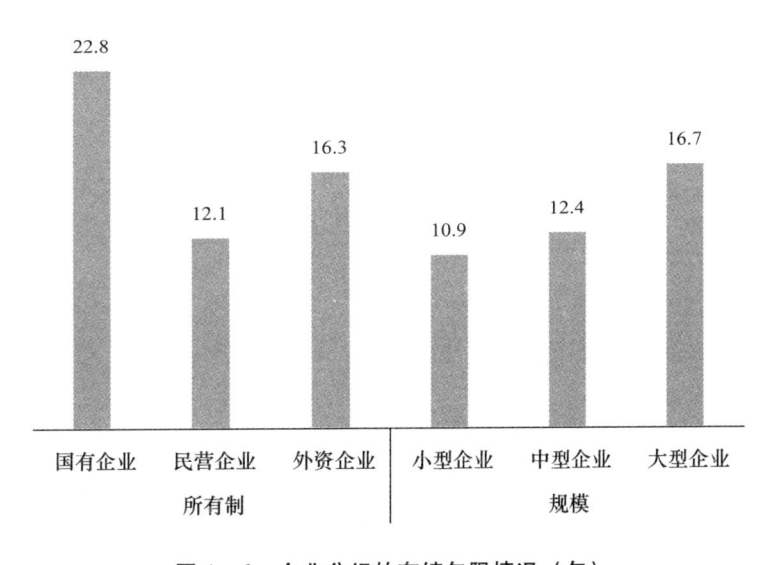

图4-6 企业分组的存续年限情况(年)

的存续年限平均为 10.9 年,中型企业的存续年限平均为 12.4 年,大型企业的存续年限平均为 16.7 年。

六 影响企业发展的因素

(一) 最严重的妨碍因素

2016 年调查数据表明,影响企业发展最严重的妨碍因素排名前三位的为市场需求、劳动力成本和融资途径,分别占比 31.1%、21.2% 和 10.6%。

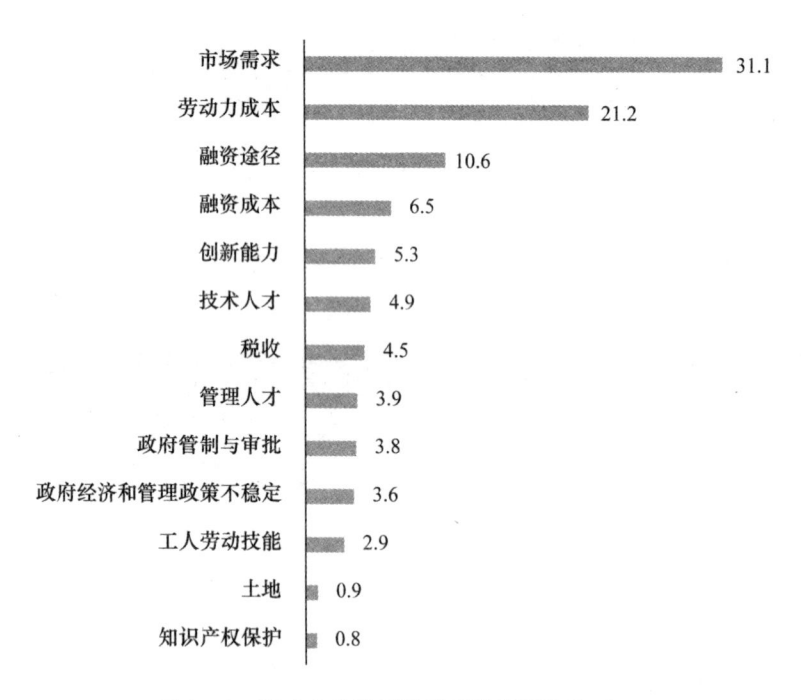

因素	占比(%)
市场需求	31.1
劳动力成本	21.2
融资途径	10.6
融资成本	6.5
创新能力	5.3
技术人才	4.9
税收	4.5
管理人才	3.9
政府管制与审批	3.8
政府经济和管理政策不稳定	3.6
工人劳动技能	2.9
土地	0.9
知识产权保护	0.8

图 4-7 影响企业发展最严重的妨碍因素 (%)

(二) 第二位妨碍因素

调查数据表明,影响企业发展较严重的妨碍因素排名前三位的为劳动力成本、市场需求和技术人才,分别占比 21.4%、12.9% 和 10.6%。

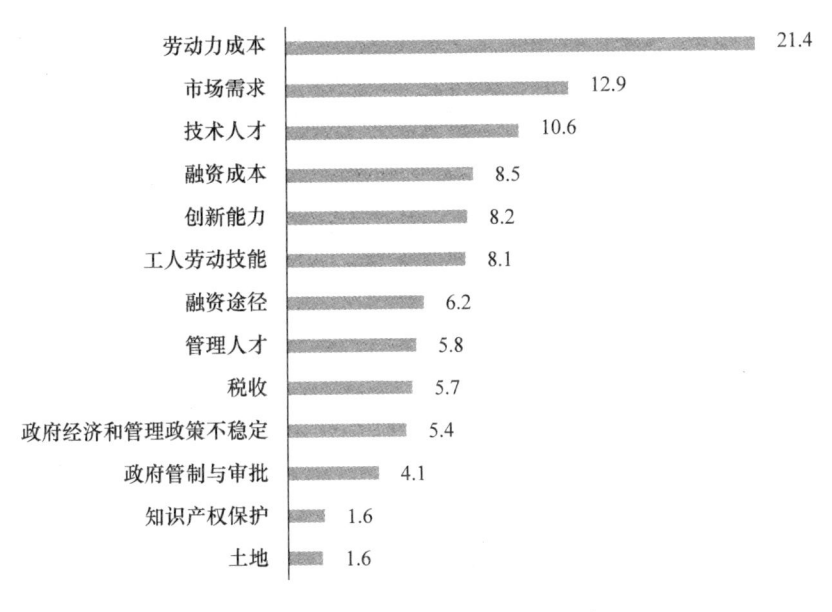

因素	百分比
劳动力成本	21.4
市场需求	12.9
技术人才	10.6
融资成本	8.5
创新能力	8.2
工人劳动技能	8.1
融资途径	6.2
管理人才	5.8
税收	5.7
政府经济和管理政策不稳定	5.4
政府管制与审批	4.1
知识产权保护	1.6
土地	1.6

图 4-8 影响企业发展次严重的妨碍因素（%）

（三）各类妨碍因素的评价

将影响企业发展的妨碍因素按 1—5 的分数打分，评分越高代表该因素的妨碍程度越高。为便于比较分析，将分值转化为 0—1 的得分，结果显示，妨碍程度前三位的因素分别为劳动力成本（0.63 分）、市场需求（0.62 分）和技术人才（0.51 分）。

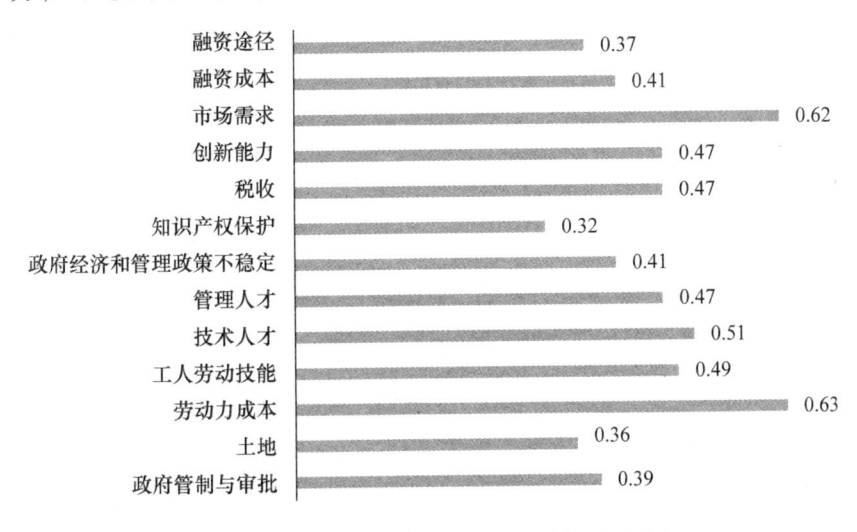

因素	得分
融资途径	0.37
融资成本	0.41
市场需求	0.62
创新能力	0.47
税收	0.47
知识产权保护	0.32
政府经济和管理政策不稳定	0.41
管理人才	0.47
技术人才	0.51
工人劳动技能	0.49
劳动力成本	0.63
土地	0.36
政府管制与审批	0.39

图 4-9 影响企业发展的妨碍因素得分（分）

第五章
劳动力基本状况

本章描述的是2016年CEGS的劳动力基本状况,结合问卷内容,将从劳动力整体结构、劳动力身份特征、劳动力生活状况这三个方面对其进行说明。

一 劳动力总体特征

(一) 性别结构

从整体来看,男性员工占比55.7%,女性员工占比44.3%。其中,广东省所调查员工中男性占53.6%,女性占46.4%;湖北省所调查员工中男性占58.2%,女性占41.8%(图5-1)。

(二) 年龄结构

劳动力的平均年龄为38岁。分性别来看,男性的平均年龄为39岁,女性的平均年龄为36岁,具体来说(见图5-2),30岁以下的劳动力占21.3%,30—49岁的劳动力占66.4%,50岁及以上的劳动力占12.3%。

(三) 行业结构

从行业层面的数据来看,电子设备制造业的劳动力比例最高为23.4%,其次是纺织皮革制造业为17.5%,其他制造业为14.5%,机器和通用设备制造业13.4%,金属制造业10.4%,非金属制造业9.0%,食品制造业5.9%,化工产品制造业5.8%。两省劳动力具有一定的差异,具体来说,

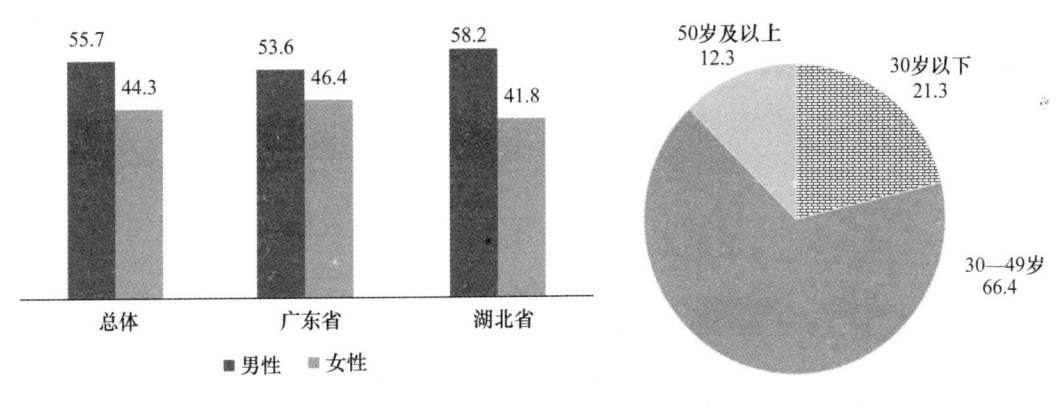

图 5-1 劳动力的性别结构（%）　　图 5-2 劳动力的年龄构成（%）

从省份来看，广东省电子设备制造业劳动力比例最高（28.9%），食品制造业最低（1.8%）；湖北省机器和通用设备制造业劳动力比例最高（23.5%）。

表 5-1　　　　　　劳动力在行业上的分布情况（%）

行业	总体	省份	
		广东省	湖北省
食品制造业	5.9	1.8	12.1
纺织皮革制造业	17.5	17.4	18.4
化工产品制造业	5.8	5.5	7.0
非金属制造业	9.0	9.0	6.7
金属制造业	10.4	6.7	18.9
机器和通用设备制造业	13.4	8.1	23.5
电子设备制造业	23.4	28.9	13.4
其他制造业	14.5	22.6	0.0
合计	100	100	100

二　劳动力身份特征

（一）户口性质

通过调查发现（见表 5-2），2016 年，59.5% 的制造业劳动力为农业户口。其中，男性劳动力的农业户口比例低于女性，女性劳动力有 63.5% 为农业户口。

表 5-2　　　　　　两省及不同特征劳动力的户口性质的构成（%）

户口性质	整体情况	性别 男	性别 女
非农户口	40.5	43.7	36.5
农业户口	59.5	56.3	63.5
合计	100	100	100

（二）户籍分布

2016 年调查表明，在制造业企业的劳动力中，本省户籍 4995 人，占比 57.1%；非本省户籍 3749 人，占比 42.9%。本省农民工 2358 人，占本省户籍比重为 45.4%；非本省农民工 2839 人，占非本省户籍比重为 54.6%。从省份来看，广东省本省占比 36.2%，非本省占比 63.8%；在农民工群体中，本省占比 26.1%，非本省占比 73.9%。湖北省本省占比 81.7%，非本省占比 18.3%；在农民工群体中，本省占比 78.3%，非本省占比 21.7%。

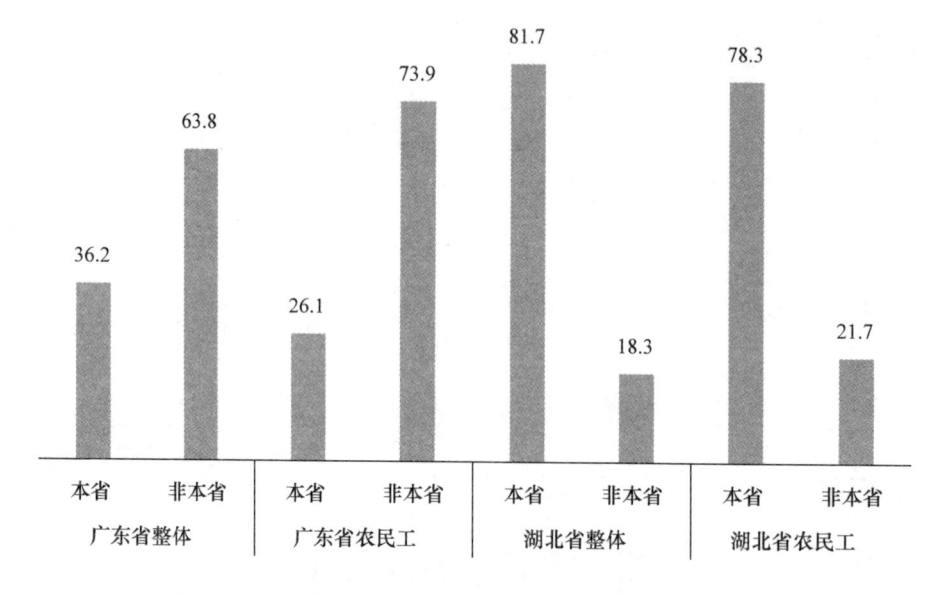

图 5-3　整体及农民工群体在本省和非本省户籍占比（%）

（三）政治面貌

调查结果显示（见图 5-4），2016 年 CEGS 所调查员工的党员比例为

13.6%。其中，湖北省样本企业的党员比例为20.7%，广东省样本企业的党员比例为7.6%。

三 劳动力生活状况

（一）婚姻状况

调查结果显示，2016年CEGS样本企业的员工中整体有配偶的比例为80.0%。具体来说，在有配偶的劳动力中，女性的比例为80.7%，男性劳动力相应的比例为79.5%（见图5-5）。

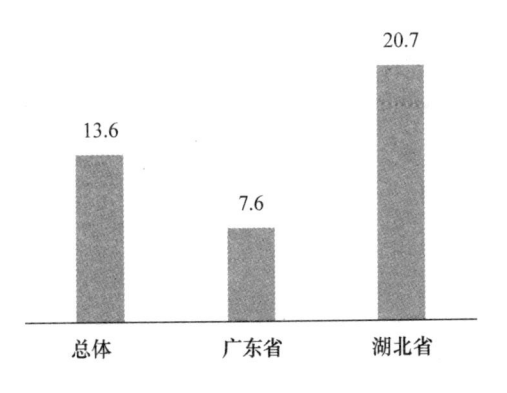

图5-4 党员占比情况（%）

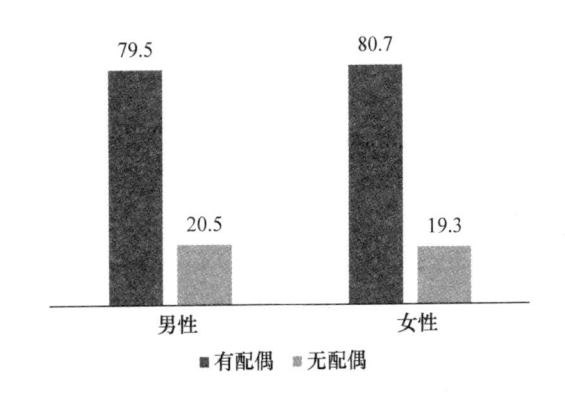

图5-5 不同性别劳动力的婚姻状况（%）

（二）住房状况

调查结果显示，所调查员工自有住房的比例为53.4%，市场租房、单位提供住房的比例分别为23.6%、23.0%。湖北省劳动力的自有住房比例高于广东省，而广东省劳动力的市场租房比例则高于湖北省。从户口来看，非农户口自有住房的比例为70.4%，农业户口自有住房比例为42.0%。此外，农业户口的市场租房以及单位提供住房比例相对较高，分别为30.5%和27.6%（见图5-7）。

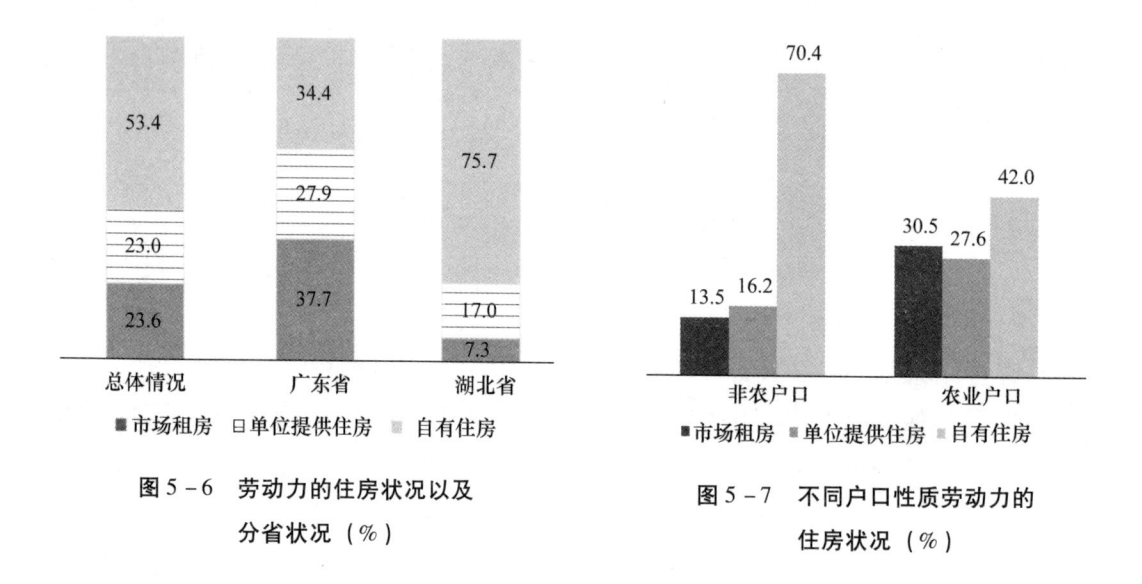

图 5-6 劳动力的住房状况以及分省状况（%）

图 5-7 不同户口性质劳动力的住房状况（%）

（三）健康状况

调查结果显示（见图 5-8），整体有 44.0% 的劳动力认为自己健康状况较好，20.0% 的劳动力认为自己健康状况很好。同时，广东省调查企业的劳动力认为自己健康水平很好、较好的比例高于湖北省，分别为 21.0% 和 44.5%。从户口来看，农业户口劳动力认为自己健康水平很好的比例高于非农业户口，为 23.6%，而非农户口认为自己健康水平为一般及以下的相对较高，为 39.3%（见图 5-9）。

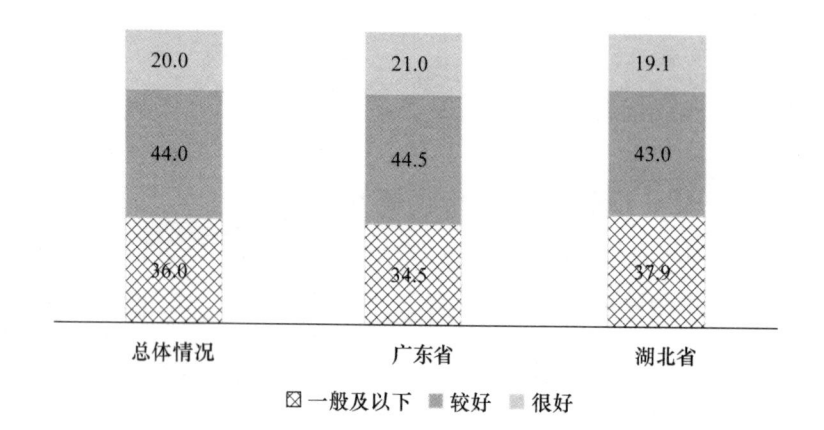

图 5-8 总体与两省的劳动力健康自评（%）

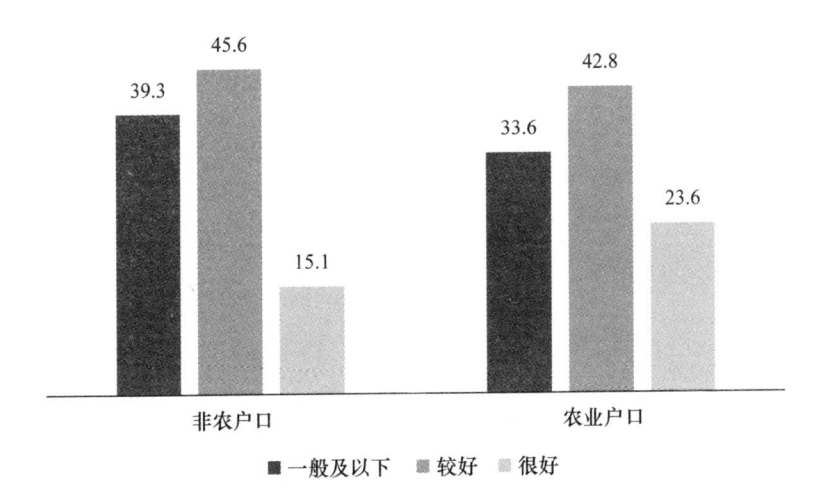

图5-9 不同户口性质的劳动力健康自评（%）

第六章
企业绩效状况

本章主要介绍企业的经营绩效状况,具体分为五个部分:企业成本状况、企业利润状况、企业资产与负债状况、企业税收状况和企业信贷成本状况。

一 企业成本状况

(一)主营业务成本及其变化

调查数据显示,调查企业的平均主营业务成本从2013年的26847万元上升到2014年的28766万元,但在2015年有所下降,为26319万元。

分省份来看,广东省的主营业务成本从2013年的32581万元下降到2015年的30283万元,总体下降了7.1%;湖北省的主营业务成本呈现出逐年上升的趋势,2013年至2015年间年均增长率达到2.3%。

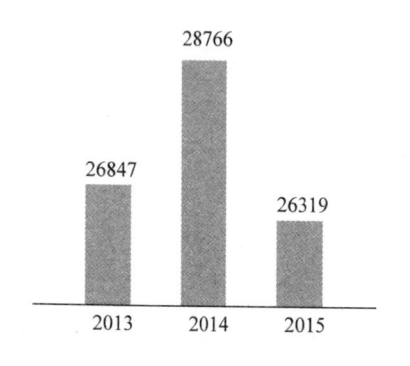

图6-1 2013—2015年企业主营业务成本(万元)

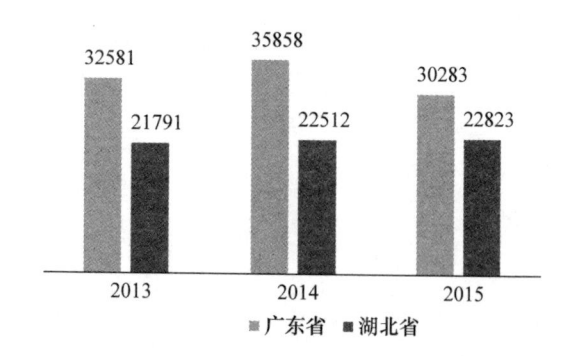

图6-2 2013—2015年不同省份企业主营业务成本(万元)

(二) 原材料成本及其变化

调查数据显示,企业的原材料成本从 2013 年的 13366 万元下降到 2015 年的 12639 万元,年均增长率为 -2.8%。

分省份来看,广东省的原材料成本从 2013 年的 17429 万元下降到 2015 年的 15665 万元,年均增长率为 -5.2%;湖北省的原材料成本从 2013 年的 9840 万元上升到 2015 年的 10013 万元,年均增长率为 0.9%。

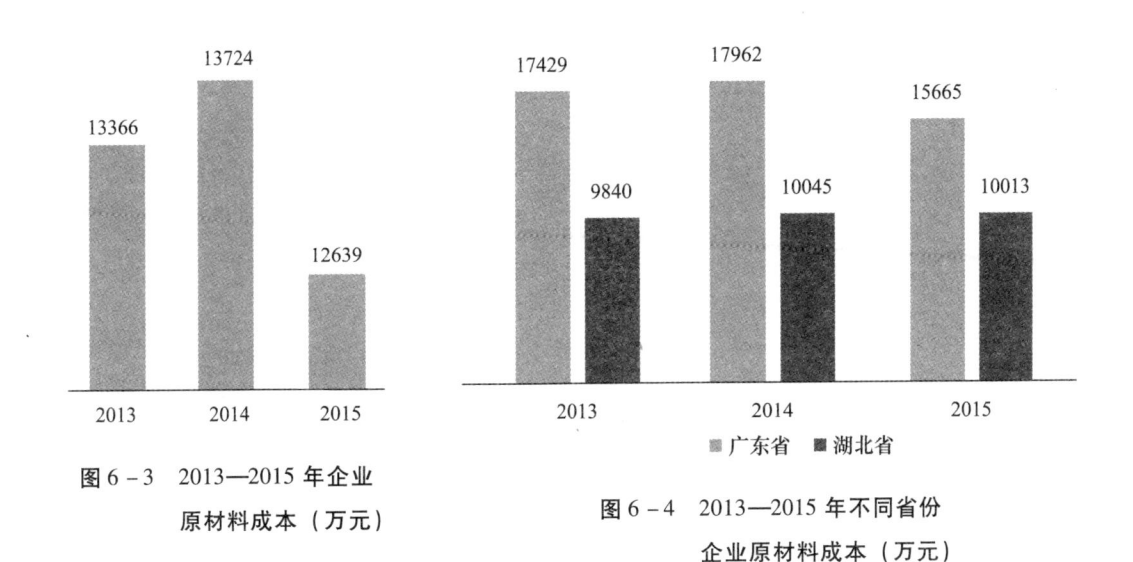

图 6-3 2013—2015 年企业原材料成本(万元)

图 6-4 2013—2015 年不同省份企业原材料成本(万元)

2013 年原材料占主营业务成本的比例为 63.5%,2014 年为 63.0%,2015 年为 61.5%。

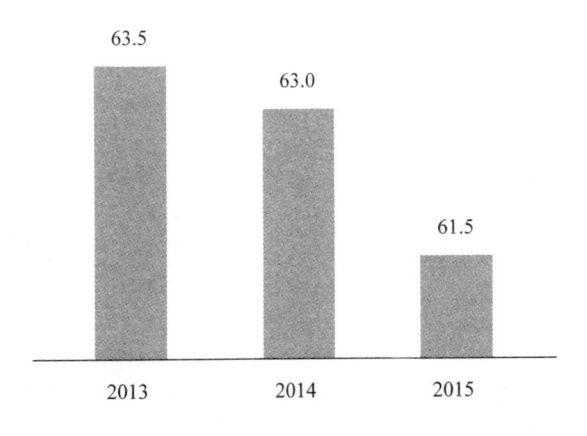

图 6-5 2013—2015 年企业原材料占总成本的比例(%)

（三）工资成本及其变化

调查数据显示，企业的工资成本从 2013 年的 2309 万元下降到 2015 年的 2225 万元，年均增长率为 -1.9%。

分省份来看，广东省的工资成本从 2013 年的 3312 万元下降到 2015 年的 3182 万元，年均增长率为 -2.0%；湖北省的工资成本从 2013 年的 1432 万元下降到 2015 年的 1386 万元，年均增长率为 -1.6%。

从工资成本占主营业务成本的比例来看，2013 年、2014 年、2015 年分别为 18.3%、18.3% 和 18.9%。

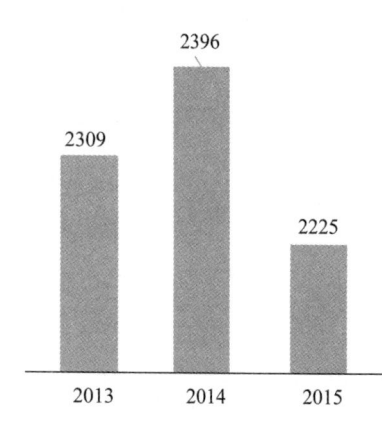

图 6-6　2013—2015 年企业工资成本（万元）

（四）企业折旧情况

调查数据显示，2013—2015 年间调查企业的平均折旧额分别为 967 万元、1071 万元和 1187 万元，三年的年均增长率为 10.8%。

分省份来看，2013—2015 年广东省的平均折旧额分别为 1153 万元、1293 万元和 1469 万元，年均增长率为 12.9%；2013—2015 年湖北省的平均折旧额分别为 796 万元、865 万元和 927 万元，年均增长率为 7.9%。

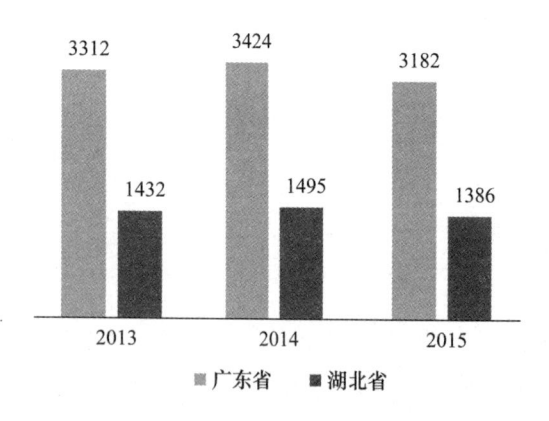

图 6-7　2013—2015 年不同省份企业工资成本（万元）

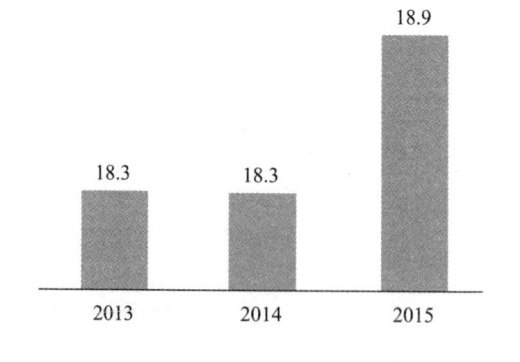

图 6-8　2013—2015 年企业工资成本占主营业务成本比（%）

从折旧额占主营业务成本的比例来看，2013—2015 年间分别为 5.5%、5.7% 和 6.3%。

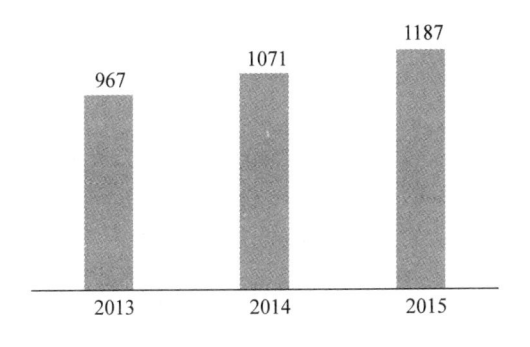

图 6-9　2013—2015 年企业折旧额（万元）

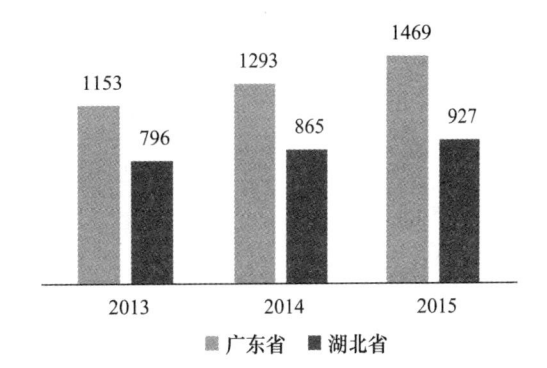

图 6-10　2013—2015 年不同省份的企业折旧额（万元）

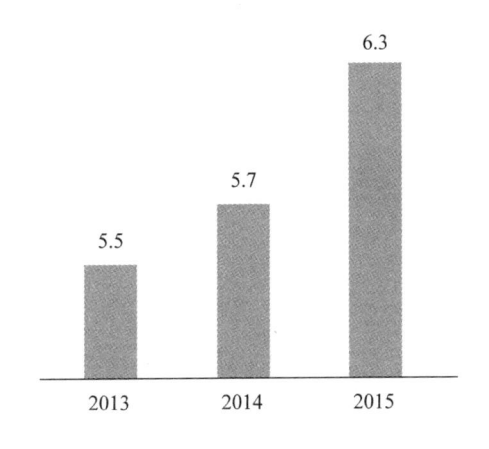

图 6-11　2013—2015 年企业折旧额占比（%）

（五）费用及其变化

调查数据显示，调查企业的管理费用从 2013 年的 1300 万元上升到 2015 年的 1600 万元，年均增长率为 10.9%；企业的销售费用从 2013 年的 901 万元下降到 2015 年的 900 万元，年均增长率为 -0.02%；企业平均的财务费用从 2013 年的 242 万元下降到 2015 年的 238 万元，年均增长率为 -1.0%；企业平均的招待费用从 2013 年的 69 万元上升到 2015 年的 70 万元，年均增长率为 0.8%。

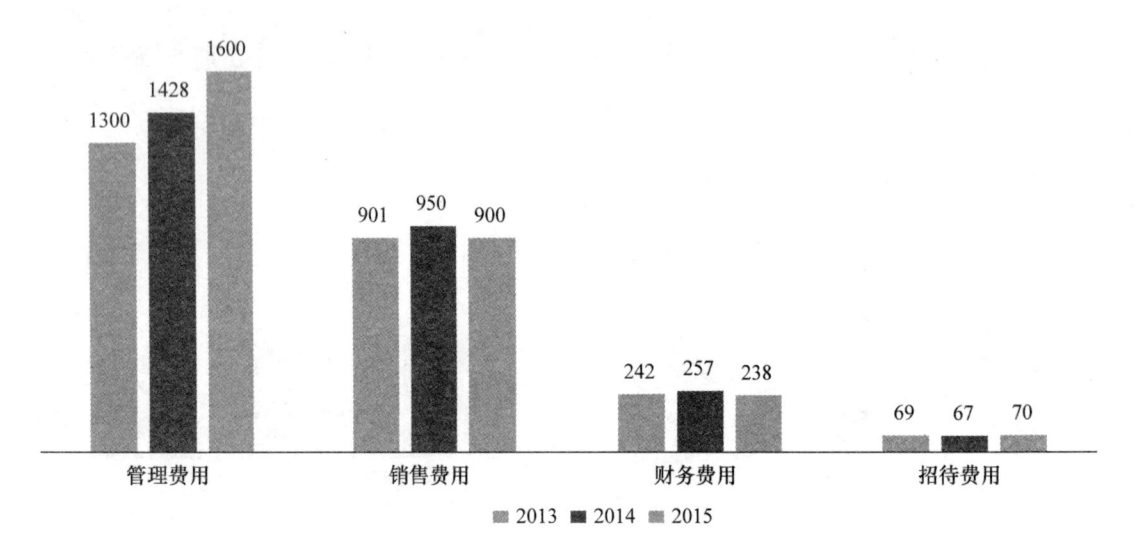

图 6-12　2013—2015 年企业相关费用（万元）

二　企业利润状况

（一）利润总额及其变化

调查数据显示，调查企业的平均利润总额从 2013 年的 1894 万元上升到 2015 年的 2216 万元，年均增长率为 8.2%。

分省份来看，广东省的利润总额从 2013 年的 2191 万元上升到 2015 年的 2630 万元，年均增长率为 9.6%；湖北省的利润总额从 2013 年的 1619 万元上升到 2015 年的 1833 万元，年均增长率为 6.4%。

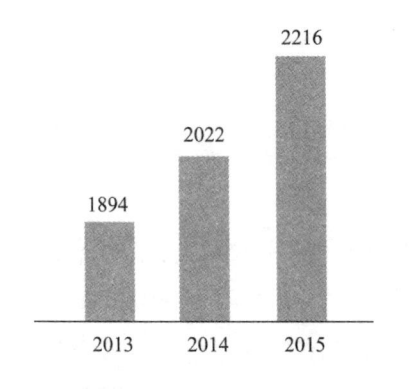

图 6-13　2013—2015 年企业利润总额（万元）

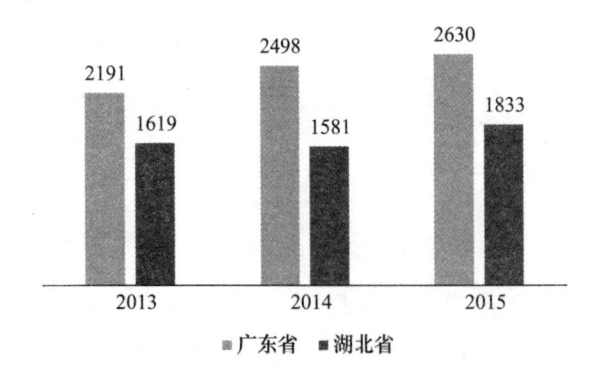

图 6-14　2013—2015 年不同省份企业利润总额（万元）

（二）税后利润率及其变化

总体来看，80.2%的调查企业有盈利。企业利润率（税后利润/销售额）的均值为3.3%，中位数为2.4%；净资产收益率（ROE）的均值为4.6%，中位数为2.5%；资产收益率（ROA）的均值为8.6%，中位数为5.6%。

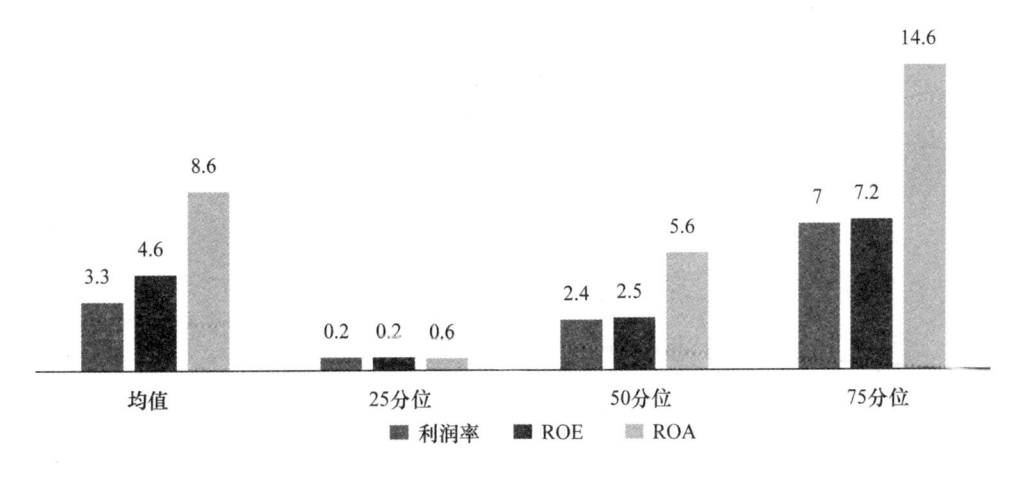

图 6-15 2015 年企业利润率状况（%）

（三）省份差异

广东省企业的利润率从2014年的2.3%增长至2015年的3.0%，湖北省则从2014年的4.8%下降为2015年的3.7%；两省的亏损面（亏损企业数量占比）较为相似，均保持在20%左右的水平。

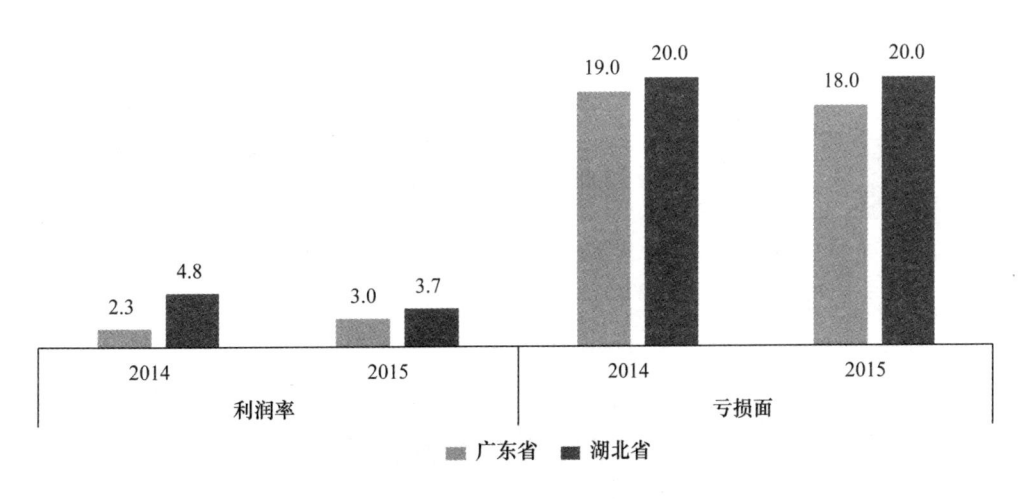

图 6-16 分省的企业盈利水平（%）

（四）所有制和贸易类型差异

分不同所有制类型来看，民营企业的利润率为3.9%，高于国有企业的2.2%和外资企业的2.1%；同时民营企业的亏损面为18%，低于国有企业的26%和外资企业的21%。分不同贸易类型来看，非出口企业和一般贸易企业的利润率均为3.5%，高于加工贸易企业的2.6%；一般贸易企业和加工贸易企业的亏损面分别为16%和17%，均低于非出口企业的22%。

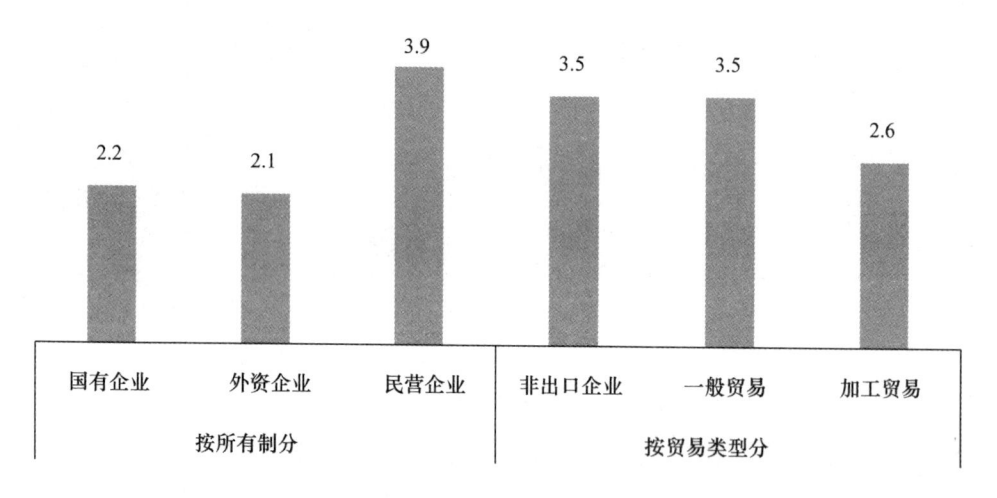

图6-17 不同所有制类型企业的利润率（%）

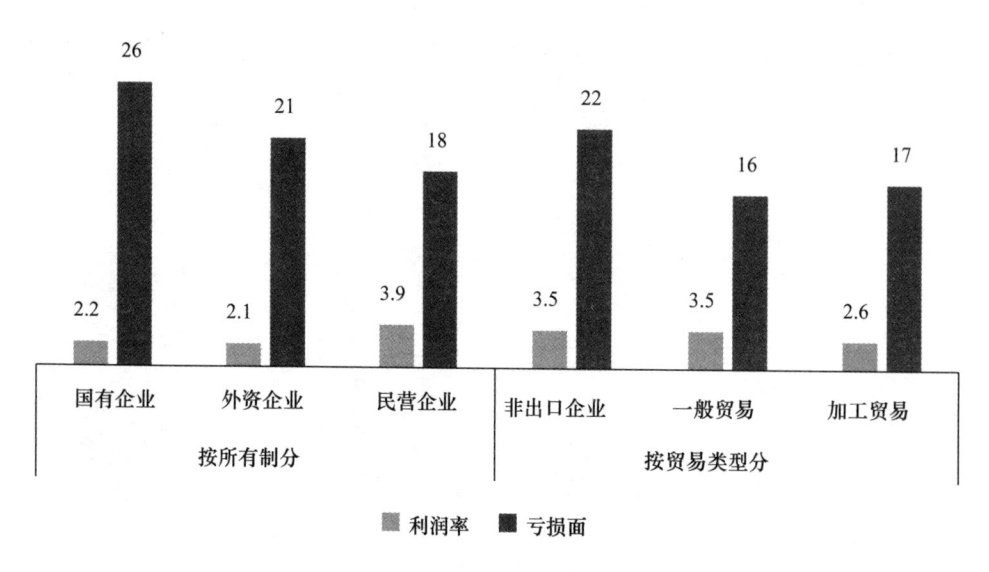

图6-18 不同类型企业的亏损率（%）

三 企业资产与负债状况

(一) 资产状况

调查数据表明,调查企业总资产从2013年的31923万元上升到2015年的37878万元,年均增长率为8.9%。

从省份来看,广东省企业平均总资产从2013年的38256万元增长到2015年的46674万元,年均增长率达到10.5%;湖北省企业平均总资产从2013年的26067万元增长到2015年的29746万元,年均增长率达到6.8%。

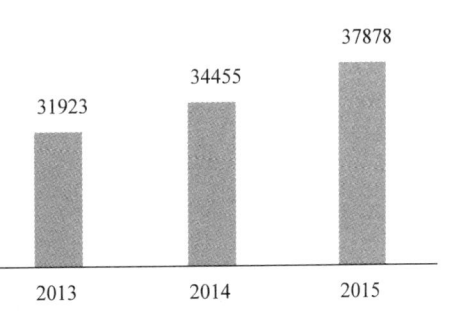

图6-19 2013—2015年企业总资产(万元)

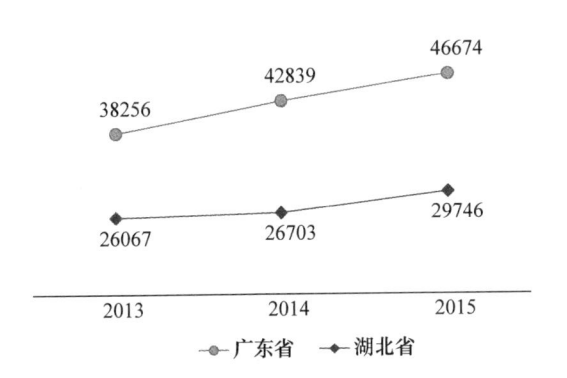

图6-20 2013—2015年企业总资产(万元)

(二) 负债状况

总体来看,调查企业的负债总额从2013年的16005万元上升到2015年的18329万元,年均增长率为7.0%。

分省份来看,广东省的负债总额从2013年的17460万元上升到2015年的21282万元,年均增长率为10.4%;湖北省的负债总额从2013年的14668万元上升到2015年的15616万元,年均增长率为3.2%。

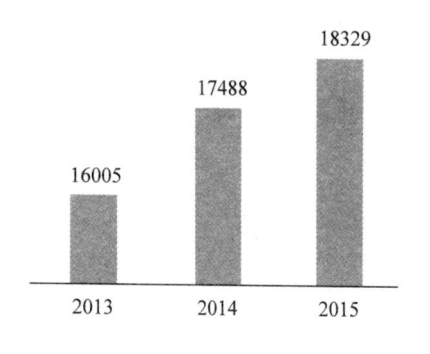

图 6-21　2013—2015 年负债总额（万元）

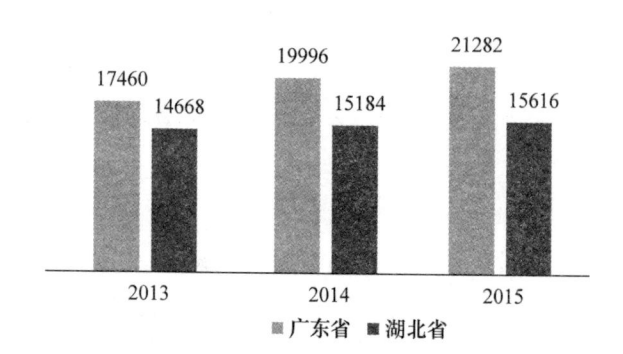

图 6-22　2013—2015 年不同省份的企业负债总额（万元）

（三）资产负债率

调查数据显示，2013 年调查企业的资产负债率为 50.1%，2014 年为 50.8%，2015 年为 48.4%。

分省份来看，广东省企业 2014 年的资产负债率，相比 2013 年增长 1.1%，2015 年相比 2014 年下降了 1.1%。湖北省企业 2014 年的资产负债率相比 2013 年增长了 0.6%，2015 年相比 2014 年下降了 4.4%。

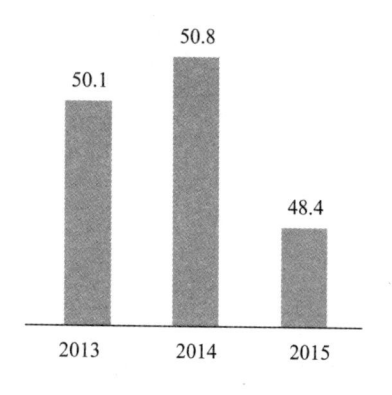

图 6-23　2013—2015 年企业资产负债率（%）

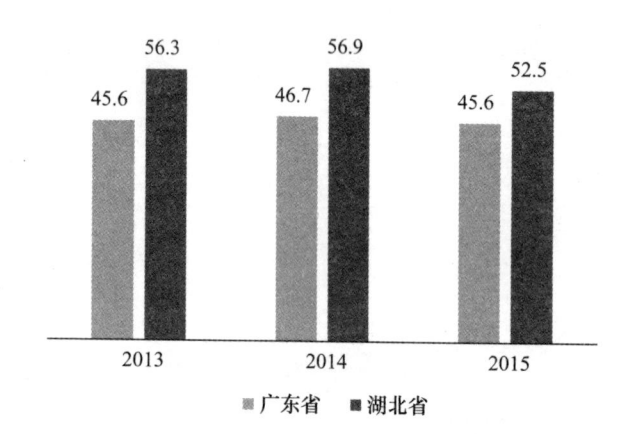

图 6-24　2013—2015 年不同省份的企业资产负债率（%）

四　税收状况

（一）税收总额

调查数据显示，2013 年至 2015 年间调查企业的税收分别为 1533 万元、1683 万元和 1658 万元，年均增长率为 4.0%。

分省份来看，广东省调查企业的税收从 2013 年的 3925 万元下降到 2015 年的 2870 万元，年均下降了 14.5%；湖北省企业的税收从 2013 年的 1337 万元上升到 2015 年的 1559 万元，年均增长率为 8.0%。

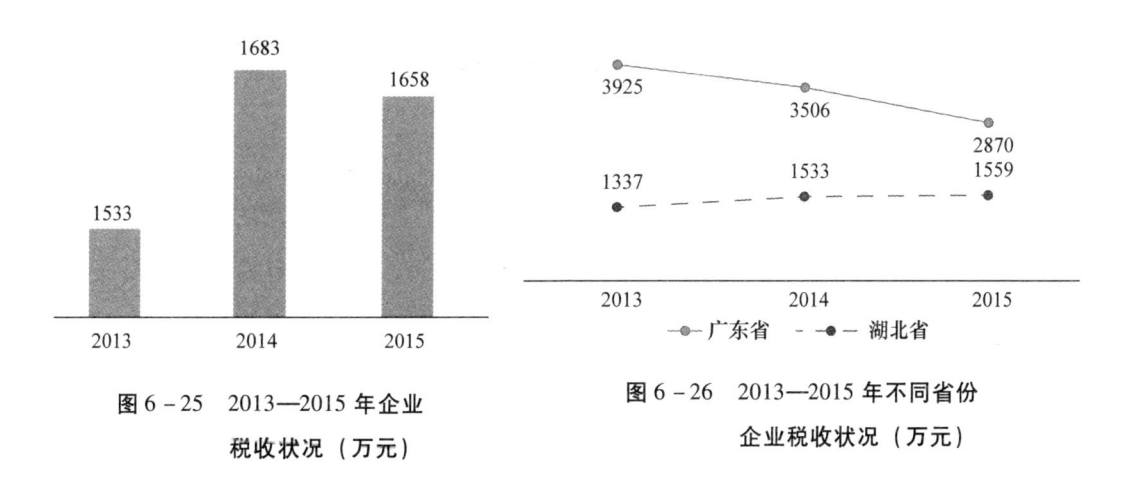

图 6-25　2013—2015 年企业税收状况（万元）

图 6-26　2013—2015 年不同省份企业税收状况（万元）

（二）增值税

调查数据显示，2013—2015 年调查企业平均增值税分别为 802 万元、830 万元和 844 万元，年均增长率为 2.6%。

从省份来看，广东省的增值税从 2013 年的 2251 万元下降到 2015 年的 1692 万元，年均增长率为 -13.3%；湖北省的增值税从 2013 年的 679 万元上升到 2015 年的 772 万元，年均增长率为 6.7%。

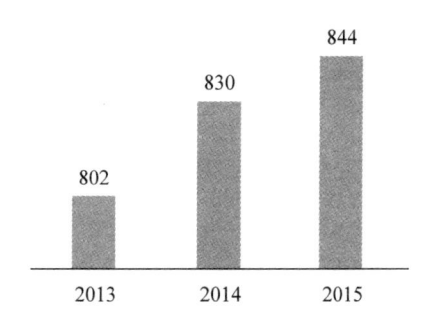

图 6-27　2013—2015 年企业增值税（万元）

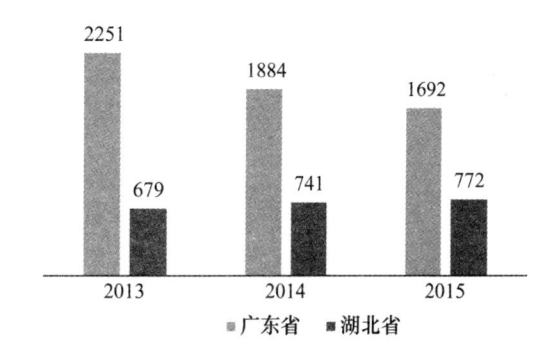

图 6-28　2013—2015 年不同省份的企业增值税（万元）

（三）所得税

调查数据显示，调查企业 2013—2015 年的所得税分别为 269 万元、334 万元和 385 万元，年均增长率为 19.8%。

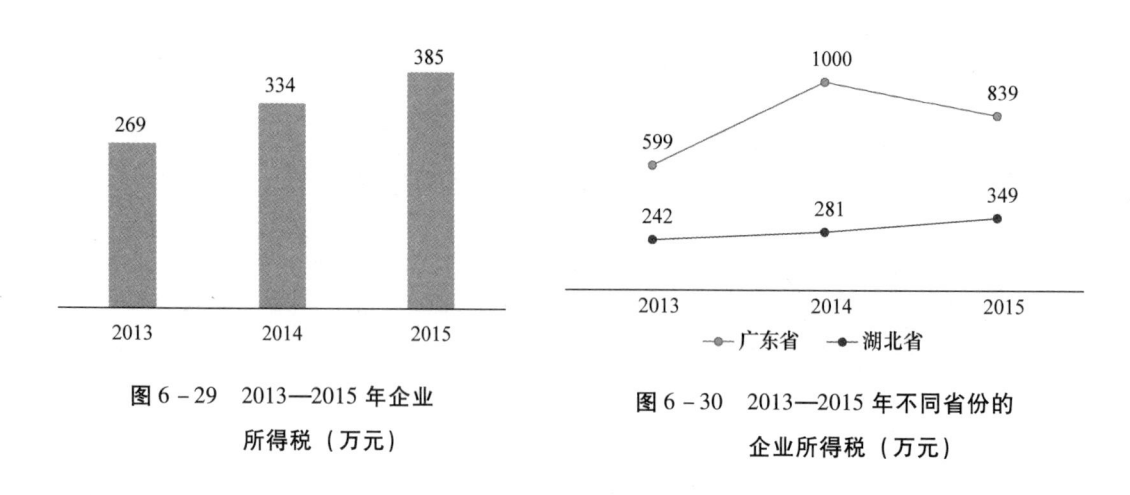

图 6-29　2013—2015 年企业所得税（万元）

图 6-30　2013—2015 年不同省份的企业所得税（万元）

分省份来看，广东省的所得税从 2013 年的 599 万元上升到 2015 年的 839 万元，年均增长率为 18.4%；湖北省的所得税从 2013 年的 242 万元上升到 2015 年的 349 万元，年均增长率为 20.1%。

（四）其他税

调查数据显示，企业 2013—2015 年的其他税分别为 187 万元、208 万元和 187 万元，年均增长率为 0.3%。

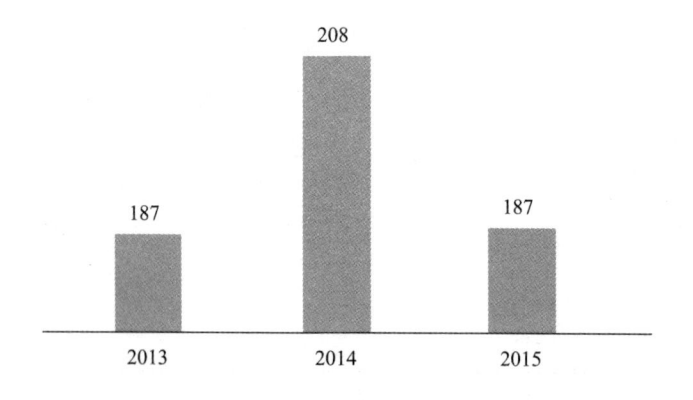

图 6-31　2013—2015 年企业其他税（万元）

分省份来看，广东省的其他税从2013年的456万元下降到2015年的340万元，年均增长率为-13.6%；湖北省的其他税从2013年的166万元上升到2015年的176万元，年均增长率为2.9%。

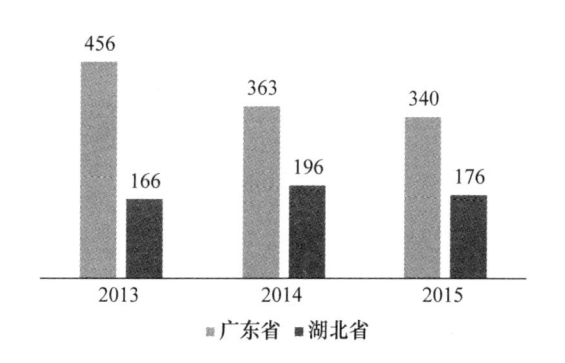

图6-32 2013—2015年不同省份的企业其他税（万元）

五 企业信贷状况

（一）赊销

调查数据显示，企业在2015年购买生产原料时赊账占比51.5%，不赊账占比48.5%。

企业还清赊账的平均天数为61天。广东省企业平均需56天，湖北省企业平均需65天。

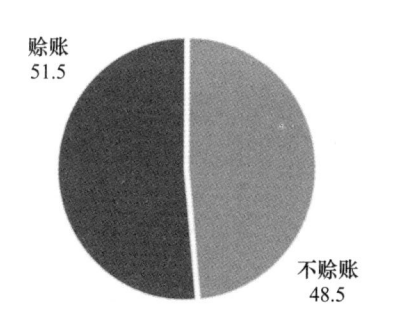

图6-33 2013—2015年企业赊销情况（%）

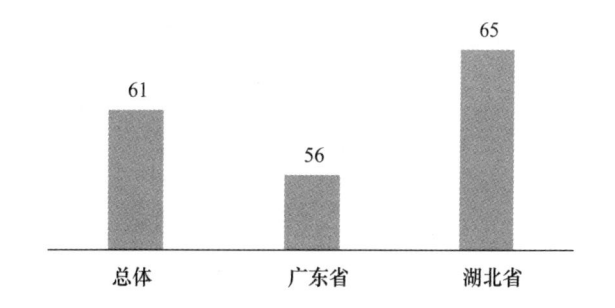

图6-34 2013—2015年企业还清赊账天数（天）

企业赊账购买的生产原料占全部生产原料的比例为50.4%。其中，广东省企业的比例为61.9%；湖北省企业的比例为40.8%。

在全部有效样本中，赊账金额占销售额金额的比例为53.8%。其中，广东省企业的比例为61.1%；湖北省企业的比例为48.3%。

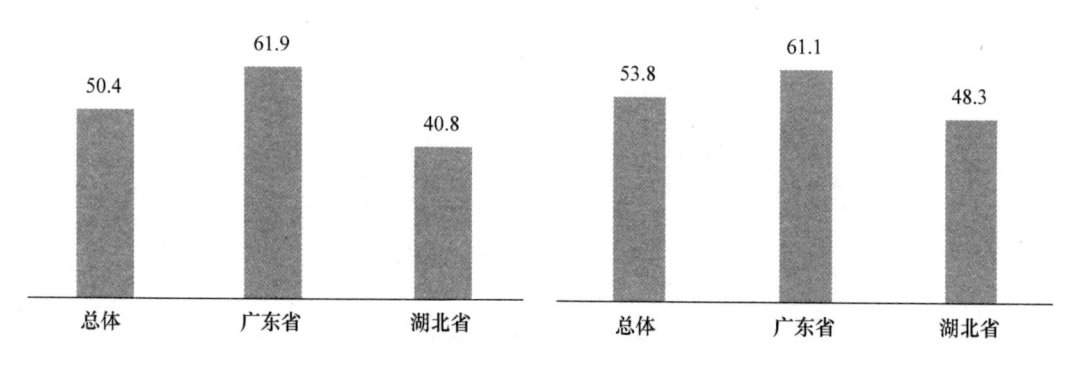

图6-35 赊账购买的生产原料占全部生产原料的比例（%）

图6-36 2015年企业赊账销售占总销售额的比例（%）

（二）应收账款

调查数据显示，样本企业收回应收账款平均天数为76天，广东省企业平均需64天，湖北省企业平均需87天。

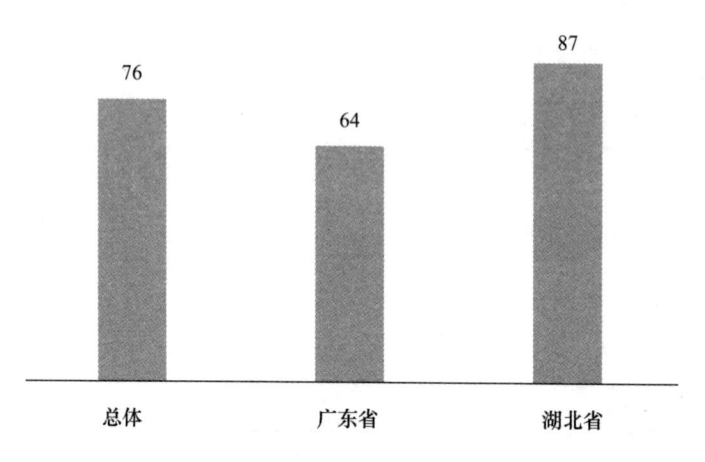

图6-37 2015年企业收回应收账款的平均天数（天）

第七章
企业生产状况

本章描述的是 2016 年 CEGS 的企业生产状况。结合问卷内容，本章从工业总产值与工业增加值、企业购买机器设备状况、机器设备进口状况、机器设备使用情况、进口中间品使用情况、企业投资情况以及生产外包状况等七个方面进行说明。

一 工业总产值与增加值状况

（一）工业总产值

图 7-1 为 2013 年到 2015 年工业总产值的情况。调查数据显示，从 2013 年到 2015 年，企业工业总产值呈现为上升趋势，从 2013 年的 32746 万元增长到 2014 年的 34101 万元，增长率为 4%。2015 年工业总产值为 34428 万元，增长率为 1%。

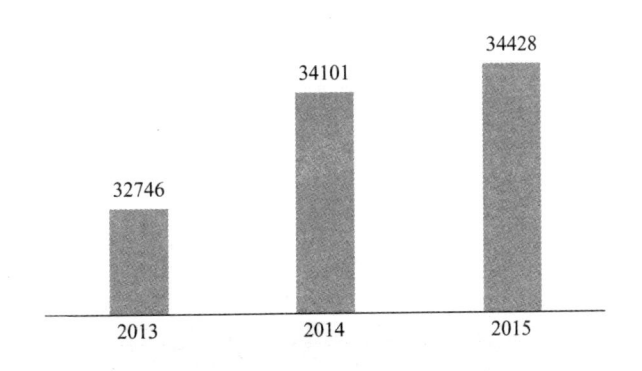

图 7-1 2013—2015 年工业总产值（万元）

广东省和湖北省企业工业总产值见图7-2。调查数据显示，从2013年到2014年，广东省的工业总产值先增加了5%后降低了4%。湖北省工业总产值在2014年、2015年两年的增长率分别为3%和5%。

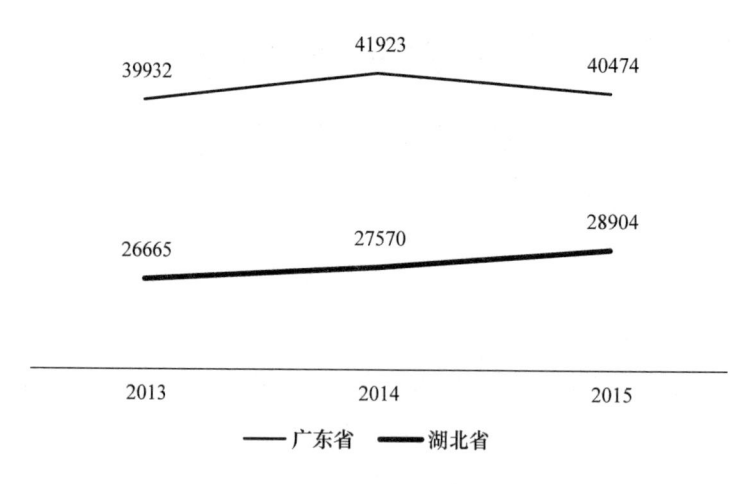

图7-2 2013—2015年分地区工业总产值（万元）

（二）工业增加值

图7-3为2013—2015年工业增加值均值的情况。调查数据显示，从2013年到2015年，企业工业增加值呈现为上升趋势，从2013年的7187万元增长到2014年的7638万元，增长率为6%。2015年工业增加值为8048万元，增长率为5%。

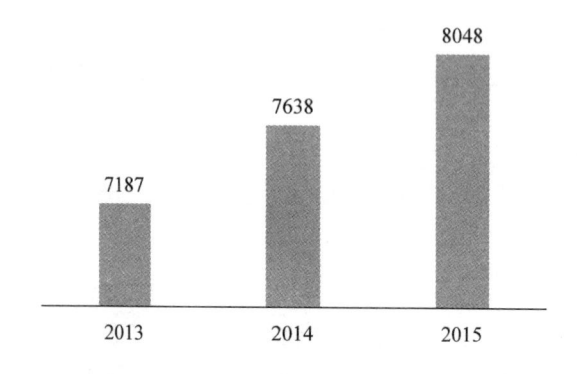

图7-3 2013—2015年工业增加值（万元）

进一步统计各个行业的工业增加值，可以发现化工产品制造业、机器和通用设备制造业以及纺织皮革制造业三大行业工业增加值增长额高于其他行业；非金属制造业工业增加值的增长额为负。

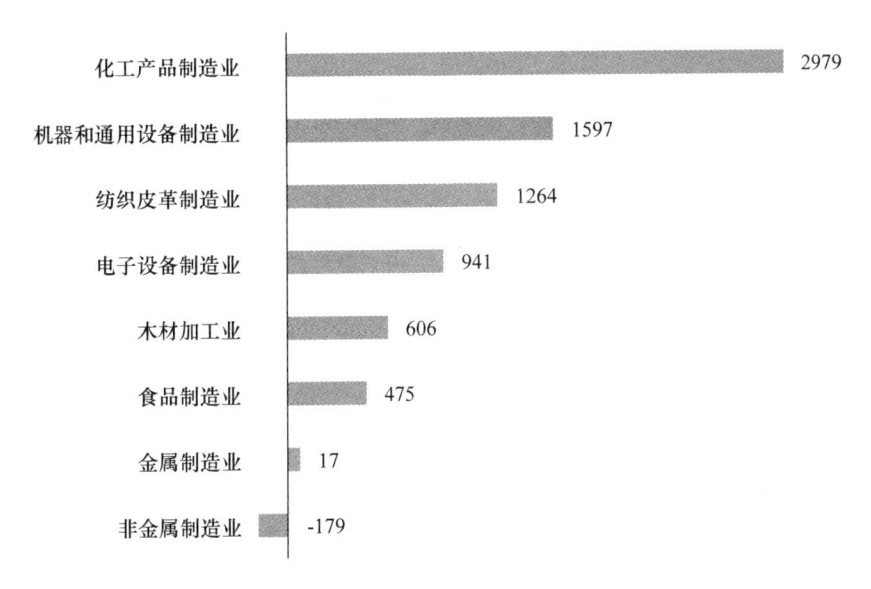

化工产品制造业　2979
机器和通用设备制造业　1597
纺织皮革制造业　1264
电子设备制造业　941
木材加工业　606
食品制造业　475
金属制造业　17
非金属制造业　-179

图 7-4　2013—2015 年工业增加值增长额行业差异（万元）

二　企业购买机器设备状况

（一）总体状况

调查数据显示，2013—2015 年 45% 的企业曾经购买过机器设备，每家企业购买机器设备平均支出 4610 万元。其中，湖北省企业购买机器设备支出额为 3797 万元，广东省为 5495 万元。

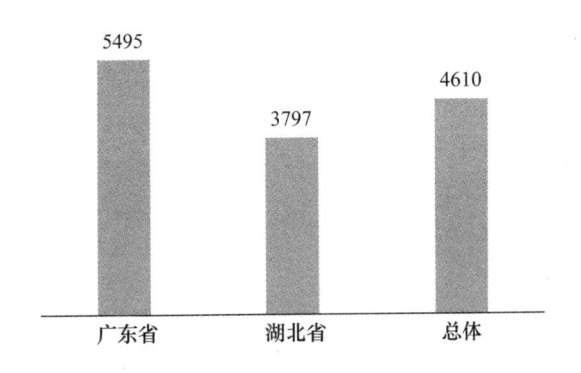

广东省　5495
湖北省　3797
总体　4610

图 7-5　2015 年机器购买情况（万元）

（二）不同所有制企业购买机器设备状况

调查结果表明，在不同所有制类型中，国有企业购买机器设备的均值最高，为 10947 万元；其次为民营企业的 5072 万元；最后是外资企业的 503 万元。

（三）不同行业机器购买情况

调查数据表明，不同行业购买机器设备的平均支出金额存在较大差异（见图 7-7）。具体来说，电子设备制造业购买机器设备均值为 12692 万元，其次金属制造业为 4513 万元，第三为化工产品制造业的 2832 万元，纺织皮革制造业购买机器设备的均值低于其他行业，金额为 491 万元。

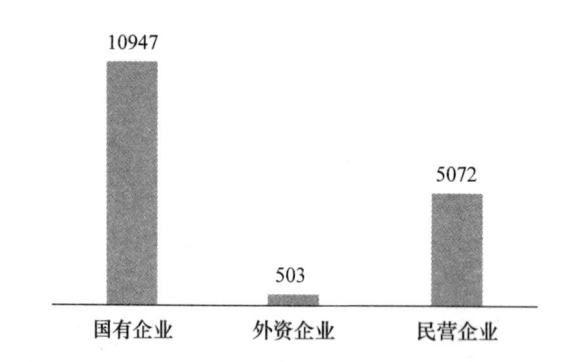

图 7-6　2015 年不同所有制企业购买设备情况（万元）

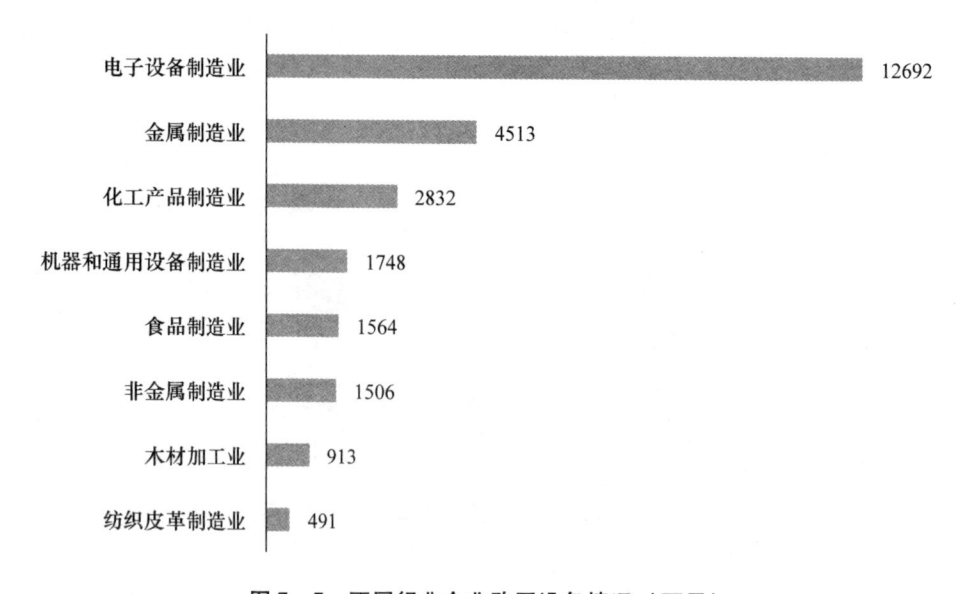

图 7-7　不同行业企业购买设备情况（万元）

三 机器设备进口状况

(一) 总体状况

调查数据表明，2015年底进口机器设备的企业占比为33.0%，其中湖北省为27.7%，广东省为41.3%，广东省比湖北省高出13.6个百分点。

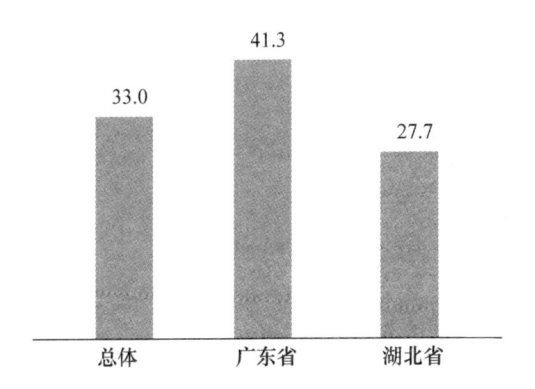

图7-8 2015年企业进口机器设备状况 (%)

(二) 机器产地和品牌

2016年CEGS数据表明，86.8%的机器产地为中国大陆，13.2%的产地为大陆以外 (图7-9)；85.7%的机器品牌属于中国大陆，14.3%的机器品牌来自中国大陆以外 (图7-10)。

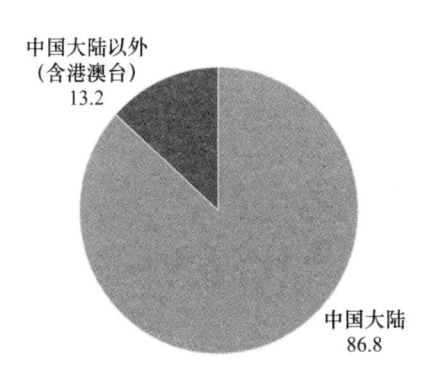

图7-9 机器产地 (%)

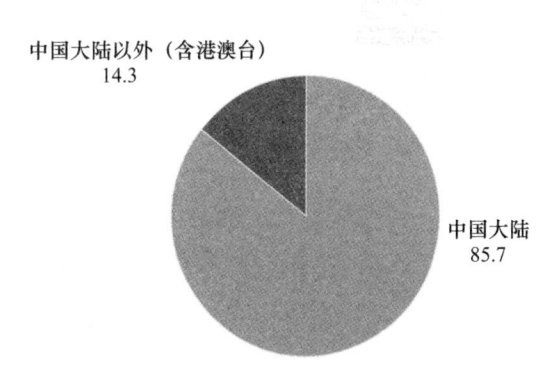

图7-10 机器品牌 (%)

2016年CEGS数据表明，在机器的产地方面，第一大产地为日本，占比35.6%；第二大产地为中国台湾，占比19.8%；德国占比16.6%，位列第三（图7-11）。同时在机器的品牌所在地方面，日本、中国台湾和德国同样处于前三的位置（图7-12）。

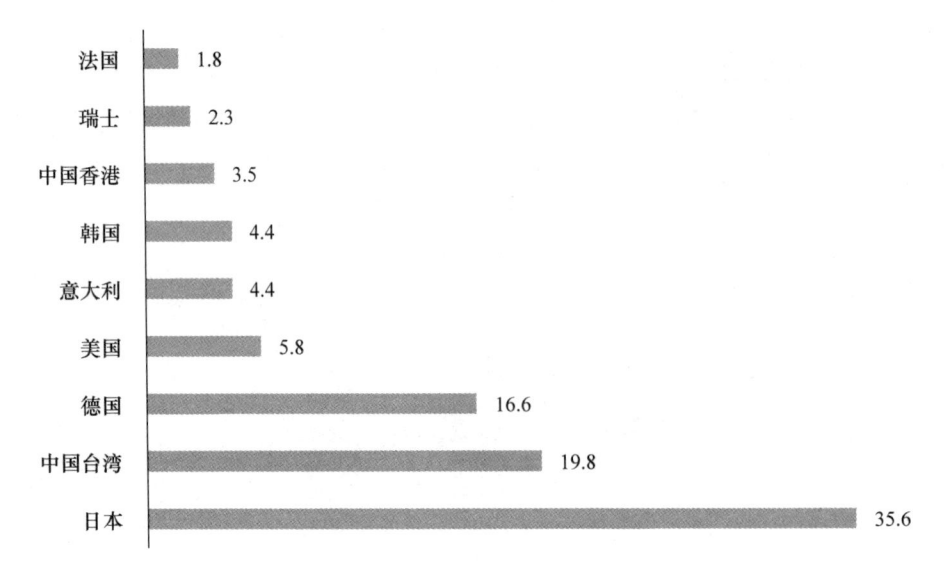

国家/地区	比例
法国	1.8
瑞士	2.3
中国香港	3.5
韩国	4.4
意大利	4.4
美国	5.8
德国	16.6
中国台湾	19.8
日本	35.6

图7-11 中国大陆以外的机器产地分布情况（%）

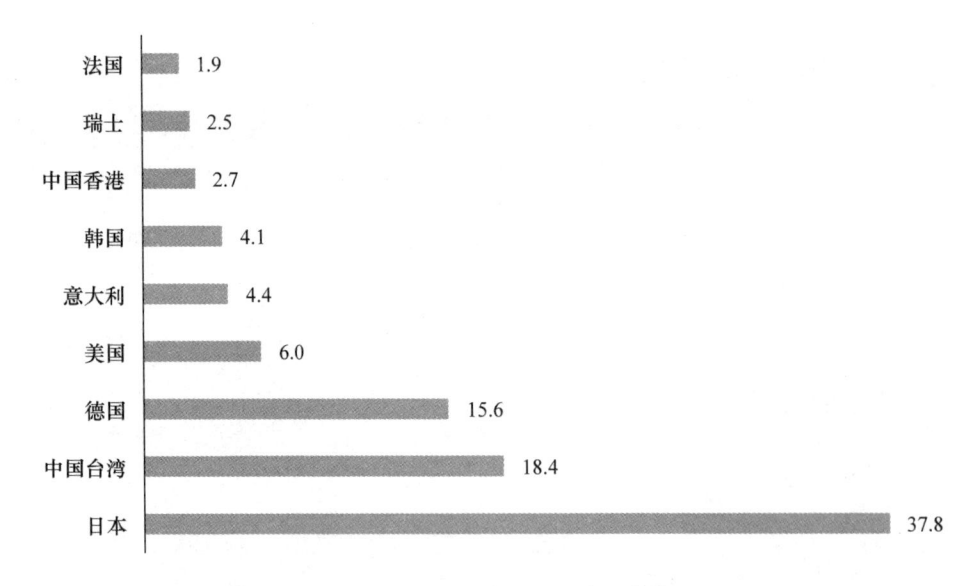

国家/地区	比例
法国	1.9
瑞士	2.5
中国香港	2.7
韩国	4.1
意大利	4.4
美国	6.0
德国	15.6
中国台湾	18.4
日本	37.8

图7-12 中国大陆以外的机器品牌分布情况（%）

（三）不同规模企业进口机器设备状况

调查数据显示，56.3%的大型企业进口机器设备，28.7%的中型企业以及13.1%的小型企业进口机器设备。

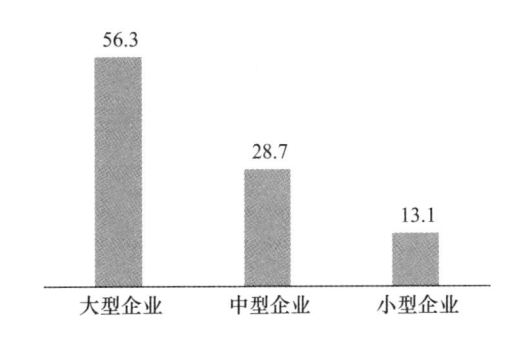

图 7-13 不同规模企业进口机器设备占比（%）

（四）不同行业进口机器设备状况

调查数据显示，电子设备制造业、木材加工业与机械和通用设备制造业这三大行业进口机器设备的占比较高，分别为 46.1%、42.6% 和 39.6%。食品制造业进口机器设备的占比较低，为 17.0%。

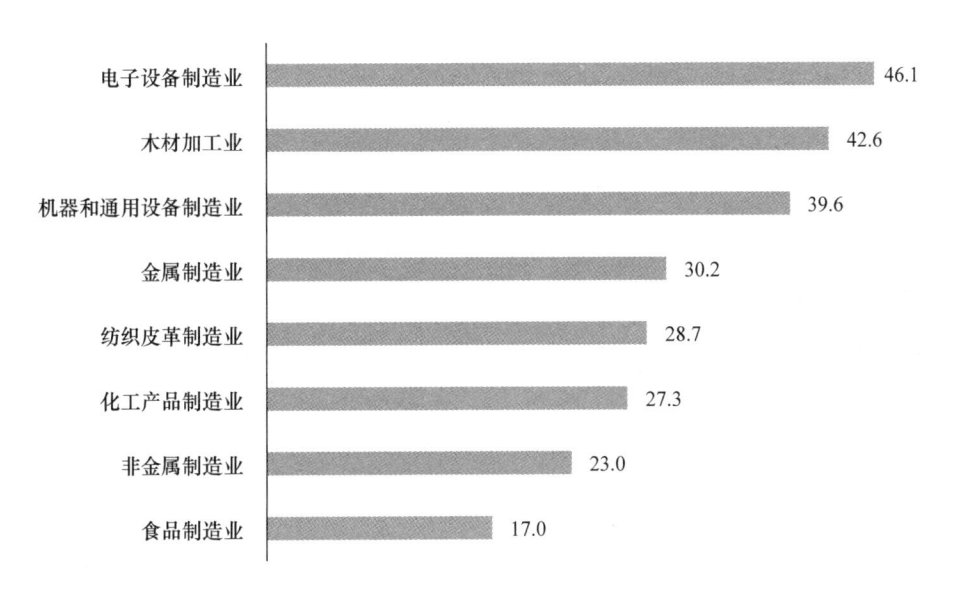

行业	占比
电子设备制造业	46.1
木材加工业	42.6
机器和通用设备制造业	39.6
金属制造业	30.2
纺织皮革制造业	28.7
化工产品制造业	27.3
非金属制造业	23.0
食品制造业	17.0

图 7-14 不同行业企业机器设备进口占比（%）

四 机器设备使用情况

（一）数控机器使用情况

调查数据显示，2015 年 44.1% 的调查企业使用数控机器。不同行业中使用数控机器的企业占比存在差异（见图 7-15）。其中，机械和通用设备制造业、电子设备制造业、金属制造业等行业中超过一半的企业使用数控机器，而化工产品制造业和纺织皮革制造业等行业使用数控机器的比例相对较低。化工产品制造业中 30.5% 的企业使用数控机器，纺织皮革制造业中只有 28.1% 的企业使用数控机器。

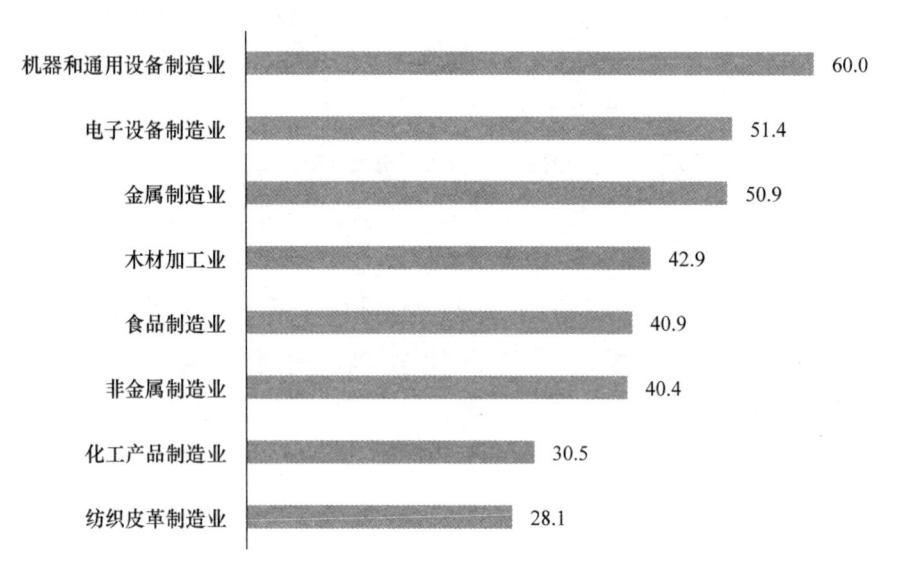

行业	占比(%)
机器和通用设备制造业	60.0
电子设备制造业	51.4
金属制造业	50.9
木材加工业	42.9
食品制造业	40.9
非金属制造业	40.4
化工产品制造业	30.5
纺织皮革制造业	28.1

图 7-15　2015 年不同行业数控机器使用占比（%）

（二）使用数控机器的价值占比

图 7-16 是不同所有制企业使用数控机器的占比。调查数据显示，外资企业使用数控机器的占比为 49.8%，高于民营企业的 47.3% 与国有企业的 43.7%。

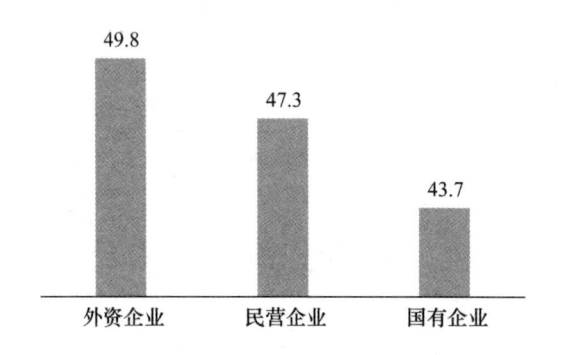

所有制	占比(%)
外资企业	49.8
民营企业	47.3
国有企业	43.7

图 7-16　不同所有制企业使用数控机器比例（%）

(三) 机器人使用情况

调查数据显示，8%的企业使用了机器人，其中广东省有10.2%的企业使用了机器人，湖北省有5.9%的企业使用了机器人。不同行业使用机器人的占比存在差异。机器和通用设备制造业、电子设备制造业使用机器人的企业占比分别为15.5%和13.3%，高于其他行业。纺织皮革制造业使用机器人的企业占比为1.0%，低于其他行业。

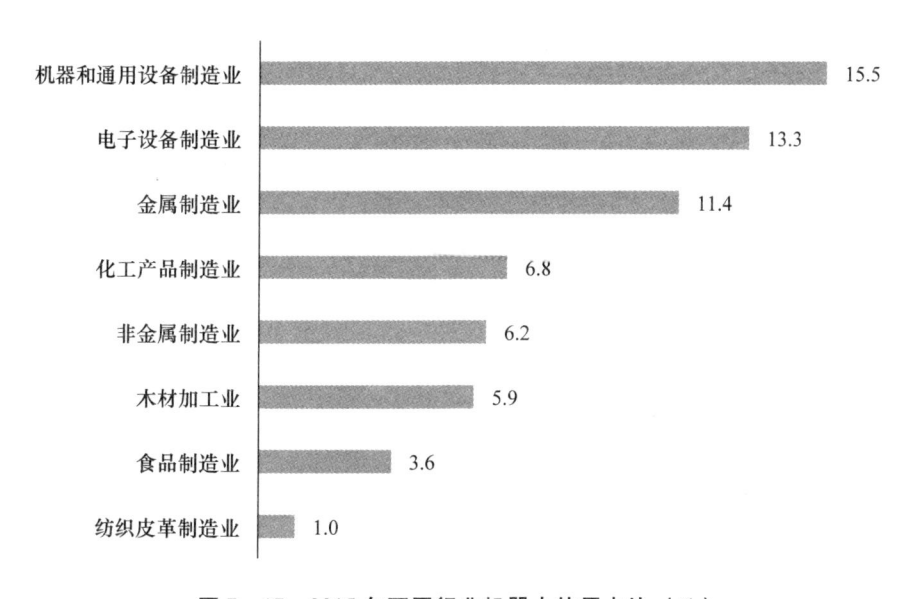

行业	占比(%)
机器和通用设备制造业	15.5
电子设备制造业	13.3
金属制造业	11.4
化工产品制造业	6.8
非金属制造业	6.2
木材加工业	5.9
食品制造业	3.6
纺织皮革制造业	1.0

图7-17 2015年不同行业机器人使用占比（%）

进一步统计不同所有制企业使用机器人的情况可以发现，外资企业使用机器人的比例为14.5%，高于国有企业和民营企业。

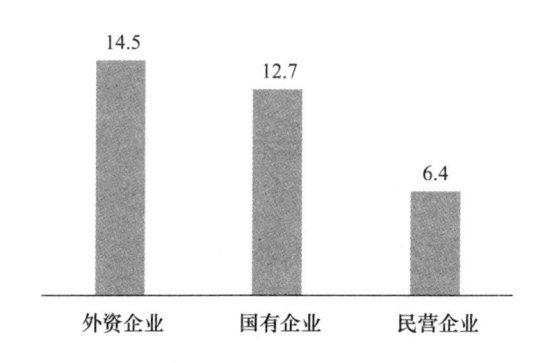

企业类型	占比(%)
外资企业	14.5
国有企业	12.7
民营企业	6.4

图7-18 2015年不同所有制企业机器人使用占比（%）

五 进口中间品使用情况

（一）总体状况

调查数据显示，19.1%的企业使用进口中间品。其中，广东省有23.8%的企业使用进口的中间投入品，湖北省有14.2%的企业使用进口的中间投入品。进一步区分企业所有制，调查数据显示，外资企业使用进口中间品的占比为14.5%，高于国有企业和民营企业。

（二）不同规模企业进口中间投入品状况

大型企业、中型企业与小型企业使用进口中间品的占比分别为34.7%、15.1%和8.8%。大型企业使用进口中间品的占比是小企业的3.96倍。

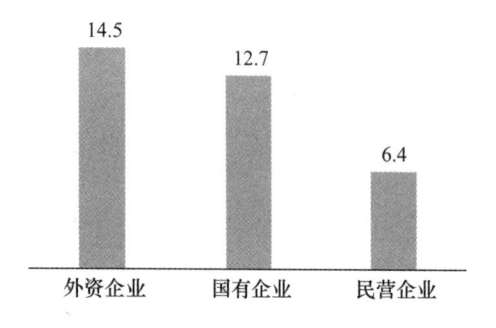

图 7-19 不同所有制企业使用进口中间品占比（%）

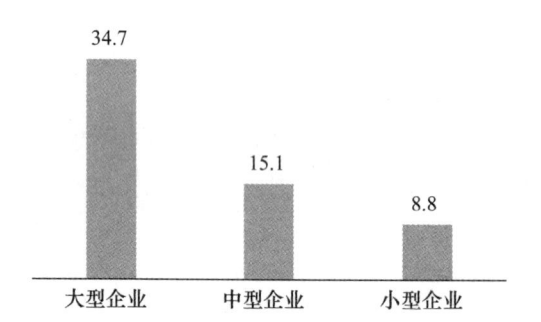

图 7-20 2015 年不同规模企业使用进口中间品占比（%）

（三）不同行业使用进口中间品状况

对于进口中间品的选择，不同行业之间也存在差异。调查数据显示，电子设备制造业是使用进口中间品最多的行业，31.4%的电子设备制造企业使用进口中间品。食品制造业有10.9%的企业使用进口的中间投入品，电子设备制造业的使用占比是食品制造业的2.9倍。

电子设备制造业　　　　　　　　　　　　　　31.4
木材加工业　　　　　　　　　　　21.0
机器和通用设备制造业　　　　　　　20.6
化工产品制造业　　　　　　　　　20.3
金属制造业　　　　　　　　14.9
纺织皮革制造业　　　　　　14.6
非金属制造业　　　　　　12.4
食品制造业　　　　　10.9

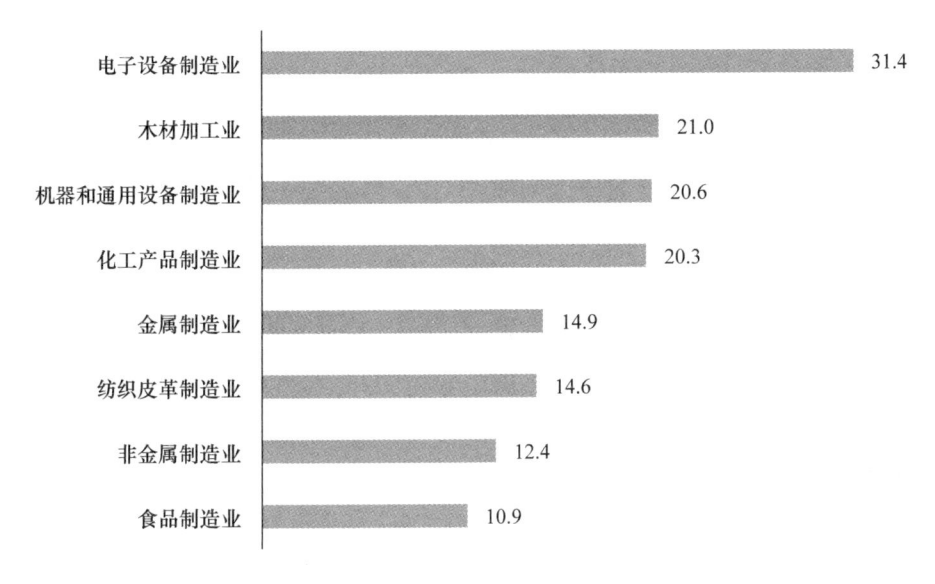

图 7-21　2015 年不同行业使用进口中间品占比（%）

六　企业投资情况

（一）企业最近一次购买固定资产年份

调查数据显示，59% 的企业最近一次购买固定资产的时间都在 2015 年，在 2013 年和 2014 年购买固定资产的企业占比为 12% 和 15%。

■ 2015　■ 2014　2013　※ 2013 年以前

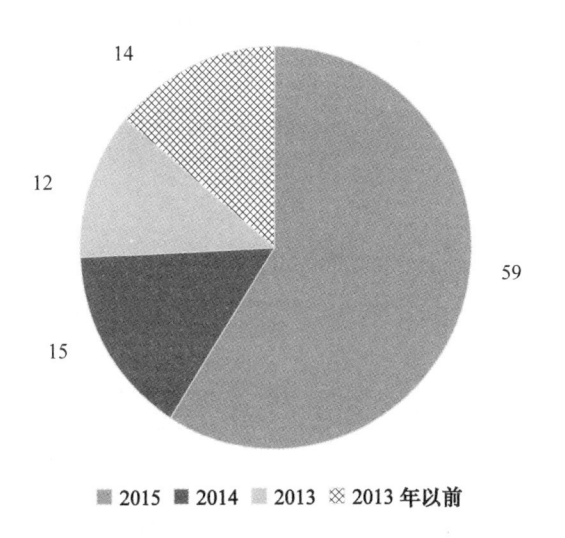

图 7-22　企业最近一次购买固定资产的年份分布（%）

（二）资金对企业投资的影响

1. 总体状况

调查数据显示，31%的企业认为资金是企业进一步发展最重要的限制因素，而认为资金是重要限制因素的企业占比为31%。因此，超过60%的企业认为资金对企业发展存在重要的限制作用。

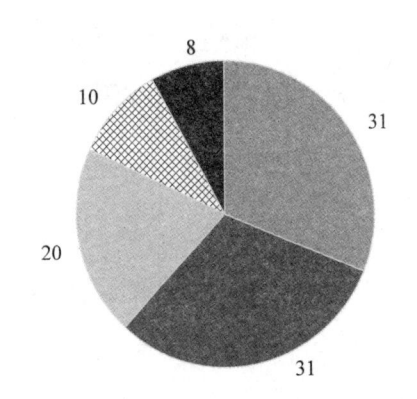

图7-23 资金是否是限制企业扩张或投资新项目的重要限制因素（%）

2. 不同规模企业的状况

调查数据显示，对于资金是否为企业进一步扩张的重要限制因素这一问题，22%的大型企业认为资金是限制企业扩张最重要的因素，28%的中型企业和43%的小型企业认为资金是最重要的限制因素。

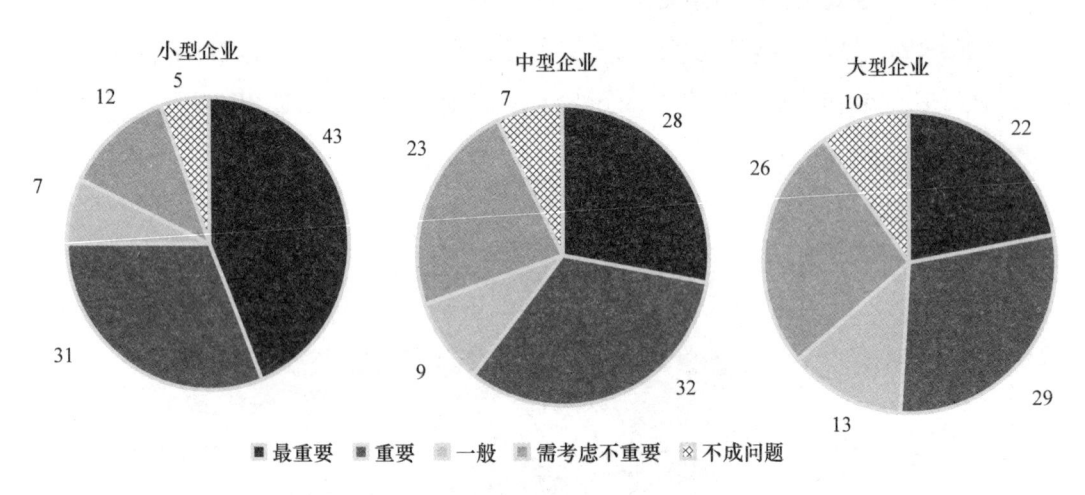

图7-24 不同规模企业认为资金是否是限制企业扩张的重要限制因素（%）

3. 不同所有制的状况

调查数据显示，15.0%的外资企业认为资金是限制企业发展最重要的因素，37.1%的民营企业和23.9%的国有企业认为资金是限制企业扩张最重要的因素。

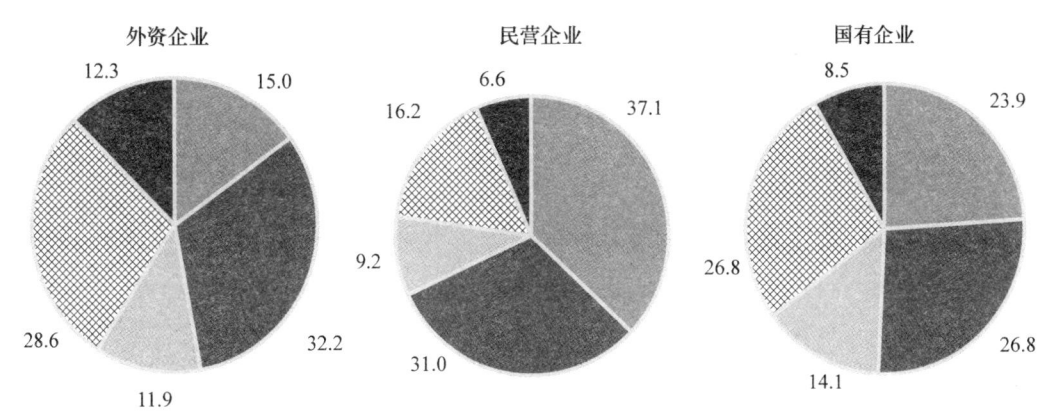

图 7-25 不同所有制企业认为资金是否是限制企业扩张的重要限制因素（%）

七 生产外包状况

（一）外包整体情况

调查数据显示，从 2013 年到 2015 年，调查企业平均外包金额呈现增长趋势。三年外包金额分别为 591.2 万元、636.8 万元和 670.2 万元，从 2013 年到 2015 年平均增长率为 13.4%。

（二）不同所有制状况

进一步区分不同所有制类型的企业外包状况，调查数据显示，国有企业的业务外包占比为 31.1%，高于民营企业的 15.9% 和外资企业的 20.7%。

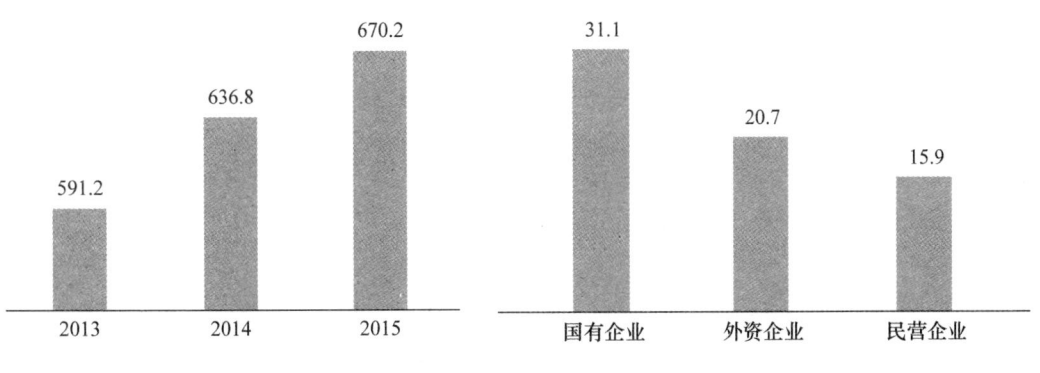

图 7-26 2013—2015 年企业外包金额变化（万元）

图 7-27 不同所有制企业生产外包占比（%）

(三) 不同规模企业状况

调查数据显示，大型企业、中型企业和小型企业生产外包占比分别为 16%、8% 和 8%。

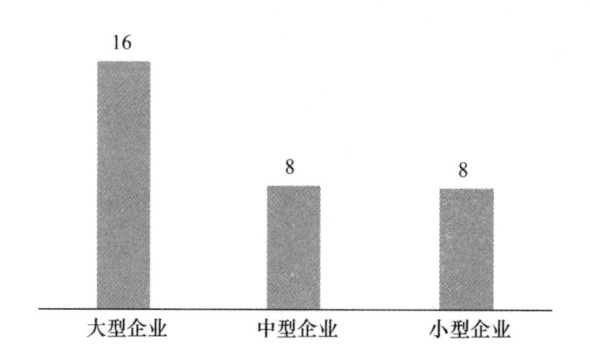

图 7-28 不同规模企业生产外包占比（%）

(四) 不同行业外包行为分析

图 7-29 呈现了不同行业生产外包占比。调查数据显示，电子设备制造业、金属制造业外包占比较高，分别为 27.6% 和 26.5%。食品制造业、非金属制造业生产外包占比较低，分别为 10.3% 和 8.2%。

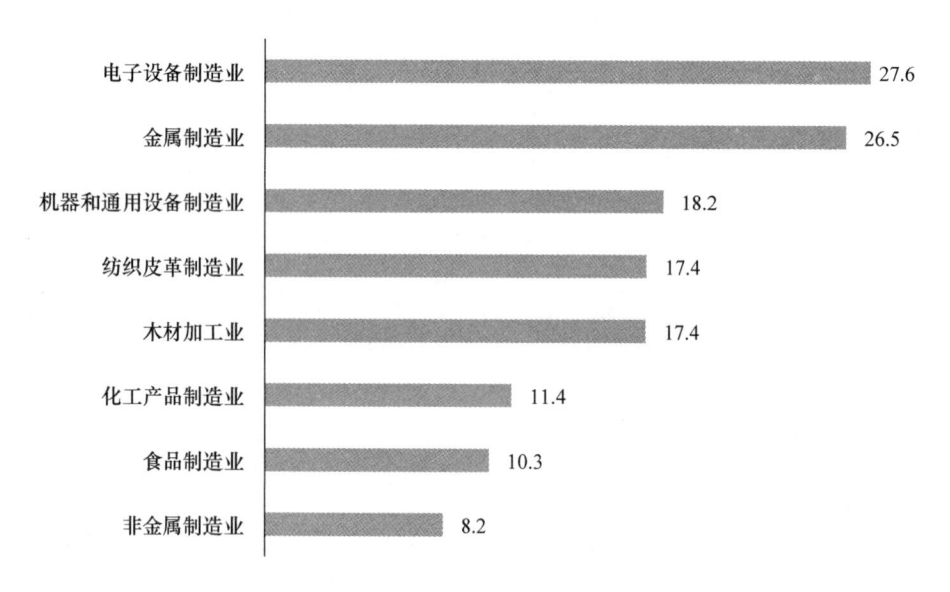

图 7-29 不同行业企业生产外包占比（%）

第八章
企业销售状况

本章描述的是2016年CEGS的企业销售状况，主要从企业销售基本情况、企业销售市场分布状况与企业销售回款情况三个方面进行统计说明。其中，销售基本情况分别从总体与行业两个维度进行具体描述；企业销售市场分布情况分析了企业产品主要销售地区、销售额最大产品在主销地区所占市场份额以及市场占有率排名情况等内容；企业销售回款情况则从企业赊账销售与应收账款回款周期两方面进行统计。

一 企业销售

（一）总体状况

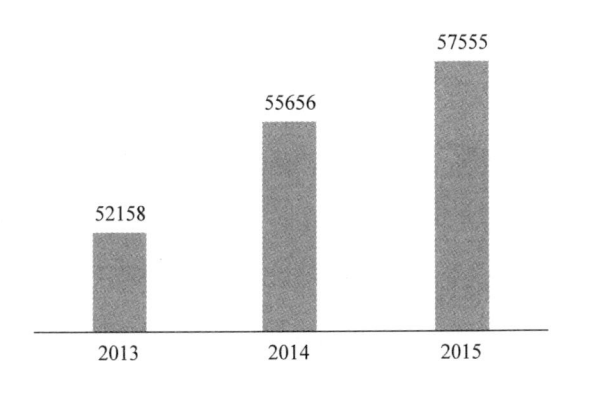

图8-1 2013—2015年企业销售收入对比（万元）

2016年调查了2013—2015年三年的企业销售收入，调查数据显示（图8-1），2013年企业的平均销售收入为52158万元；2014年企业的平均销售收入为55656万元，年均增长率为31.1%；2015年企业的平均销售收入为57555万元，年均增长率为37.5%。

(二) 行业差异

不同行业 2015 年平均销售收入从低到高依次为：纺织皮革制造业、非金属制造业、木材加工业、食品制造业、金属制造业、机器和通用设备制造业、化工产品制造业和电子设备制造业。其中，电子设备制造业年均销售额最高，为 128399 万元，高出平均值 123%；纺织皮革制造业销售额最低，为 12475 万元，低于平均值 78%。

行业	销售收入（万元）
纺织皮革制造业	12475
非金属制造业	19156
木材加工业	22399
食品制造业	27870
金属制造业	28595
机器和通用设备制造业	83283
化工产品制造业	114056
电子设备制造业	128399

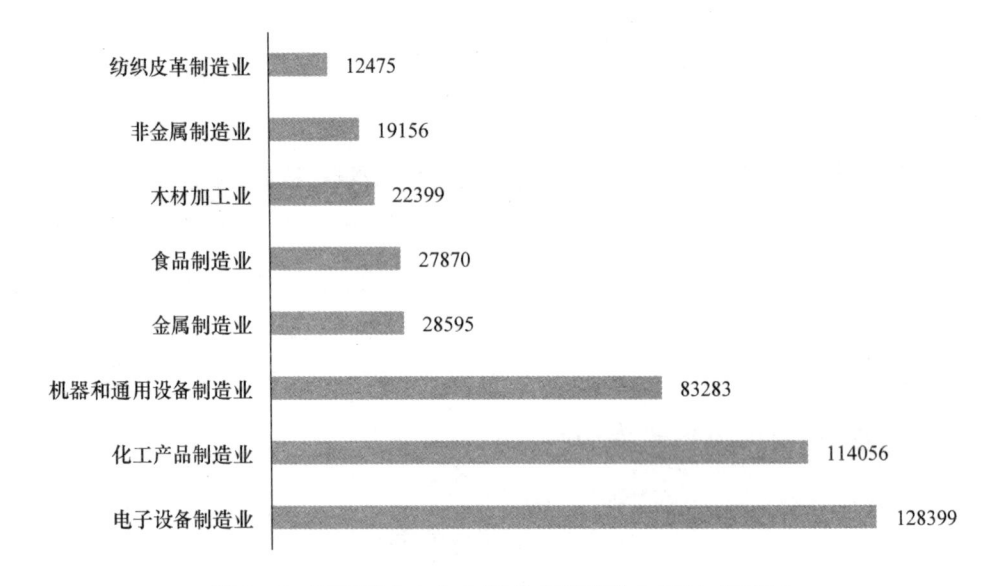

图 8-2 不同行业内企业 2015 年销售收入情况（万元）

2015 年样本企业销售收入平均年增长率为 37.52%，从不同行业的销售收入年增长率来看（图 8-3），非金属制造业的年增长率最大，为 80.1%，化工产品制造业年增长率最低，不足 10%。八大行业年销售收入增长率由低到高依次为：化工产品制造业、纺织皮革制造业、食品制造业、机器和通用设备制造业、电子设备制造业、金属制造业、木材加工业和非金属制造。

化工产品制造业　9.0
纺织皮革制造业　20.0
食品制造业　21.6
机器和通用设备制造业　29.1
电子设备制造业　36.0
金属制造业　39.1
木材加工业　55.5
非金属制造业　80.1

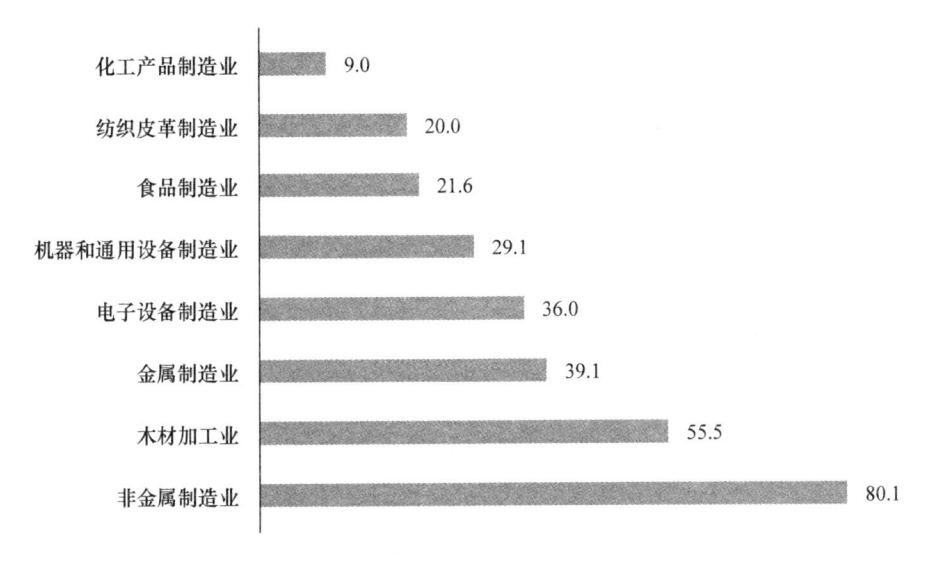

图 8-3　不同行业内企业销售收入增长率（%）

二　销售市场

（一）主要销售地区状况

1. 总体状况

调查数据表明，有34%的调查企业销售市场在本省，有41%的企业主要销售市场在国内其他省份，还有25%的企业主要销售地区在中国大陆以外（含港澳台）。

2. 出口企业差异

有出口的企业中，主要销售市场在中国大陆以外（含港澳台）的企业比例为59%，主要销售市场为本省的企业比例为11%，主要销售市场为国

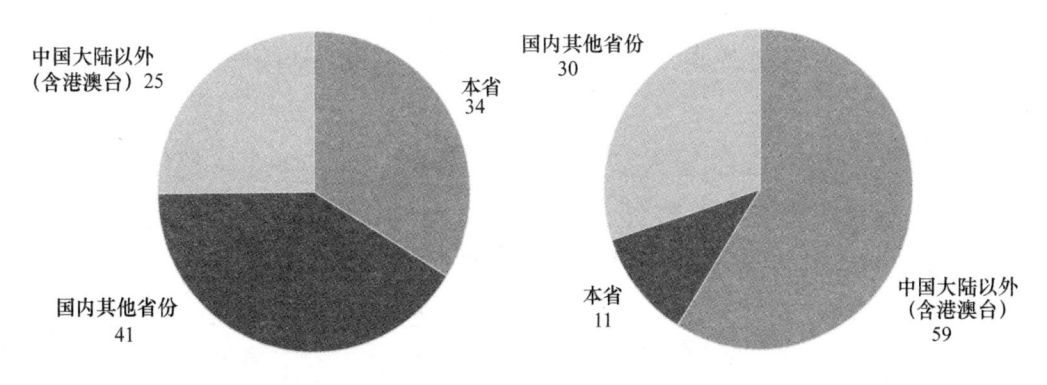

图 8-4　企业主要销售地区分布情况（%）　　图 8-5　出口企业主要销售地区分布情况（%）

内其他省份的企业比例为30%。

3. 行业差异

主要销售地区在本省的企业中，纺织皮革制造业整体占比最低，为15%；非金属制造业的行业整体占比最高，为54%。不同行业的企业主销地区在本省的企业占比由低到高依次为：纺织皮革制造业、电子设备制造业、木材加工业、化工产品制造业、金属制造业、机器和通用设备制造业、食品制造业和非金属制造业。

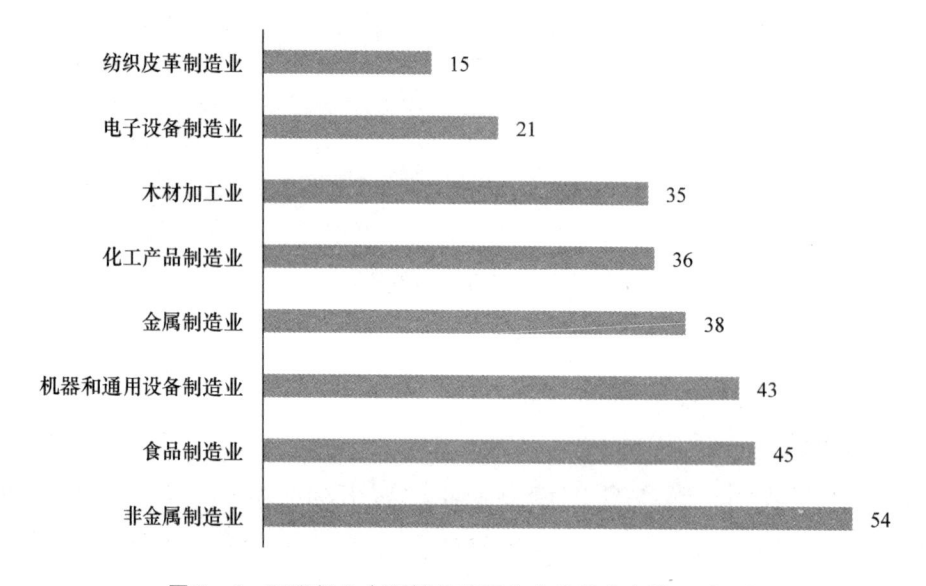

纺织皮革制造业	15
电子设备制造业	21
木材加工业	35
化工产品制造业	36
金属制造业	38
机器和通用设备制造业	43
食品制造业	45
非金属制造业	54

图8-6　不同行业主要销售地区在本省的分布情况（%）

主要销售地区在国内其他省份的企业中，木材加工业整体占比最低，为31%；化工产品制造业整体占比最高，为53%。其他行业占比由低到高依次为：非金属制造业（33%）、纺织皮革制造业（41%）、电子设备制造业（41%）、金属制造业（42%）、机器和通用设备制造业（44%）、食品制造业（47%）。

主要销售地区在中国大陆以外的企业中，食品制造业整体占比最低，为9%；纺织皮革制造业整体占比最高，为44%。其他行业占比由低到高依次为：化工产品制造业（12%）、机器和通用设备制造业（13%）、非金属制造业（13%）、金属制造业（19%）、木材加工业（34%）、电子设备制造业（37%）。

行业	比例
木材加工业	31
非金属制造业	33
纺织皮革制造业	41
电子设备制造业	41
金属制造业	42
机器和通用设备制造业	44
食品制造业	47
化工产品制造业	53

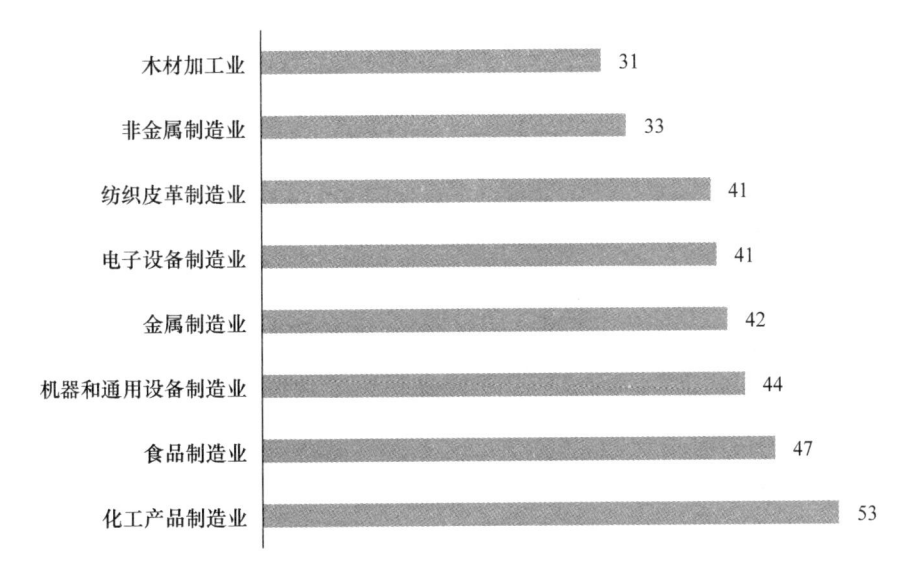

图 8-7 不同行业主要销售地区在国内其他省份的分布情况（%）

行业	比例
食品制造业	9
化工产品制造业	12
机器和通用设备制造业	13
非金属制造业	13
金属制造业	19
木材加工业	34
电子设备制造业	37
纺织皮革制造业	44

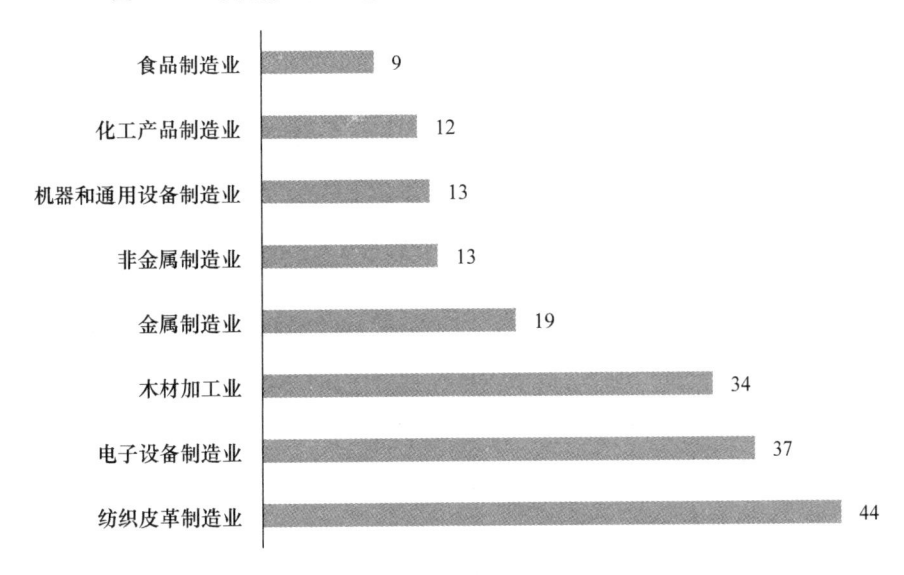

图 8-8 不同行业主要销售地区在中国大陆以外分布情况（%）

4. 规模差异

在不同规模的企业中，小型企业主要销售地区为本省的比例最高，为50%，主销地区为国内其他省份的比例为39%，大陆以外地区为11%；中型企业的主要销售地区为其他省份的比例最高，为42%，主销地区为省内和大陆以外地区的比例分别为28%和29%；大型企业的主要销售地区为其他省份的比例最高，为41%，主销地区为省内和大陆以外的地区的比例分别为22%和37%。

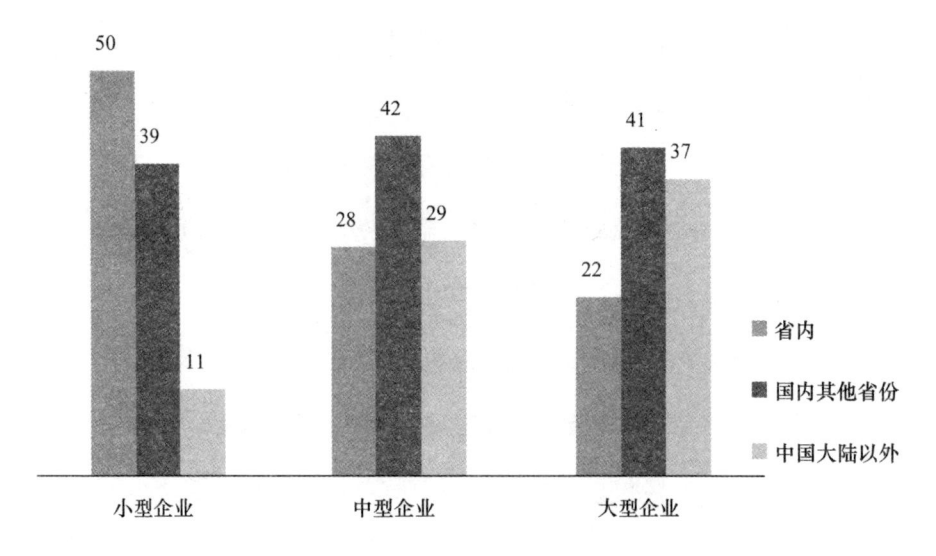

图 8-9 不同规模企业主要销售地区分布情况（%）

（二）销售额最大产品市场份额状况

调查数据显示（图 8-10），20.3% 的调查企业销售额最大的产品在主要销售市场的份额位于 50% 以上；27.1% 的企业这一比例位于 11%—50% 之间；52.6% 的企业这一比例小于 10%，其中 20.5% 的企业这一比例不足 1%。

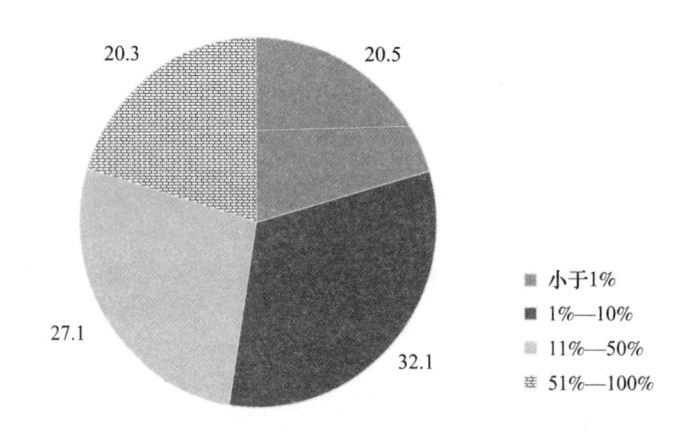

图 8-10 企业销售额最大的产品在主要销售地所占市场份额（%）

（三）产品市场占有率排名

调查数据显示（图 8-11），有 80.2% 的企业销售额最大产品在主要销售地的市场占有率排名位于前三位，其中有 44.8% 的企业销售额最大的产品在销售地的占有率排名第一,19.8%的企业在主要销售地的市场占有率排名位于三名以后。

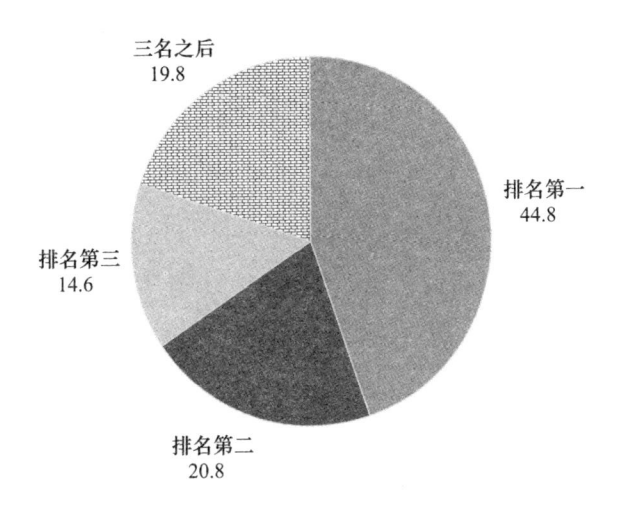

图 8-11 企业销售额最大的产品在主要销售地的市场占有率排名(%)

三 销售回款

(一) 赊账销售

调查数据表明(图 8-12),62.0%的调查企业在销售时都接受客户赊账,赊账销售占总销售额的比重为54.5%。

从不同规模企业的数据来看,大型企业赊账销售额占总销售额的比例最高,为58.3%;其次为中型企业,赊账销售比例为56.4%;小型企业赊账的销售额占总销售额的比例最低,为49.1%。

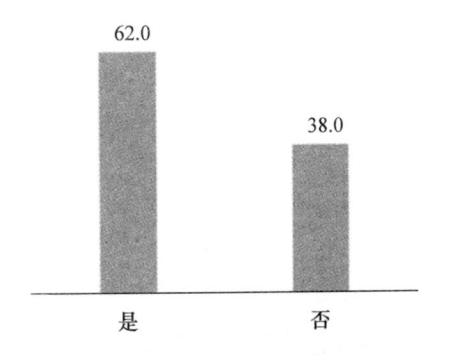

图 8-12 企业是否接受客户赊账的情况(%)

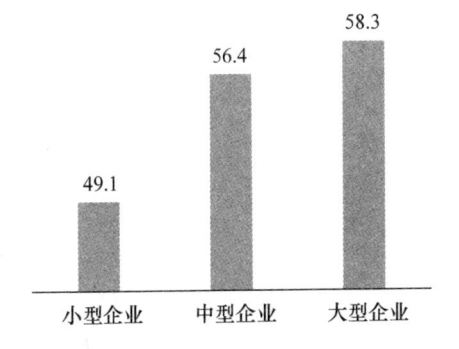

图 8-13 不同规模企业赊账销售占总销售额比例(%)

(二) 应收账款回款周期

调查数据表明（图8-14），企业所能接受的客户赊账的最长期限是170天，企业收回应收账款平均需要98天。从不同行业的数据来看，化工产品制造业所需要的回款周期最长，为143天；木材加工业和非金属制造业收回应收账款的平均天数也在100天以上；机器和通用设备制造业、电子设备制造业收回应收账款的平均天数最短，分别为80天和81天。

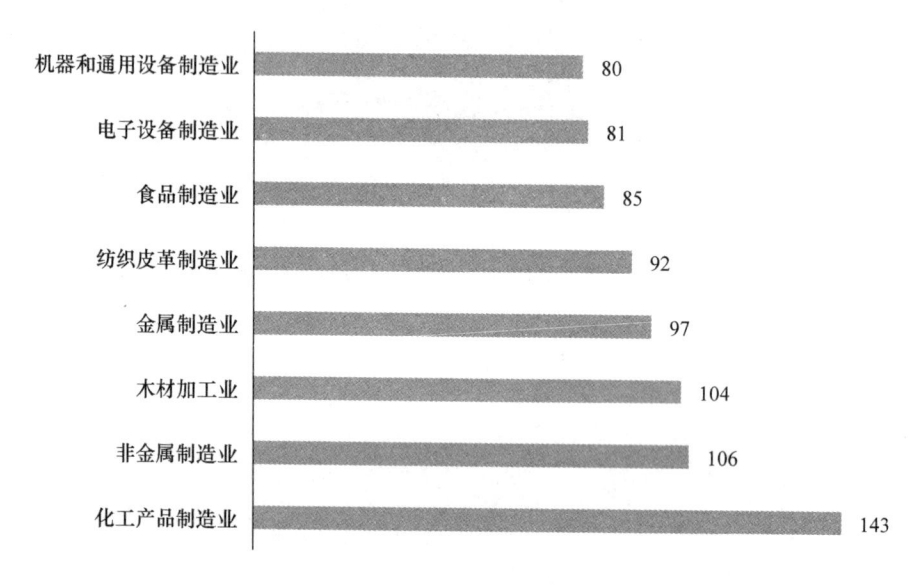

行业	天数
机器和通用设备制造业	80
电子设备制造业	81
食品制造业	85
纺织皮革制造业	92
金属制造业	97
木材加工业	104
非金属制造业	106
化工产品制造业	143

图8-14 不同行业企业收回应收账款的平均天数（天）

从不同规模企业的数据来看，小型企业回收账款的时长显著高于中型企业和大型企业，平均需124天；中型企业平均回款需92天；大型企业所需回款时间最短，为72天。

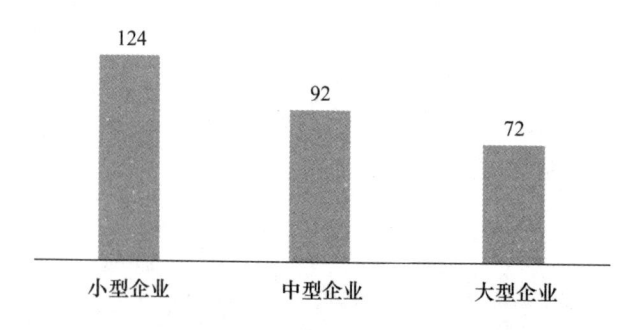

企业规模	天数
小型企业	124
中型企业	92
大型企业	72

图8-15 不同规模企业收回应收账款的平均天数（天）

从是否出口来看，出口企业收回应收账款的平均天数为 67 天，非出口企业收回应收账款的平均天数为 116 天。

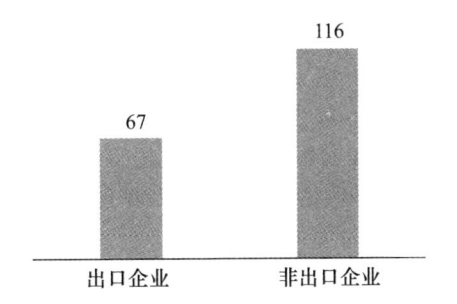

图 8-16 出口企业收回应收账款的平均天数（天）

从所有制来看，外资企业收回应收账款的平均天数最短，为 65 天；国有企业为 78 天；民营企业收回账款的周期最长，为 107 天。

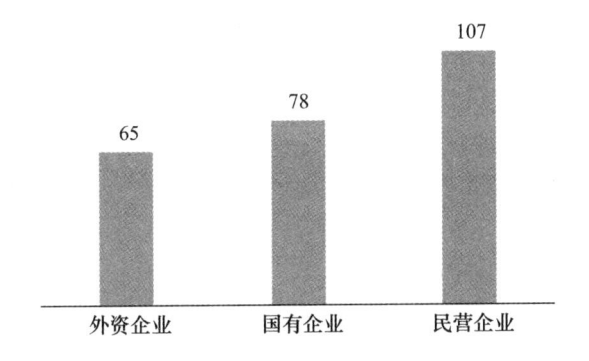

图 8-17 不同所有制企业收回应收账款的平均天数（天）

第九章
出口状况

本章描述的是 2016 年 CEGS 调查的企业出口状况，本部分将从出口企业比例、出口金额、出口模式和计价货币等方面对出口状况进行描述。

一 出口基本情况

（一）出口企业比例

从总体来看，42.5%的调查企业有出口。从不同省份数据来看，广东省的出口企业比例为 64.1%，湖北省为 22.7%。

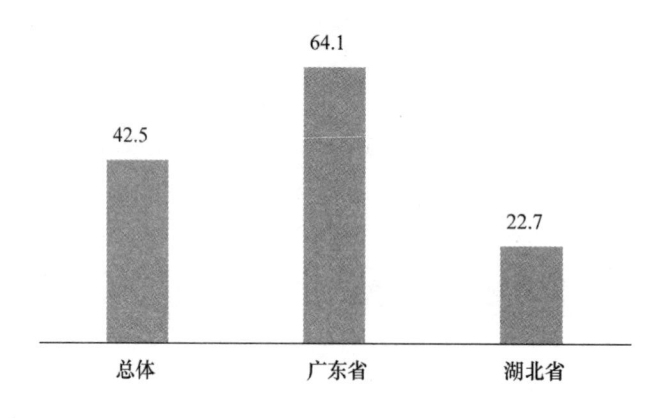

图 9-1 不同省份出口企业占比（%）

按不同所有制划分，外资企业出口比例最高，为 82.1%；其次是国有企业，为 40.0%；民营企业最低，为 30.3%。

按不同企业规模划分，大型企业出口占比为 79.1%，中型企业为 60.5%，小型企业为 28.1%。

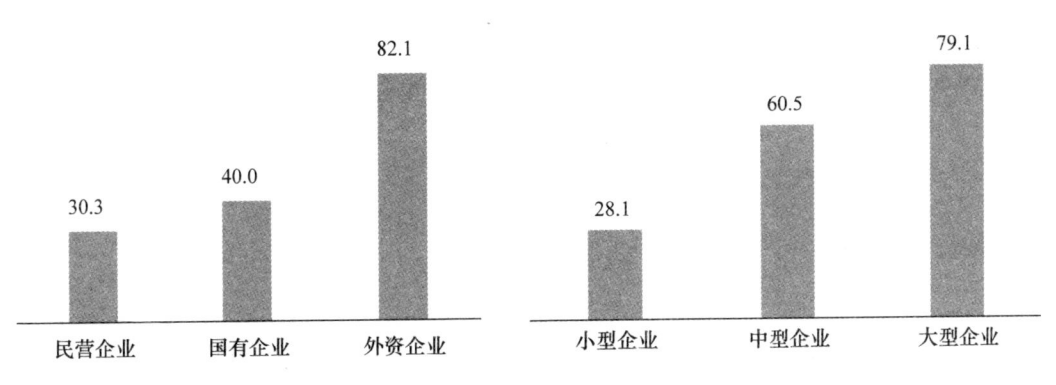

图9-2　不同所有制出口企业占比（%）
- 民营企业 30.3
- 国有企业 40.0
- 外资企业 82.1

图9-3　不同规模出口企业占比（%）
- 小型企业 28.1
- 中型企业 60.5
- 大型企业 79.1

分行业统计发现，出口企业占比最高的前三位行业是：电子设备制造业（61.6%）、纺织皮革制造业（51.7%）和木材加工业（49.5%），食品制造业的出口企业比例最低，为16.0%。

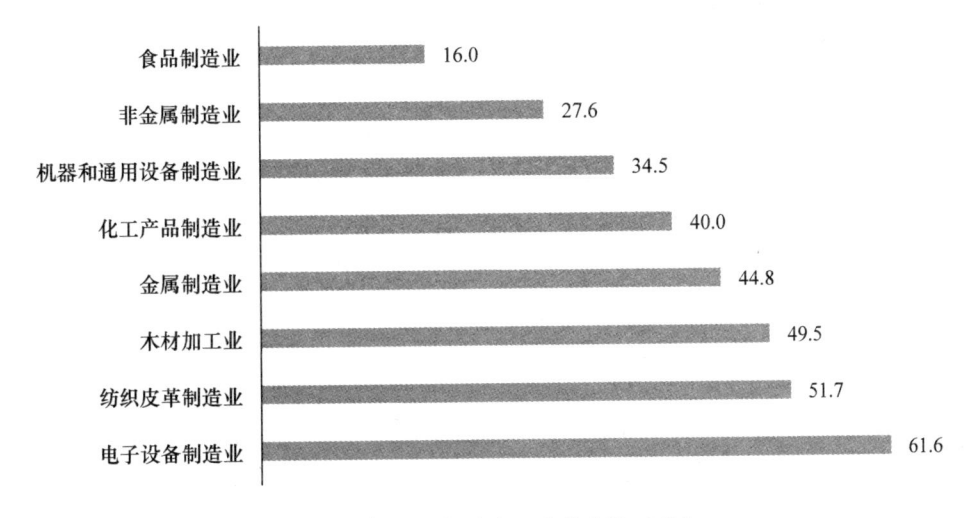

图9-4　不同行业出口企业占比（%）
- 食品制造业 16.0
- 非金属制造业 27.6
- 机器和通用设备制造业 34.5
- 化工产品制造业 40.0
- 金属制造业 44.8
- 木材加工业 49.5
- 纺织皮革制造业 51.7
- 电子设备制造业 61.6

(二) 出口额

1. 平均出口额

调查数据显示，总体样本企业平均出口额为30074万元。从不同省份数据来看，2015年，广东省企业的平均出口额为37860万元，湖北省为10991万元。

按不同所有制划分，外资企业的平均出口额最高，为 46381 万元；国有企业次之，为 41584 万元；民营企业最低，为 12943 万元。

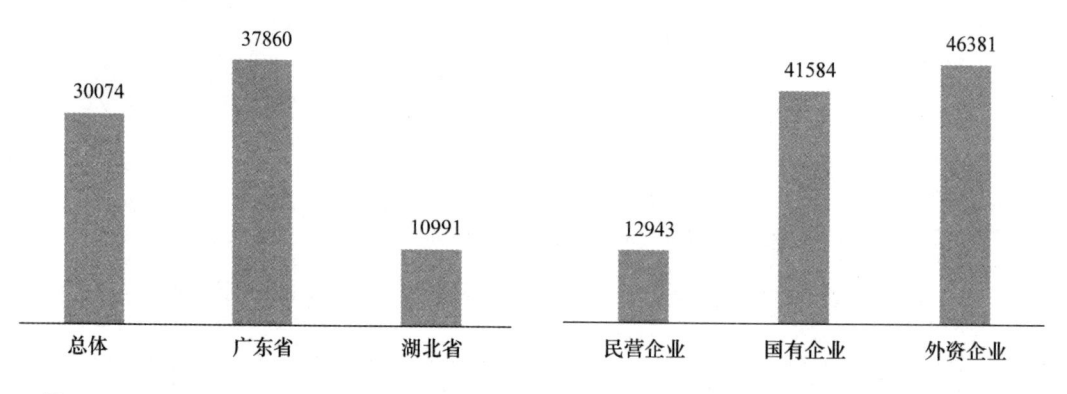

图 9-5　不同省份企业平均出口额（万元）

图 9-6　不同所有制企业平均出口额（万元）

按不同企业规模划分，大型企业平均出口额为 52097 万元，中型企业为 5003 万元，小型企业为 1827 万元。

2. 出口额占销售额比重

在出口额占销售额比重方面，总体调查企业平均出口额占销售额比重为 52.3%。从不同省份数据来看，广东省为 59.3%，湖北省为 35.1%。

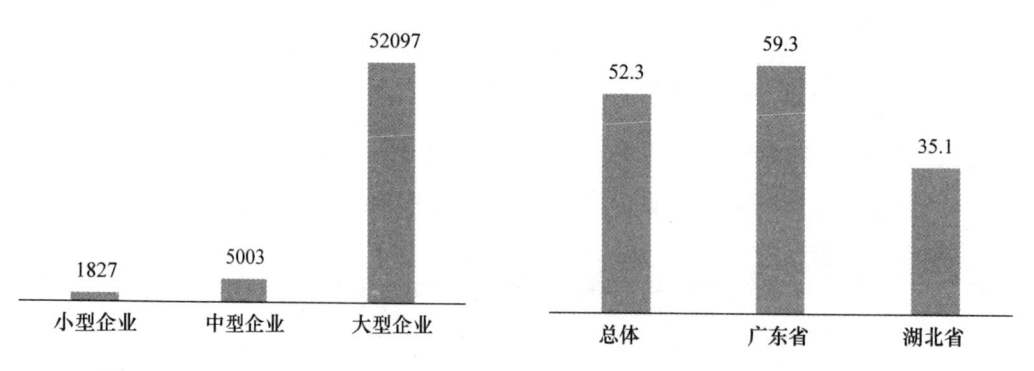

图 9-7　不同规模企业平均出口额（万元）

图 9-8　不同省份企业出口额占销售额比重（%）

按不同所有制划分，外资企业平均出口额占销售额比重为 63.2%，民营企业为 46.7%，国有企业为 18.7%。

按不同企业规模划分，大型企业平均出口额占销售额比重为 48.6%，中型企业为 59.3%，小型企业为 49.9%。

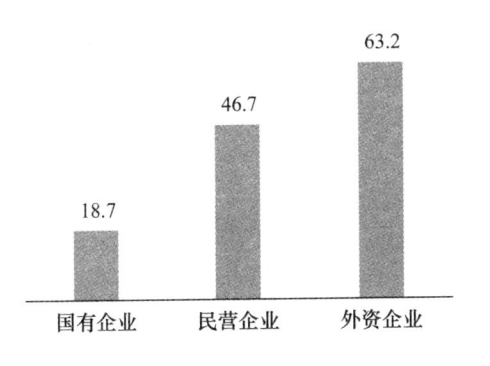

图 9-9　不同所有制企业出口额占销售额比重

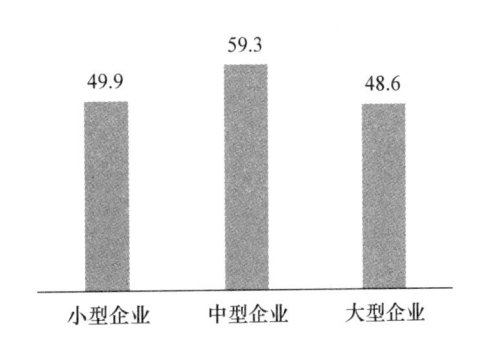

图 9-10　不同规模企业出口额占销售额比重

分行业统计发现，平均出口额占销售额比重最高的是纺织皮革制造业，为69.3%，接着依次为木材加工业（61.8%）、电子设备制造业（53.9%）、非金属制造业（51.7%）、金属制造业（40.9%）、食品制造业（36.8%）、机器和通用设备制造业（35.8%），最低的是化工产品制造业，为32.2%。

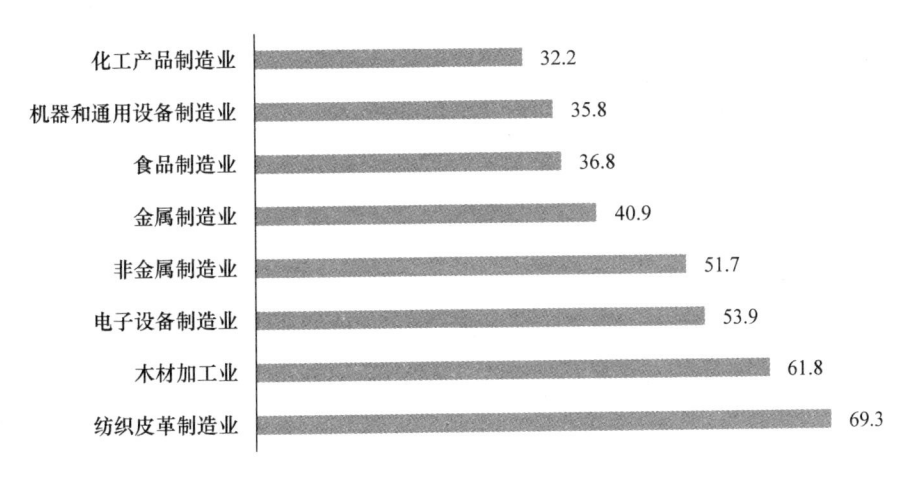

图 9-11　不同行业企业出口额占销售额比重（%）

（三）出口市场分布

1. 出口国家和地区数量

调查数据显示，调查企业出口国家和地区平均数量为11个。其中，大型企业为14个，中型企业为10个，小型企业为5个。

按不同所有制划分，民营企业出口国家和地区平均数量为12个；国有企业次之，为11个；外资企业为10个。

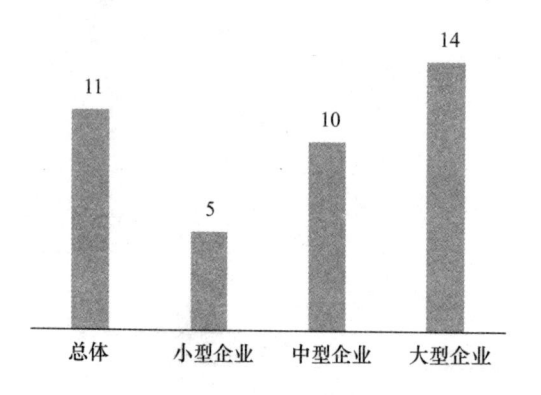

图 9-12 不同规模企业出口国家和地区数量（个）

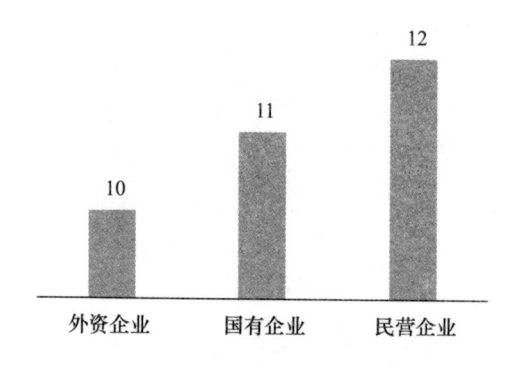

图 9-13 不同所有制企业出口国家和地区数量（个）

分行业统计发现，电子设备制造业平均出口国家和地区数为 16 个，其次是化工产品制造业（13 个）、木材加工业（12 个）、金属制造业（12 个），机器和通用设备制造业出口市场最少，为 6 个。

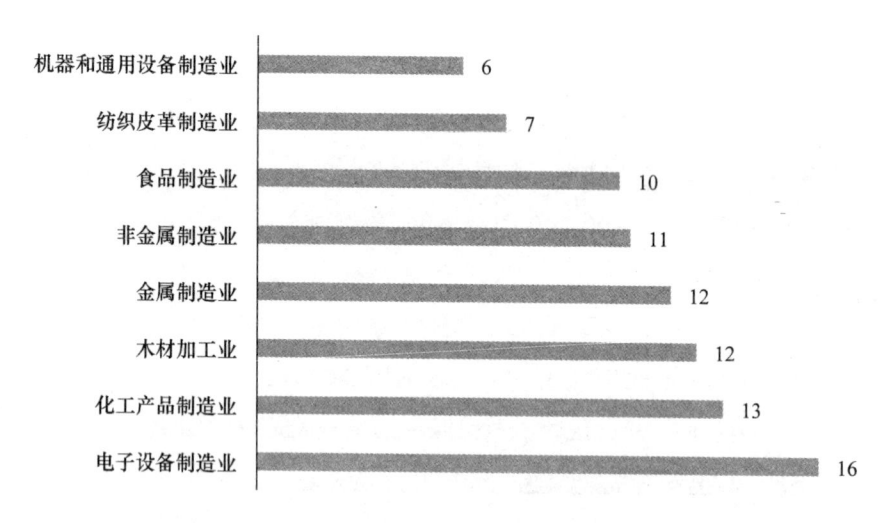

图 9-14 不同行业企业出口国家和地区数量（个）

2. 新增出口情况

2015 年，总体上，10.8% 的样本企业存在新出口的国家和地区。从不同省份数据来看，湖北省为 17.1%，广东省为 8.3%。

按不同所有制划分，国有企业有新增出口地的占比为 26.9%；民营企业次之，为 13.3%；外资企业为 6.2%。

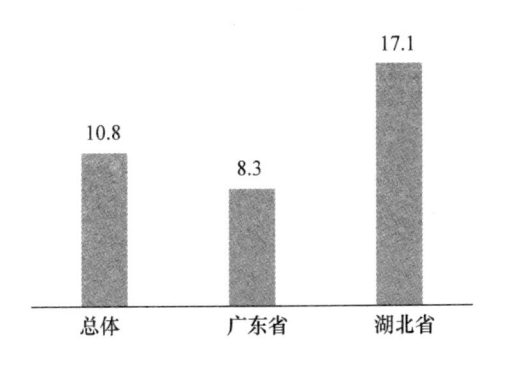

图 9 – 15　不同省份有新增出口国家和地区的企业占比（%）

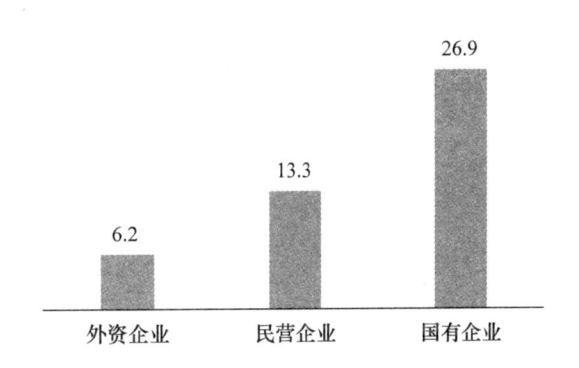

图 9 – 16　不同所有制有新增出口国家和地区的企业占比（%）

3. 出口份额

调查数据显示，2015 年，销量第一位的出口市场，其出口额占总出口额的比例为 56.5%；第二位出口市场份额为 21.3%。

（四）出口退税率

调查数据显示，2015 年，企业的出口退税率为 12.1%。按不同省份划分，湖北省为 13.0%，广东省为 11.8%。

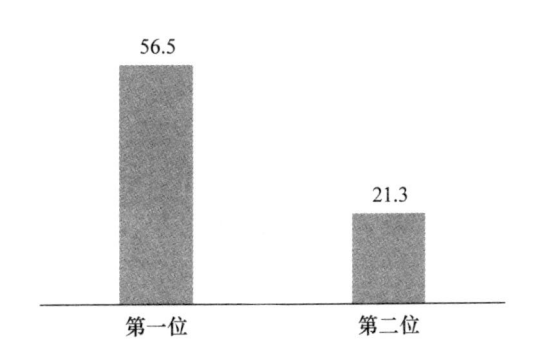

图 9 – 17　企业出口份额占比（%）

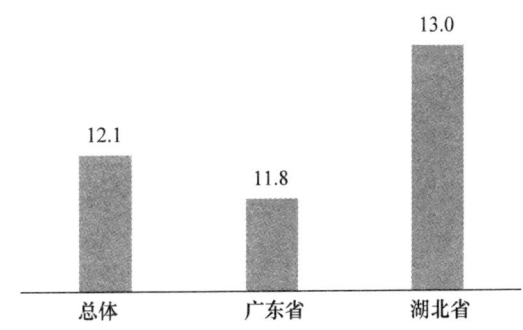

图 9 – 18　不同省份企业出口退税率（%）

按不同所有制划分，国有企业的出口退税率最高，为 14.7%；民营企业次之，为 11.9%；外资企业最低，为 11.8%。

按不同企业规模划分，中型企业的出口退税率最高，为 13.3%；大型企业为 12.0%；小型企业为 9.7%。

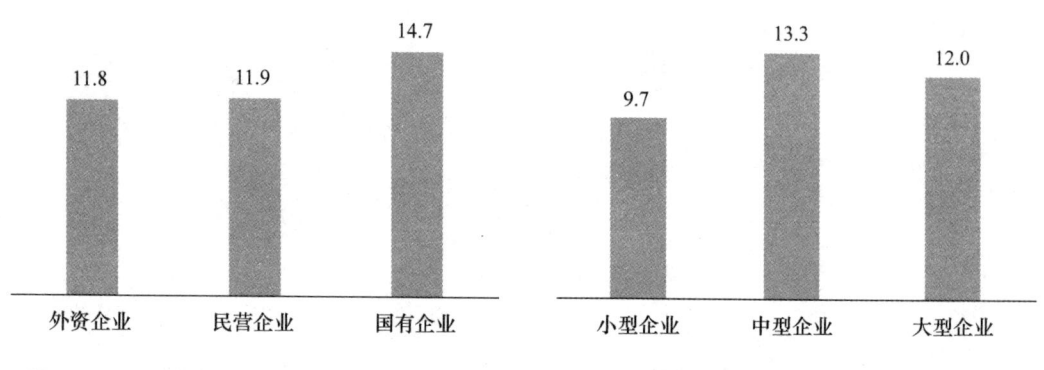

图9-19 不同所有制企业出口退税率（%）

图9-20 不同规模企业出口退税率（%）

分行业分析发现，食品制造业出口退税率最高，为21.0%，其次是纺织皮革制造业（13.6%）、电子设备制造业（12.8%）、机器和通用设备制造业（12.5%）等行业，化工产品制造业的出口退税率最低，为8.5%。

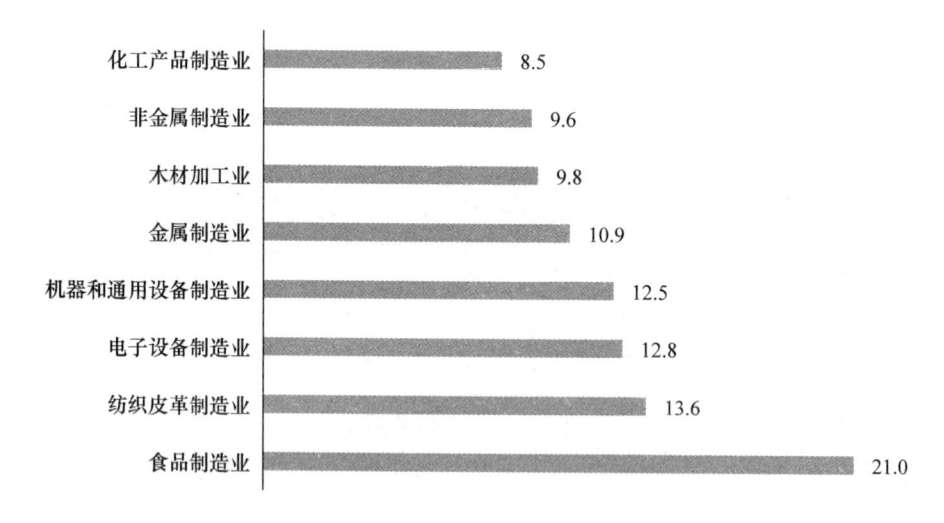

图9-21 不同行业企业出口退税率（%）

二 出口方式

（一）直接出口与间接出口

调查数据显示，2015年在出口企业中，直接报关出口的比例为71.2%，间接出口的比例为28.8%。按不同省份划分，广东省企业直接报关出口的比例为77.4%，湖北省为56.0%。

按不同所有制划分，外资企业直接报关出口的比例为83.7%，国有企业为63.9%，民营企业为61.2%。

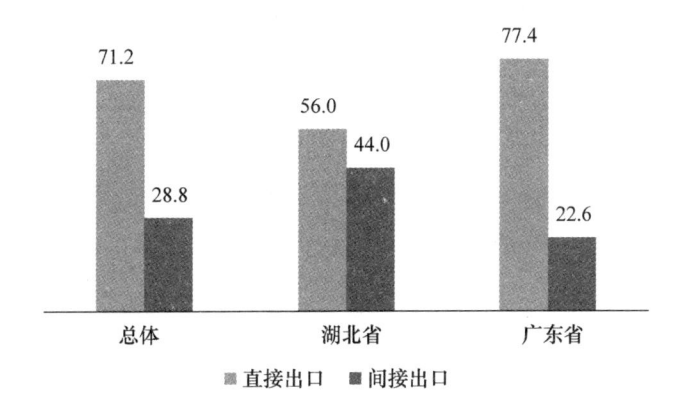

图9-22 不同省份企业不同模式出口比例（%）

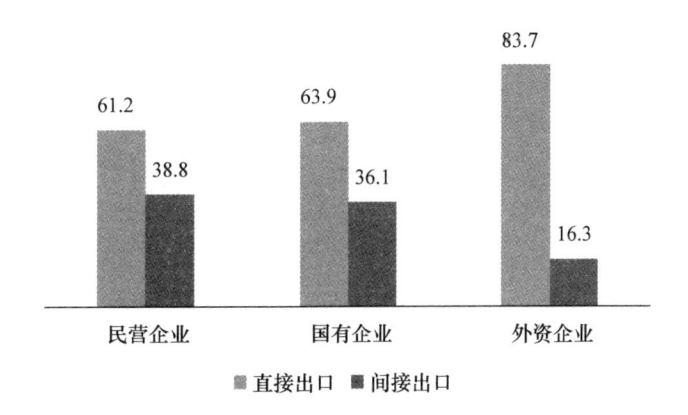

图9-23 不同所有制企业不同模式出口比例（%）

分行业统计发现，金属制造业的直接报关出口比例为81.8%，接着是木材加工业（79.4%）、电子设备制造业（76.0%），食品制造业的直接报关出口占比最低，为55.4%。

（二）加工贸易出口

总体来看，在出口企业中，从事加工贸易出口的企业占比为35.6%。从不同省份数据来看，广东省为42.5%，湖北省为18.9%。

图中数据：

食品制造业 44.6 / 55.4
非金属制造业 39.9 / 60.1
化工产品制造业 35.7 / 64.3
机器和通用设备制造业 34.1 / 65.9
纺织皮革制造业 29.8 / 70.2
电子设备制造业 24.0 / 76.0
木材加工业 20.6 / 79.4
金属制造业 18.2 / 81.8

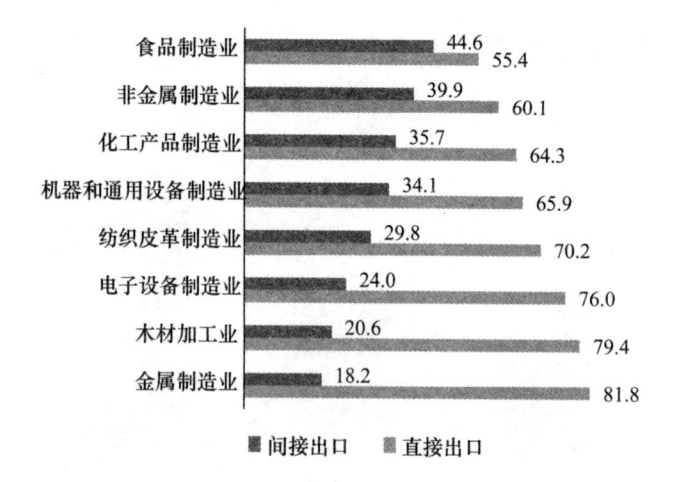

■ 间接出口　■ 直接出口

图9-24　不同行业不同模式出口比例（%）

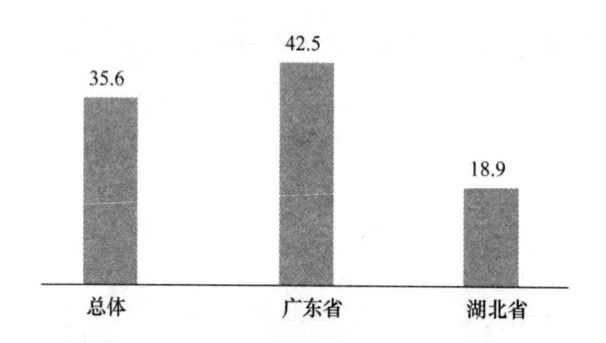

总体 35.6　广东省 42.5　湖北省 18.9

图9-25　不同省份加工贸易企业占比（%）

分行业统计发现，纺织皮革制造业的加工贸易企业占比最高，为49.4%，其次是金属制造业（39.0%）、木材加工业（38.8%）、电子设备制造业（37.4%），食品制造业的加工贸易企业占比最低，为17.7%。

食品制造业 17.7
化工产品制造业 21.1
机器和通用设备制造业 23.4
非金属制造业 29.0
电子设备制造业 37.4
木材加工业 38.8
金属制造业 39.0
纺织皮革制造业 49.4

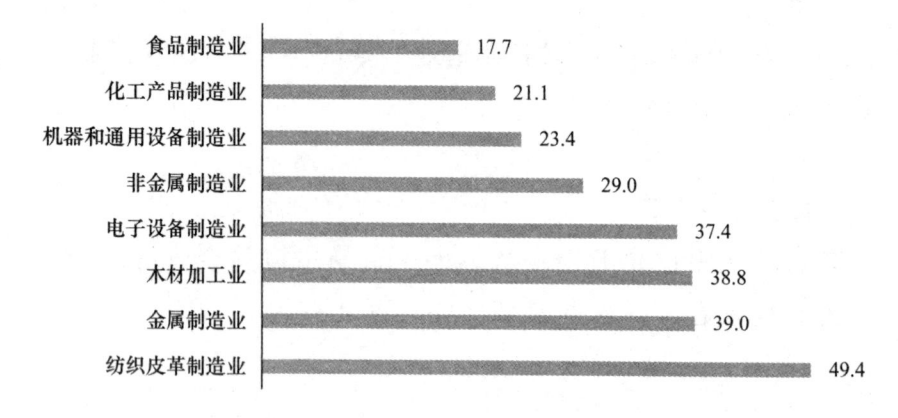

图9-26　不同行业加工贸易企业占比（%）

三 企业的结算与计价货币

(一)结算货币

调查数据显示,在出口结算货币中,排在第一位的是美元,占 69.3%;排在第二位的是人民币,占 21.7%。

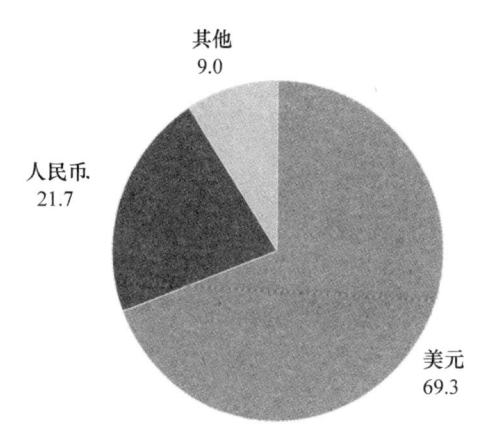

图 9-27 总体结算额比例(%)

从不同省份数据来看,广东省出口企业使用美元额度占比为 70.1%,湖北省为 67.3%;广东省使用人民币额度占比为 19.7%,湖北省为 26.7%。

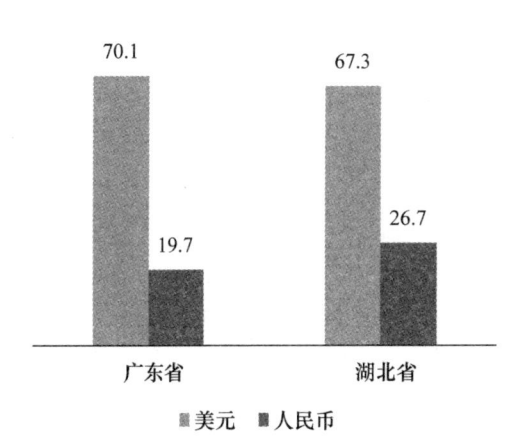

图 9-28 不同省份企业结算额比例(%)

(二)计价货币

调查数据显示,在出口计价货币中,排在第一位的是美元,占62.1%;排在第二位的是人民币,占29.6%。

从不同省份数据来看,广东省出口企业使用美元额度占比为64.1%,湖北省为57.3%;广东省使用人民币额度占比为25.7%,湖北省为39.3%。

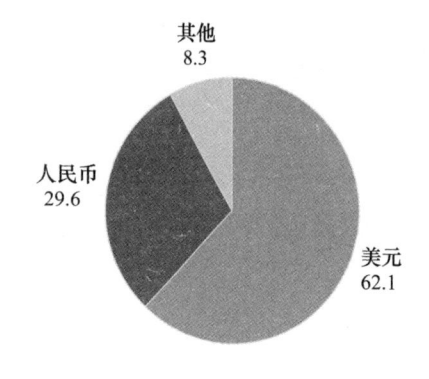

图9-29 总体计价额比例(%)

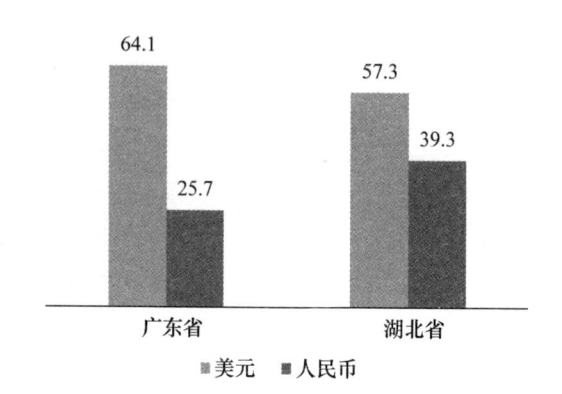

图9-30 不同省份企业计价额比例(%)

第十章
企业技术创新状况

本章主要统计企业研发与创新状况,具体分为三个部分:企业总体创新状况、产品创新状况、企业创新投入状况。

一 企业总体创新状况

(一) 高新技术企业状况

调查数据表明,在所有调查企业中,高新技术企业占比为 26.8%。

在不同所有制企业中,国有企业中高新技术企业比例最高,达到 54.3%。

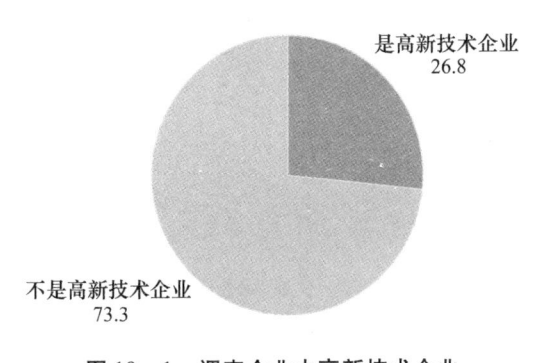

图 10 - 1 调查企业中高新技术企业占比(%)

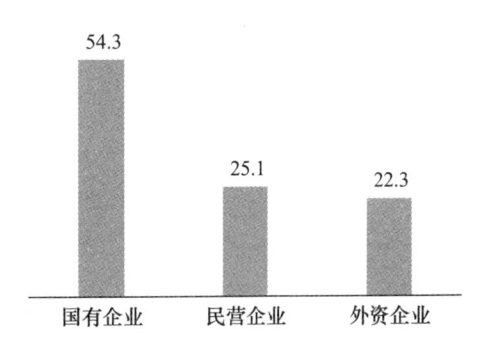

图 10 - 2 调查企业(不同所有制)高新技术企业占比(%)

从不同行业来看,高新技术企业更集中于化工产品制造业(49.1%)、电子设备制造业(47.8%)与机器和通用设备制造业(36.7%)。

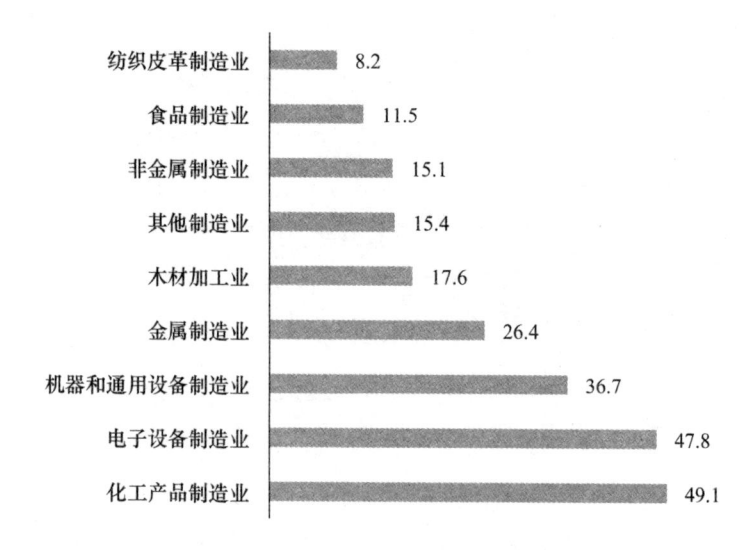

```
纺织皮革制造业    8.2
食品制造业       11.5
非金属制造业      15.1
其他制造业       15.4
木材加工业       17.6
金属制造业       26.4
机器和通用设备制造业  36.7
电子设备制造业     47.8
化工产品制造业     49.1
```

图 10-3 调查企业（不同行业）高新技术企业占比（%）

（二）企业研发部门状况

调查数据表明，在所有调查企业中，有独立研发部门的企业占比为 44.8%。

从不同所有制来看，国有企业中有研发部门的企业占比为 71.4%，外资企业中这一比例为 44.4%，民营企业中这一比例为 42.4%。

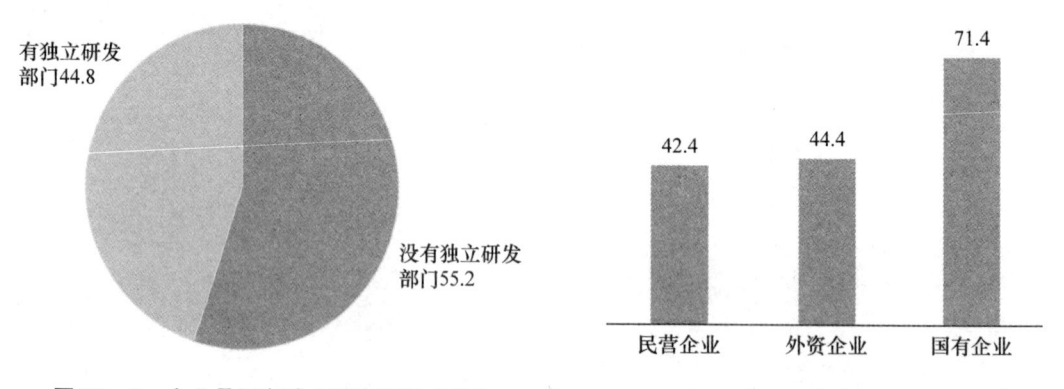

有独立研发部门 44.8
没有独立研发部门 55.2

民营企业 42.4
外资企业 44.4
国有企业 71.4

图 10-4 企业是否有独立研发部门（%）

图 10-5 调查企业（不同所有制）有研发部门占比（%）

从不同行业来看，电子设备制造业有研发部门的企业占比最高，为 64.9%。其次为化工产品制造业，占比为 60.0%。其他行业有研发部门的企业占比由高到低排序依次为：机器和通用设备制造业（48.3%）、金属制造业（43.8%）、木材加工业（40.0%）、非金属制造业（35.8%）、食品制造业（33.7%）、纺织皮革制造业（29.0%）。

行业	占比(%)
纺织皮革制造业	29.0
食品制造业	33.7
非金属制造业	35.8
木材加工业	40.0
金属制造业	43.8
机器和通用设备制造业	48.3
化工产品制造业	60.0
电子设备制造业	64.9

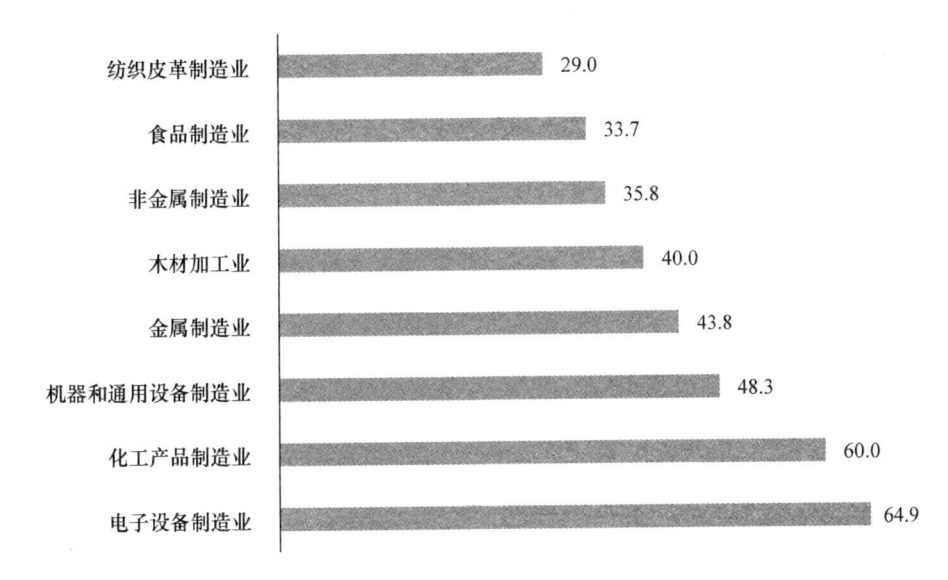

图 10-6　调查企业（不同行业）有研发部门占比（%）

（三）研发方式

64.0%的企业都是在企业内部进行产品设计研发，10.5%的企业由集团内部的其他企业进行设计研发，外包给其他企业的较少，为2.6%。

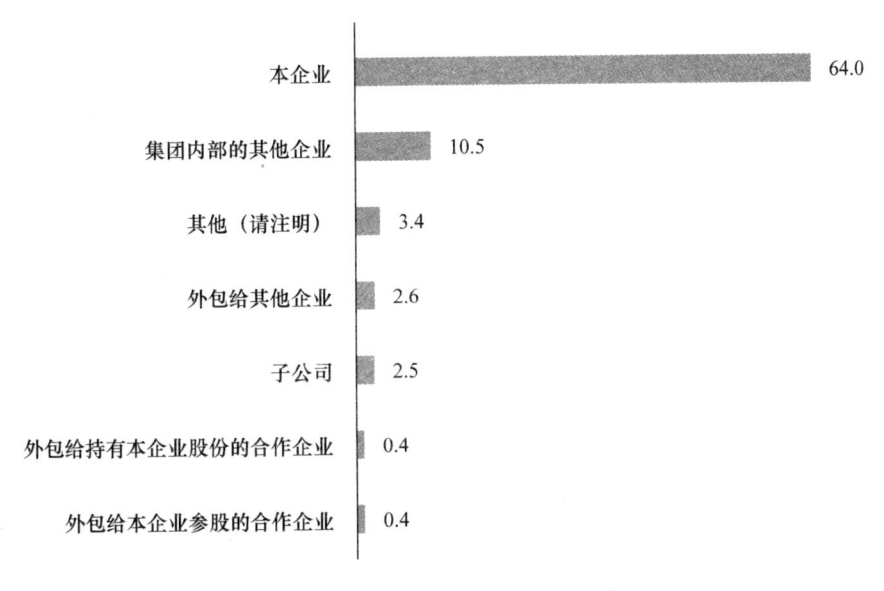

负责方	占比(%)
本企业	64.0
集团内部的其他企业	10.5
其他（请注明）	3.4
外包给其他企业	2.6
子公司	2.5
外包给持有本企业股份的合作企业	0.4
外包给本企业参股的合作企业	0.4

图 10-7　企业产品设计研发的负责方（%）

二 产品创新状况

(一) 企业自主专利申请状况

调查数据表明,38.1%的企业申请过专利。

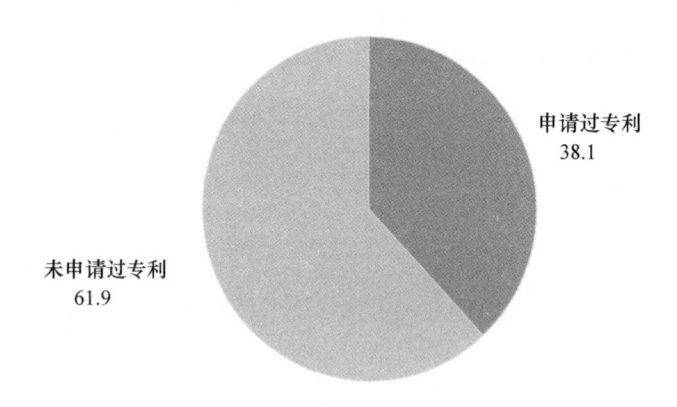

图 10-8 企业是否申请过专利(%)

在 2013—2015 年间,企业在中国大陆获批的专利平均为 72 个,其中发明专利 33 个,实用新型专利 29 个,外观专利 10 个。

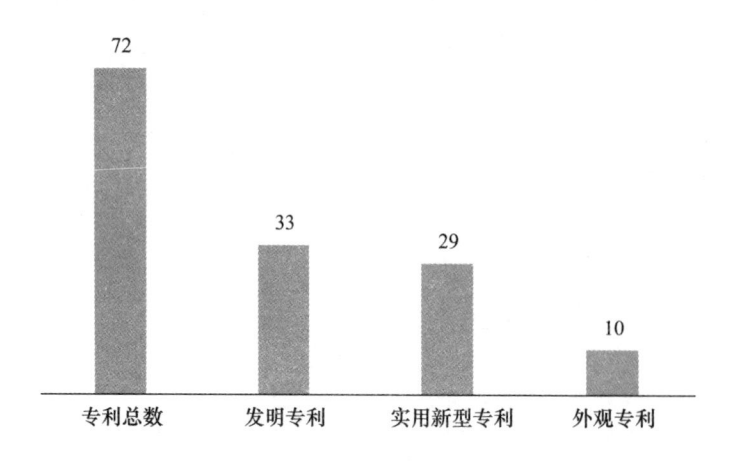

图 10-9 企业在中国大陆获批专利数量(个)

在中国大陆以外获批专利的国家和地区分布中,较多的集中在美国,为 42.4%。在欧洲和日本获批过专利的企业占比均为 15.2%。

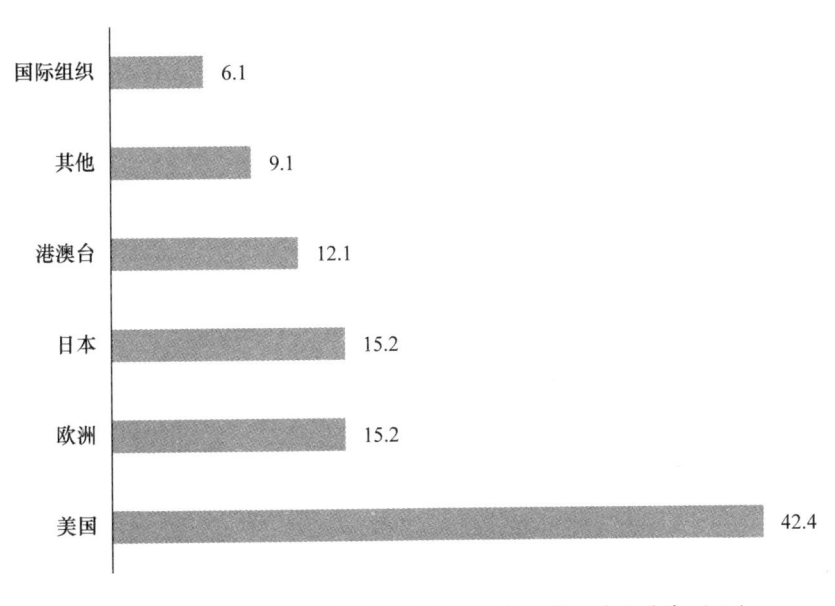

国际组织 6.1
其他 9.1
港澳台 12.1
日本 15.2
欧洲 15.2
美国 42.4

图 10-10 在中国大陆以外获批专利所在国家及地区分布（%）

（二）企业专利引进状况

调查数据表明，有 5.7% 的企业在 2013—2015 年间进行了国内专利许可引进。

企业对于国内专利许可的平均引进数量从 2013 年的 19 个减少至 2015 年的 13 个。

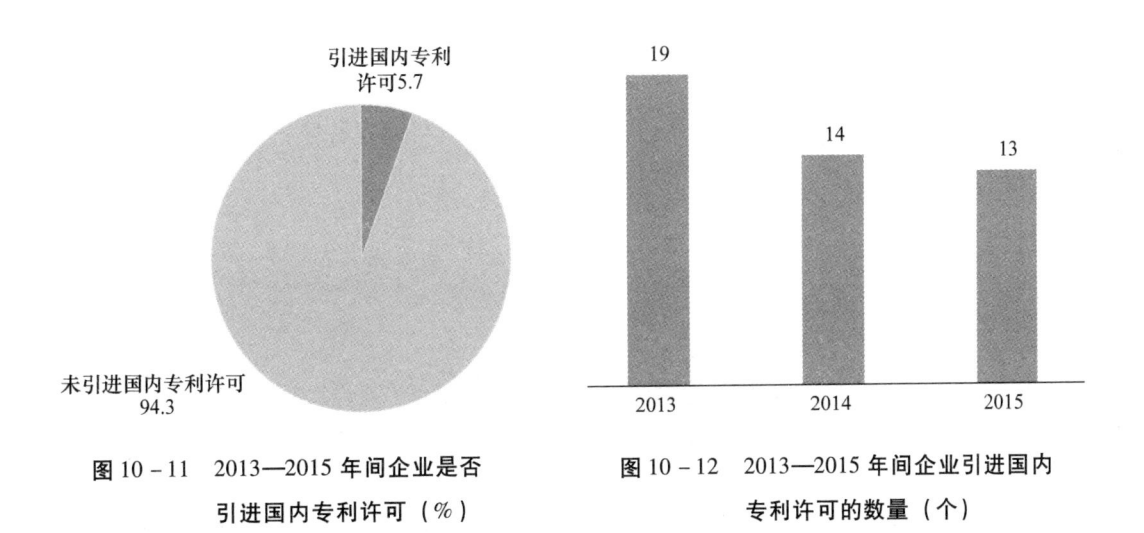

引进国内专利许可 5.7
未引进国内专利许可 94.3

2013: 19
2014: 14
2015: 13

图 10-11 2013—2015 年间企业是否引进国内专利许可（%）

图 10-12 2013—2015 年间企业引进国内专利许可的数量（个）

有 1.4% 的企业在 2013—2015 年间引进了国外专利。

企业引进国外专利的数量从 2013 年的 6 个增加至 2015 年的 21 个。

（三）企业缴纳专利许可费支出状况

调查数据表明，有 12.3% 的企业在 2013—2015 年间缴纳了专利许可费。

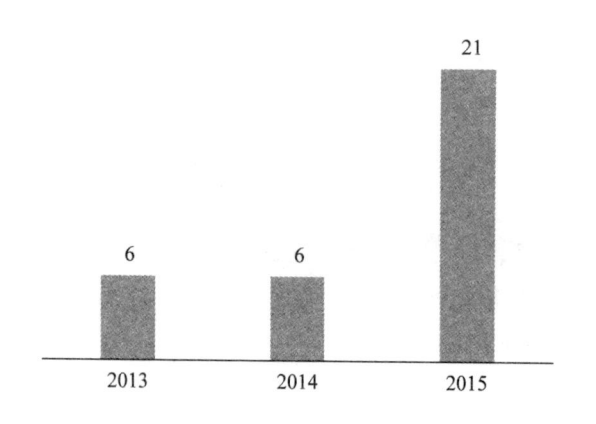

图 10 - 13　2013—2015 年间企业引进国外专利的数量（个）

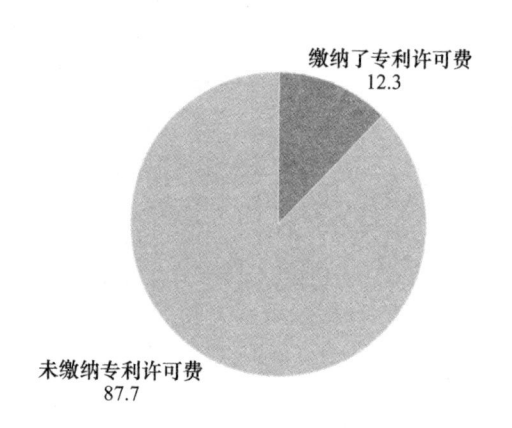

图 10 - 14　2013—2015 年间缴纳专利许可费的企业占比（%）

企业平均专利许可费支出从 2013 年的 78 万元降至 2015 年的 61 万元。有 26.0% 的企业在 2013—2015 年间缴纳了专利年费。

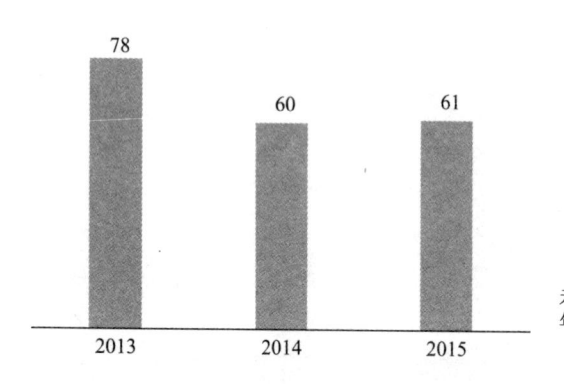

图 10 - 15　2013—2015 年间企业缴纳的专利许可费（万元）

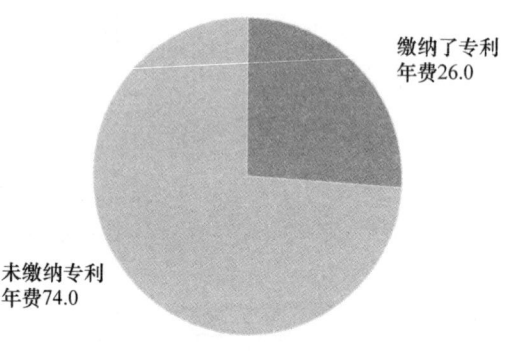

图 10 - 16　2013—2015 年间缴纳专利年费的企业占比（%）

企业缴纳的专利年费从 2013 年的 556 万元增长至 2015 年的 757 万元，增长率为 36.1%。

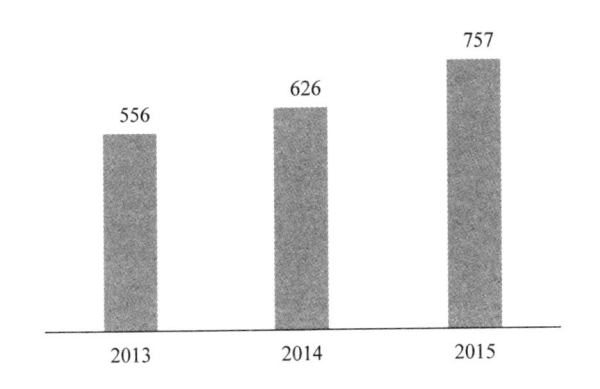

图 10 – 17　2013—2015 年间企业缴纳的专利年费（万元）

三　企业创新投入状况

（一）企业研发支出状况

调查数据表明，在 2013—2015 年间，有研发支出的企业占比为 23.7%。

总体看来，2013—2015 年，企业平均研发支出从 2450 万元增加至 3141 万元，增长率为 28.2%。

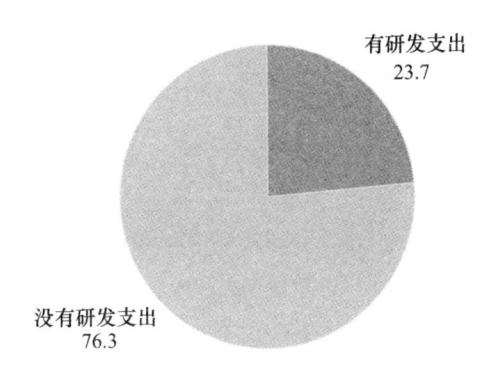

图 10 – 18　企业在 2013—2015 年间有无研发支出（%）

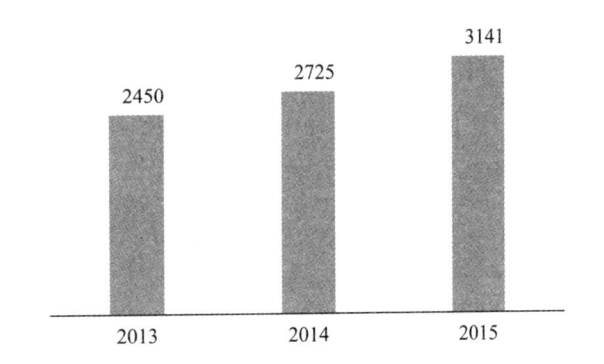

图 10 – 19　企业在 2013—2015 年间平均研发支出（万元）

企业的研发外包支出从 2013 年的 360 万元增加至 2015 年的 378 万元，增长率为 4.9%。

新产品开发经费支出从 2013 年的 1635 万元增加至 2015 年的 2101 万元，增长率为 28.5%。

图 10-20　企业在 2013—2015 年间研发外包支出（万元）

图 10-21　企业在 2013—2015 年间新产品开发经费支出（万元）

购买国内技术经费支出从 2013 年的 423 万元增加至 2015 年的 543 万元，增长率为 28.4%。

引进国外技术经费支出从 2013 年的 363 万元增加至 2015 年的 609 万元，增长率达到 67.5%。

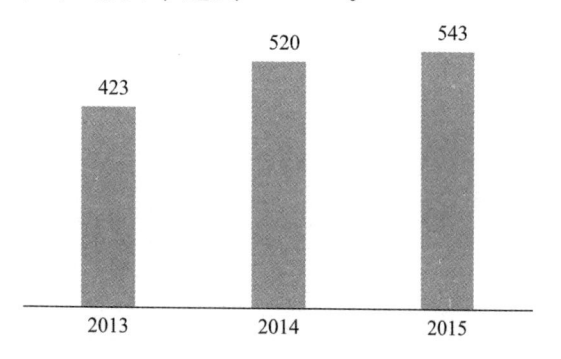

图 10-22　企业在 2013—2015 年间购买国外技术经费支出（万元）

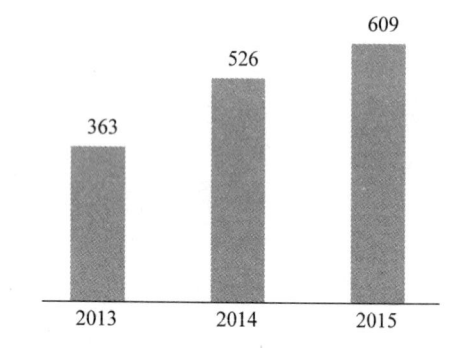

图 10-23　企业在 2013—2015 年间引进国外技术经费支出（万元）

支付给大学和政府研究机构的研发经费支出从 2013 年的 127 万元增加至 2015 年的 170 万元，增长率为 33.9%。

（二）研发周期

调查数据表明，企业平均研发周期为 9.1 个月。从不同所有制来看，外资企业平均研发周期为 7.6 个月，民营企业为 9.0 个月，国有企业为 11.7 个月。

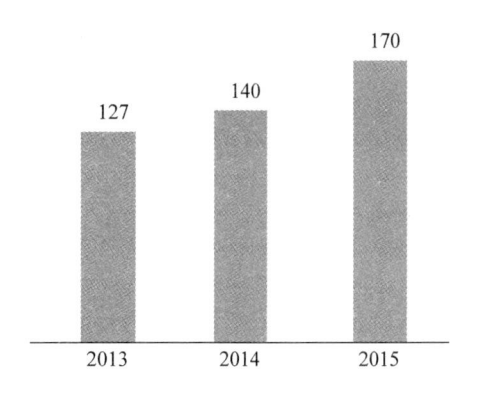

图 10-24 企业在 2013—2015 年间支付给大学和政府研究机构的研发经费（万元）

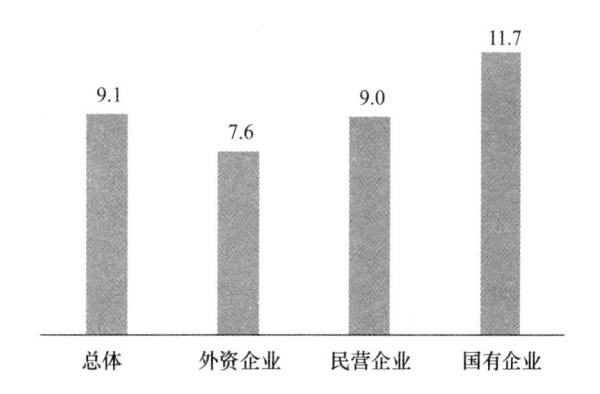

图 10-25 （不同所有制）企业平均研发周期（月）

从不同行业来看，化工产品制造业研发周期最长，为 16.2 个月。其次为机器和通用设备制造业，平均研发周期为 10.7 个月。其他行业的平均研发周期由高到低排序依次为：食品制造业（8.9 个月）、木材加工业（8.9 个月）、电子设备制造业（8.7 个月）、金属制造业（7.3 个月）、非金属制造业（7.3 个月）、纺织皮革制造业（6.8 个月）。

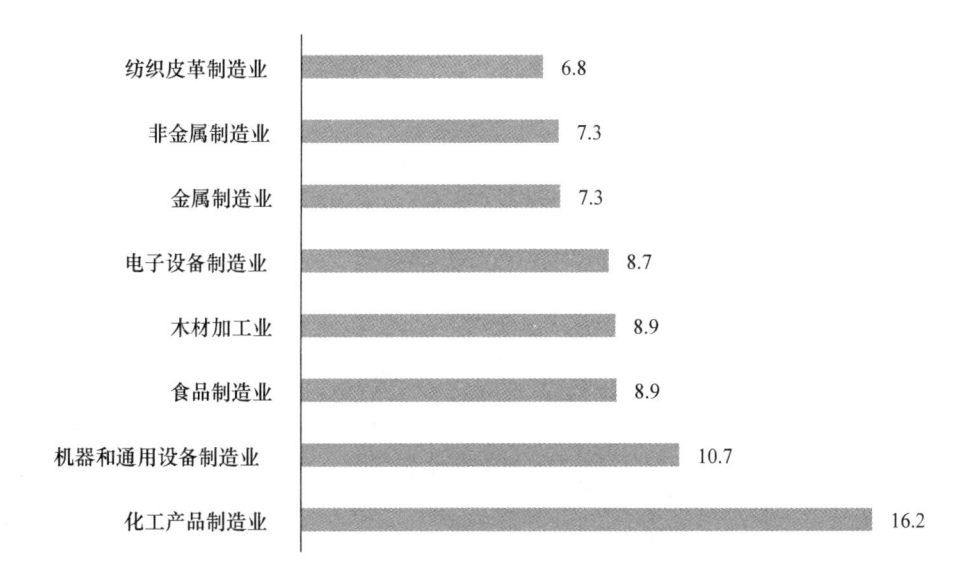

图 10-26 （不同行业）企业平均研发周期（月）

第十一章
企业质量状况

本章从企业质量管理效率情况、质量信号情况、质量创新情况及质量政策情况四个方面对企业质量状况进行描述。

一 质量管理效率情况

（一）质量管理方法

调查数据表明，在企业质量管理采用的方法中，全面质量管理方法所占比重最高，为48.8%；其次是目标管理法，占比为25.9%；QC（品管）七大手法占比为11.0%；6σ管理方法占比最低，为2.5%。

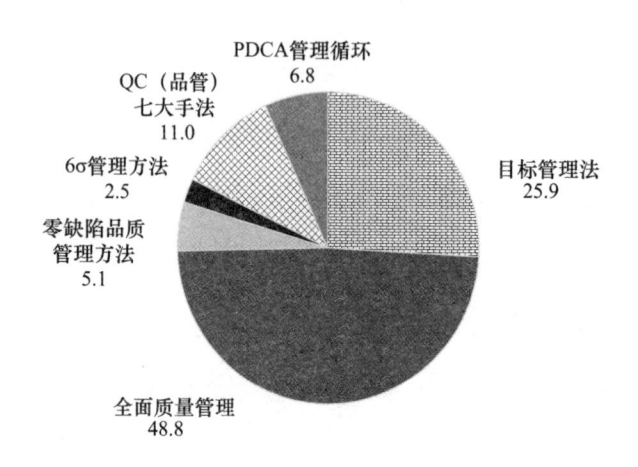

图11-1 企业主要的质量管理方法（%）

（二）质量风险控制方法

在企业质量风险控制的方法中，有55.3%的企业采取产品生产前的预防方法，22.8%的企业采取产品生产中的工序控制，16.3%的企业采取综合质量管理的方法来控制风险，采用生产后的质量分析与处理方法和售后服务管理方法的比例较小，分别为4.1%和1.4%。

（三）了解客户的渠道

调查数据表明，46.7%的企业通过自身渠道了解客户，44.5%的企业通过商业渠道了解客户，8.8%的企业通过公共渠道了解客户。

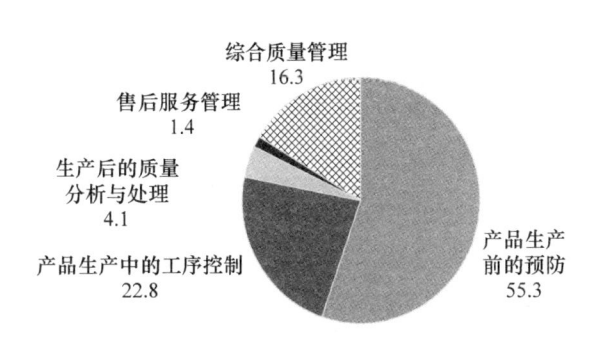

图11-2 企业主要的质量控制方法（%）

图11-3 企业了解客户的主要渠道（%）

从企业规模来看，中型企业通过商业渠道了解客户的占比最高，为48.1%；大型企业和小型企业通过自身渠道了解客户的占比最高，分别为50.4%和46.8%。

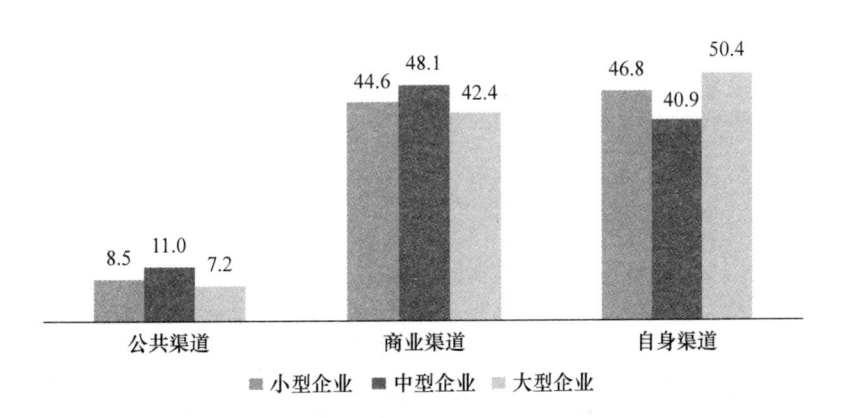

图11-4 不同规模企业了解客户主要渠道的情况（%）

(四) 供应商质量管理覆盖状况

调查数据表明，89.9%的企业有供应商质量管理。其中，56.4%的企业对供应商的质量管理覆盖到第一级，33.5%的企业对供应商的质量管理覆盖到第二级。

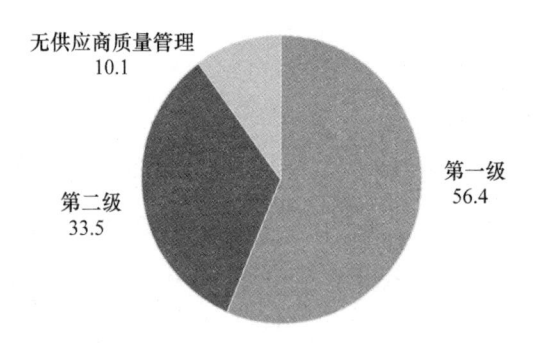

图 11-5 企业的供应商质量管理覆盖情况（%）

(五) 对生产过程中问题的处理方式

面对生产过程中的问题，企业仅做维修处理的占比从2010年的10.6%下降至2015年的5.4%；维修并确保同样问题不再发生的占比从2010年的27.9%下降至2015年的14.9%；2015年企业维修并确保同样问题不再发生，并对该环节可能发生的问题进行预防工作的占比为79.2%，高出2010年这一占比18.2个百分点；2010年和2015年企业对生产过程中出现问题不做处理的占比均为0.5%。

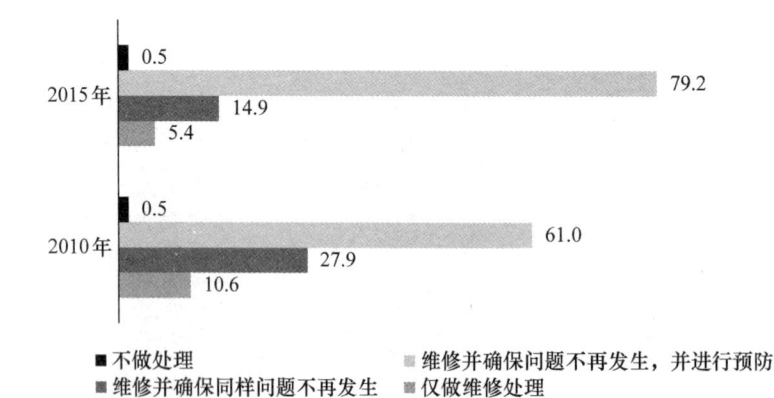

图 11-6 企业对生产过程中产生问题的处理方式（%）

（六）客户退货状况

调查数据表明，2013年至2015年间，27.8%的企业有客户退货。

从省份来看，2013年至2015年间，湖北省有客户退货的企业占比为27.3%，广东省这一占比为33.3%。

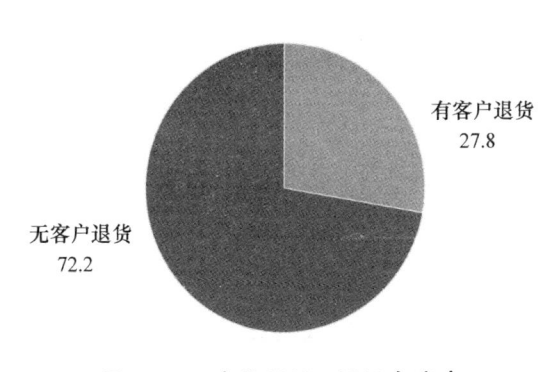

图11-7 企业2013—2015年客户退货情况（%）

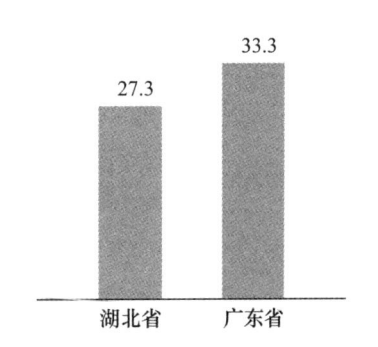

图11-8 企业2013—2015年有客户退货的省份情况（%）

从行业来看，2013年到2015年间，非金属制造业有客户退货的企业占比为15.5%，在八大行业中占比最低；金属制造业有客户退货的企业占比为41.7%，在八大行业中占比最高。

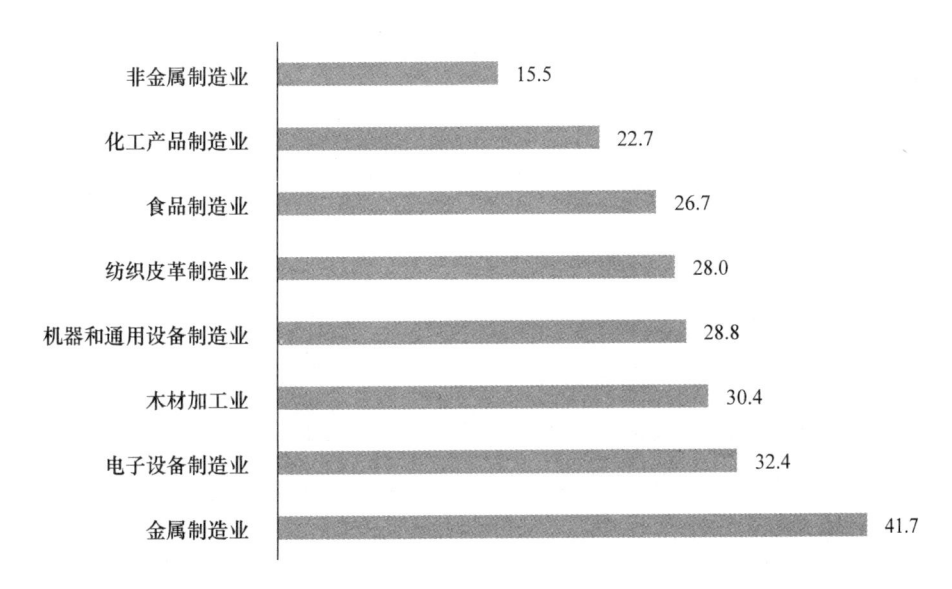

非金属制造业	15.5
化工产品制造业	22.7
食品制造业	26.7
纺织皮革制造业	28.0
机器和通用设备制造业	28.8
木材加工业	30.4
电子设备制造业	32.4
金属制造业	41.7

图11-9 企业2013—2015年有客户退货的行业情况（%）

从企业规模来看，2013年到2015年间，小型企业有客户退货的企业占比为25.8%，中型企业这一占比为28.4%，大型企业这一占比为33.1%。

二 质量信号情况

（一）品牌状况

调查数据表明，45.0%的企业拥有品牌。

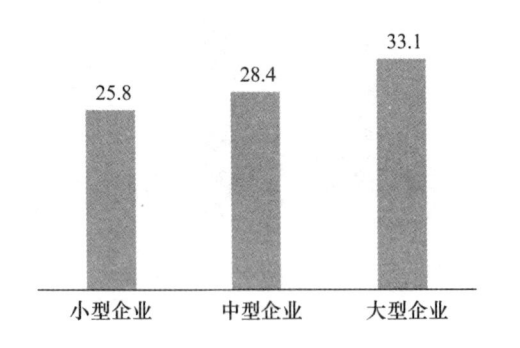

图11-10 不同规模企业2013—2015年有客户退货的情况（%）

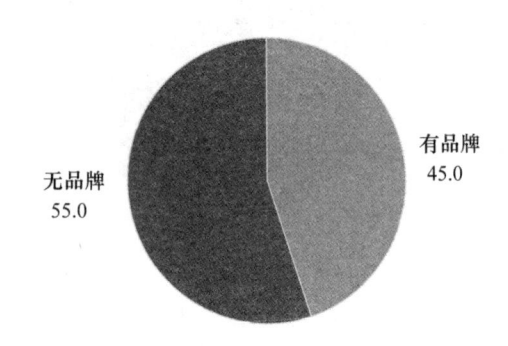

图11-11 企业拥有品牌情况（%）

从行业来看，食品制造业拥有品牌的企业占比最高，为76.0%；其次是化工产品制造业，占比为61.8%；纺织皮革制造业的占比最低，为32.2%。

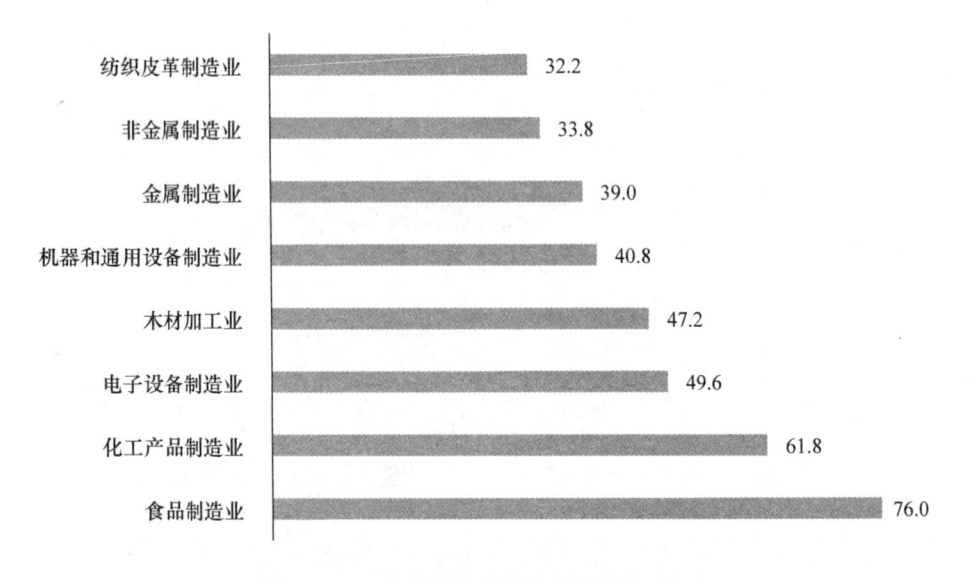

行业	比例(%)
纺织皮革制造业	32.2
非金属制造业	33.8
金属制造业	39.0
机器和通用设备制造业	40.8
木材加工业	47.2
电子设备制造业	49.6
化工产品制造业	61.8
食品制造业	76.0

图11-12 企业拥有品牌的行业情况（%）

（二）自愿性认证

企业进行社会责任类认证的占比为14.3%，进行产品类认证的占比为31.2%，进行生产过程类认证的占比为34.2%。

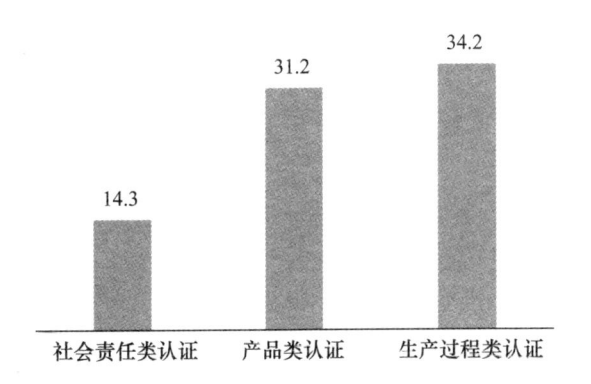

图11-13 企业进行过自愿性质量认证的情况（%）

从行业数据来看，在进行过生产过程类认证和社会责任类认证的行业中，木材加工业的占比在八大行业中均为最高，分别为44.9%和23.5%；进行过产品类认证的行业中，电子设备制造业在八大行业所占比重最高，为40.7%。

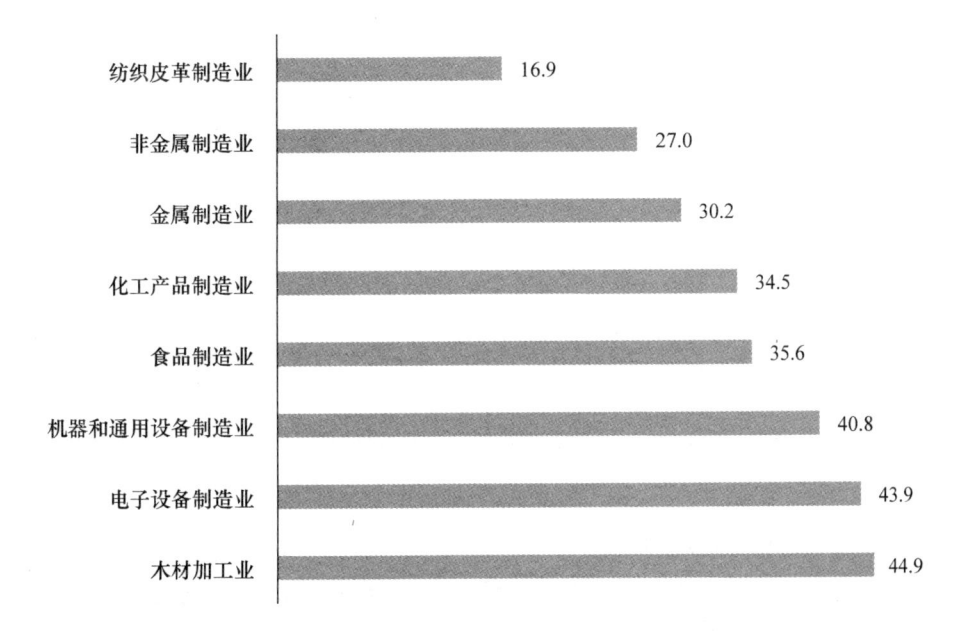

行业	比例
纺织皮革制造业	16.9
非金属制造业	27.0
金属制造业	30.2
化工产品制造业	34.5
食品制造业	35.6
机器和通用设备制造业	40.8
电子设备制造业	43.9
木材加工业	44.9

图11-14 企业进行过生产过程类认证的行业情况（%）

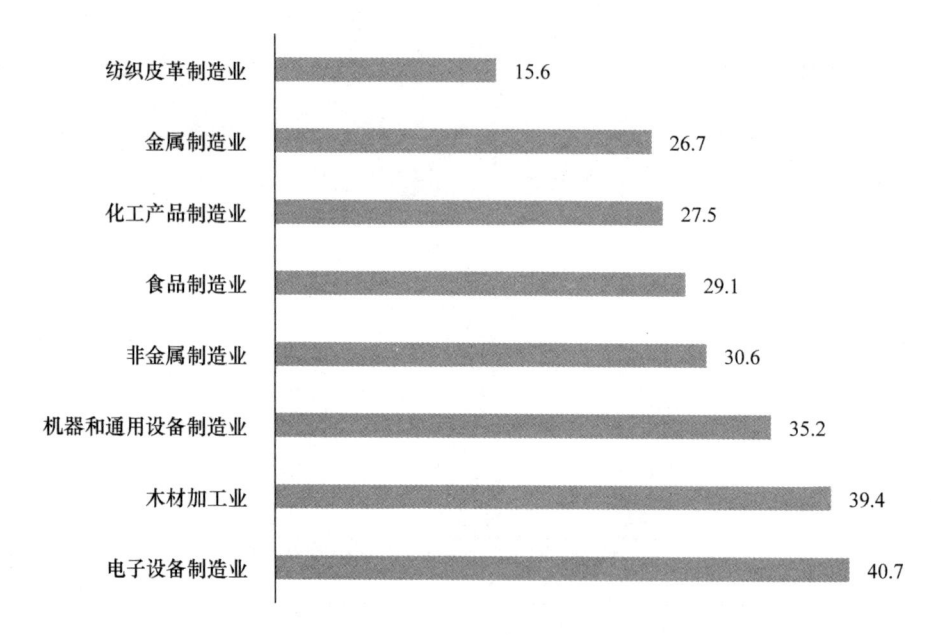

图 11-15 企业进行过产品类认证的行业情况（%）

- 纺织皮革制造业 15.6
- 金属制造业 26.7
- 化工产品制造业 27.5
- 食品制造业 29.1
- 非金属制造业 30.6
- 机器和通用设备制造业 35.2
- 木材加工业 39.4
- 电子设备制造业 40.7

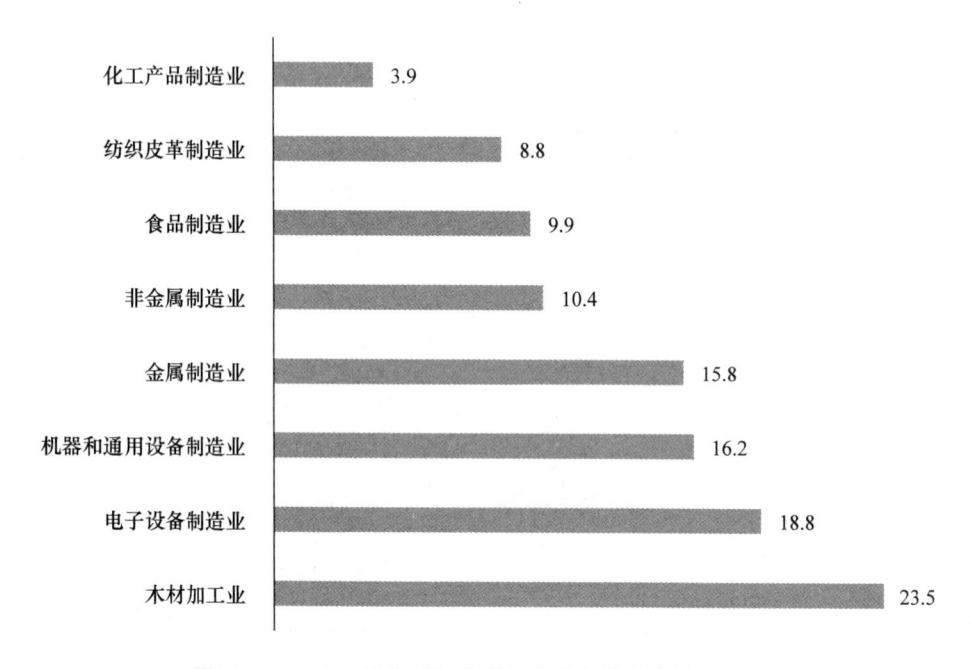

图 11-16 企业进行过社会责任类认证的行业情况（%）

- 化工产品制造业 3.9
- 纺织皮革制造业 8.8
- 食品制造业 9.9
- 非金属制造业 10.4
- 金属制造业 15.8
- 机器和通用设备制造业 16.2
- 电子设备制造业 18.8
- 木材加工业 23.5

（三）参与标准制定状况

37.2%的企业参与过行业标准的制定，23.1%的企业参与过国家标准的制定，参与过国际标准制定的企业占比为9.3%。

从行业来看，电子设备制造业参与国际标准制定的占比最高，为14.0%；木材加工业参与国家标准制定的占比最高，为28.0%；电子设备制造业参与行业标准制定的占比最高，为46.1%。

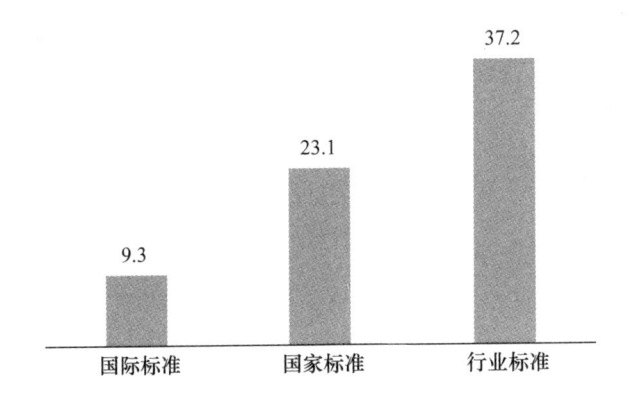

图 11-17　企业参与各类标准制定情况（%）

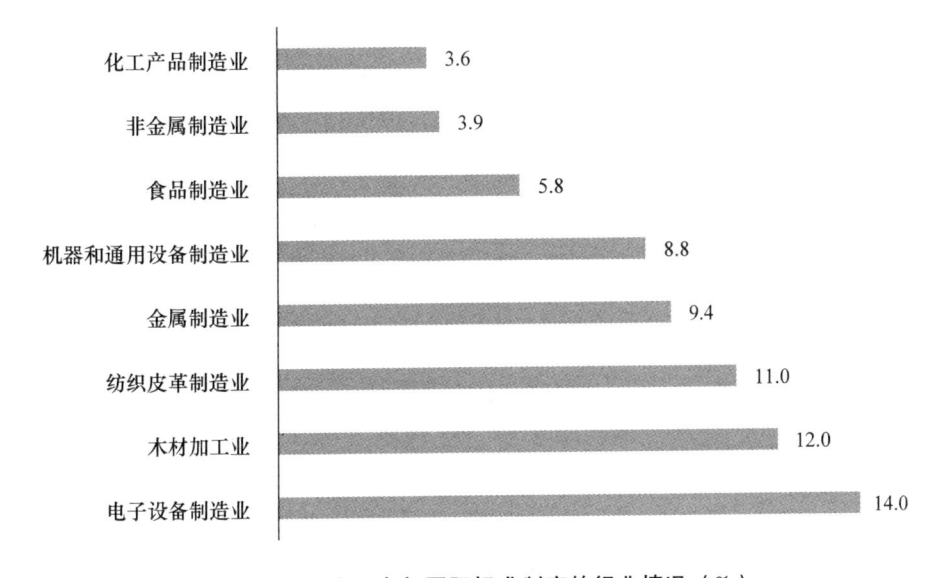

图 11-18　企业参与国际标准制定的行业情况（%）

（四）广告状况

根据调查结果，2013年至2015年间，有广告行为的企业占比为24.7%。

从行业来看，食品制造业有广告行为的比例最高，为50.0%；化工产品制造业的占比次之，为38.2%；纺织皮革制造业的占比最低，为9.9%。

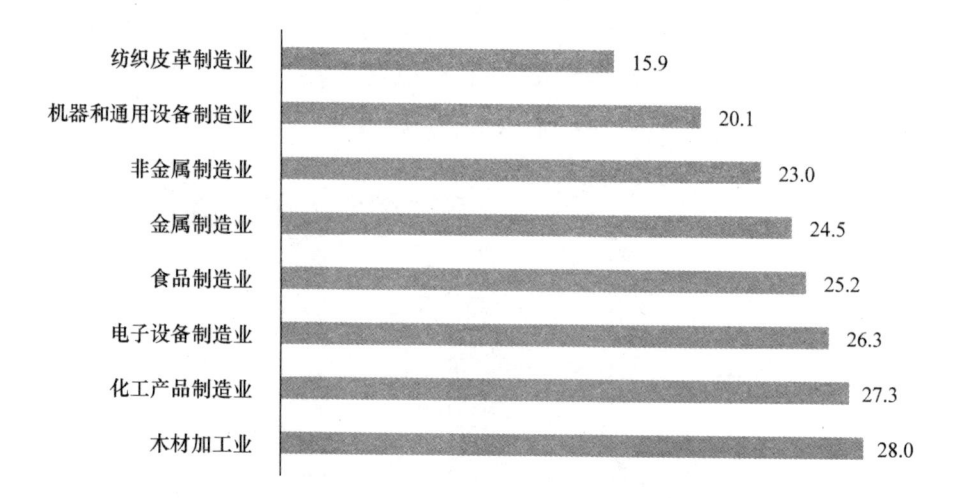

图 11-19　企业参与国家标准制定的行业情况（%）

- 纺织皮革制造业　15.9
- 机器和通用设备制造业　20.1
- 非金属制造业　23.0
- 金属制造业　24.5
- 食品制造业　25.2
- 电子设备制造业　26.3
- 化工产品制造业　27.3
- 木材加工业　28.0

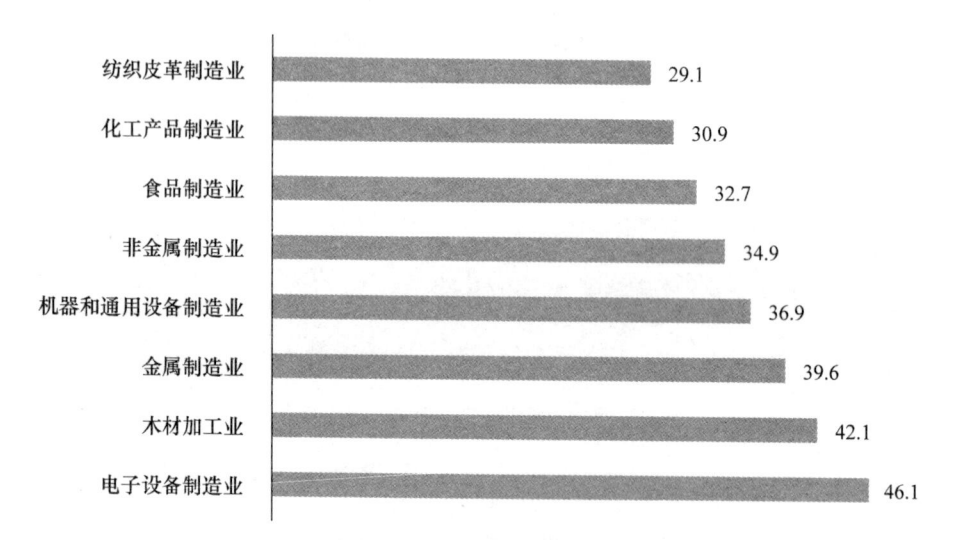

图 11-20　企业参与行业标准制定的行业情况（%）

- 纺织皮革制造业　29.1
- 化工产品制造业　30.9
- 食品制造业　32.7
- 非金属制造业　34.9
- 机器和通用设备制造业　36.9
- 金属制造业　39.6
- 木材加工业　42.1
- 电子设备制造业　46.1

有广告行为　24.7
无广告行为　75.3

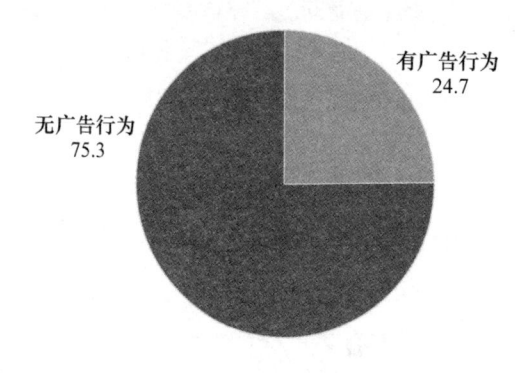

图 11-21　企业 2013—2015 年有广告行为的情况（%）

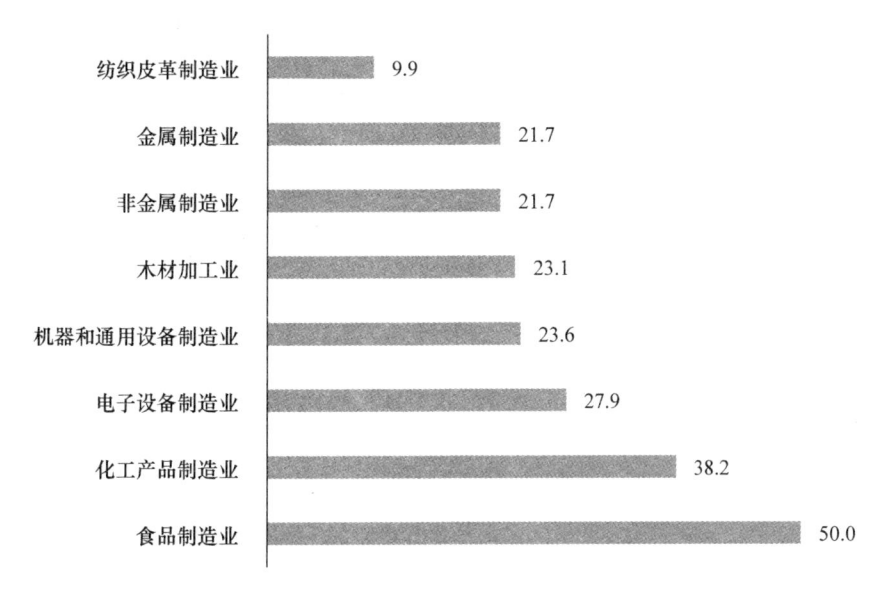

行业	百分比
纺织皮革制造业	9.9
金属制造业	21.7
非金属制造业	21.7
木材加工业	23.1
机器和通用设备制造业	23.6
电子设备制造业	27.9
化工产品制造业	38.2
食品制造业	50.0

图 11-22　企业 2013—2015 年有广告行为的行业情况（%）

从企业规模来看，小型企业有广告行为的占比为 22.1%，中型企业这一占比为 26.4%，大型企业这一占比为 26.9%。

从企业所有制来看，外资及港澳台企业有广告行为的占比为 15.0%，民营企业的这一占比为 27.9%，国有企业的这一占比为 31.0%。

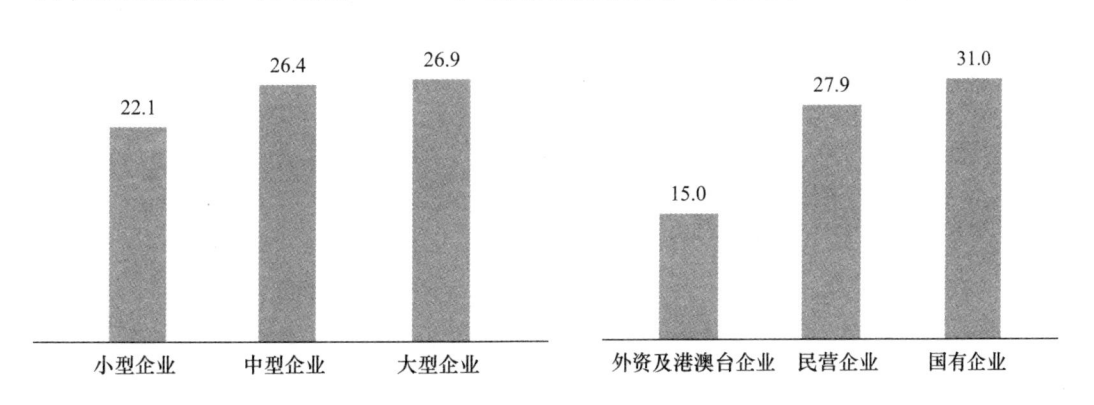

企业规模	百分比
小型企业	22.1
中型企业	26.4
大型企业	26.9

图 11-23　不同规模企业 2013—2015 年有广告行为的情况（%）

企业所有制	百分比
外资及港澳台企业	15.0
民营企业	27.9
国有企业	31.0

图 11-24　不同所有制企业 2013—2015 年有广告行为的情况（%）

从企业是否出口来看，非出口企业有广告行为的占比为 23.4%，出口企业这一占比为 26.8%。

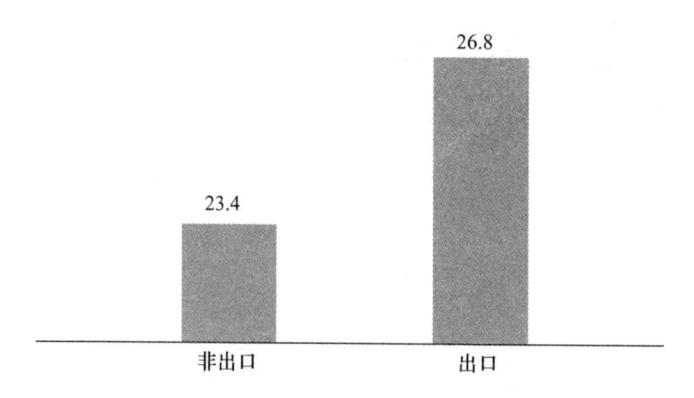

图 11-25　不同出口类型企业 2013—2015 年
有广告行为的情况（%）

三　质量创新情况

（一）质量战略

调查数据表明，76.2% 的企业制定了质量战略。

从省份来看，湖北省制定质量战略的企业占比为 75.3%，广东省这一占比为 77.2%。

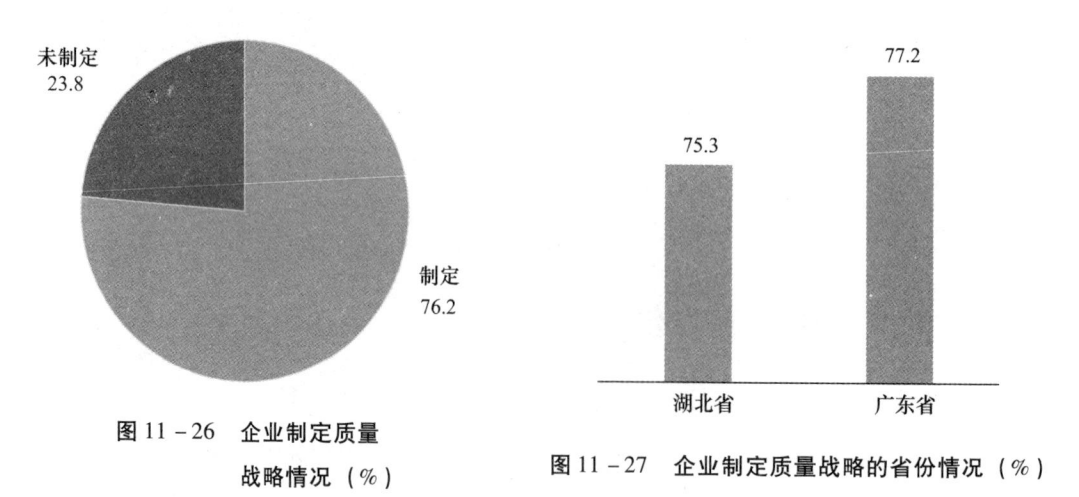

图 11-26　企业制定质量战略情况（%）

图 11-27　企业制定质量战略的省份情况（%）

从行业来看，电子设备制造业制定了质量战略的企业占比最高，为 84.6%；纺织皮革制造业的占比最低，为 63.7%。

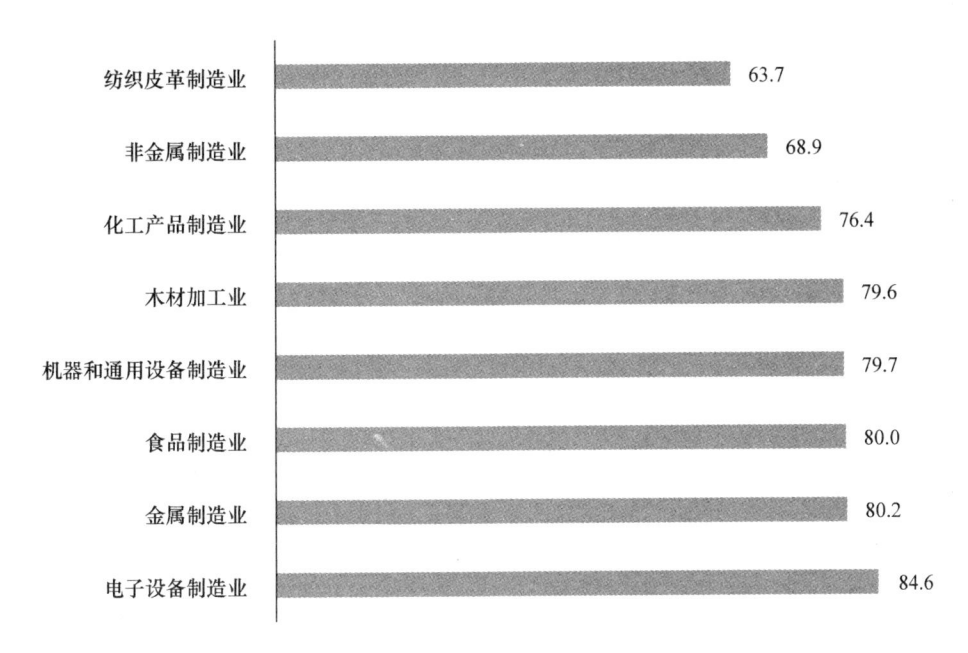

图 11-28　企业制定质量战略的行业情况（%）

纺织皮革制造业　63.7
非金属制造业　68.9
化工产品制造业　76.4
木材加工业　79.6
机器和通用设备制造业　79.7
食品制造业　80.0
金属制造业　80.2
电子设备制造业　84.6

从企业规模来看，小型企业制定质量战略的企业占比为62.0%，中型企业的这一占比为78.6%，大型企业的这一占比为90.9%。

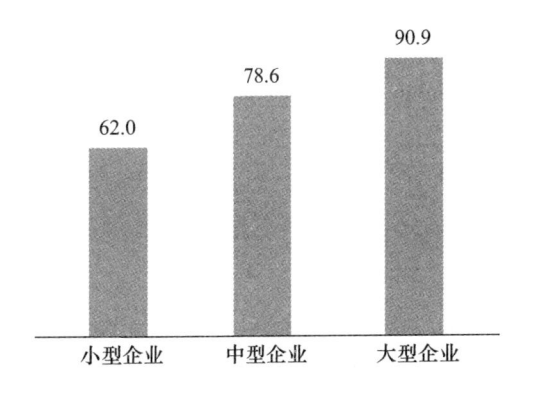

小型企业　62.0
中型企业　78.6
大型企业　90.9

图 11-29　企业制定质量战略的规模情况（%）

（二）质量文化

调查数据表明，63.0%的企业制定了质量文化。

从省份来看，广东省制定质量文化的企业占比为60.8%，湖北省这一占比为63.1%。

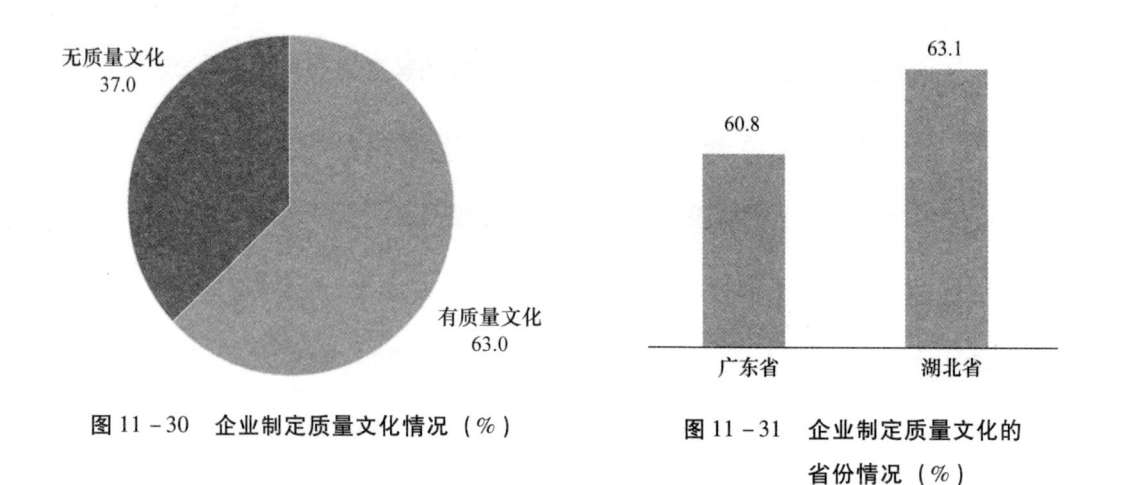

图 11-30　企业制定质量文化情况（%）

图 11-31　企业制定质量文化的省份情况（%）

从行业来看，电子设备制造业制定质量文化的企业占比最高，为76.7%；纺织皮革制造业的占比最低，为50.5%。

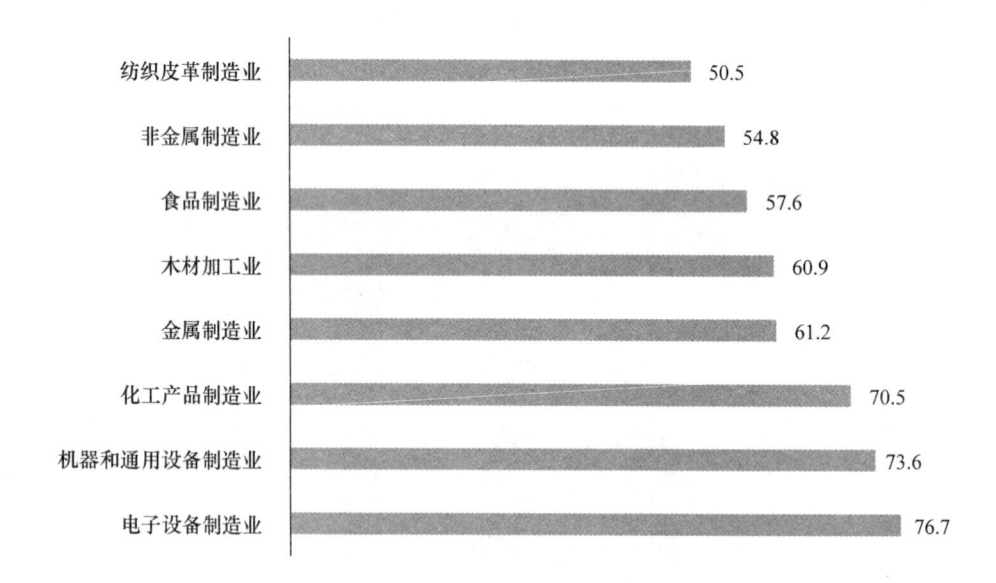

图 11-32　企业制定质量文化的行业情况（%）

从企业规模来看，小型企业制定质量文化的占比为45.3%，中型企业的这一占比为72.0%，大型企业的这一占比为84.6%。

（三）新产品状况

调查数据表明，42.1%的企业过去三年推出了新产品。

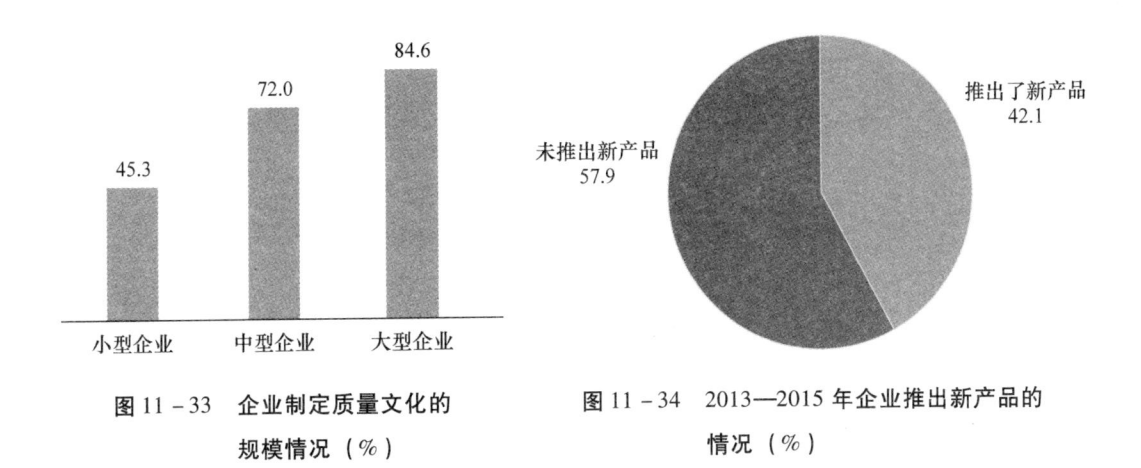

图 11-33 企业制定质量文化的规模情况（%）

图 11-34 2013—2015年企业推出新产品的情况（%）

从行业来看，纺织皮革制造业在2013—2015年推出新产品的占比在八大行业中最高，为51.8%；金属制造业的占比次之，为47.3%；机器和通用设备制造业的占比最低，为30.1%。

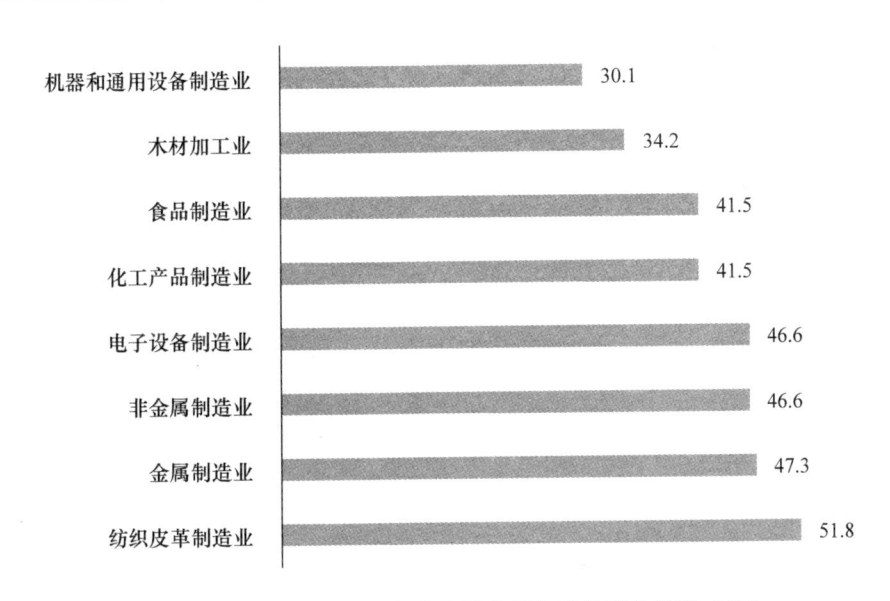

图 11-35 2013—2015年企业推出新产品的行业情况（%）

从企业所有制来看，外资及港澳台企业推出新产品的企业占比为38.8%，民营企业的这一占比为42.2%，国有企业的这一占比为58.0%。

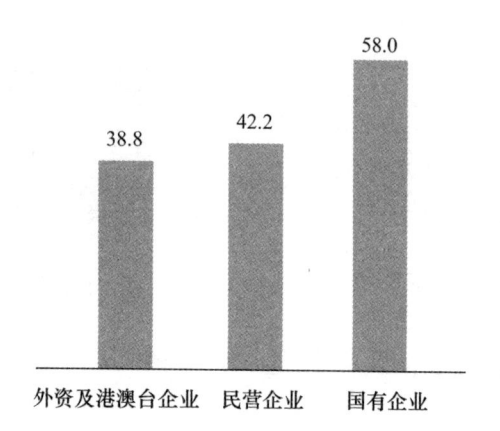

图 11-36　2013—2015 年企业推出新产品的所有制情况（%）

（四）产品更新换代和升级周期

2015 年企业主要产品更新换代和升级周期平均为 399 天，比 2014 年少 195 天。

（五）建立资源管理系统状况

调查结果显示，34.4% 的企业建立了全面的企业资源管理系统。

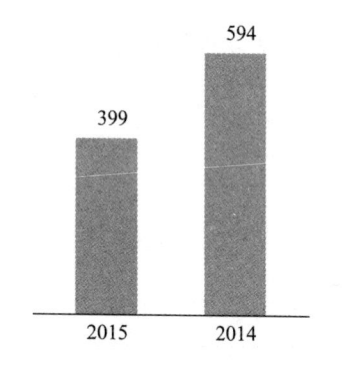

图 11-37　企业主要产品更新换代和升级周期（天）

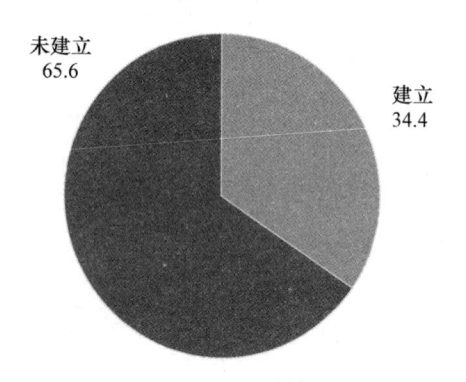

图 11-38　企业建立全面的企业资源管理系统情况（%）

从企业建立的单项管理系统来看，财务管理系统的占比最高，达 30.9%；其次是会计核算系统，占比为 28.7%；分销管理系统的占比最低，为 8.7%。

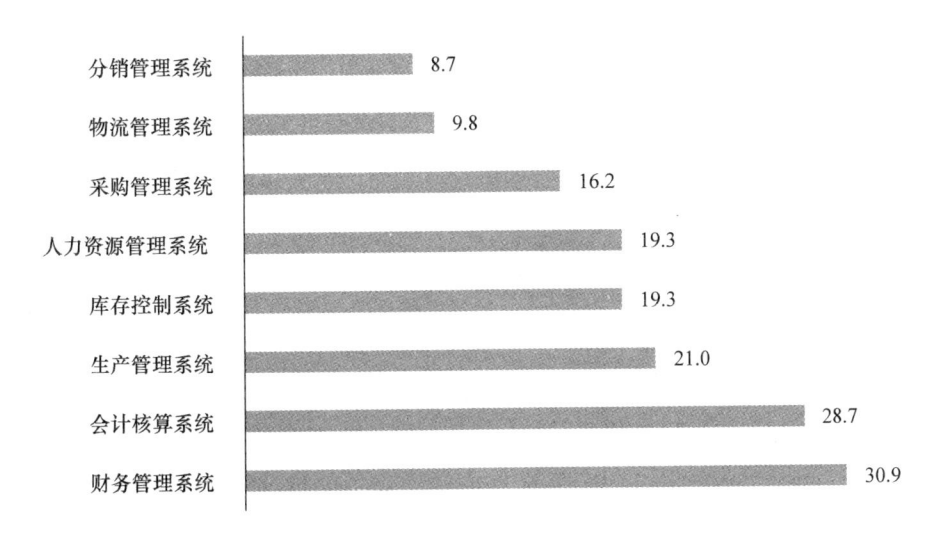

图 11-39　企业建立单项资源管理系统情况（%）

分销管理系统　8.7
物流管理系统　9.8
采购管理系统　16.2
人力资源管理系统　19.3
库存控制系统　19.3
生产管理系统　21.0
会计核算系统　28.7
财务管理系统　30.9

四　质量监管

（一）接受监督抽查状况

84.8%的企业在2015年接受过监督抽查，相比2014年提高了5.9个百分点。其中，25.9%的企业接受过1次监督抽查，21.3%的企业接受过2次监督抽查，37.6%的企业接受过3次及以上的监督抽查。

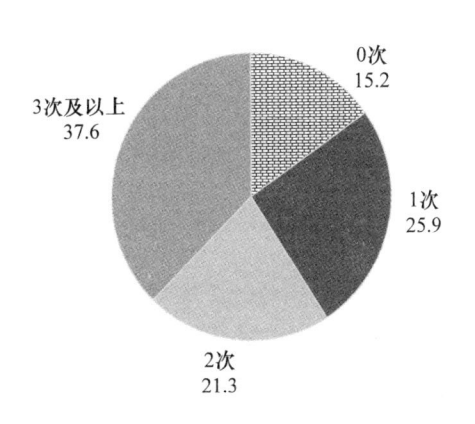

0次　15.2
1次　25.9
2次　21.3
3次及以上　37.6

图 11-40　企业接受监督抽查的情况（%）

（二）名牌状况

调查数据表明，32.7%的企业被政府授予名牌称号。

从企业被政府授予名牌称号的类型来看，14.9%的企业被授予县级名牌称号，42.3%的企业被授予市级名牌称号，64.5%的企业被授予省级名牌称号。

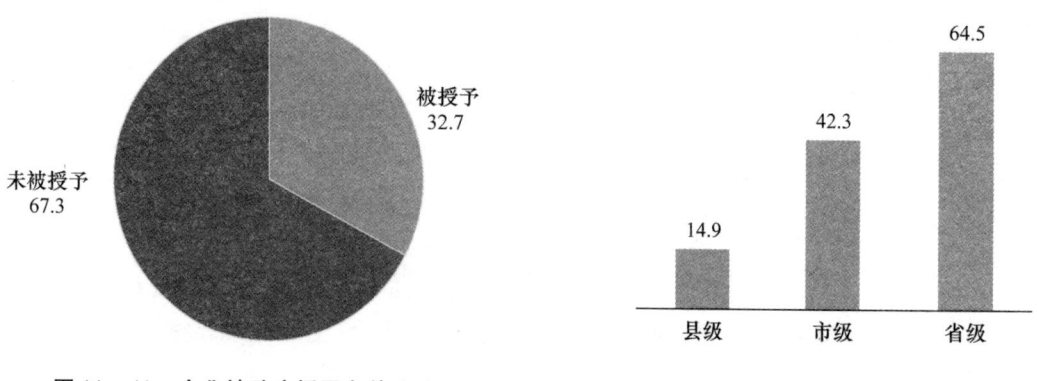

图 11-41 企业被政府授予名牌称号情况（%）

- 被授予 32.7
- 未被授予 67.3

图 11-42 企业被政府授予名牌称号类型情况（%）

- 县级 14.9
- 市级 42.3
- 省级 64.5

从行业来看，食品制造业获得省级名牌称号的占比在八大行业中最高，为75.4%；获得市级名牌称号的行业中，电子设备制造业占比最高，为53.1%；获得县级名牌称号的行业中，纺织皮革制造业的占比最高，为25.6%。

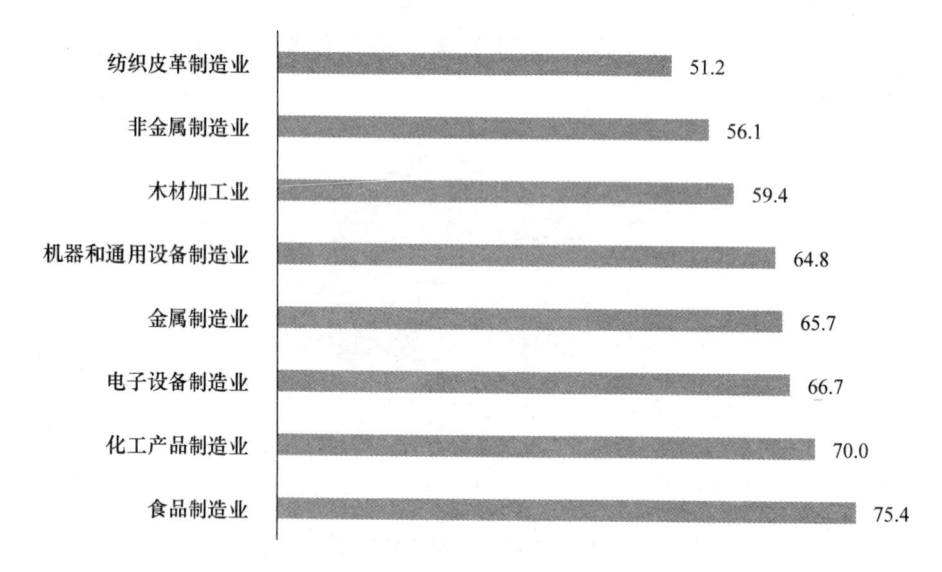

图 11-43 企业被政府授予省级名牌称号的行业情况（%）

- 纺织皮革制造业 51.2
- 非金属制造业 56.1
- 木材加工业 59.4
- 机器和通用设备制造业 64.8
- 金属制造业 65.7
- 电子设备制造业 66.7
- 化工产品制造业 70.0
- 食品制造业 75.4

行业	比例
化工产品制造业	30.0
非金属制造业	31.7
食品制造业	35.1
金属制造业	38.9
木材加工业	43.8
机器和通用设备制造业	44.4
纺织皮革制造业	51.2
电子设备制造业	53.1

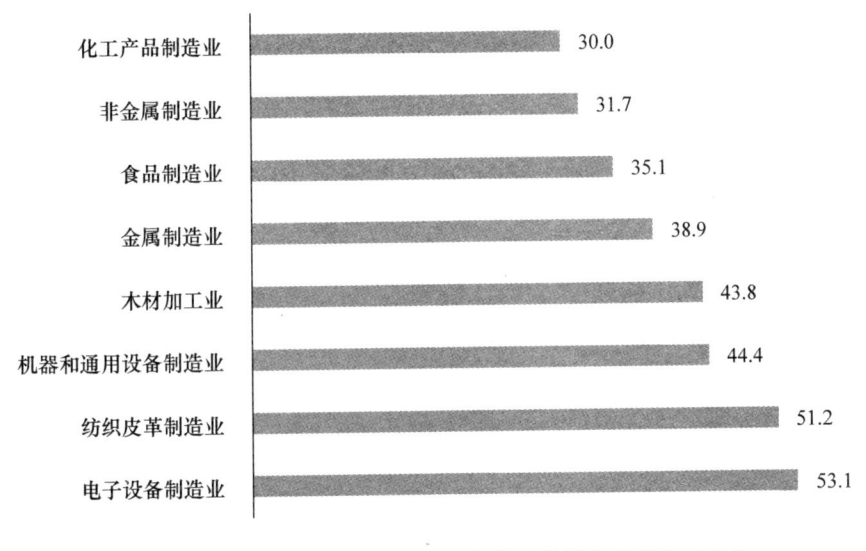

图 11-44 企业被政府授予市级名牌称号的行业情况（%）

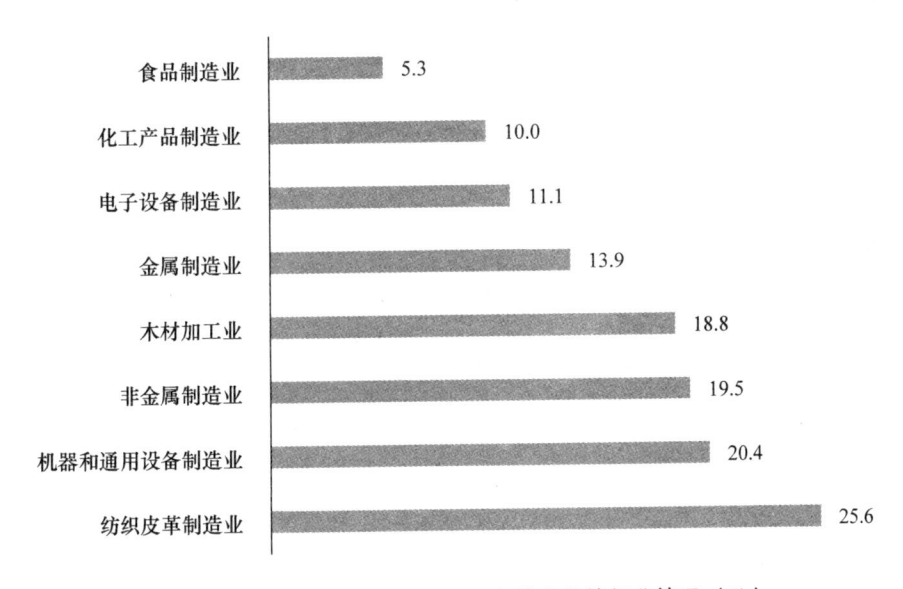

行业	比例
食品制造业	5.3
化工产品制造业	10.0
电子设备制造业	11.1
金属制造业	13.9
木材加工业	18.8
非金属制造业	19.5
机器和通用设备制造业	20.4
纺织皮革制造业	25.6

图 11-45 企业被政府授予县级名牌称号的行业情况（%）

从企业规模来看，大型企业被政府授予省级名牌称号的占比为 59.0%；中型企业的这一占比为 48.9%；小型企业的这一占比为 42.4%。

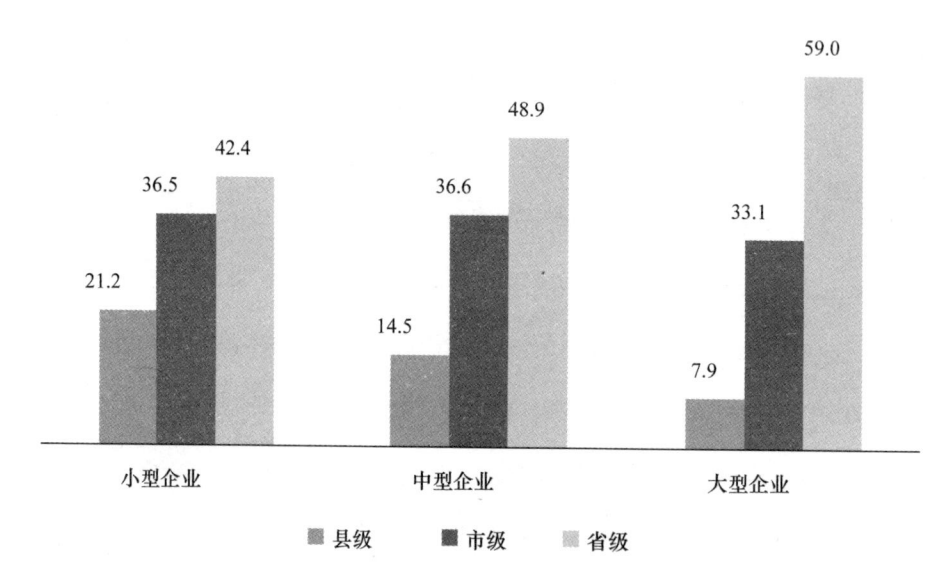

图 11-46 企业被政府授予名牌称号类型的规模情况（%）

（三）政府质量奖状况

调查数据表明，20.7%的企业获得过政府质量奖。

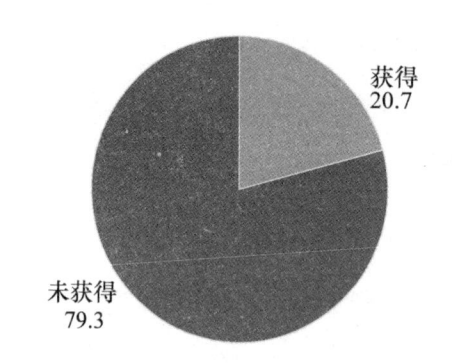

图 11-47 企业获得政府质量奖情况（%）

从行业来看，食品制造业获得政府质量奖的企业占比在八大行业中最高，为34.6%；化工产品制造业的占比次之，为30.9%；金属制造业的占比最低，为14.2%。

从企业所获政府质量奖的类型来看，国家级质量奖的占比为14.4%，县级质量奖的占比为23.9%，省级质量奖的占比为38.3%，市级质量奖的占比为50.6%。

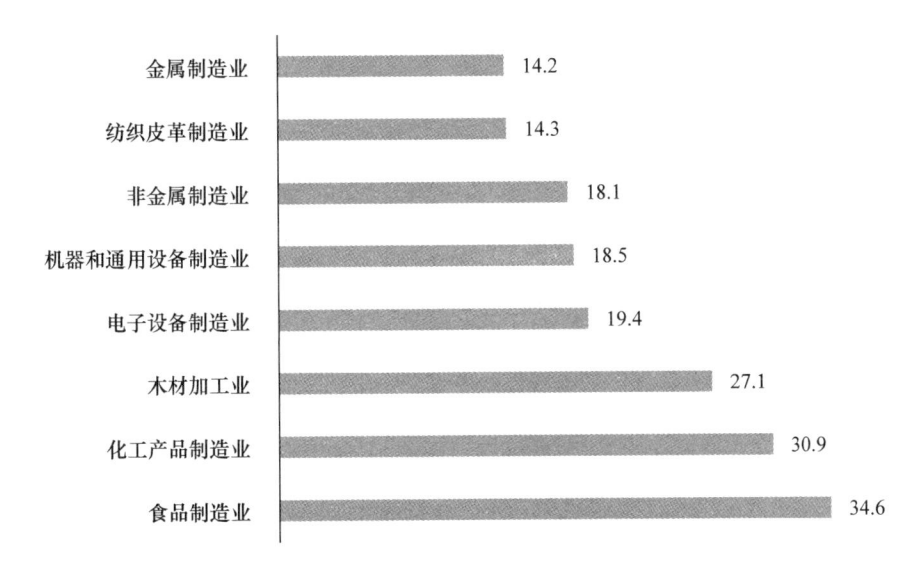

图 11-48　不同行业企业获得政府质量奖的行业情况（%）

- 金属制造业　14.2
- 纺织皮革制造业　14.3
- 非金属制造业　18.1
- 机器和通用设备制造业　18.5
- 电子设备制造业　19.4
- 木材加工业　27.1
- 化工产品制造业　30.9
- 食品制造业　34.6

（四）产品召回状况

调查数据表明，3.6%的企业有过产品召回情况。

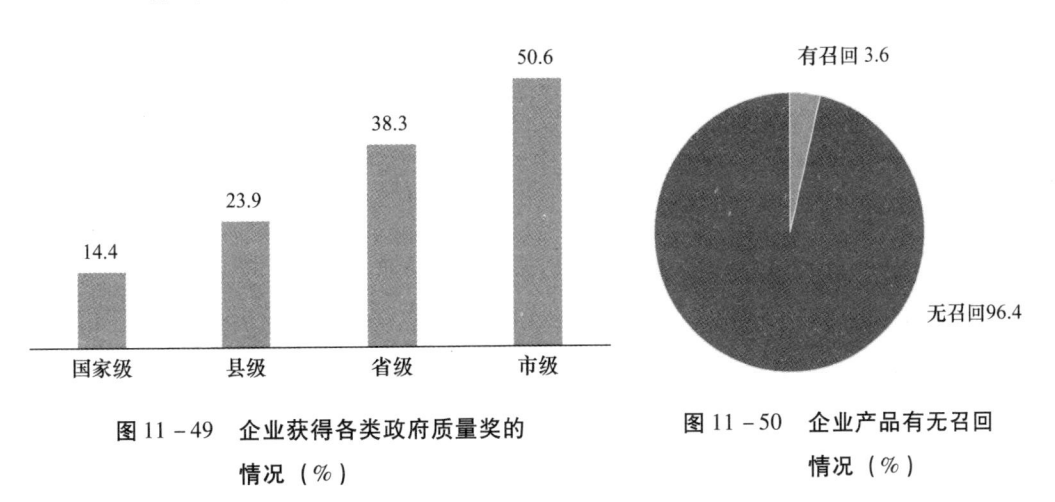

图 11-49　企业获得各类政府质量奖的情况（%）

- 国家级　14.4
- 县级　23.9
- 省级　38.3
- 市级　50.6

图 11-50　企业产品有无召回情况（%）

- 有召回　3.6
- 无召回　96.4

从行业来看，化工产品制造业有产品召回的企业占比在八大行业中最高，为14.5%；其次是机器和通用设备制造业，占比为5.4%；纺织皮革制造业无产品召回情况。

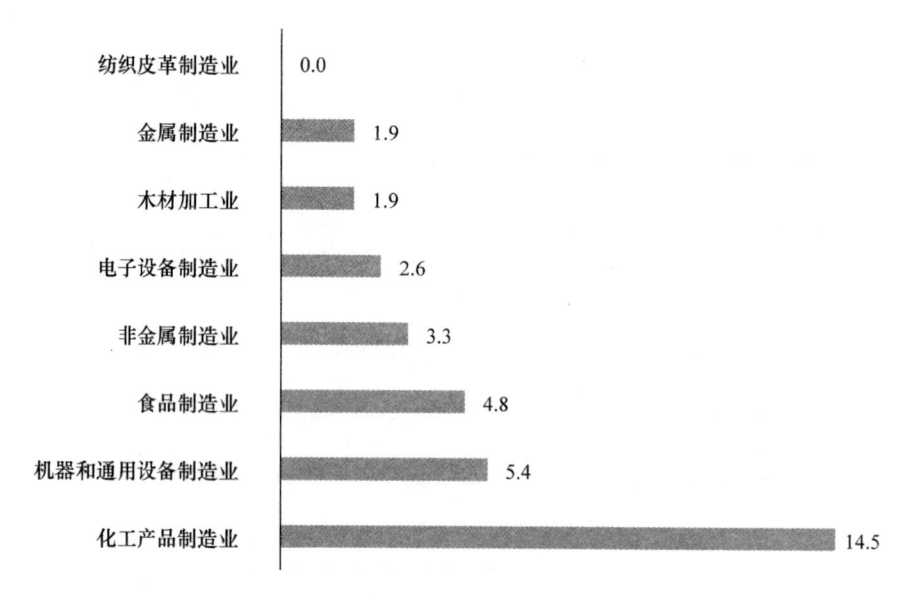

行业	百分比
纺织皮革制造业	0.0
金属制造业	1.9
木材加工业	1.9
电子设备制造业	2.6
非金属制造业	3.3
食品制造业	4.8
机器和通用设备制造业	5.4
化工产品制造业	14.5

图 11-51　企业有产品召回的行业情况（%）

从企业规模来看，中型企业有产品召回的占比为 3.0%，大型企业的这一占比为 3.3%，小型企业的这一占比为 4.7%。

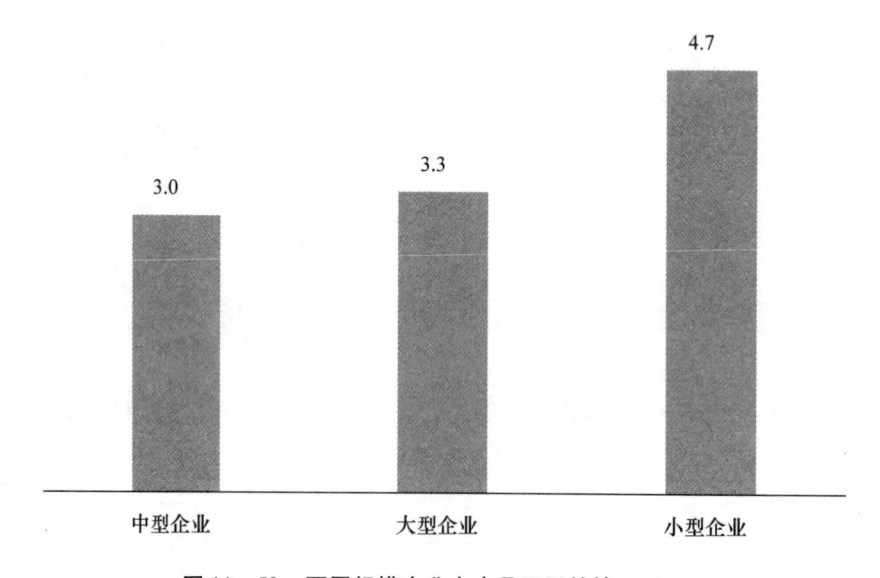

企业规模	百分比
中型企业	3.0
大型企业	3.3
小型企业	4.7

图 11-52　不同规模企业有产品召回的情况（%）

第十二章
企业管理状况

本次 CEGS 调查引入 Nicholas Bloom et al.（2007）所开创的世界管理调查（the World Management Survey，WMS），对中国企业的管理效率进行科学测度。具体而言，WMS 调查设计了一个涵盖企业的目标规划（Targets）、绩效激励（Incentives）、考核监督（Monitoring）和管理实施（Operations）四个维度管理特征的客观性调查量表，包括 16 个与资本管理相关的各种实践问题。在具体的测算过程中，根据调查对象对每一个问项的客观选择，按照标准对其执行情况进行"0—1"等距评分，最后将 16 个问题的分值归一化得到整体的管理效率分值。按照同样的思路，可以得到管理效率下面的目标规划、绩效激励、考核监督和管理实施这四个维度的评分情况。在表 12-1 中给出了管理效率四大维度的含义及相关统计含义。

表 12-1 管理效率四大维度的含义及相关统计含义

维度名称	统计含义	测度方法
目标规划（Targets）	企业管理过程中对于目标的设定与执行情况的评价	根据"考核指标设置、生产计划的关注度和难易度、计划完成后一线和管理层员工的绩效奖金情况"等 5 个问题进行评分
绩效激励（Incentives）	企业管理过程中对于员工激励程度方面的评价	根据"一线和管理层员工绩效奖金获得比例及晋升情况"等 4 个问题进行评分
考核监督（Monitoring）	企业管理过程中对于员工考核监督方面的评价	根据"一线和管理层员工对生产计划的熟悉情况和查看考核指标的时间，以及在未能完成计划对一线和管理层员工的辞退情况"等 5 个问题进行评分
管理实施（Operations）	企业管理过程中对于高效率管理方法的推广程度方面的评价	根据"企业在高效率管理方法上的推广及看板管理状况"等 2 个问题进行评分

本章将基于企业管理效率的测度思路,首先对中国企业整体的管理效率得分进行测算,其次针对管理效率所包含的目标规划、绩效激励、考核监督和管理实施这四个维度的得分,进一步分析中国企业管理效率的状况。

一 企业整体管理效率

(一) 总体状况

根据 CEGS 调查数据(图 12-1),计算得出 2015 年管理效率的均值为 0.54,较 2010 年的管理效率(0.51)提升了 4.8%。一方面,将这一指标与美国、欧盟等发达国家和地区的得分相比,中国企业的管理效率低于发达国家的平均水平 0.60,较管理效率得分最高的美国低 16%。这表明,作为发展中国家,我国企业的管理效率仍有较大的提升空间;另一方面,将这一指标与印度、墨西哥等发展中国家和地区的得分进行比较,发现中国企业的管理效率得分不仅略高于同为发展中大国的印度(0.52),也高出除中国、印度以外其他发展中国家的管理效率平均值(0.50)7.8%。这表明,随着中国迈入中上等收入国家行列,企业的管理效率也较其他发展中国家具有一定优势。

此外,2015 年管理效率差的企业占 31%,比美国高 4 个百分点。导致这一结果的主要原因可能是中国制造企业管理效率分布的"左尾"更长。从企业管理效率的分布图可以发现,确实有更长的左尾(图 12-2)。这表明,中国存在一些管理效率较差的企业。

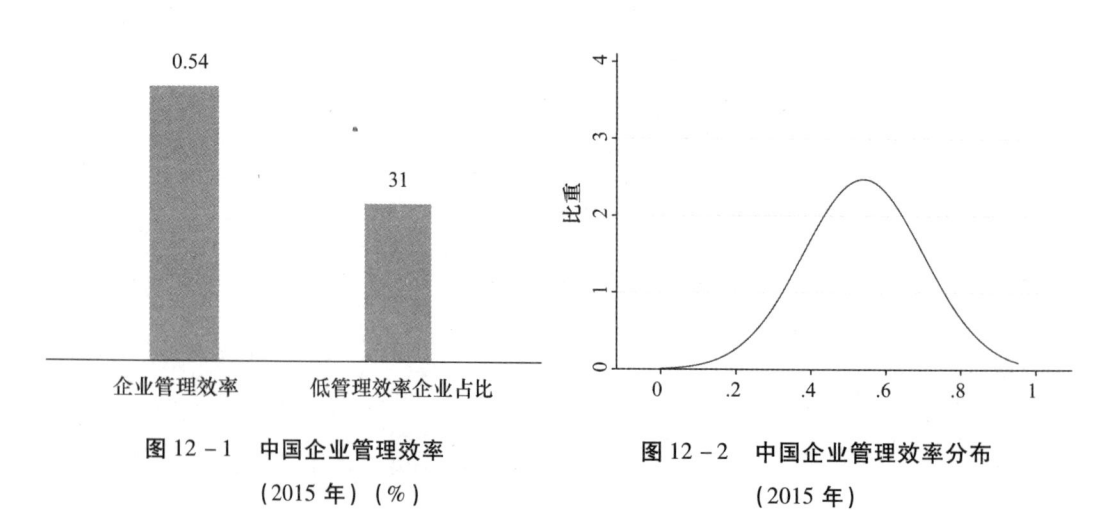

图 12-1 中国企业管理效率 (2015 年)(%)

图 12-2 中国企业管理效率分布 (2015 年)

（二）省份差异

从不同省份来看（图 12-3），2015 年湖北省和广东省制造业企业的平均管理效率均为 0.54。相较于 2010 年，增速分别为 3.8% 和 5.9%。

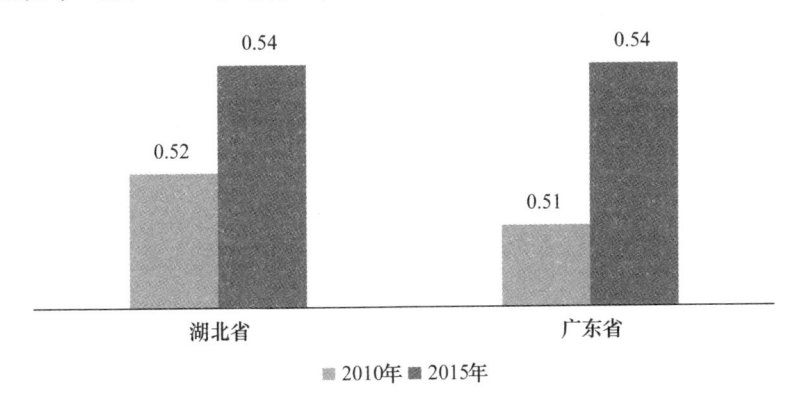

图 12-3 不同省份企业管理效率对比

（三）所有制差异

从不同所有制类型来看（图 12-4），2015 年国有企业的管理效率为 0.63，外资企业的管理效率为 0.55，民营企业的管理效率为 0.53。相较于 2010 年，增速分别为 6.8%、5.8% 和 3.9%。

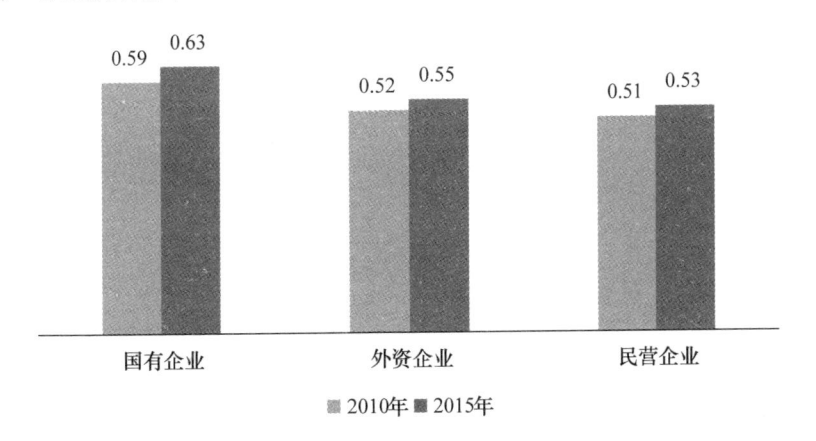

图 12-4 不同所有制类型企业管理效率对比

（四）出口类型差异

从不同的出口类型来看（图 12-5），2015 年非出口企业的管理效率为 0.52，出口企业的管理效率为 0.56。相较于 2010 年，增速分别为 4.0% 和 5.7%。

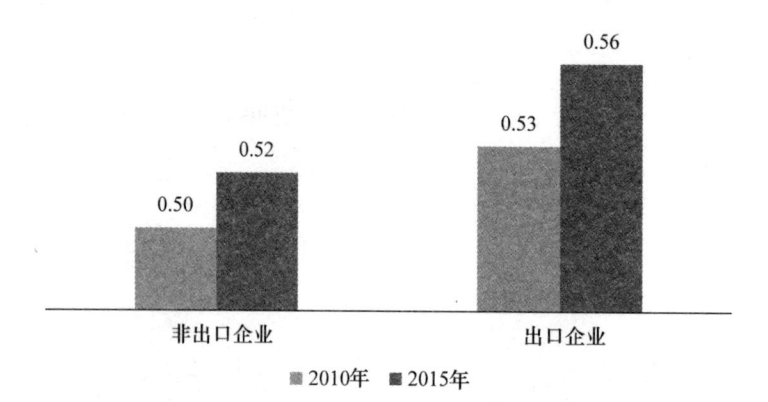

图 12-5　不同出口类型企业管理效率对比

2015 年加工贸易企业的管理效率为 0.54，非加工贸易企业的管理效率为 0.58。相较于 2010 年，增速分别为 5.9% 和 7.4%。

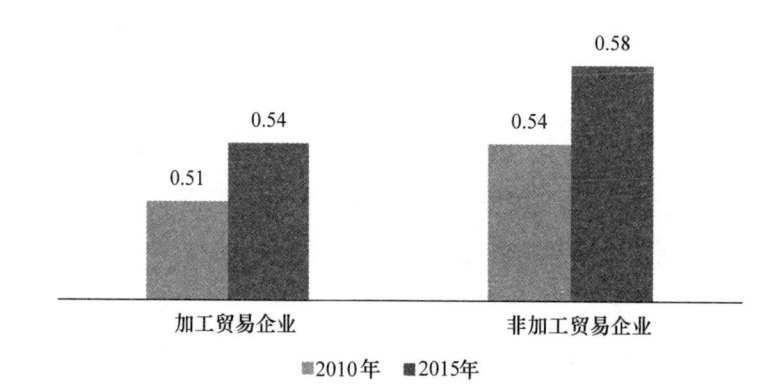

图 12-6　出口企业管理效率对比

二　企业四个维度的管理效率

（一）总体状况

如图 12-7 所示，2015 年调查企业在目标规划、绩效激励、考核监督和管理实施维度的管理效率分别为 0.56、0.65、0.43 和 0.56。相较于 2010 年，增速分别为 3.7%、1.6%、7.5% 和 9.8%。总体而言，考核监督维度是整体管理效率提升的短板，是企业未来提升管理效率需要重点关注的方面。

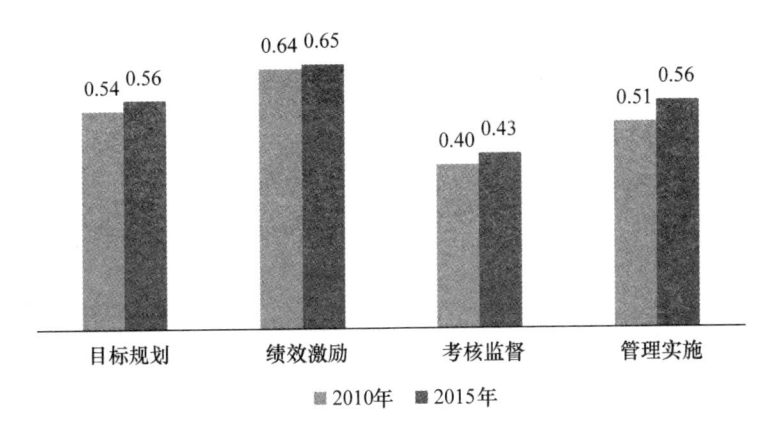

图 12-7 四维度管理效率对比

(二) 省份差异

从不同省份来看（图 12-8），湖北省企业在目标规划、绩效激励、考核监督和管理实施维度的管理效率分别为 0.56、0.65、0.45 和 0.56；广东省企业在这四个维度的管理效率分别为 0.57、0.65、0.41 和 0.56。

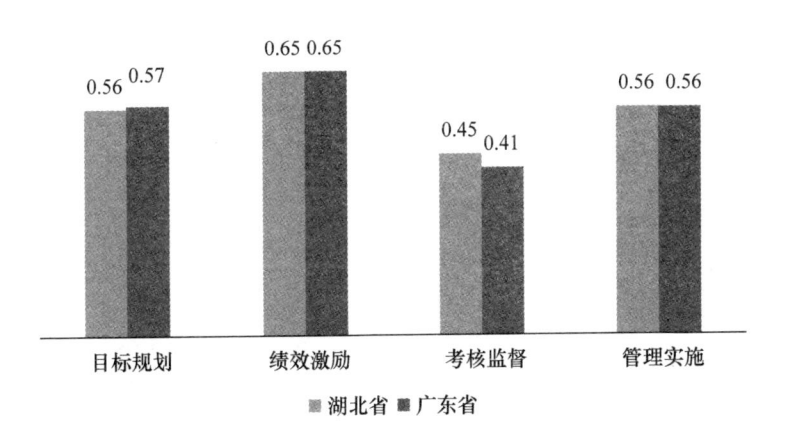

图 12-8 不同省份四维度管理效率对比（2015 年）

(三) 所有制差异

从不同所有制类型来看（图 12-9），国有企业在目标规划、绩效激励、考核监督和管理实施维度的管理效率分别为 0.65、0.79、0.47 和 0.70；外资企业在这四个维度的管理效率分别为 0.58、0.67、0.42 和 0.62；民营企业在这四个维度的管理效率分别为 0.55、0.63、0.43 和 0.53。

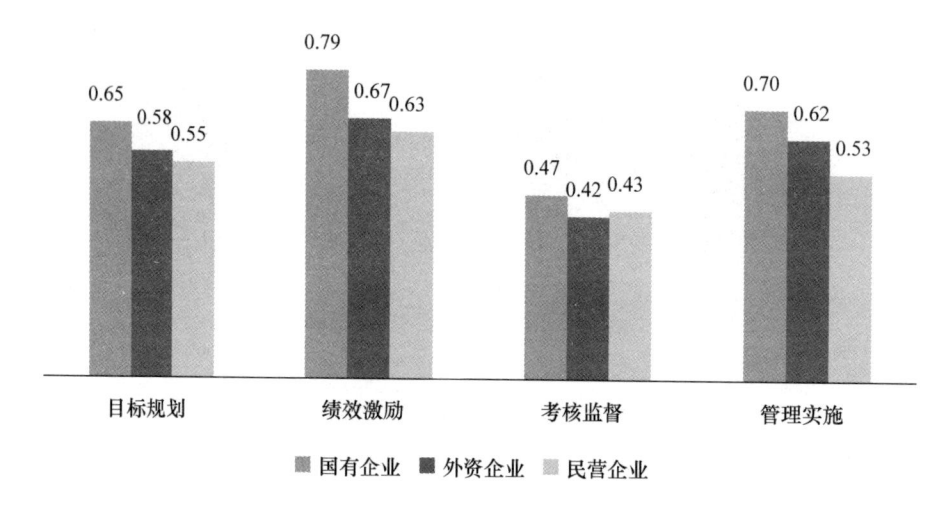

图 12-9　不同所有制企业四维度管理效率对比（2015 年）

（四）出口类型差异

从不同出口类型来看（图 12-10），非出口企业在目标规划、绩效激励、考核监督和管理实施维度的管理效率分别为 0.55、0.64、0.42 和 0.52；出口企业在这四个维度的管理效率分别为 0.59、0.67、0.44 和 0.60。

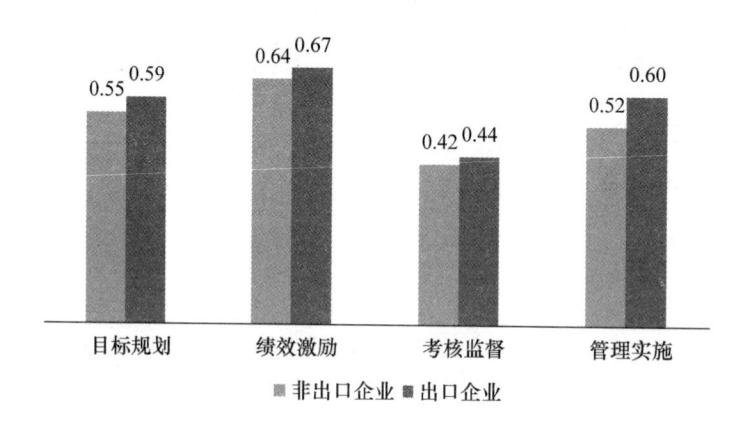

图 12-10　不同出口类型企业四维度管理效率对比（2015 年）

在出口企业中（图 12-11），加工贸易企业在目标规划、绩效激励、考核监督和管理实施维度的管理效率分别为 0.57、0.64、0.42 和 0.57；非加工贸易企业在这四个维度的管理效率分别为 0.60、0.70、0.46 和 0.63。

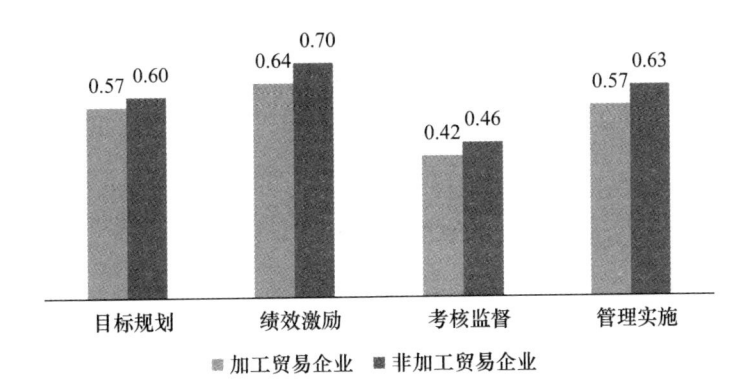

图12-11 出口企业四维度管理效率对比（2015年）

第十三章
企业家状况

本章描述的是 2016 年 CEGS 的企业家状况，共涉及问卷中企业家的性别、婚姻、年龄、受教育水平和工作时间等方面的 30 个问项。基于来自企业一线的中国企业—劳动力匹配数据，本部分将从企业家的基本情况，工作和企业管理情况等方面对企业家状况进行描述。

一 企业家的基本情况

（一）企业家的个体特征

1. 企业家的性别分布

调查数据表明，92.8% 的企业家为男性，7.2% 的企业家为女性。

2. 企业家的婚姻状况

调查数据表明，96.4% 的企业家已婚，2.1% 的企业家未婚，有 1.4% 的企业家已离婚，0.1% 的企业家丧偶。

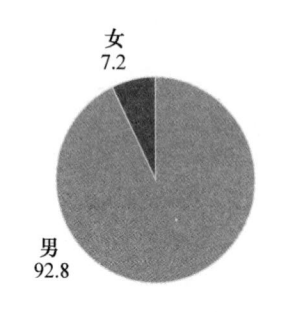

图 13-1 企业家的性别分布（%）

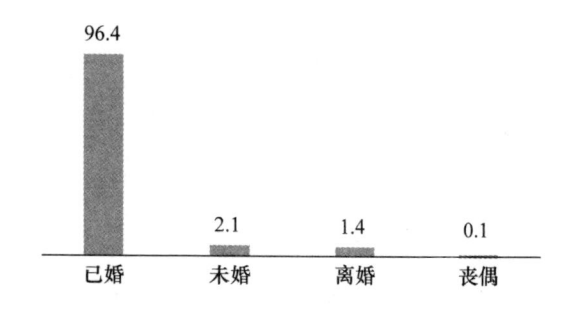

图 13-2 企业家的婚姻状况（%）

3. 企业家的年龄状况

从企业家的出生年代来看，2.5%的企业家出生在20世纪50年代以前，13.8%的企业家出生在20世纪50年代，44.0%的企业家出生在20世纪60年代，30.7%的企业家出生在20世纪70年代，8.9%的企业家出生在20世纪80年代之后。

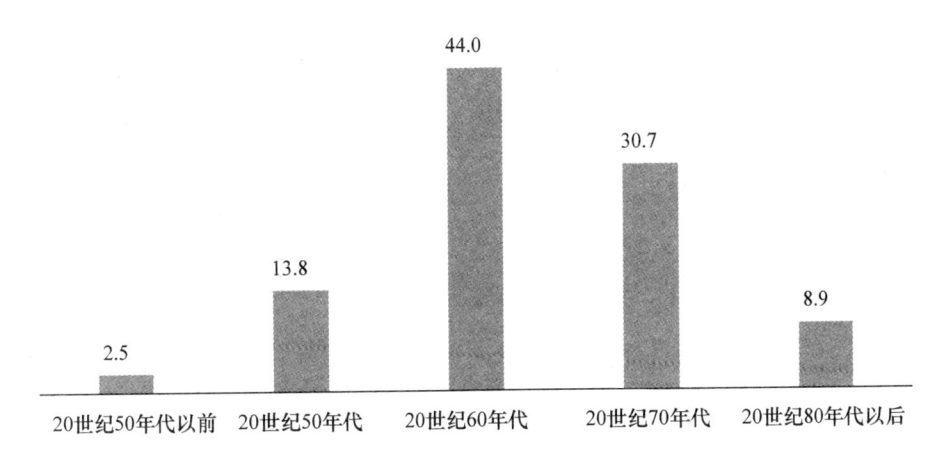

图13-3　企业家的出生年代分布（%）

企业家的平均年龄为49岁。从不同所有制来看，外资企业一把手的平均年龄为52岁，国有企业一把手为50岁，民营企业一把手为48岁。

4. 企业家的受教育水平

调查数据表明，有62.7%的企业家为大专及以上学历，27.7%的企业家为高中学历，9.6%的企业家为初中及以下学历。

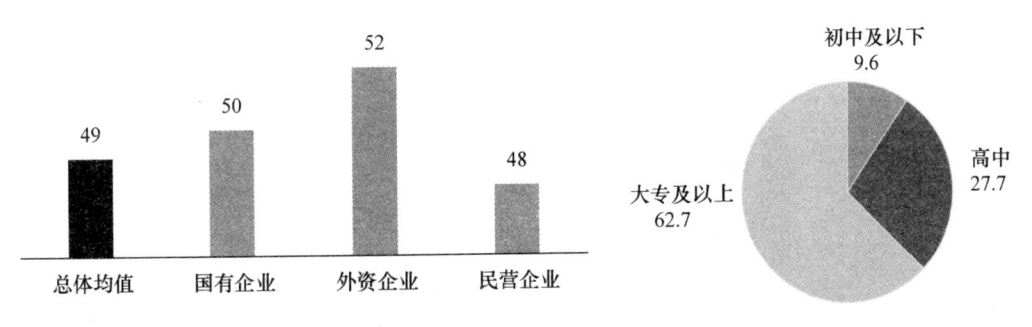

图13-4　不同所有制企业家的平均年龄（岁）

图13-5　企业家的全日制学历分布（%）

在不同所有制的企业中,企业家的学历也存在差异。88.6%的国有企业一把手学历为大专及以上,82.0%的外资企业一把手的学历在大专及以上,54.5%的民营企业一把手学历在大专及以上。

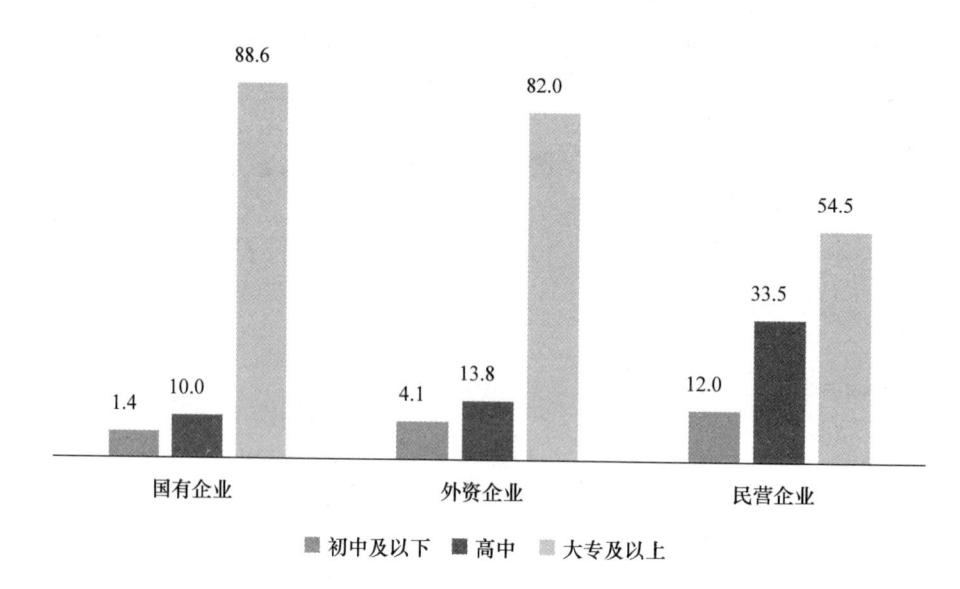

图13-6 不同所有制企业的企业家学历分布(%)

从分省数据来看,广东省高层次学历的企业家比例高于湖北省,67.0%的广东省企业家学历在大专及以上,比湖北省高出9个百分点。

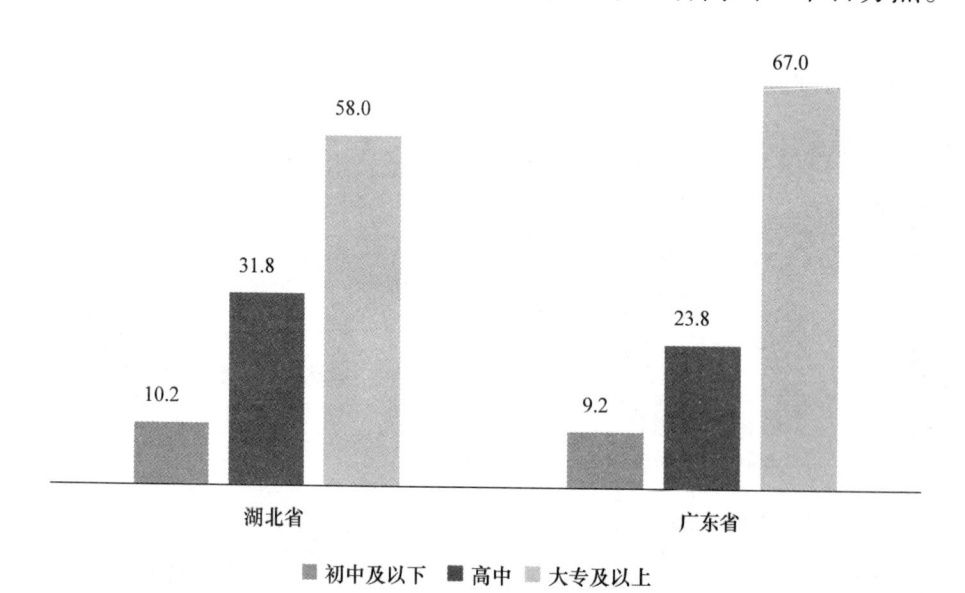

图13-7 不同省份企业的企业家学历分布(%)

同时，调查还发现，有26.3%的企业家参加过EMBA学习。

分所有制来看，44.1%的国有企业的企业家参加过EMBA，高于外资企业的30.2%和民营企业的23.9%。

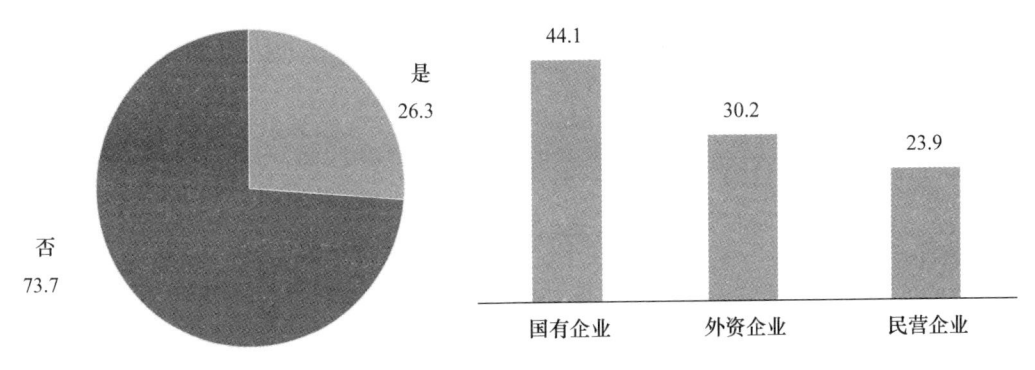

图13-8 企业家参加EMBA学习情况（%）

图13-9 不同所有制企业的企业家参加EMBA学习情况（%）

（二）企业家政治关系

调查数据表明，有18.4%的企业家曾经在政府相关部门工作过，22.9%的企业家是人大代表或政协委员，36.1%的企业家是中共党员，42.9%的企业家是工商联或私企协会会员。

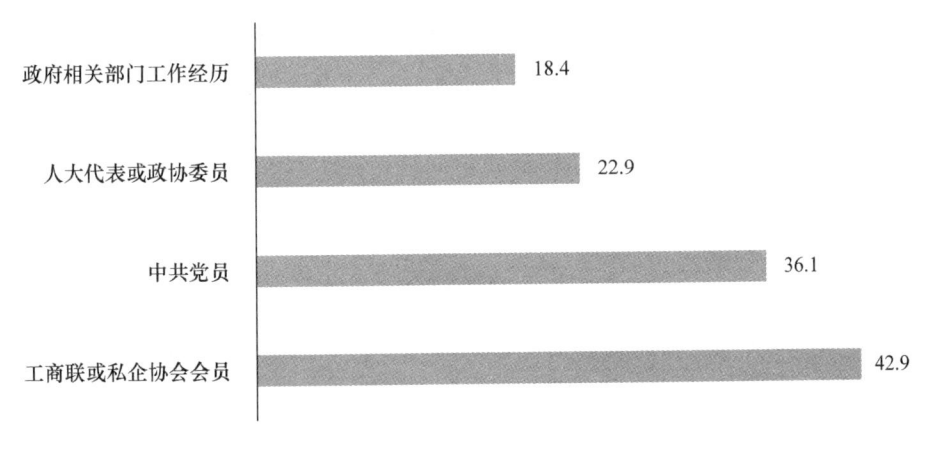

图13-10 企业家的政治关系状况（%）

分省来看，有53.0%的湖北省企业家是中共党员，高于广东省的17.5%；有45.6%的湖北省企业家是工商联或私企协会会员，高于广东省的39.9%；有30.5%的湖北省企业家是人大代表或政协委员，高于广东省的14.5%。

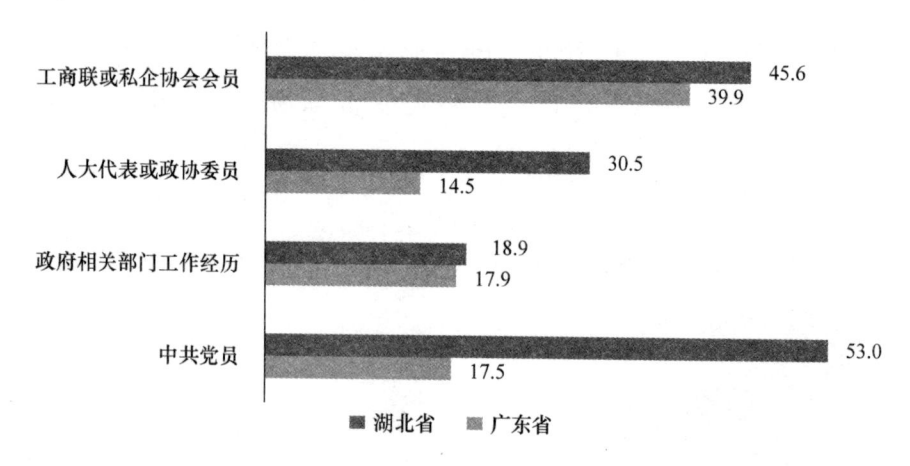

图 13-11 不同省份企业家的政治关系状况（%）

分所有制来看，国有企业的企业家拥有政治关系的比例更高。国有企业 87.0% 的企业家是中共党员，17.6% 的企业家有过在政府相关部门的工作经历，38.4% 的企业家是人大代表或政协委员。有 39.7% 的民营企业家是中共党员，19.7% 的民营企业家有过在政府相关部门的工作经历，25.9% 的民营企业家是人大代表或政协委员，48.6% 的民营企业家是工商联或私企协会会员。外资企业的企业家的政治关系弱于国有企业和民营企业的企业家，外资企业家在中共党员、政府相关部门工作经历以及人大代表或政协委员等的比例均低于国有企业和民营企业的企业家。

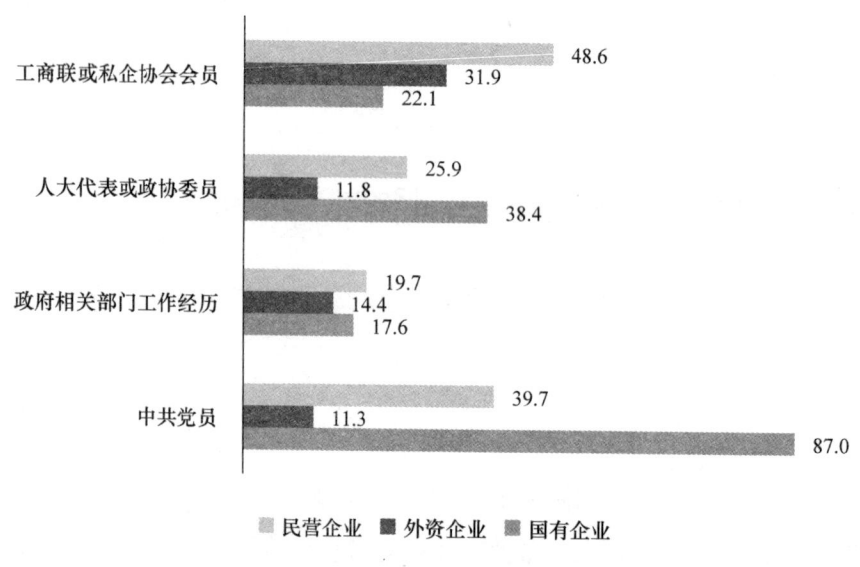

图 13-12 不同所有制企业的企业家的政治关系状况（%）

二 企业家的工作与企业管理情况

(一) 企业家的工作时间状况

调查数据表明,企业家平均已工作的时间是 27 年,在自己所从事的行业工作的时间是 20 年,在本企业工作的时间是 13 年,从事管理工作的时间是 17 年。

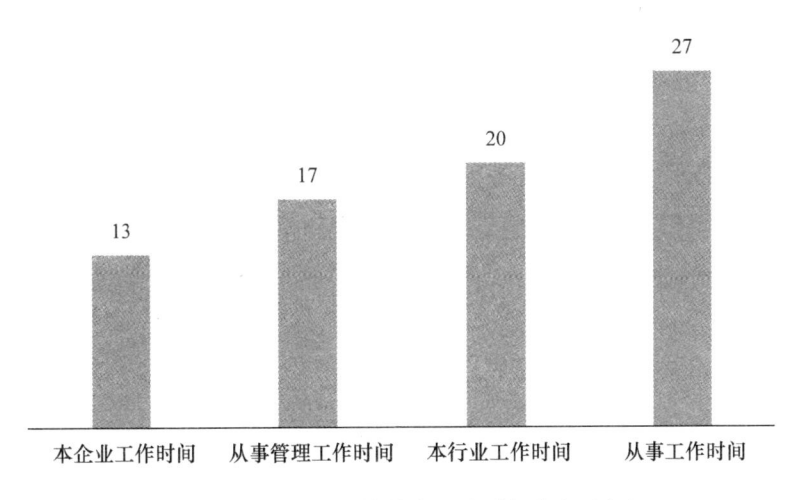

图 13-13 企业家的从事工作时间分布(年)

(二) 企业家从事企业工作前的身份情况

调查数据显示,有 35.7% 的企业家首次从事企业工作前的身份是学生,在毕业后直接进入企业工作;22.5% 的企业家是个体工商户,在从事一段时间的个体经营工作之后才进入企业工作;14.2% 是政府官员或事业单位人员,由政府机关或事业单位转而从事企业工作。

调查数据表明,28.0% 的企业家在进入本企业工作前的身份为其他企业的管理人员;16.4% 的企业家是个体工商户;11.9% 的企业家进入当前所在企业工作前的身份是学生,毕业后一直在当前所在企业工作;9.5% 是其他企业老板,在已经担任过其他企业一把手的情况下,来到当前企业工作;9.4% 是政府官员或事业单位人员,由政府机关或事业单位转到当前所在企业工作。

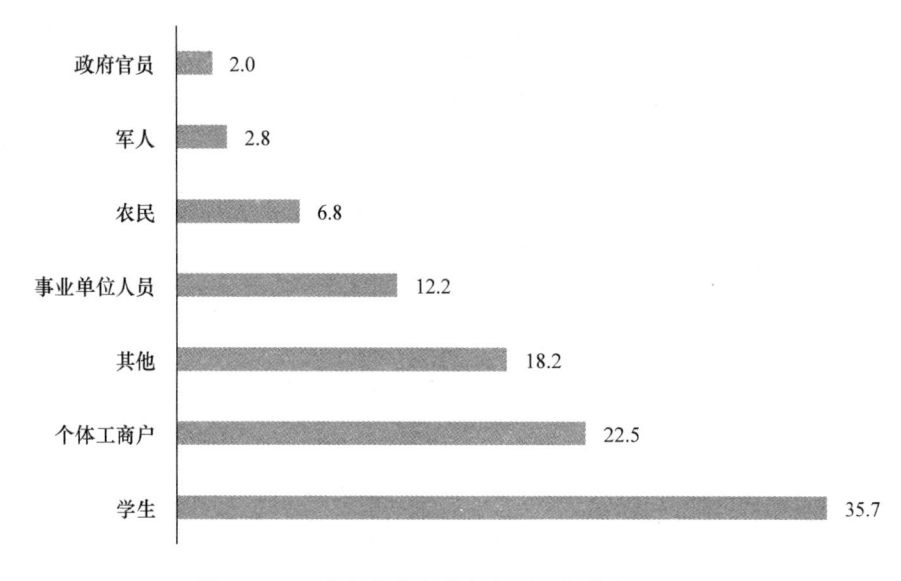

身份	比例(%)
政府官员	2.0
军人	2.8
农民	6.8
事业单位人员	12.2
其他	18.2
个体工商户	22.5
学生	35.7

图 13-14　企业家首次从事企业工作的身份（%）

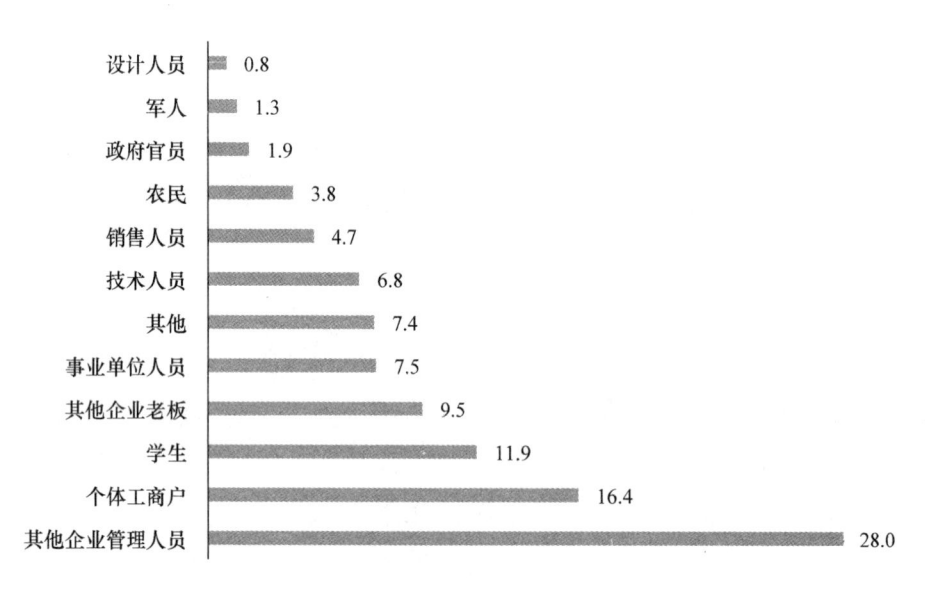

身份	比例(%)
设计人员	0.8
军人	1.3
政府官员	1.9
农民	3.8
销售人员	4.7
技术人员	6.8
其他	7.4
事业单位人员	7.5
其他企业老板	9.5
学生	11.9
个体工商户	16.4
其他企业管理人员	28.0

图 13-15　企业家进入本企业前的身份（%）

（三）企业家拥有自己的企业的状况

调查数据表明，55.3%的企业家有自己的企业，拥有企业的数量平均为2家，其中14.1%是海外公司，金融行业公司的比例是2.2%，投资房地产行业的比例是5.1%。

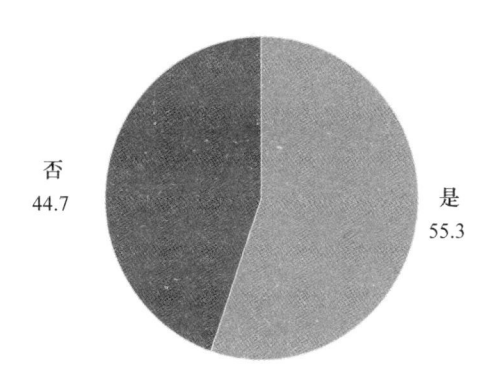

图 13 – 16　企业家是否拥有自己的企业（%）

(四) 企业家是企业创始人状况

调查数据表明，55.7%的企业家是企业创始人，其中民营企业的比例为65.1%，高于外资企业的38.3%。

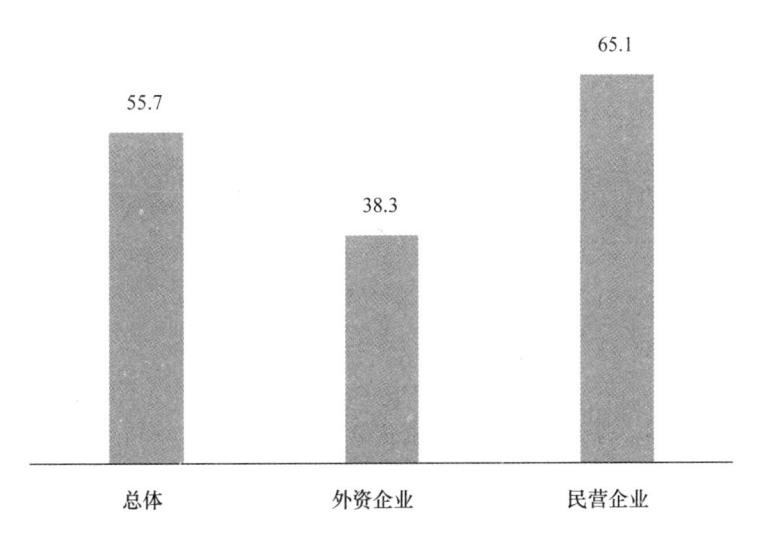

图 13 – 17　非国有企业的企业家为企业
创始人情况（%）

在非企业创始人的企业家中，63.9%的企业家在进入企业之前与企业创始人没有关系，11.3%的企业家与企业创始人是父母或子女关系。

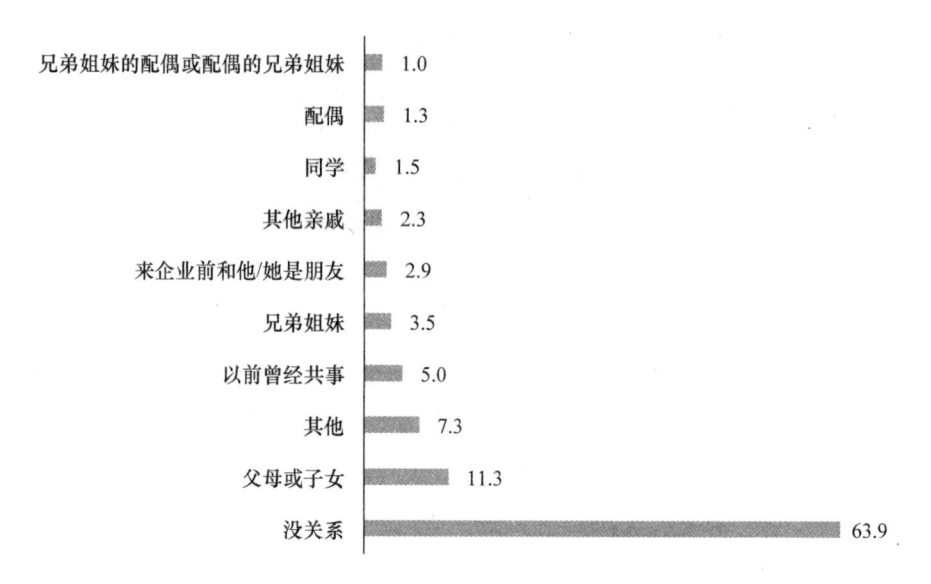

图13-18 非企业创始人的企业家与企业创始人关系（%）

- 兄弟姐妹的配偶或配偶的兄弟姐妹 1.0
- 配偶 1.3
- 同学 1.5
- 其他亲戚 2.3
- 来企业前和他/她是朋友 2.9
- 兄弟姐妹 3.5
- 以前曾经共事 5.0
- 其他 7.3
- 父母或子女 11.3
- 没关系 63.9

（五）民营企业家的接班选择

调查数据表明，25.7%的民营企业家表示很可能让家庭成员接班，45.9%的民营企业家表示可能让家庭成员接班，28.4%的民营企业家表示不太可能让家庭成员接班。

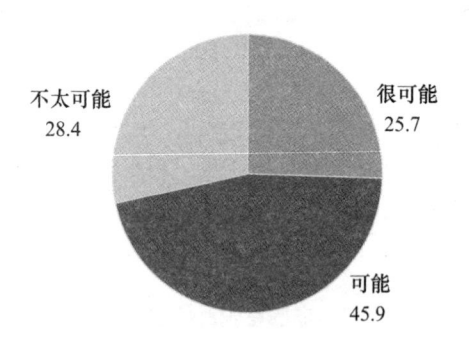

图13-19 民营企业家的接班选择（%）

- 不太可能 28.4
- 很可能 25.7
- 可能 45.9

从不同受教育水平的情况来看，62.9%的学历为初中及以下的民营企业家可能让家庭成员接班，75.1%的学历为高中的民营企业家可能让家庭成员接班，72.1%的学历为大专及以上的民营企业家可能让家庭成员接班。

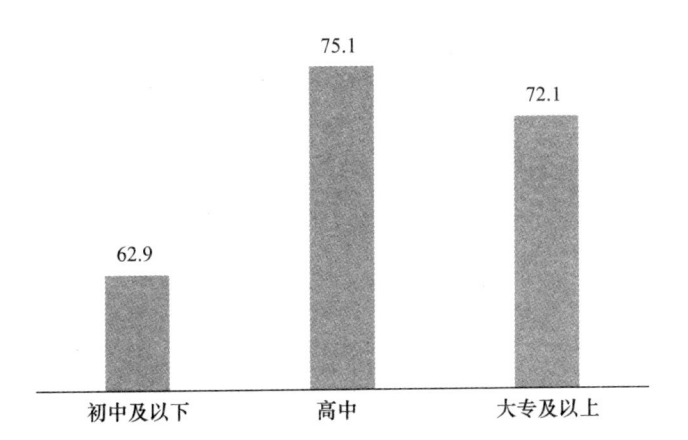

图 13-20　不同受教育水平企业家的接班选择（%）

第十四章
企业治理状况

本章从企业股权结构、外资（含港澳台）持股比例、董事会治理和企业劳动关系治理介绍企业治理状况，企业劳动关系治理状况又包括企业工会治理和企业工资集体协商程序。

一 股权结构

（一）总体状况

根据调查数据，2015年企业股权结构中持股比例最高的是本企业管理层，为56.2%。本企业其他员工的持股比例最低，为0.9%。其他企业和个人持股、国有持股和上市企业流通股的比例分别为33.3%、7.4%和2.2%。

企业成立时的股权结构为：本企业管理层持股57.4%、其他企业和个人持股27.6%、国有持股13.4%、上市企业流通股0.7%、本企业其他员工持股0.9%。相较于成立时的股权结构，2015年本企业管理层持股和国有持股比例分别下降了1.2%和6.0%，其他企业和个人持股以及上市公司流通股的比例分别上升了5.7%和1.5%。

表14-1　　　　　　企业2015年和成立时股权结构（%）

	2015年	企业成立时
本企业管理层持股	56.2	57.4
其他企业和个人持股	33.3	27.6

续表

	2015 年	企业成立时
国有持股	7.4	13.4
上市企业流通股	2.2	0.7
本企业其他员工持股	0.9	0.9
合计	100	100

(二) 企业外资持股情况

根据调查数据，有外资（含港澳台）股份的企业，2015 年其外资（含港澳台）的平均持股比例为 21.7%，其中来源于第一大国家/地区的外资（含港澳台）的平均股权占比为 20.4%。企业成立时外资（含港澳台）的持股比例平均为 8.7%，其中来源于第一大国家/地区的外资平均股权为 8.3%。

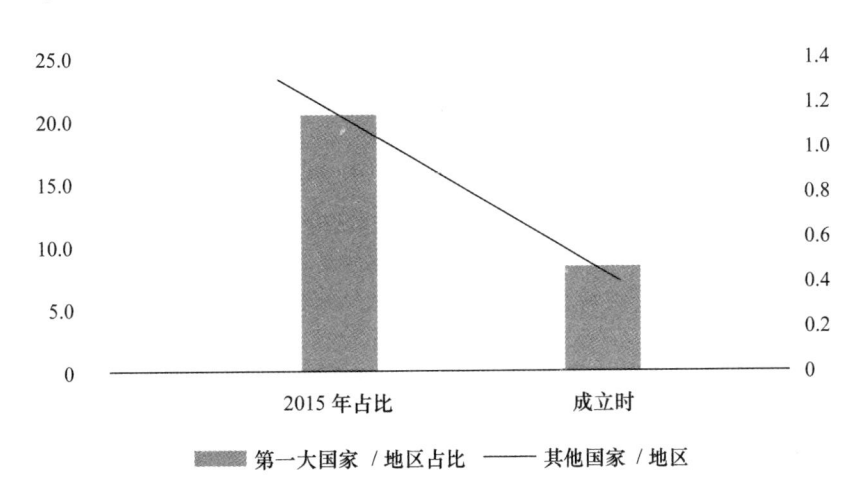

图 14-1　有外资（含港澳台）股份的企业的外资持股情况（%）

(三) 外资主要来源地

根据调查数据，2015 年外资（含港澳台）第一大国家/地区的构成情况为：港澳台 69.8%，日本 7.9%，美国 4.1%，其他国家/地区 18.2%。

成立时外资（含港澳台）第一大国家/地区的构成情况为：港澳台 56.9%，日本 17.2%，美国 6.9%，其他国家/地区 19.0%。

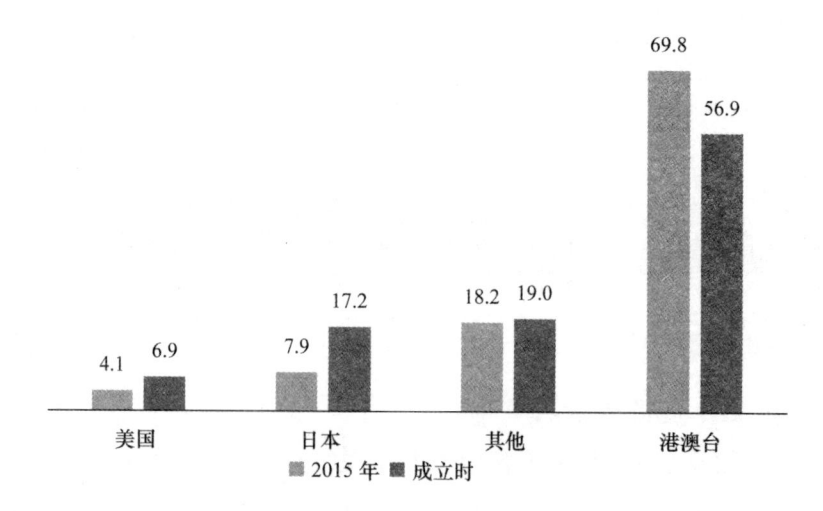

图 14-2　外资（含港澳台）第一大国家/地区数量统计（%）

二　董事会治理

根据调查数据，超过一半的企业成立了董事会，占比为 59.8%。

从不同所有制企业数据来看，外资企业董事会的成立比例为 75.6%，国有企业为 75.4%，均高于平均水平。民营企业董事会的成立比例最低，为 53.7%。

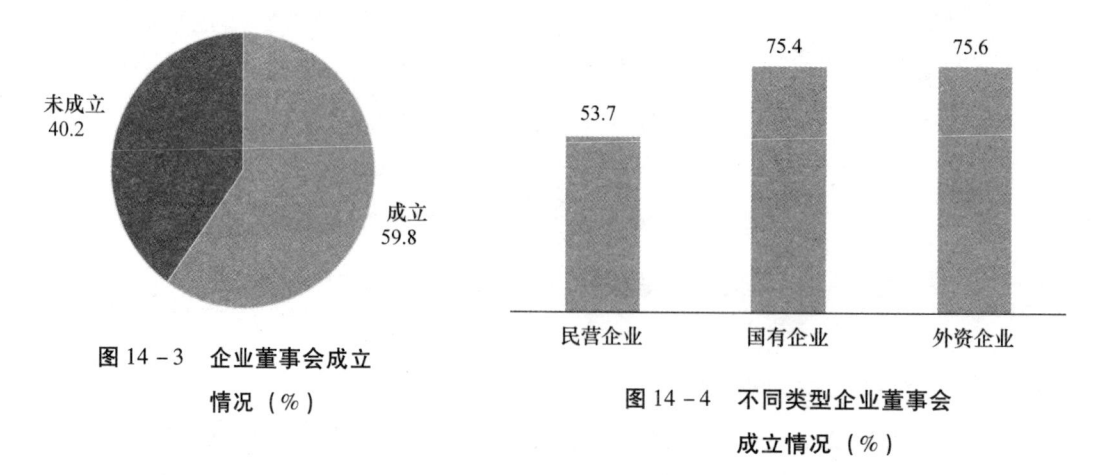

图 14-3　企业董事会成立情况（%）

图 14-4　不同类型企业董事会成立情况（%）

分进出口来看，出口企业董事会的成立比例为 68.0%，非出口企业为 53.9%。

从不同规模企业数据来看，小型企业董事会成立比例为 40.1%，中型企业为 64.8%，大型企业为 78.1%。

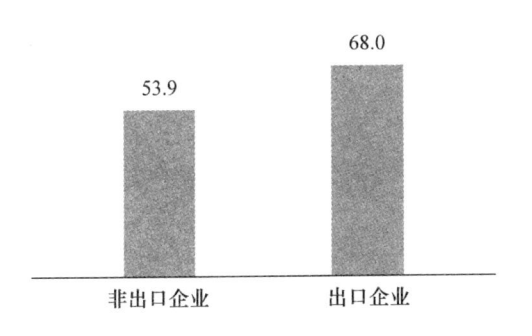

图 14-5　出口企业和非出口企业董事会成立情况（%）

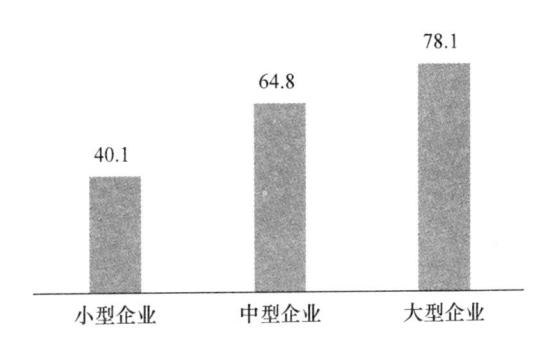

图 14-6　不同规模企业董事会成立情况（%）

三　企业劳动关系治理

（一）成立工会的企业占比情况

根据调查数据，61.2%的企业成立了工会。

从不同所有制企业的数据来看，2013—2015 年间，94.3%的国有企业成立了工会，外资企业和民营企业的成立比例分别为 76.7%和 53.7%。

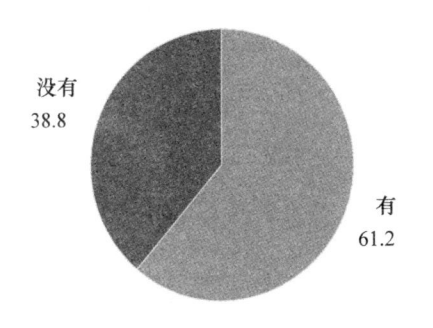

图 14-7　企业工会成立情况（%）

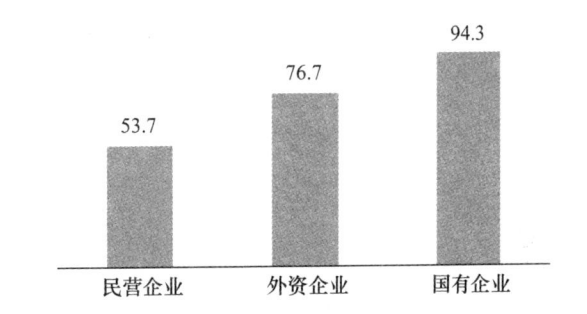

图 14-8　不同所有制企业工会成立情况（%）

分规模来看，小型企业工会成立比例为 35.3%，中型企业为 64.8%，大型企业为 88.0%。

分行业来看，化工产品制造业的工会成立比例最高，为 74.5%。以下分别为机器和通用设备制造业（68.2%）、电子设备制造业（63.4%）、木材加工业（61.1%）、纺织皮革制造业（60.0%）、金属制造业（58.7%）、食品制造业（55.8%）和非金属制造业（52.6%）。

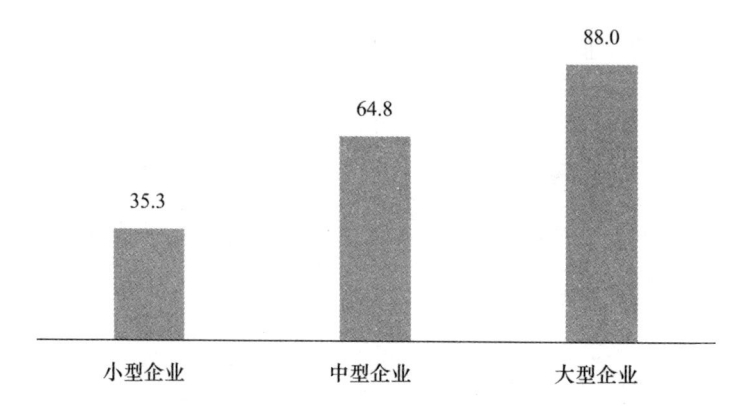

图 14-9 不同规模企业工会成立情况（%）

图 14-10 不同行业企业工会成立情况（%）

（二）工会管理人员结构

根据调查数据，2015年企业工会管理人员结构：员工代表（59.4%），中高层行政管理人员（26.4%），其他（14.2%）。

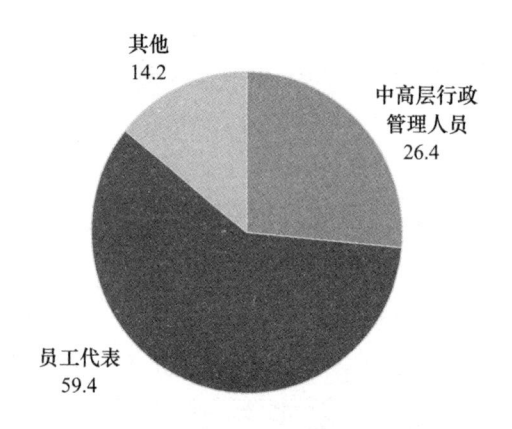

图 14-11 2015年企业工会管理人员构成比例（%）

从不同所有制企业数据来看，国有企业工会管理人员构成：员工代表（64.3%），中高层行政管理人员（26.6%），其他（9.1%）；外资企业工会管理人员构成：员工代表（60.4%），中高层行政管理人员（25.1%），其他（14.5%）；民营企业工会管理人员构成：员工代表（58.3%），中高层行政管理人员（27.0%），其他（14.7%）。

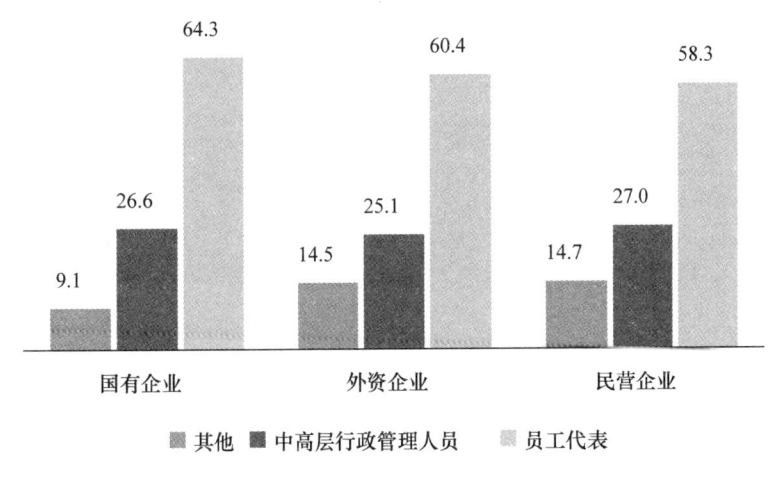

图 14-12　不同类型企业工会管理人员构成（%）

（三）工会经费

根据调查数据，2013—2015 年企业支付的工会经费分别为：14.5 万元、15.1 万元和 15.3 万元。

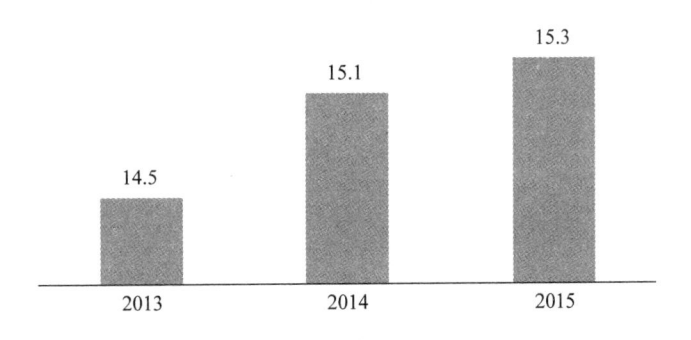

图 14-13　2013—2015 年企业支付的工会经费（万元）

从不同所有制企业的数据来看，2013—2015 年间，国有企业的年均工会经费投入最大，为 48.9 万元。外资企业和民营企业的年均工会经费分别为 24.8 万元和 10.0 万元。

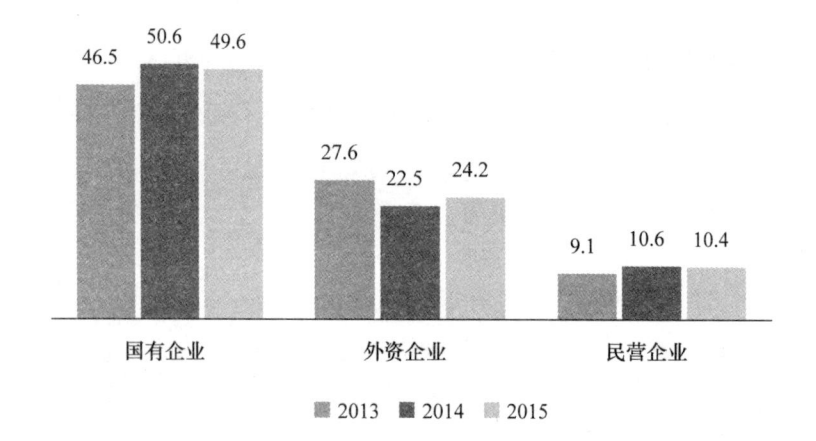

图 14-14 2013—2015 年不同类型企业支付的工会经费（万元）

（四）工会领导/代表任命方式

调查数据显示，60.3%的工会领导/代表由员工选举产生，22.0%由董事会/总经理直接任命，15.5%由上级工会组织任命，2.2%采用其他方式。

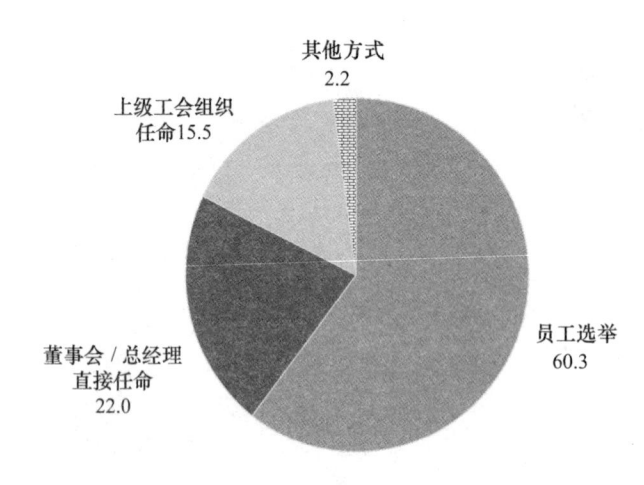

图 14-15 企业工会领导/代表任命方式（%）

从不同所有制企业数据来看，国有企业工会领导/代表的任命方式为：68.2%由员工选举产生，21.2%由上级工会组织任命，9.1%由董事会/总经理直接任命，1.5%采用其他方式。外资企业和民营企业工会领导/代表的任命方式如图 14-16 所示。

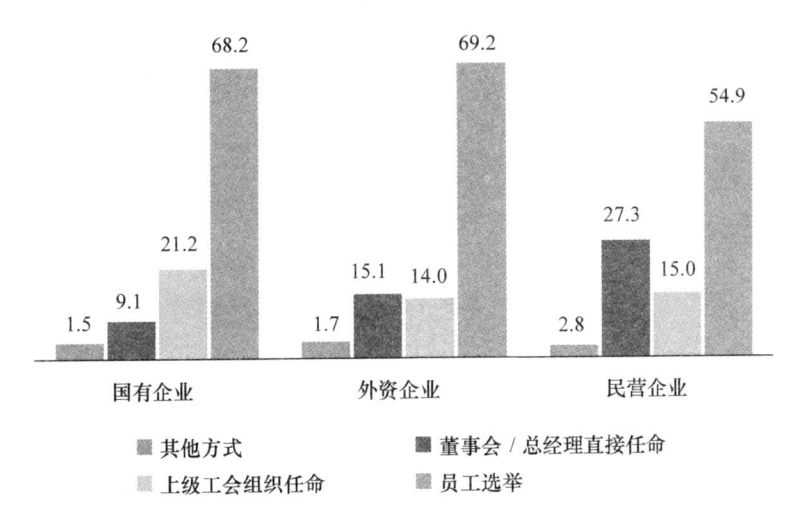

图 14-16 不同类型企业工会领导/代表任命方式（%）

（五）工会参与经营决策情况

根据调查数据，工会在下列经营决策中有影响力的占比依次为：员工卫生、健康和安全保障计划制定（85%），员工学习、培训计划（79%），企业薪酬及其他福利的制定（77%），企业绩效管理方案的制定（67%），招聘、裁员、晋升等计划制定（63%），企业并购、重组、迁址中的员工安置计划（53%）。

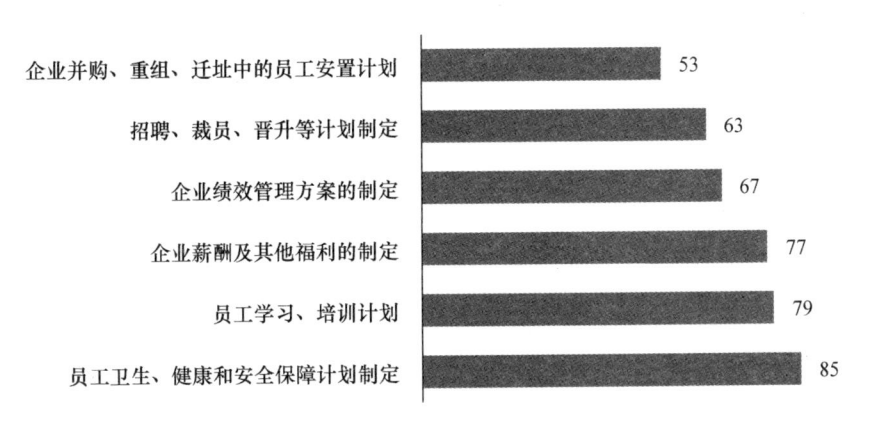

图 14-17 工会在经营决策中的参与程度（%）

（六）企业工资集体协商程序

根据调查数据，58.5%的企业在决定薪酬水平时有集体协商程序。

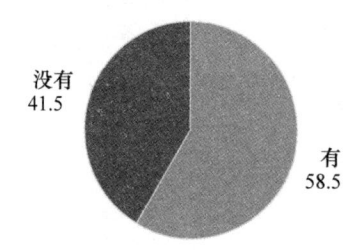

图 14-18　企业决定薪酬水平时是否有集体协商的程序（%）

从不同所有制企业数据来看，国有企业在决定薪酬水平时有集体协商程序的企业占比最高，为 88.2%。外资企业和民营企业这一比例分别为 53.9% 和 57.4%。

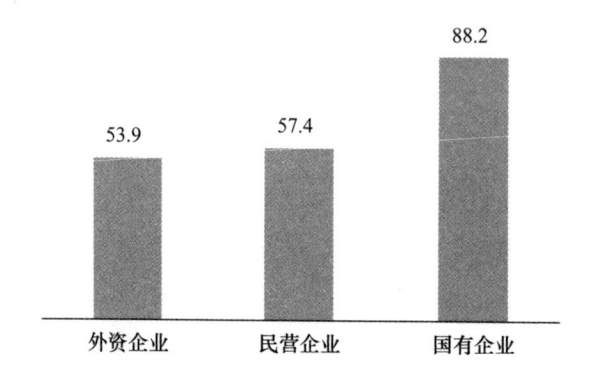

图 14-19　不同类型企业决定薪酬水平时有集体协商程序的情况（%）

第十五章
企业劳动力使用状况

本章基于 2016 年 CEGS 数据从劳动力使用规模、劳动力使用成本、员工内部流动这三个方面对企业劳动力使用状况进行描述说明。

一 劳动力规模

(一) 企业平均人数及其增长情况

调查企业 2015 年底的企业平均人数为 830 人，2014 年为 841 人，2013 年为 900 人。相较 2013 年，2014 年人数下降 6.6%，相较 2014 年，2015 年人数下降 1.3%。

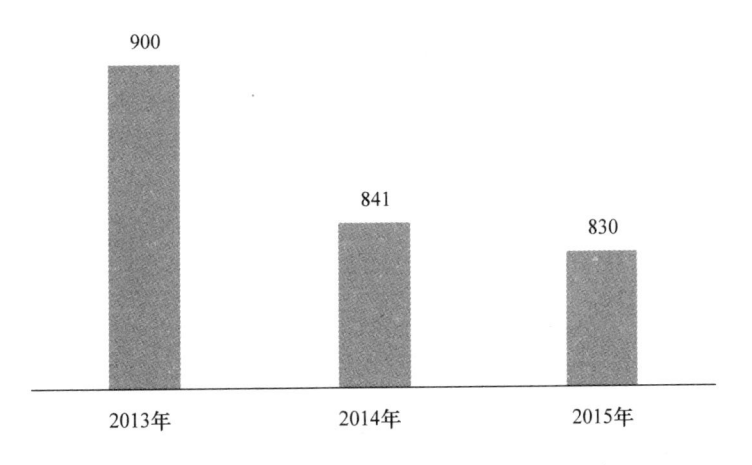

图 15-1 2013—2015 年企业平均人数（人）

（二）不同类型员工的占比情况

企业一线工人占总人数比例最高，为64.4%；其次为其他管理人员，占比为10.2%；中高层管理人员、技术与设计人员占比别为8.3%、7.4%；销售人员为5.4%；其他人员占比最低，为4.3%。

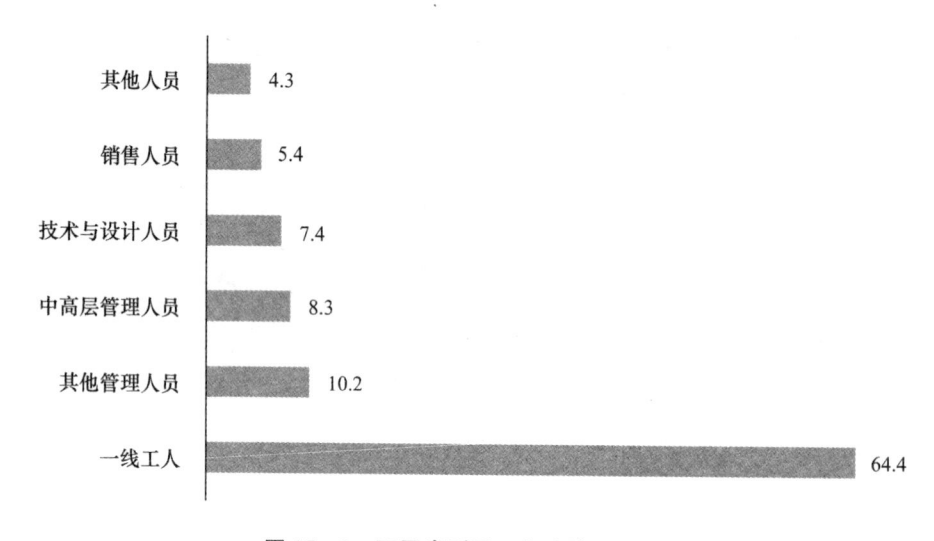

图15-2 不同类型员工占比情况（%）

（三）劳务派遣与劳务输出情况

企业劳务派遣比例为2.9%。从不同规模企业来看，大型企业劳务派遣为4.7%；中型企业这一比例为3.7%，小型企业这一比例为2.3%。从企业是否出口来看，出口企业的劳务派遣比例为3.1%，非出口企业为2.8%。

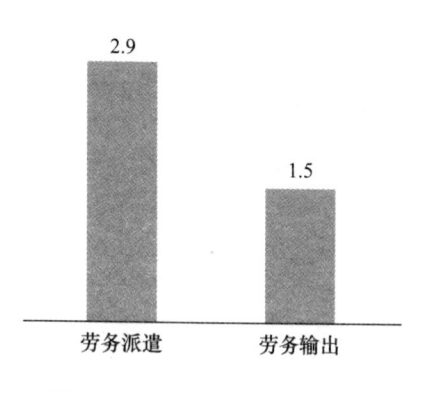

图15-3 企业劳务派遣与劳务输出情况（%）

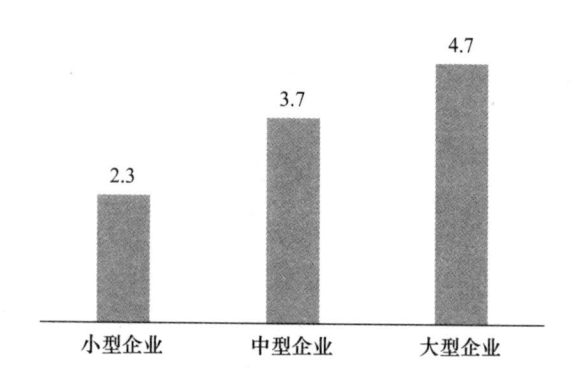

图15-4 不同规模企业劳务派遣情况（%）

企业劳务输出比例为 1.5%。从企业不同规模来看，大型企业劳务输出为 2.4%；中型企业这一比例为 1.4%，小型企业为 1.3%。从企业是否出口来看，出口企业的劳务输出比例为 3.1%，非出口企业为 2.8%。

图 15-5　出口与非出口企业的劳务派遣情况（%）

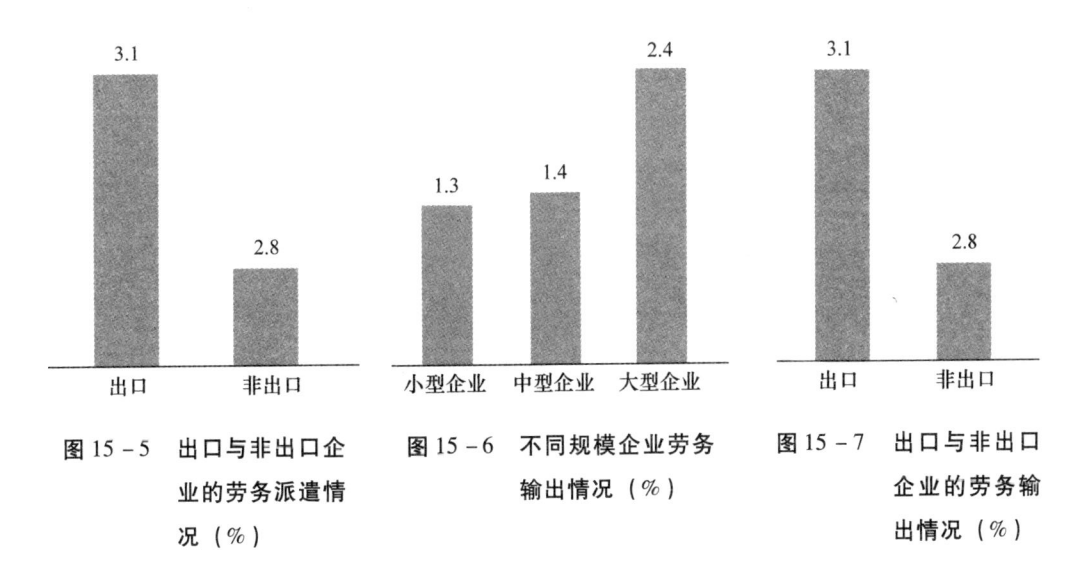

图 15-6　不同规模企业劳务输出情况（%）

图 15-7　出口与非出口企业的劳务输出情况（%）

分不同行业来看，在劳务派遣比例方面，化工产品制造业为 6.1%，机器和通用设备制造业为 4.3%，电子设备制造业和金属制造业分别为 3.8%、3.4%，食品制造业和非金属制造业分别为 3.1%、2.5%，木材加工业和纺织皮革制造业劳务派遣比例较其他行业低，分别为 0.9%、0.5%。

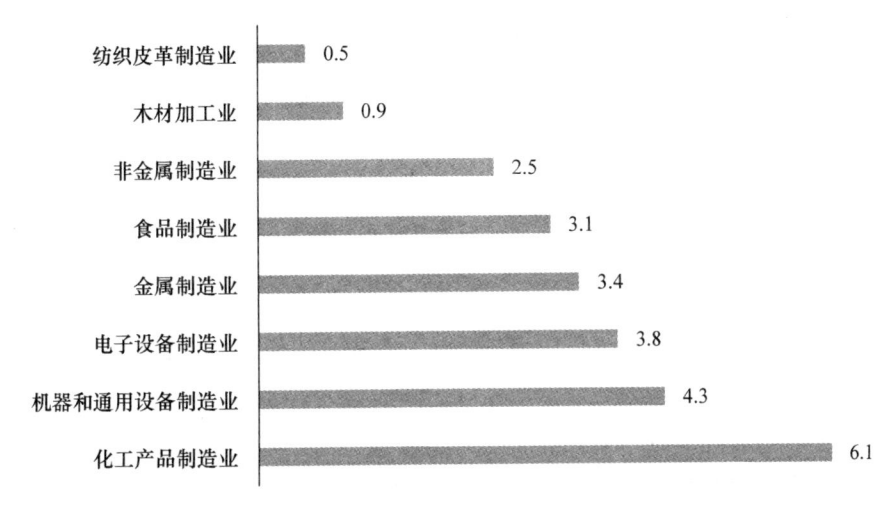

图 15-8　不同行业劳务派遣情况（%）

在劳务输出比例方面,电子设备制造业为2.2%,机器和通用设备制造业与金属制造业均为1.9%,食品制造业与非金属制造业分别为1.7%、1.3%,化工产品制造业为1.1%,纺织皮革制造业和木材加工业劳务输出比例较其他行业低,分别为0.5%、0.3%。

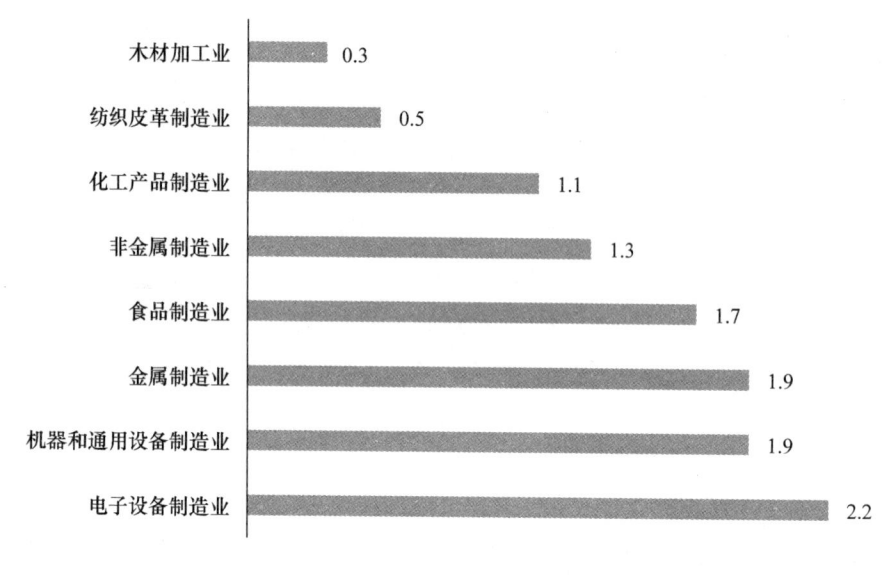

图15-9 不同行业劳务输出情况(%)

二 劳动力成本

(一)不同类型员工的工资与奖金情况

2015年底,员工的平均月工资(税前)是4024元。其中,中高层管理人员月均工资为7108元,技术与设计人员为5081元,销售人员和其他管理人员分别为4915元和4163元,一线工人和其他员工分别为3658元和2867元。

在当年奖金方面,员工当年的平均奖金为4028元。其中,中高层管理人员最高,为11409元,其次是技术与设计人员的5632元,销售人员为5465元,其他管理人员为4640元,一线工人和其他员工分别为2468元和1604元。

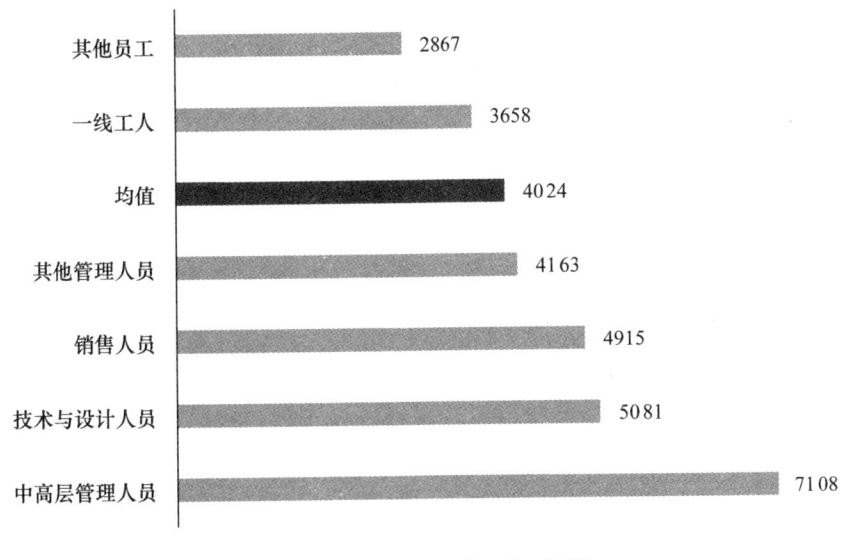

图 15-10 员工月均工资（元）

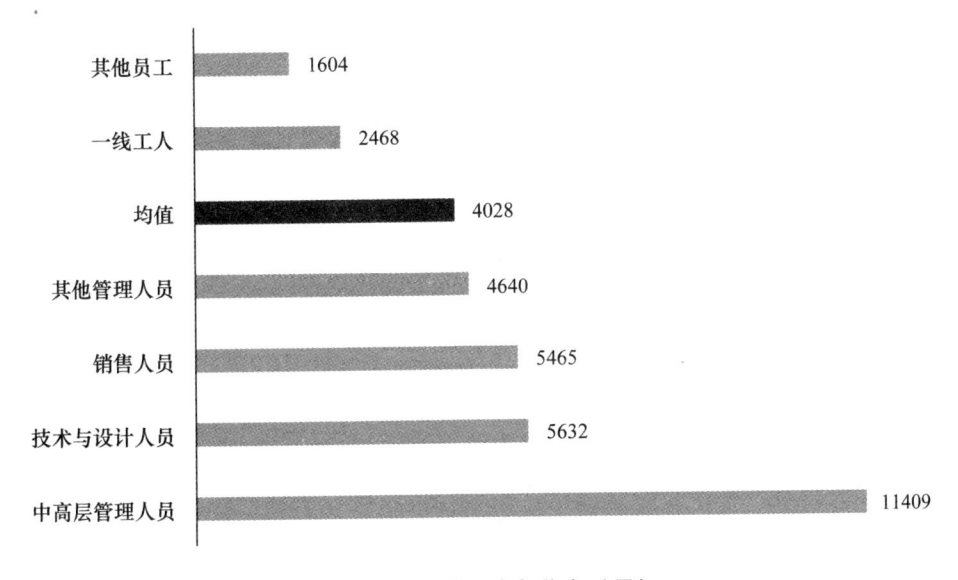

- 其他员工 2867
- 一线工人 3658
- 均值 4024
- 其他管理人员 4163
- 销售人员 4915
- 技术与设计人员 5081
- 中高层管理人员 7108

图 15-11 员工当年奖金（元）

- 其他员工 1604
- 一线工人 2468
- 均值 4028
- 其他管理人员 4640
- 销售人员 5465
- 技术与设计人员 5632
- 中高层管理人员 11409

（二）工资及奖金的内部差异

对不同类型员工的月均工资与当年奖金最高者与最低者相差的倍数进行统计发现，在月均工资（税前）差距方面，中高层管理人员间月均工资（税前）差距最大，达到了2.1倍，销售人员为1.7倍，其他管理人员为1.5倍，技术与设计人员和一线工人均为1.4倍，其他员工为1.1倍。

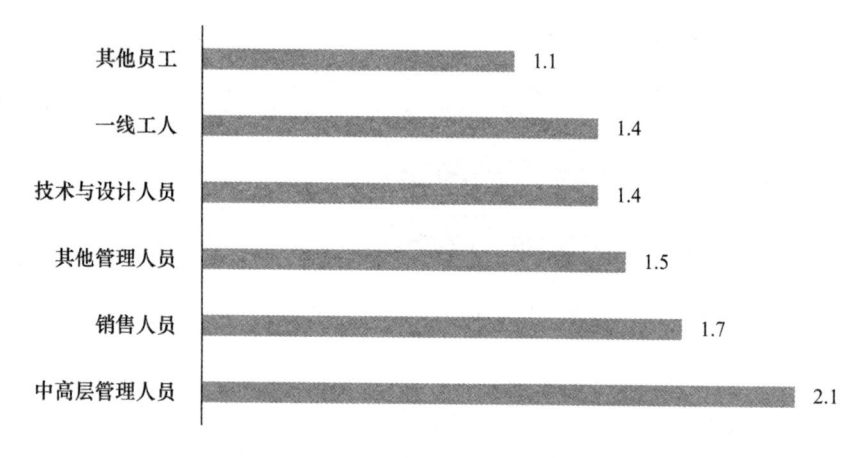

图 15-12　员工月均工资内部差异（倍）

在当年奖金差距方面，其他管理人员间当年奖金差距最大，达到了 6.4 倍；其次是中高层管理人员的 2.5 倍；技术与设计人员、销售人员、一线工人与其他员工分别为 2.2 倍、1.6 倍、1.5 倍与 1.1 倍。

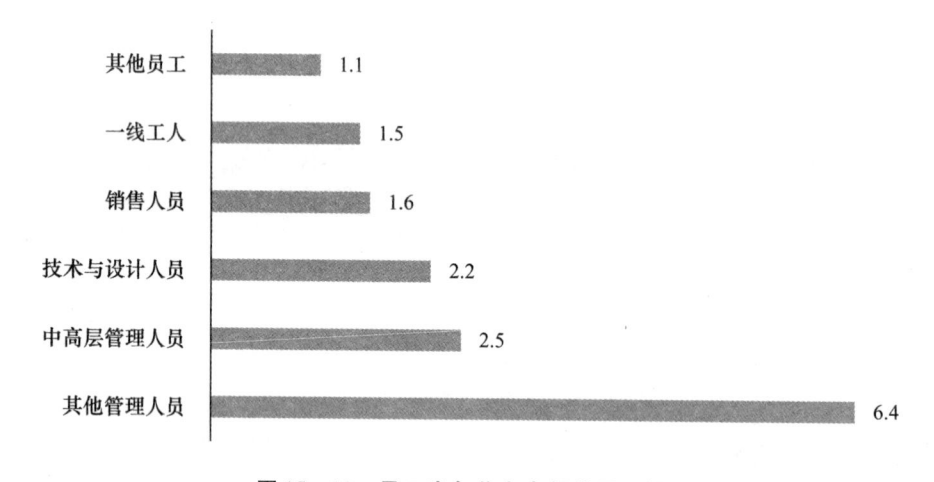

图 15-13　员工当年奖金内部差异（倍）

（三）不同行业的员工月均工资情况

对不同行业中高层管理人员和一线工人月均工资进行统计发现，电子设备制造业的中高层管理人员月均工资最高，达到了 9236 元；其次是机器和通用设备制造业的 7131 元，化工产品制造业为 7079 元，食品制造业为 6662 元，金属制造业为 6049 元，木材加工业为 6034 元，非金属制造业为 5675 元，纺织皮革制造业为 5372 元。

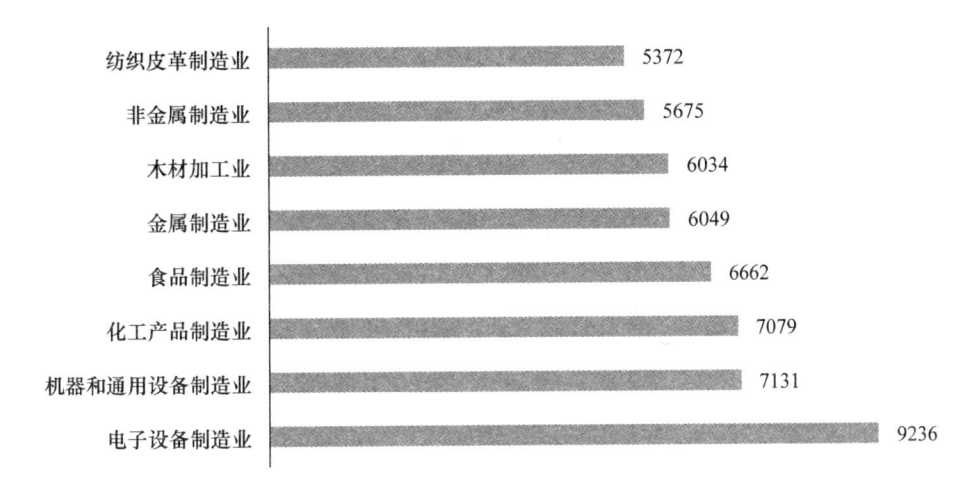

图 15-14　不同行业中高层管理人员月均工资（元）

纺织皮革制造业　5372
非金属制造业　5675
木材加工业　6034
金属制造业　6049
食品制造业　6662
化工产品制造业　7079
机器和通用设备制造业　7131
电子设备制造业　9236

电子设备制造业的一线工人月均工资达到了 3730 元，其次是食品制造业的 3400 元，金属制造业、机器和通用设备制造业分别为 3379 元和 3311 元，化工产品制造业为 3285 元，非金属制造业为 3255 元，木材加工业为 3239 元，纺织皮革制造业最低，为 3108 元。

纺织皮革制造业　3108
木材加工业　3239
非金属制造业　3255
化工产品制造业　3285
机器和通用设备制造业　3311
金属制造业　3379
食品制造业　3400
电子设备制造业　3730

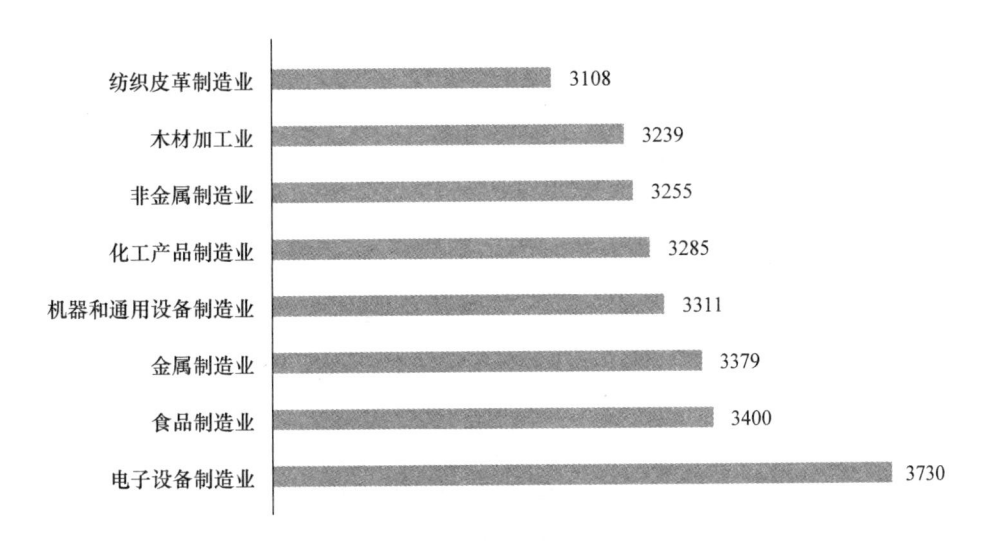

图 15-15　不同行业一线工人月均工资（元）

三　员工内部流动

（一）晋升的总体状况

调查数据表明，晋升为中高层的员工数量占总人数的 3.4%。分不同规模企业来看，小型企业晋升为中高层的员工数占总员工数的比例为 5.1%，中型企业、大型企业分别为 0.7% 和 0.4%；从不同所有制企业来看，外资企业晋升为中高层的员工数占总人数的比例为 8.6%，民营企业和国有企业分别为 2.2% 和 0.9%（注：此处晋升为中高层的员工指一线工人、销售人员和技术与设计人员）。

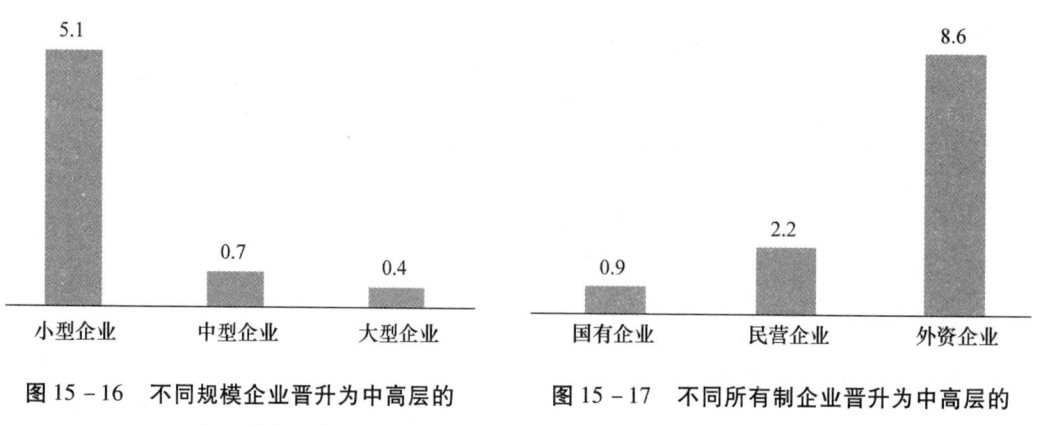

图 15-16 不同规模企业晋升为中高层的员工数占总人数比例（%）

图 15-17 不同所有制企业晋升为中高层的员工数占总人数比例（%）

（二）不同类型员工的晋升状况

调查数据表明，由技术与设计人员晋升为中高层的人数占总晋升人数的 39.8%，一线工人为 39.1%，销售人员为 21.1%。

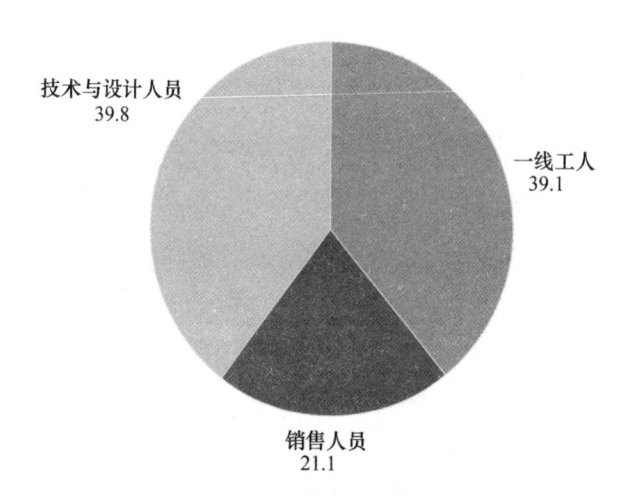

图 15-18 晋升为中高层的不同类型员工占比情况（%）

第十六章
劳动力市场状况

本章主要从劳动关系治理状况、劳动力市场供求状况（劳动力求职和企业招聘状况）及员工离职率三个方面对中国劳动力市场状况进行分析。

一 劳动力供给状况

（一）劳动力求职时间

1. 总体状况

调查数据显示，2016年劳动力平均求职时间为17.2天；其中，湖北省劳动力平均求职时间为18.6天，广东省劳动力平均求职时间为12.4天。

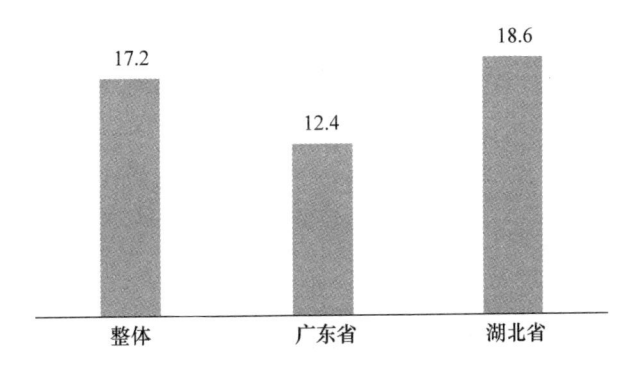

图16-1 2016年劳动力求职时间（天）

其中，女性劳动力平均求职时间为14.9天，男性劳动力平均求职时间为19.0天。

2. 劳动力求职时间的分布

图 16-2 显示，劳动力当天求职成功的比例为 5.7%，求职时间在一周之内的占比为 26.3%；花费一周到一个月的时间求职的劳动力占比为 16.1%；3.7% 的劳动力求职所用时间在一个月到半年之间，有 48.2% 的劳动力求职时间在半年以上。

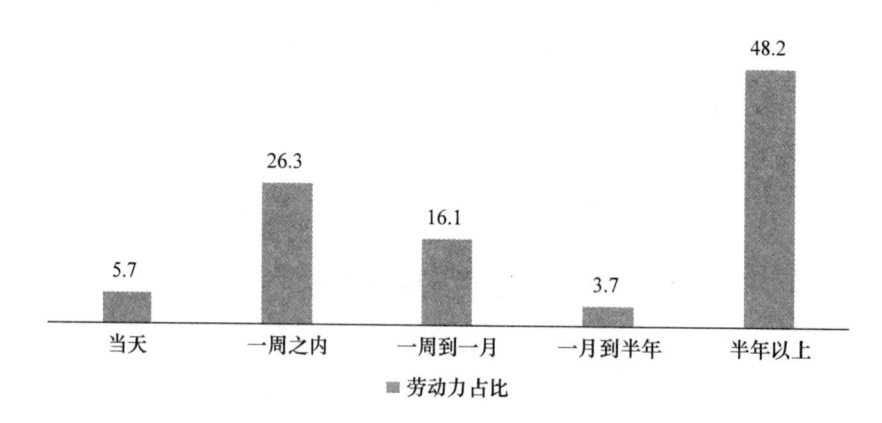

图 16-2　2016 年劳动力求职时间分布（%）

3. 学历差异

调查数据表明，初中及以下学历劳动力平均需要 10.8 天找到工作，高中及中专学历劳动力平均求职时间为 16.1 天，大专学历劳动力为 19.3 天，本科及以上劳动力为 27.0 天。

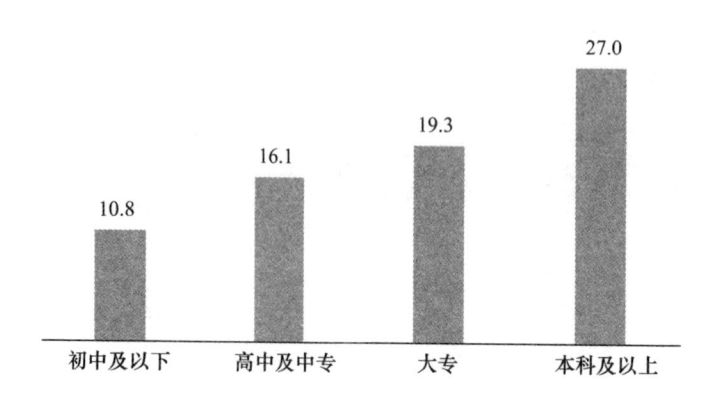

图 16-3　2016 年劳动力求职时间分布（天）

4. 户口性质差异

从图 16-4 可以看出，外地农业户口劳动力求职时间为 10.6 天，本地农业户口劳动力求职时间为13.5天,外地非农业户口劳动力和本地非农业户口劳动力求职时间分别为18.3天和22.5天。

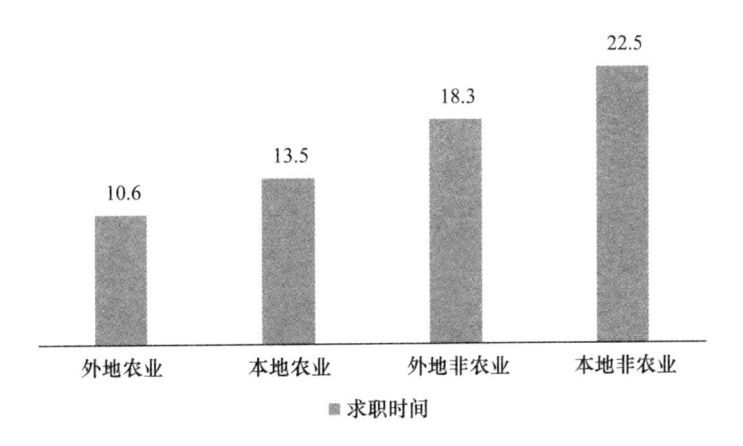

图16-4 2016年劳动力求职时间的户口性质差异(天)

5. 劳动技能差异

(1) 参与培训

参与过培训的劳动力求职时间为17.9天,未参与过培训的劳动力求职时间为15.7天。

(2) 职业相关证书

调查数据显示,持有职业相关证书的劳动力求职时间为20.1天,不具有职业相关证书的劳动力求职时间为15.5天。

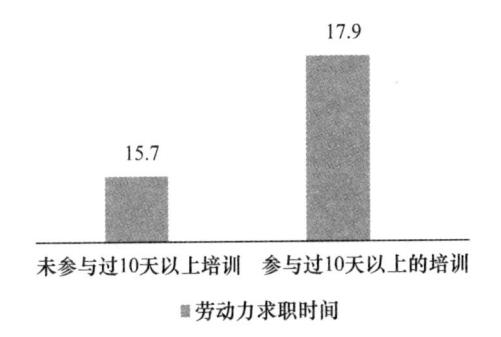

图16-5 2016年劳动力求职时间的技能差异(a)(天)

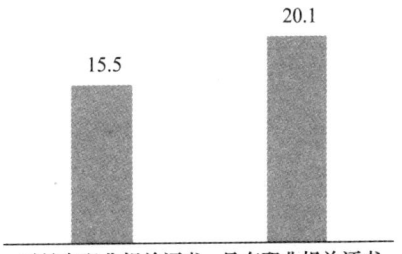

图16-6 2016年劳动力求职时间的技能差异(b)(天)

(二)劳动力的工作机会[①]

调查结果显示,有45.2%的劳动力在求职过程中拥有其他工作机会。其中,47.9%的男性劳动力拥有其他工作机会,有42.0%的女性劳动力拥有其他工作机会。

其中,湖北省有45.1%的劳动力拥有其他工作机会;广东省有45.5%的劳动力拥有其他工作机会。

1. 学历差异

如图16-8所示,初中及以下学历的劳动力拥有其他工作机会的比例最低,为27.8%;高中及中专学历的劳动力中有43.7%的人在求职过程中拥有其他工作机会;大专学历的劳动力中有60.7%的人拥有其他工作机会;本科及以上学历的劳动力中拥有其他工作机会的比例为70.8%。

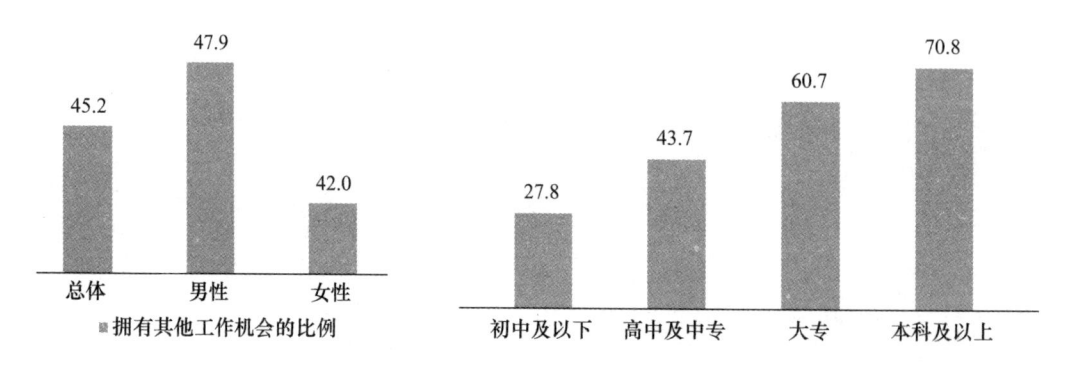

图16-7 2016年不同性别劳动力的工作机会(%)

图16-8 2016年不同学历劳动力的工作机会分布(%)

2. 户口性质差异

本地农业户口劳动力拥有其他工作机会的比例为36.6%;外地农业户口劳动力拥有其他工作机会的比例为45.0%;本地非农业户口劳动力拥有其他工作机会的比例为48.3%;外地非农业户口劳动力拥有其他工作机会的比例为60.9%。

[①] 本部分的劳动力工作机会是指除当前工作外,求职时还有几家企业为员工提供就业机会。

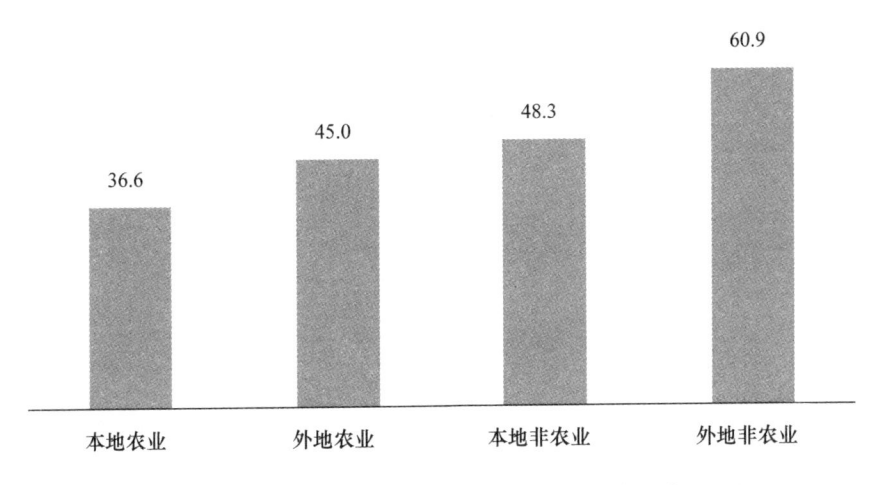

图 16-9 2016 年不同户口性质劳动力工作机会分布（%）

3. 技能差异

（1）参与培训

如图 16-10（a）所示，接受过培训的劳动力中有 56.5% 的拥有其他工作机会；没有接受过培训的劳动力中有 40.7% 的拥有其他工作机会。

（2）职业相关证书

如图 16-10（b）所示，持有职业相关证书的劳动力在求职过程中有 57.8% 的拥有其他工作机会；未持有职业相关证书的劳动力有 42.0% 的拥有其他工作机会。

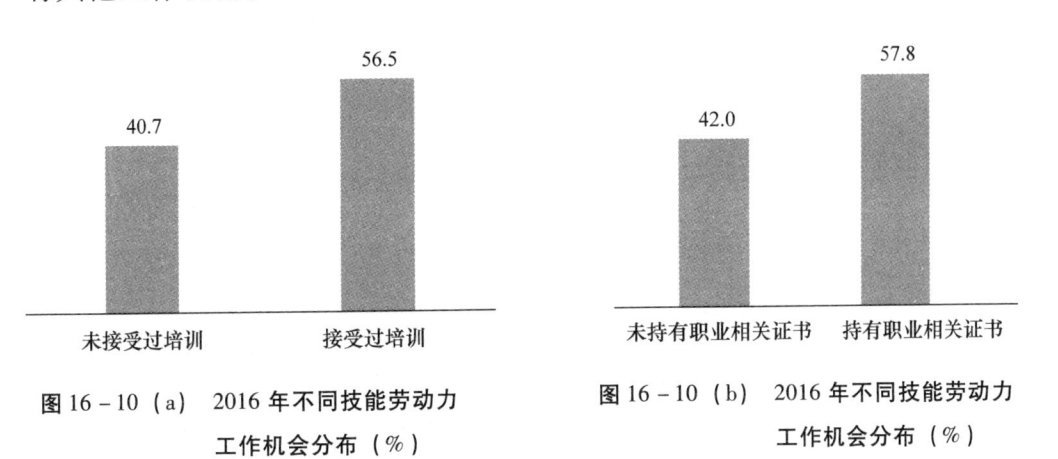

图 16-10（a） 2016 年不同技能劳动力工作机会分布（%）

图 16-10（b） 2016 年不同技能劳动力工作机会分布（%）

二 劳动力需求状况

本部分通过对企业招聘难度的分析探究劳动力市场的需求状况。

调查用量表的形式对企业的招聘难度进行了调查，其中，1 分表示"很难"，2 分表示"有点难"，3 分表示"不难"。为了更直观地反映企业招聘的难度，本部分的招聘难度指标计算方式如下：

$$招聘难度 = \frac{招聘难度为"很难+有点难"的企业数}{企业总数}$$

2016 年，企业总体招聘难度为 55.0%。其中，湖北省招聘难度平均为 49.6%，广东省为 58.4%。

（一）各岗位平均招聘难度

调查数据显示，技术与设计人员的平均招聘难度最大，有 73.0% 的企业招聘技术与设计人员有难度；其次是中高层管理人员，这一指标为 67.8%；有 52.1% 的企业招聘销售人员有难度；有 51.4% 的企业招聘其他管理人员有难度；一线工人的这一指标为 49.3%；在所有岗位中，其他员工（如保洁、门卫）招聘难度最小，有 30.8% 的企业在该岗位招聘中面临一定难度。

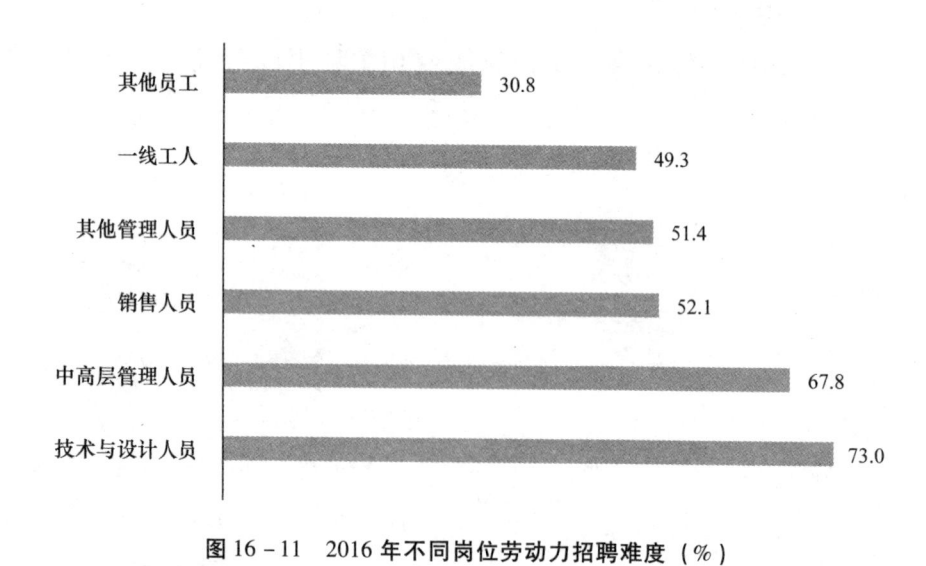

岗位	招聘难度(%)
其他员工	30.8
一线工人	49.3
其他管理人员	51.4
销售人员	52.1
中高层管理人员	67.8
技术与设计人员	73.0

图 16-11 2016 年不同岗位劳动力招聘难度（%）

（二）不同类型企业的招聘难度差异

为了更好地反映不同企业之间招聘难度的差异，本部分将企业不同岗位的招聘难度指标取均值，以反映该企业的整体招聘难度。

1. 所有制差异

从图 16-12 可以看出,国有企业招聘难度为 43.6%;外资企业的这一指标为 58.7%;民营企业的招聘难度为 54.0%。

2. 规模差异

从图 16-13 可以看出,中型企业招聘难度为 54.4%;其次是大型企业,这一指标为 54.7%;小型企业招聘难度为 56.2%。

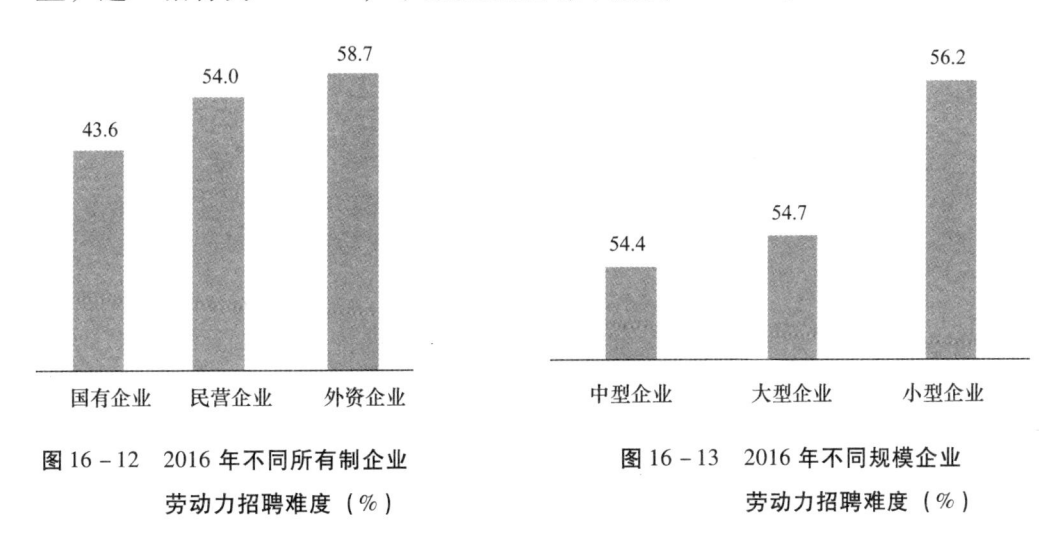

图 16-12 2016 年不同所有制企业劳动力招聘难度(%)

图 16-13 2016 年不同规模企业劳动力招聘难度(%)

3. 行业差异

从图 16-14 可以看出,所有行业中,木材加工业和金属制造业面临的招聘难度最大;其次是纺织皮革制造业,面临的招聘难度为 57.6%;化工产

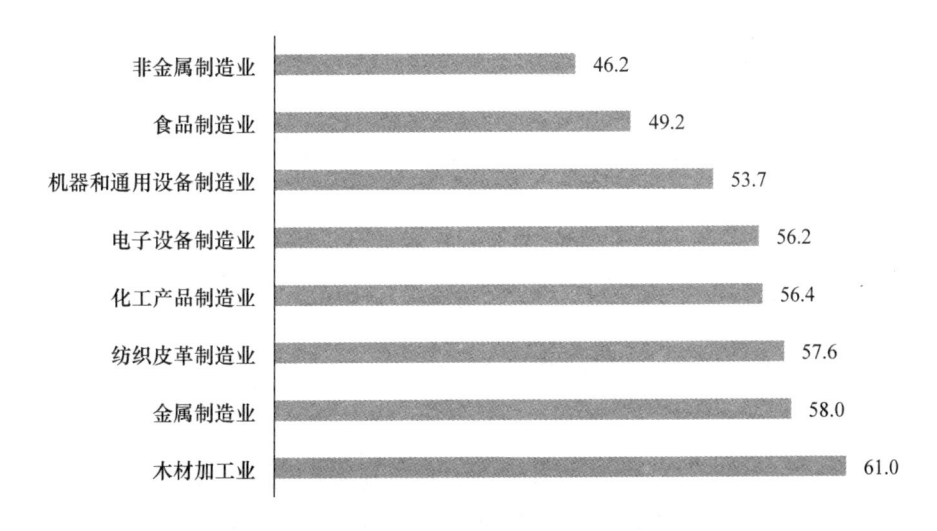

图 16-14 2016 年不同行业企业劳动力招聘难度(%)

品制造业和电子设备制造业中都有56%左右的企业面临一定的招聘难度；在机器和通用设备制造业中，有53.7%的企业面临招聘难度；食品制造业与非金属制造业面临的招聘难度相对较小，这一指标分别为49.2%和46.2%。

三 员工离职率

在本部分中，离职率采用以下公式进行计算：

$$离职率 = \frac{当期内离职人数}{期间平均员工人数}$$

调查数据显示，调查企业劳动力平均离职率为31.9%，其中湖北省离职率为21.3%，广东省离职率为40.5%。

（一）不同岗位员工的离职率差异

从图16-15可以看出，一线工人离职率为41.3%，其次是其他员工，离职率为29.6%，销售人员这一指标为26.6%，技术与设计人员该指标为21.6%，其他管理人员离职率为20.9%，中高层管理人员离职率为18.4%。

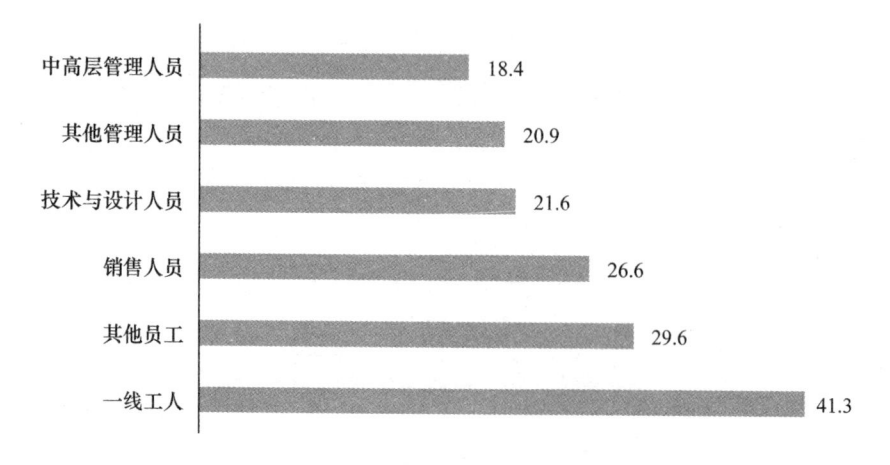

图16-15 2016年不同岗位离职率（%）

（二）不同类型企业员工的离职率差异

1. 所有制差异

从图16-16可以看出，国有企业劳动力离职率最低，为14.6%；民营企业劳动力离职率为28.7%；外资企业劳动力离职率为44.8%。

2. 规模差异

从图16-17可以看出，小型企业劳动力离职率为41.8%，中型企业劳动力离职率为28.0%，大型企业劳动力离职率为26.6%。

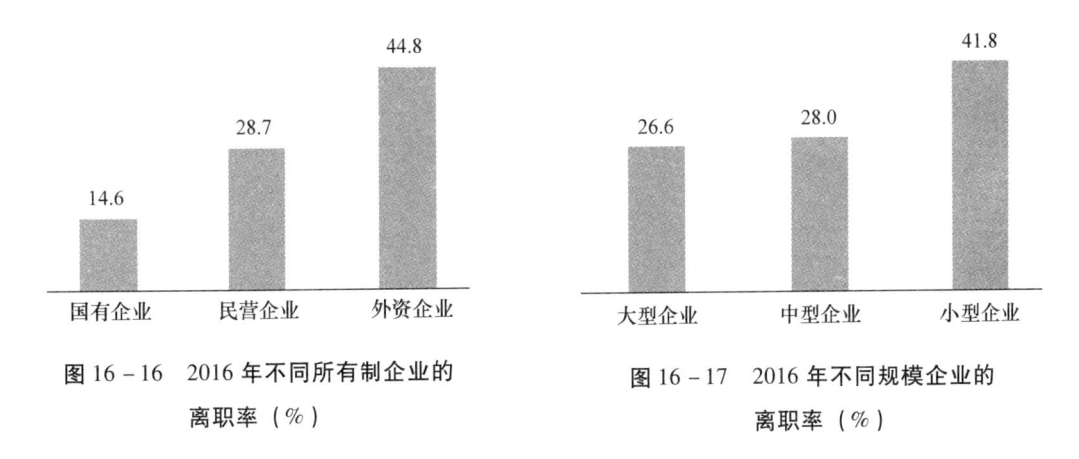

图16-16　2016年不同所有制企业的离职率（%）

图16-17　2016年不同规模企业的离职率（%）

3. 行业差异

调查数据显示，在所有行业中，化工产品制造业的员工稳定性最高，离职率为20.9%；纺织皮革制造业离职率22.5%；非金属制造业离职率23.3%，食品制造业离职率为27.6%，金属制造业的这一指标为30.1%；机器和通用设备制造业、木材加工业的离职率分别为34.1%、36.0%；电子设备制造业劳动力离职率最高，为45.5%。

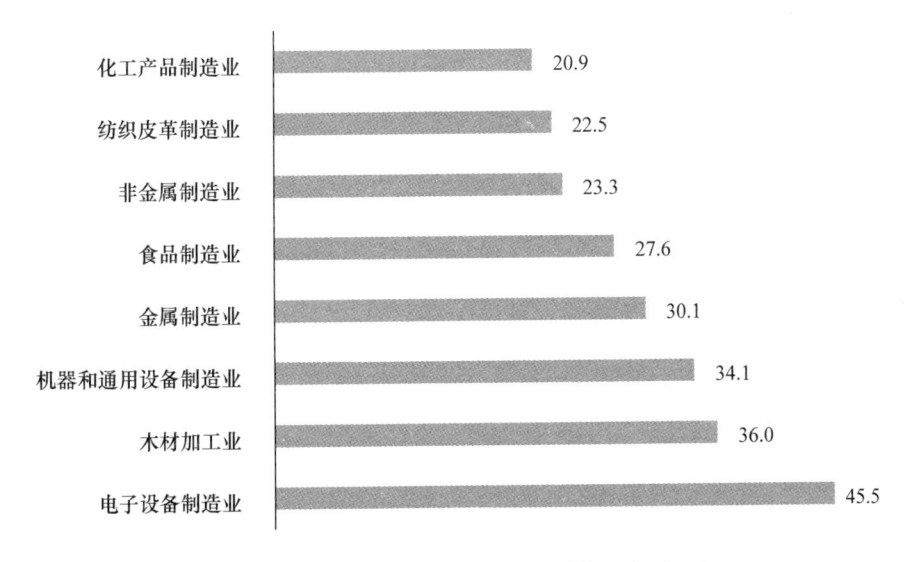

图16-18　2016年不同行业企业的离职率（%）

四 劳动关系状况

(一) 劳动力对工会作用的评价

如图 16-19 所示,有 30.4% 的劳动力认为工会的总体作用较大,但员工对工会在不同方面作用的评价存在显著的差异。认为工会在丰富员工业余生活方面发挥较大作用的劳动力占比最高,为 42.0%;其次是在保护劳动者权益方面,这一指标为 36.8%。组织学习与培训活动,制定卫生、健康和安全保障计划方面的劳动力认可的比例均在 33% 左右。在制定薪酬与完善福利方面,有 27.1% 的员工认可工会的作用;制定招聘、晋升和裁员计划方面,这一比例为 20.3%。

项目	比例(%)
制定招聘、晋升和裁员计划	20.3
制定薪酬与完善福利	27.1
制定卫生、健康和安全保障计划	32.9
组织学习与培训活动	33.2
解决员工反馈的问题	36.4
保护劳动者权益	36.8
丰富员工业余生活	42.0
总体作用	30.4

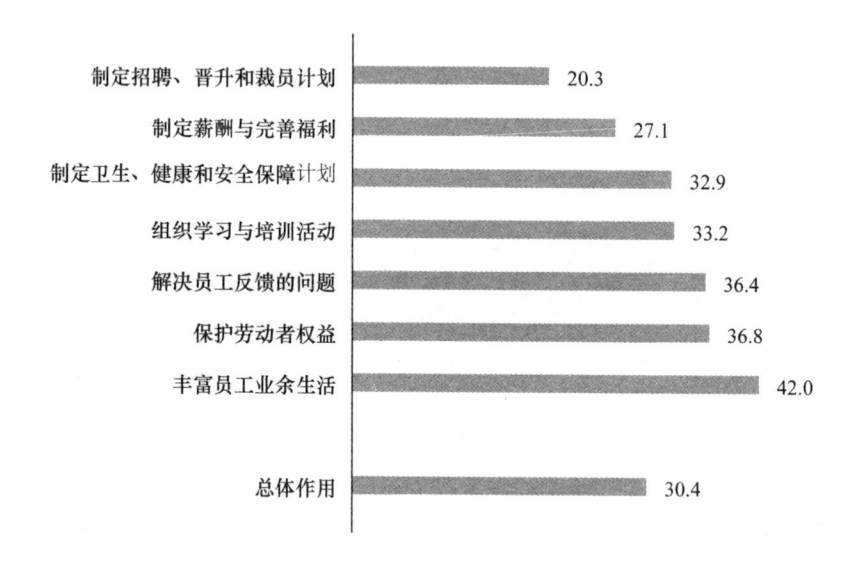

图 16-19　2016 年劳动力对工会发挥作用程度的评级(%)

调查数据显示,劳动力认为工会最重要的作用应该体现在保护劳动者权益和制定薪酬与完善福利方面,持该意见的劳动力占比分别为 31.1% 和 25.4%。员工们认为工会的其他作用如丰富员工业余生活、解决员工反馈的问题等方面的指标均不足 10.0%。

项目	百分比
制定招聘、晋升和裁员计划	1.9
解决员工反馈的问题	5.3
制定卫生、健康和安全保障计划	7.3
组织学习与培训活动	8.7
丰富员工业余生活	9.5
制定薪酬与完善福利	25.4
保护劳动者权益	31.1

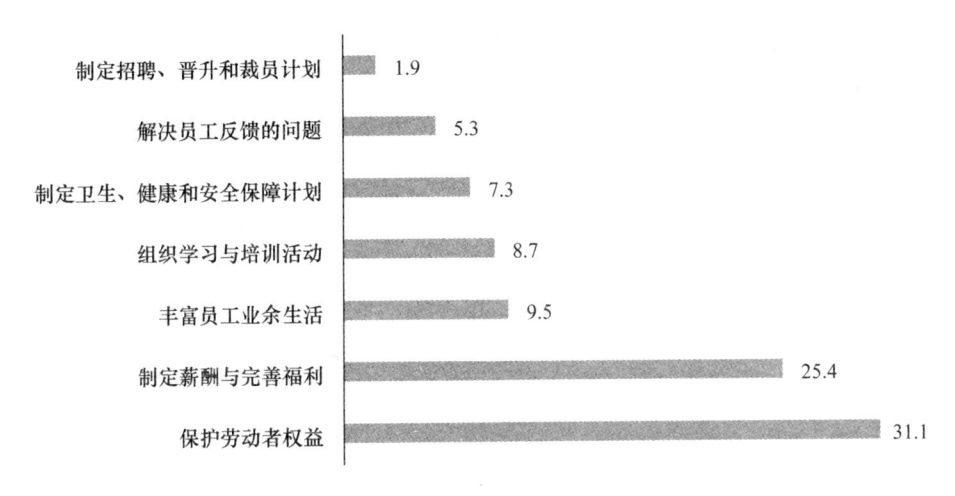

图 16-20　2016 年劳动力对工会最重要作用的评价（%）

（二）员工对劳动纠纷的处理方式

调查数据显示，有 62.3% 的员工选择向企业内部管理人员（部门经理、老板、总经理、人力资源经理）或工会反映以解决问题；除此之外，有 23.8% 的员工选择向劳动监察部门进行投诉；有 9.6% 的员工选择辞职；选择参加集体行动的员工占比为 0.8%。

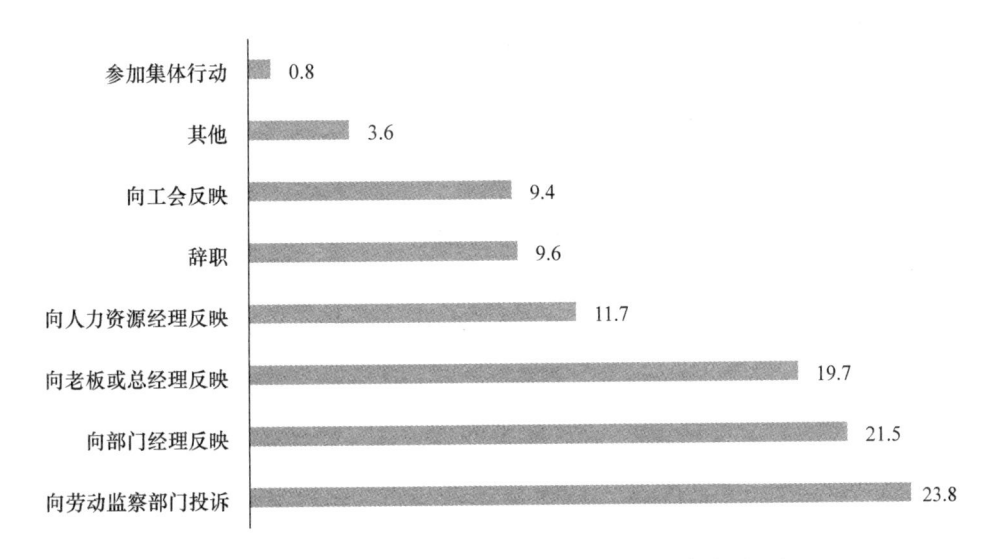

项目	百分比
参加集体行动	0.8
其他	3.6
向工会反映	9.4
辞职	9.6
向人力资源经理反映	11.7
向老板或总经理反映	19.7
向部门经理反映	21.5
向劳动监察部门投诉	23.8

图 16-21　2016 年劳动力对劳动纠纷的处理方式（%）

（三）劳动争议状况

在 2016 年的 CEGS 调查中，有 17.6% 的企业（190 家）曾经面临过员工提起劳动争议的情况。

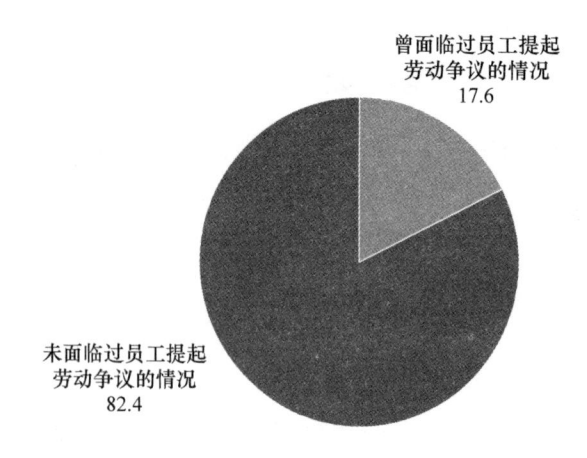

图 16-22　2016 年企业面临劳动争议情况（%）

第十七章
劳动力人力资本状况

本章从劳动力的受教育水平、劳动力培训状况、工作任务和健康状况四个方面对调查企业的人力资本状况进行统计，主要结果如下：

一 受教育水平

(一) 全日制教育

1. 受教育水平分布

调查数据表明（图17-1），具有初中及以下学历的员工占34.3%，高中及中专学历占36.8%，大专学历占16.9%，本科及以上学历占12.1%。员工平均受教育年限为12年[①]。

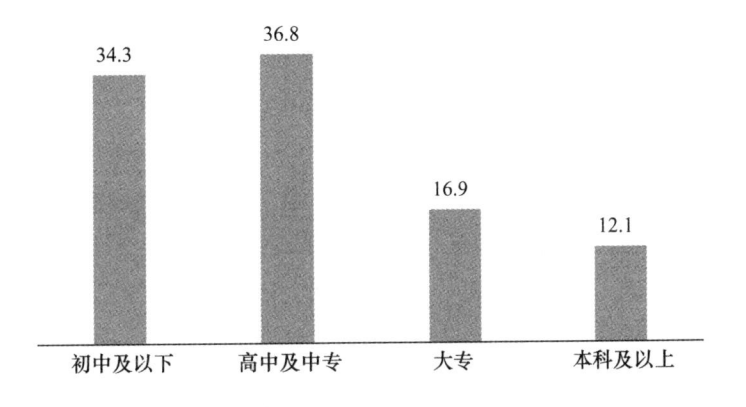

图17-1 员工受教育水平分布（%）

[①] 平均受教育年限 = 小学文化程度人口比例 * 6 + 初中文化程度人口比例 * 9 + 高中文化程度人口比例 * 12 + 大专及以上文化程度人口比例 * 16

2. 所有制差异

从所有制类型来看（图17-2），国有企业的员工平均受教育年限为13.9年，外资企业为11.8年，民营企业为11.7年。

3. 省份差异

从分省份的数据来看（图17-3），湖北省的企业员工平均受教育年限为12.3年，广东省为11.6年。

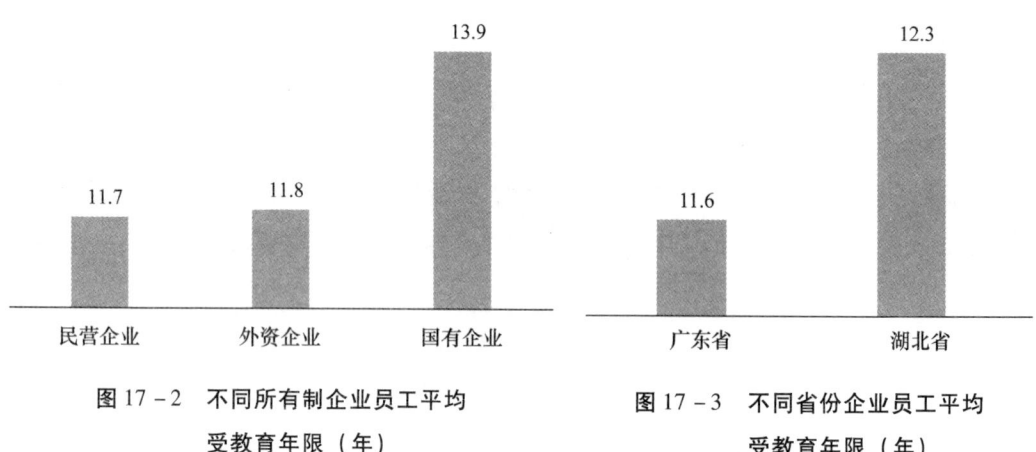

图17-2 不同所有制企业员工平均受教育年限（年）

图17-3 不同省份企业员工平均受教育年限（年）

4. 行业差异

从分行业的数据来看（图17-4），化工产品制造业平均受教育年限最高，为13.0年；其次是机器和通用设备制造业，为12.5年；纺织皮革制造业平均受教育年限最低，为10.7年。

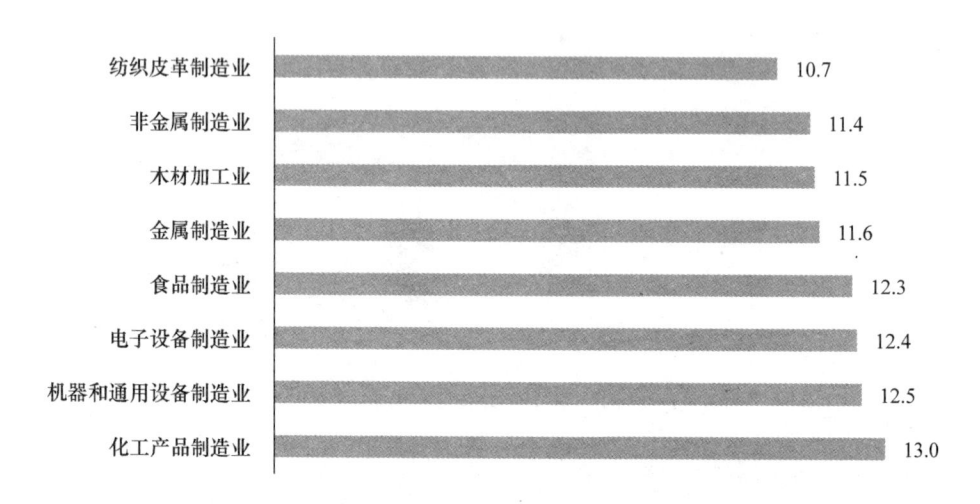

行业	年限
纺织皮革制造业	10.7
非金属制造业	11.4
木材加工业	11.5
金属制造业	11.6
食品制造业	12.3
电子设备制造业	12.4
机器和通用设备制造业	12.5
化工产品制造业	13.0

图17-4 不同行业员工平均受教育年限（年）

5. 性别差异

从不同性别的统计来看（图17-5），女性员工平均受教育年限为11.5年，男性为12.2年。

6. 户口类型差异

从不同户口类型的统计来看（图17-6），农业户口的员工平均受教育年限为10.9年，非农业户口为13.4年。

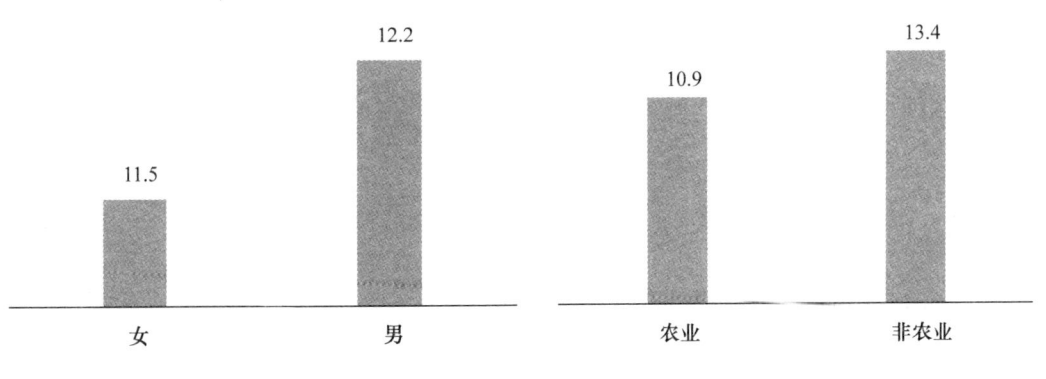

图17-5 不同性别员工平均受教育年限（年）

图17-6 不同户口类型员工平均受教育年限（年）

7. 户籍类型差异

从不同户籍类型的统计来看（图17-7），外地户籍的员工平均受教育年限为11.7年，本地户籍为12.1年。

8. 海外学习经历情况

调查数据表明，有1.2%的员工有过海外（含港澳台）学习的经历。

从不同所有制的划分来看（图17-8），国有企业中有海外学习经历

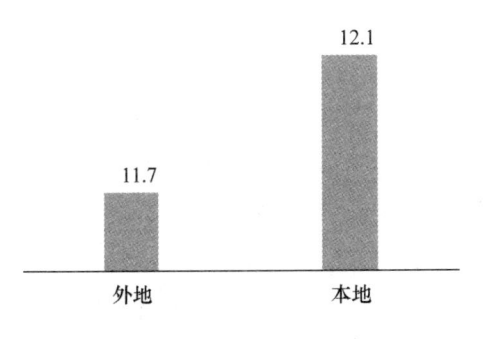

图17-7 不同户籍类型员工平均受教育年限（年）

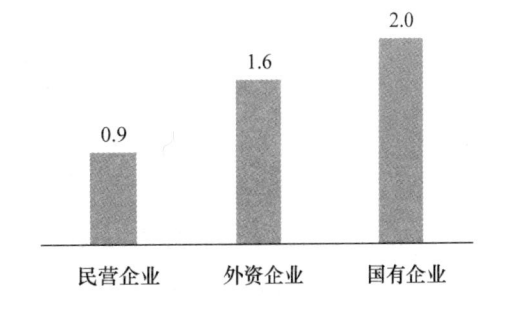

图17-8 不同所有制企业员工海外学习经历情况（%）

的占比最高，为2.0%；外资企业为1.6%；民营企业最低，为0.9%。

从不同省份来看（图17-9），广东省企业员工有海外学习经历的占比为1.3%，较湖北省高出0.3个百分点。

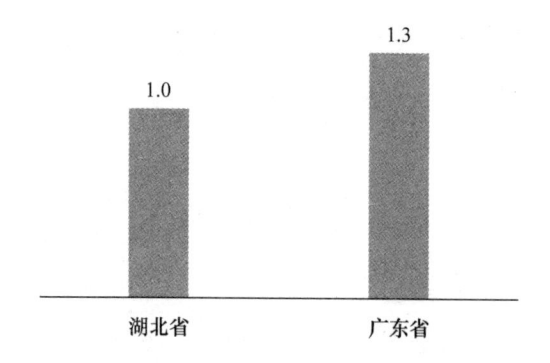

图17-9 不同省份员工海外学习经历情况（%）

（二）非全日制教育

1. 所获最高学历

在完成全日制教育后（图17-10），有14.0%的劳动力以半脱产、自学或远程网络教育等方式获得过或将要获得更高的学历。

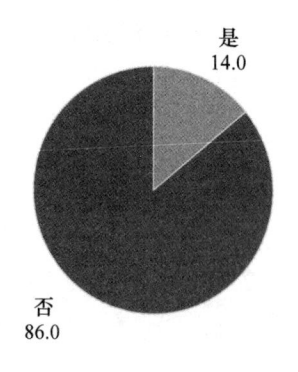

图17-10 在全日制教育以外获得更高学历状况（%）

其中，国有企业员工中接受过非全日制教育的比例最高，达27.1%，外资企业为14.7%，民营企业为12.2%（图17-11）。

在所获得的更高学历中，有12.3%的员工获得中专学历，有47.3%的员工获得大专学历，40.4%的员工获得本科及以上学历（图17-12）。

2. 非全日制教育主要方式

在员工已获/将获非全日制教育学历的方式中（图 17-13），28.5% 为函授，27.9% 为自学考试，其次是课程班、电大和网络远程教育，占比分别为 19.4%、11.1% 和 7.8%。

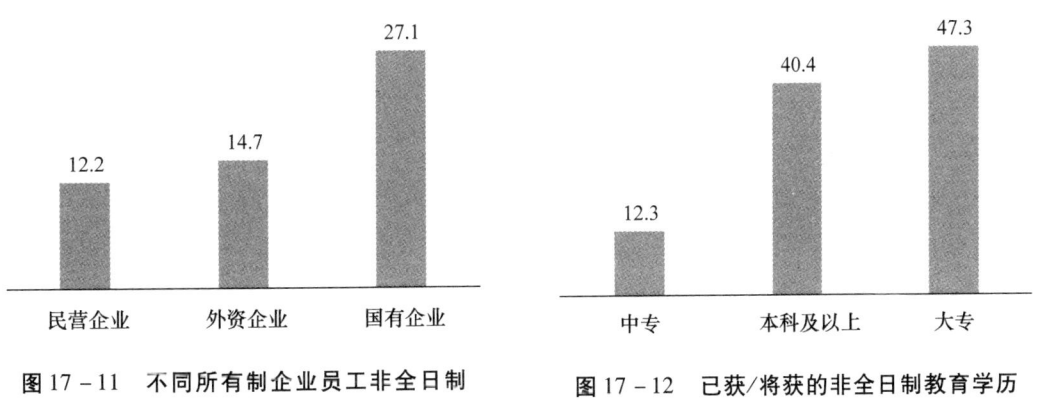

图 17-11 不同所有制企业员工非全日制教育学历占比（%）

图 17-12 已获/将获的非全日制教育学历（%）

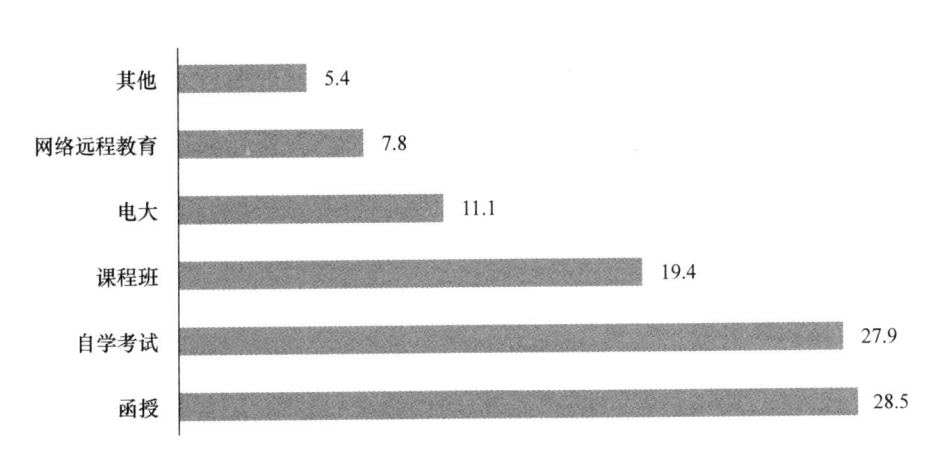

图 17-13 已获/将获非全日制教育学历的方式（%）

二 劳动力培训状况

（一）参与培训的比例

在对培训经历的调查中发现（图 17-14），33.4% 的员工在正规的学校教育外，接受过培训[①]。

---

① 本章中所指的培训为十天以上的培训。

国有企业员工接受过培训的占比为40.3%，民营企业为33.3%，外资企业为30.8%（图17-15）。

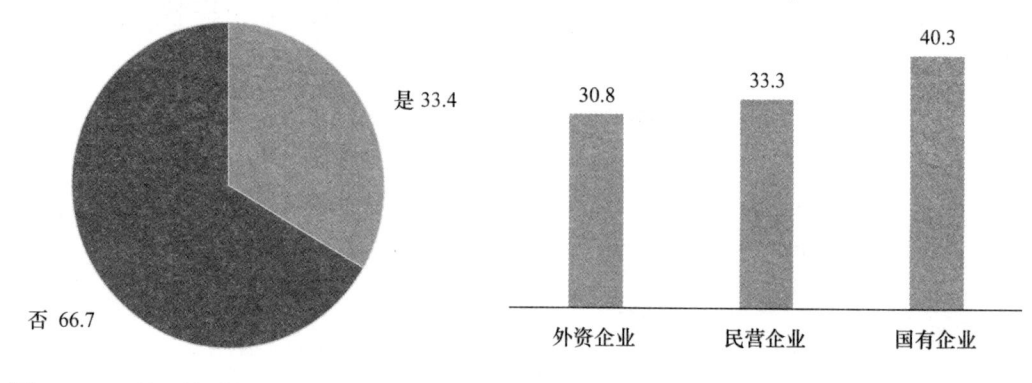

图17-14 是否接受过十天以上的培训（%）

图17-15 不同所有制企业员工培训经历情况（%）

从不同职位类型的员工来看（图17-16），中高层管理人员中接受过培训的比例为49.0%，普通员工接受过培训的比例为27.2%，较中高层管理人员低21.8个百分点。

从不同规模的企业来看（图17-17），大型企业员工接受过培训的占比最高，为35.4%；其次是中型企业，占比为33.4%；小型企业占比最低，为31.7%。

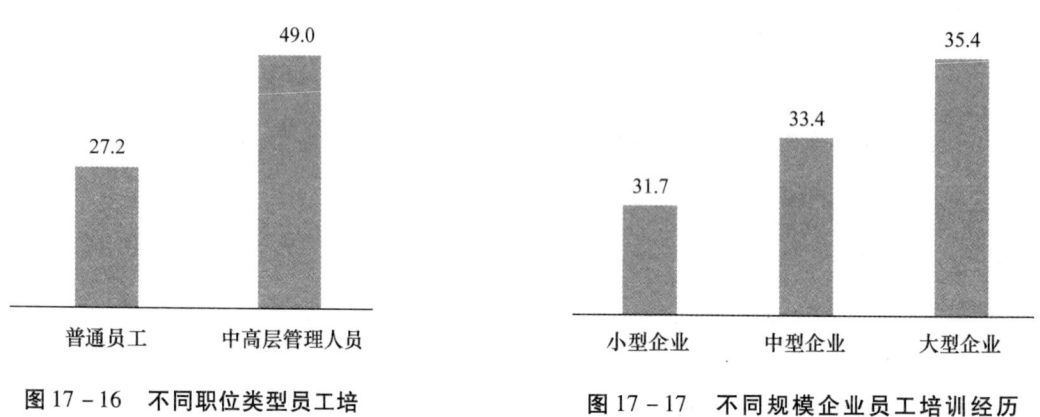

图17-16 不同职位类型员工培训经历情况（%）

图17-17 不同规模企业员工培训经历情况（%）

从分行业的数据来看（图17-18），食品制造业员工有培训经历的占比最高，为38.4%；其次是机器和通用设备制造业，为36.7%；纺织皮革制造业占比最低，为26.9%。

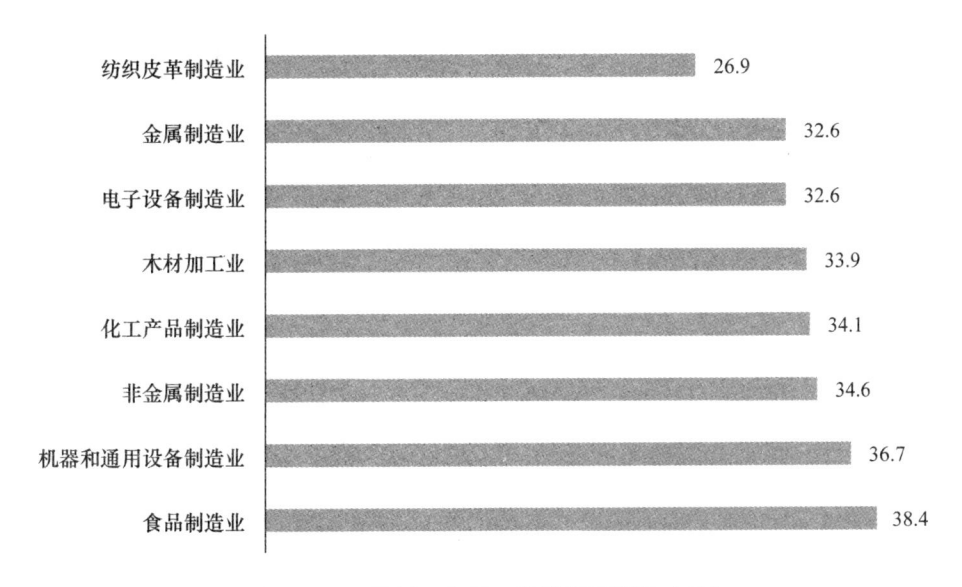

行业	比例
纺织皮革制造业	26.9
金属制造业	32.6
电子设备制造业	32.6
木材加工业	33.9
化工产品制造业	34.1
非金属制造业	34.6
机器和通用设备制造业	36.7
食品制造业	38.4

图 17-18 不同行业员工培训经历情况（%）

从不同性别的统计来看（图 17-19），女性员工中接受过培训的占比为 26.5%，男性中接受过培训的占比为 38.9%，较女性高出 12.4 个百分点。

从不同户口类型的统计来看（图 17-20），农业户口员工中接受过培训的占比为 28.1%，非农业户口员工为 39.8%，较农业户口员工高出 11.7 个百分点。

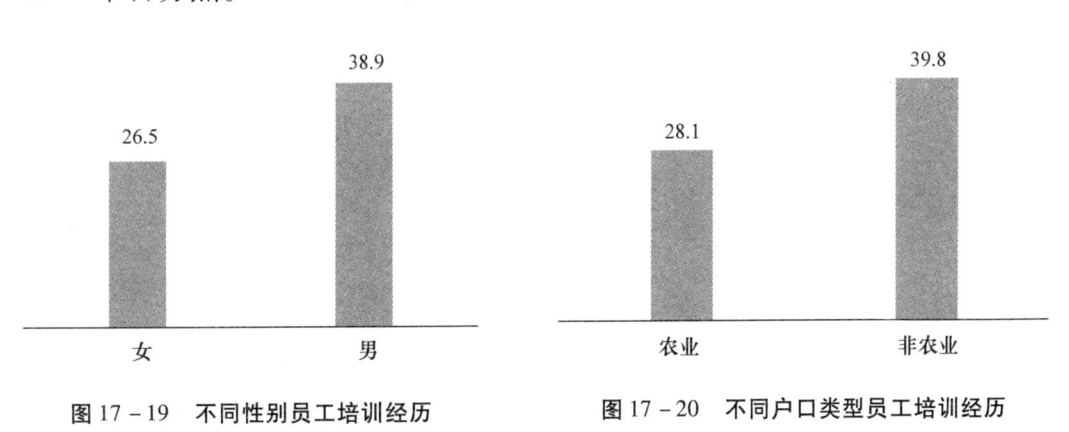

性别	比例
女	26.5
男	38.9

图 17-19 不同性别员工培训经历情况（%）

户口类型	比例
农业	28.1
非农业	39.8

图 17-20 不同户口类型员工培训经历情况（%）

（二）培训内容和类型

在培训内容方面（图 17-21），管理技能和专业技能是占比前两位的能力，分别有 42.6% 和 26.1% 的员工表示专门接受过这两种能力的培训或进修。

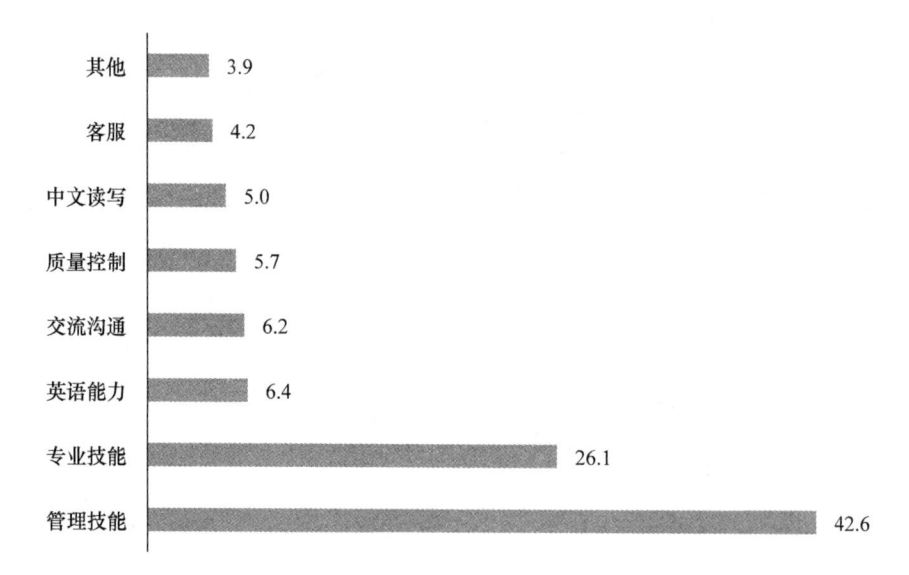

培训内容	百分比
其他	3.9
客服	4.2
中文读写	5.0
质量控制	5.7
交流沟通	6.2
英语能力	6.4
专业技能	26.1
管理技能	42.6

图 17-21 培训内容（%）

在培训的类型方面（图 17-22），63.6% 的员工参加的都是由企业组织的培训，12.4% 参加的是社会上的商业培训，9.5% 为政府组织的培训，参与非政府组织提供的培训的占比最少，为 1.6%。

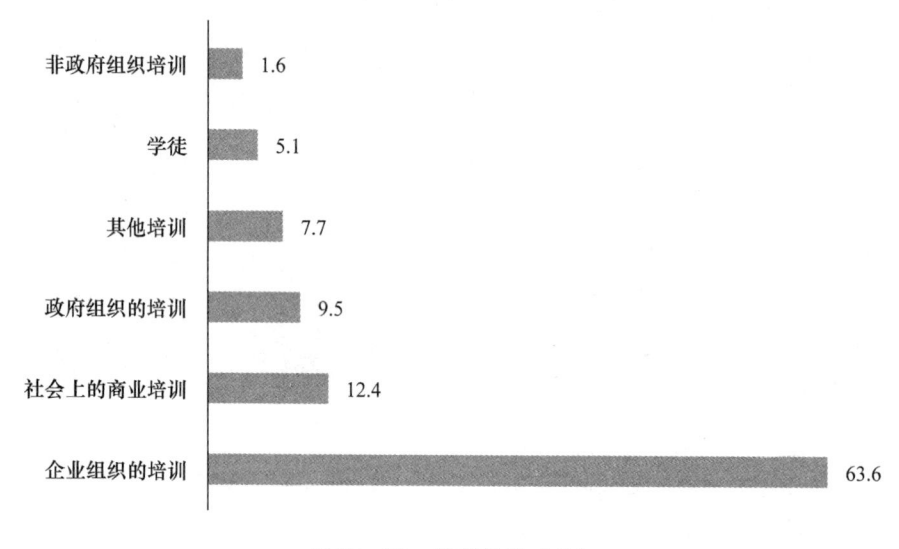

培训类型	百分比
非政府组织培训	1.6
学徒	5.1
其他培训	7.7
政府组织的培训	9.5
社会上的商业培训	12.4
企业组织的培训	63.6

图 17-22 培训类型（%）

（三）培训时长

在培训天数的统计方面，员工接受培训的平均天数为 35.1 天。

从不同所有制类型的企业来看（图 17-23），外资企业员工接受培训的平均天数为 36.0 天；其次是民营企业，为 35.4 天；最后是国有企业，为 31.3 天。

从不同职位类型的员工来看（图 17-24），中高层管理人员平均培训天数为 32.5 天，普通员工为 36.9 天，较中高层管理人员高出 4.4 天。

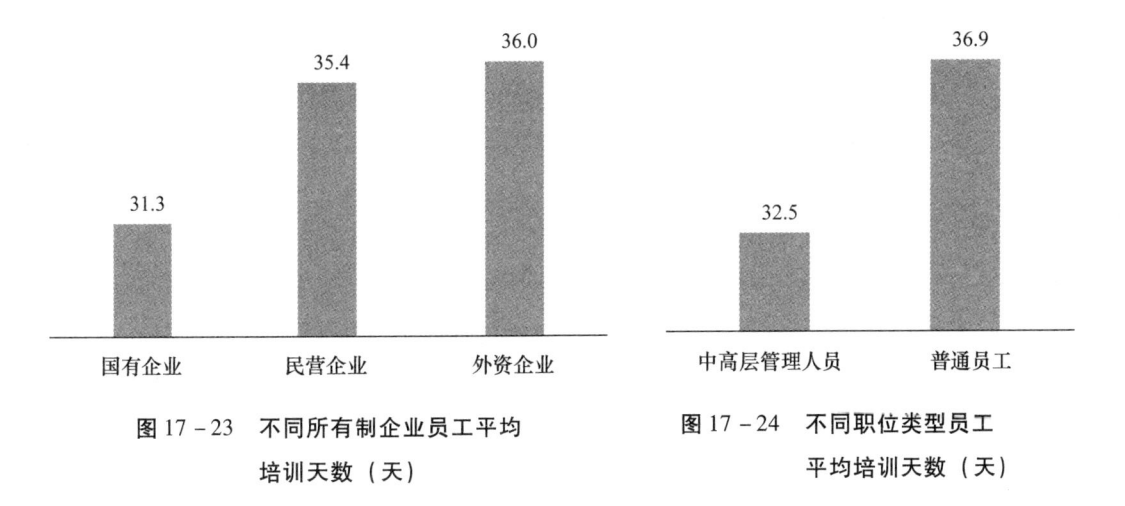

图 17-23　不同所有制企业员工平均培训天数（天）

图 17-24　不同职位类型员工平均培训天数（天）

从不同规模企业来看（图 17-25），大型企业员工接受培训的平均天数最长，为 37.3 天；其次是小型企业，为 34.0 天；中型企业员工接受培训的平均天数最短，为 33.8 天。

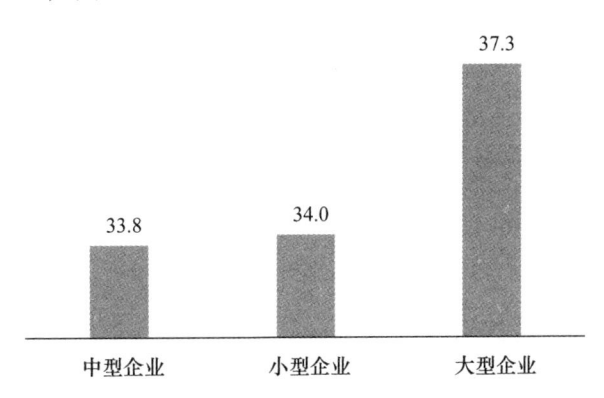

图 17-25　不同规模企业员工平均培训天数（天）

从分行业数据来看（图 17-26），化工产品制造业员工平均培训天数最长，达 43.7 天；其次是纺织皮革制造业，为 37.9 天；木材加工业员工培训的平均天数最短，为 30.4 天。

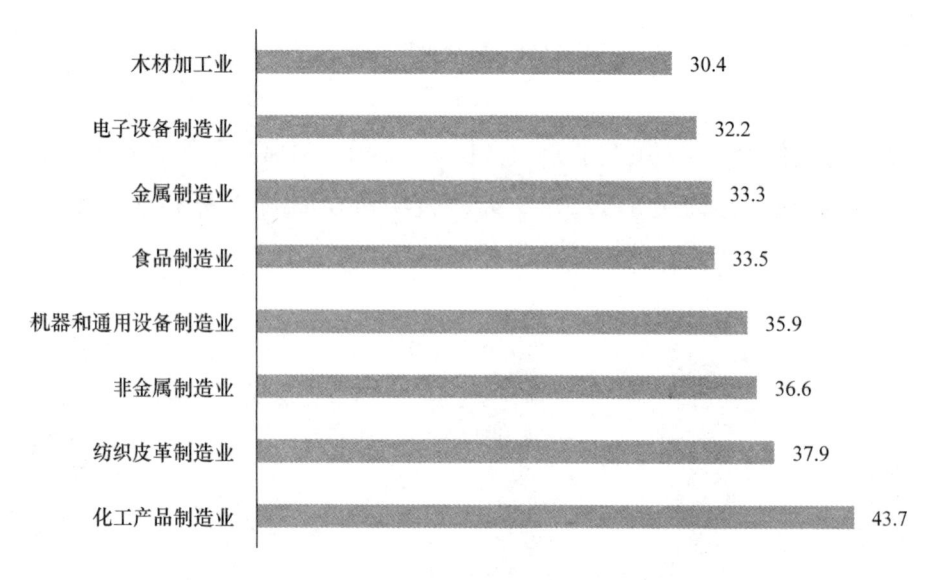

行业	平均培训天数
木材加工业	30.4
电子设备制造业	32.2
金属制造业	33.3
食品制造业	33.5
机器和通用设备制造业	35.9
非金属制造业	36.6
纺织皮革制造业	37.9
化工产品制造业	43.7

图 17－26　不同行业员工平均培训天数（天）

（四）培训费用

调查数据表明（图 17－27），46.0% 的员工表示培训费用由现在的雇主承担，20.6% 的员工表示由自己来承担，16.2% 的员工表示由以前的雇主承担，7.4% 的员工表示由政府有关部门承担，3.6% 的员工表示由本人与雇主分担，1.3% 的员工表示由家庭承担。

在对员工自参加工作以来，本人为各类培训支付的费用的统计中，58% 的员工为培训支付过费用，平均费用为 6027.5 元。

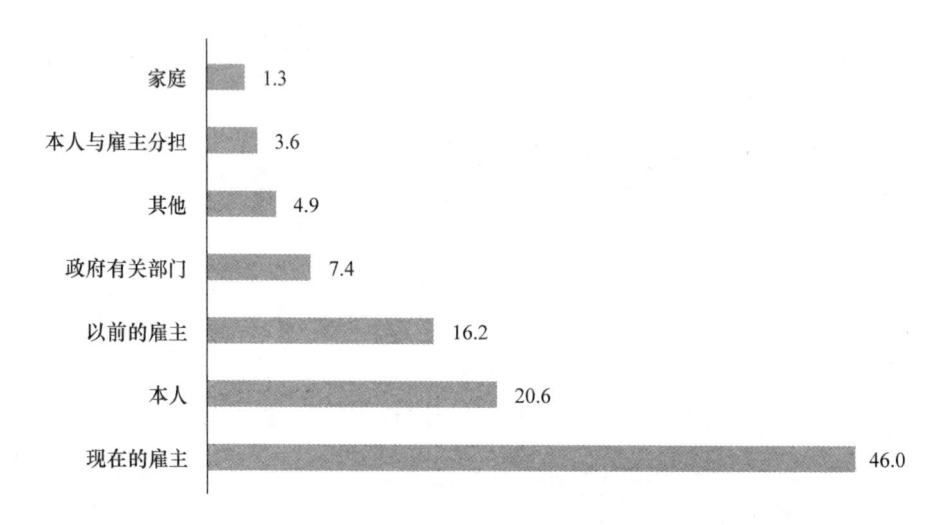

承担方	百分比
家庭	1.3
本人与雇主分担	3.6
其他	4.9
政府有关部门	7.4
以前的雇主	16.2
本人	20.6
现在的雇主	46.0

图 17－27　培训费用承担（%）

三 工作任务

根据美国实施的"普林斯顿数据改进计划"(Princeton Data Improvement Initiative, PDII),参照 Autor 和 Handel (2013) 的问卷,对员工的抽象性、程序性和体力性工作任务进行了调查,其中抽象性任务包括专业技能、阅读能力、语言使用能力、数理化使用能力、管理能力和问题解决能力;程序性任务包括重复性任务和人际交往任务;体力性任务包括体力使用程度、机器设备使用情况和电脑使用情况,具体调查结果如下:

(一)抽象性任务

1. 专业技能

(1) 专业技能的来源

调查数据表明(图 17-28),82.8% 的员工表示其专业技能来自于工作经验的积累,8.7% 来自于同乡或熟人传授,7.8% 来自于学校学习,0.7% 来自于家庭传承。

(2) 对专业技能要求的整体情况

从员工是否持有与工作相关的从业执照或证书的统计结果来看(图 17-29),19.1% 的员工表示持有相关执照或证书。

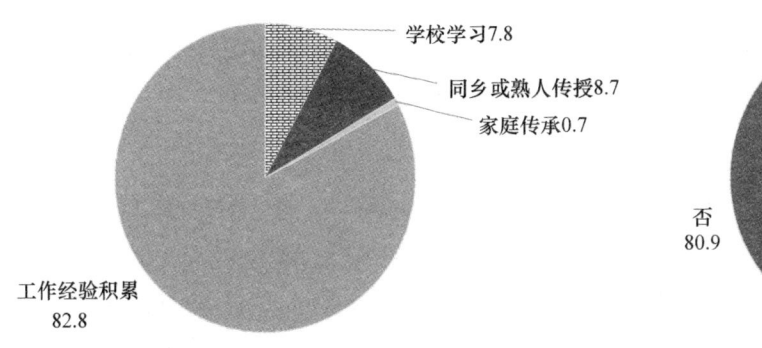

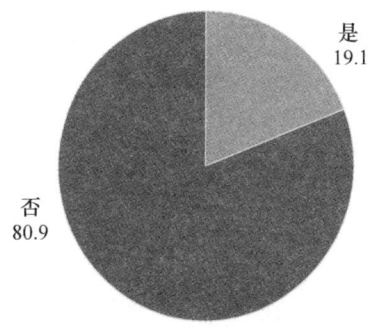

图 17-28 专业技能来源(%)　　图 17-29 是否持有与工作相关执照或证书(%)

(3) 不同行业的职业技能证书状况

从分行业的数据来看(图 17-30),化工产品制造业员工拥有从业执照的比例最高，占比达 31.2%；其次是食品制造业，占比为 26.5%；纺织皮革制造业员工的持照比例最低，为 11.1%。

行业	比例(%)
纺织皮革制造业	11.1
木材加工业	15.5
金属制造业	16.2
电子设备制造业	17.0
非金属制造业	21.9
机器和通用设备制造业	24.9
食品制造业	26.5
化工产品制造业	31.2

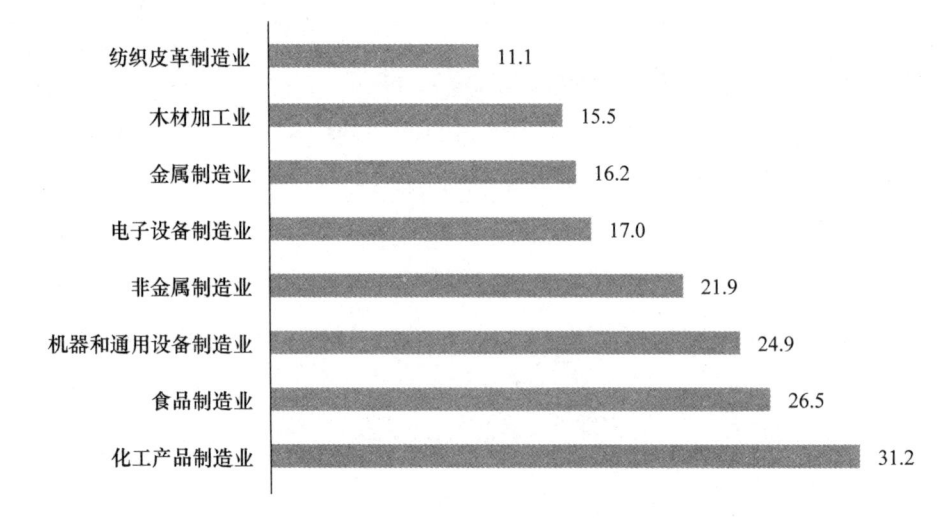

图 17-30 不同行业的职业技能证书状况（%）

（4）专业书籍阅读情况

在专业书籍的阅读方面，30.2% 的员工不用花费时间阅读专业相关的书籍，总体的平均阅读时长为 0.9 小时。从分行业的数据来看（图 17-31），木材加工业、机器和通用设备制造业、化工产品制造业和电子设备制造业员工用于阅读专业书籍的时长均为 0.9 小时；食品制造业、非金属制造业和金属制造业为 0.8 小时；纺织皮革制造业最低，为 0.7 小时。

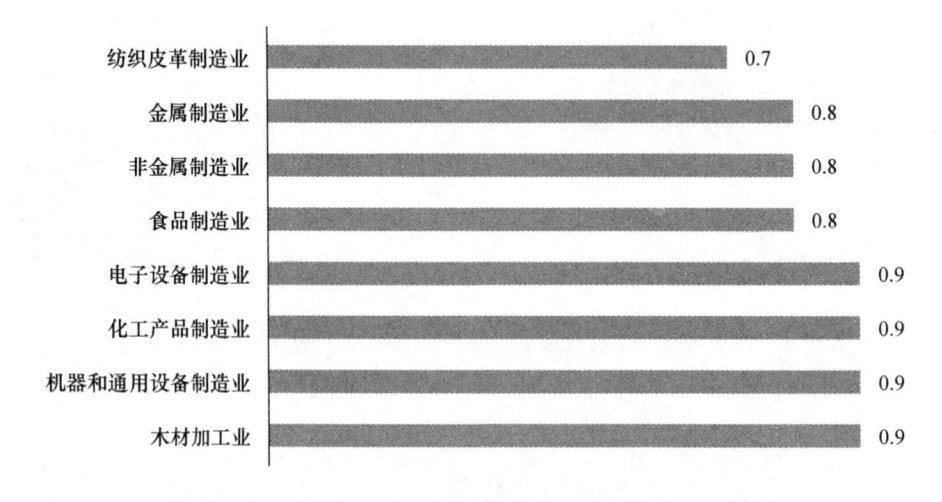

行业	时长(小时)
纺织皮革制造业	0.7
金属制造业	0.8
非金属制造业	0.8
食品制造业	0.8
电子设备制造业	0.9
化工产品制造业	0.9
机器和通用设备制造业	0.9
木材加工业	0.9

图 17-31 不同行业员工用于阅读专业书籍的时长（小时）

2. 阅读能力

在阅读能力方面（图17-32），有27.2%的员工表示在工作中不需要阅读文件，29.0%的员工需要阅读的材料长度在2—5页，14.4%为6—10页，12.6%在1页以内，11.1%超过25页，5.7%为11—25页。从总体上看，平均阅读页数为6页。

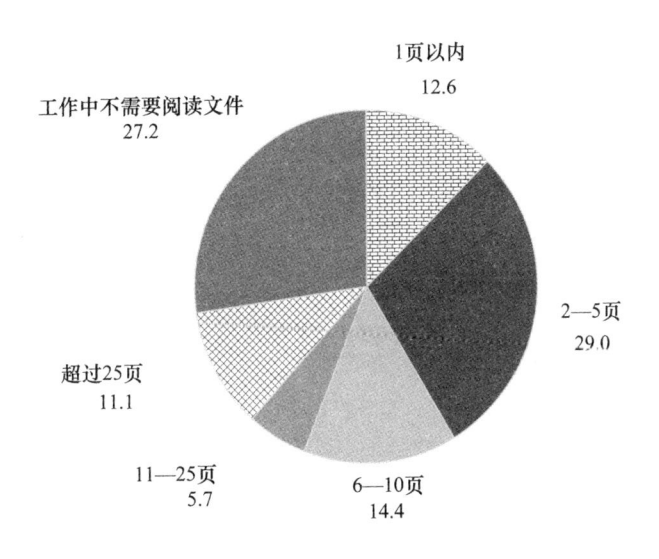

图17-32 阅读材料长度（%）

3. 语言使用能力

（1）英语学习经历情况

在对员工英语能力的调查中发现，50.5%的员工有过英语学习的经历。

从分省份的数据来看（图17-33），湖北省有过英语学习经历的员工占比为52.8%，广东省为48.5%。

从分所有制的数据来看（图17-34），国有企业有过英语学习经历的员工占比最高，为71.3%，外资企业为50.7%，民营企业为47.7%。

在对开始学习英语的年龄段的调查中发现（图17-35），67.1%的员工在12—14岁（初中）开始学习英语；

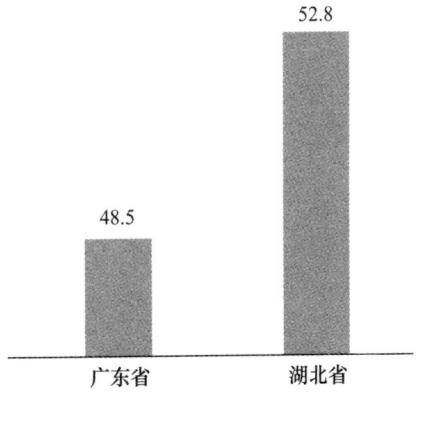

图17-33 不同省份员工英语学习经历情况（%）

15.4%的员工在9—11岁（小学四年级）开始学习；10.7%的员工从15—17岁（高中）开始学习；4.0%的员工从6—8岁（小学一至三年级）开始学习。员工开始学习英语的平均年龄为12岁。

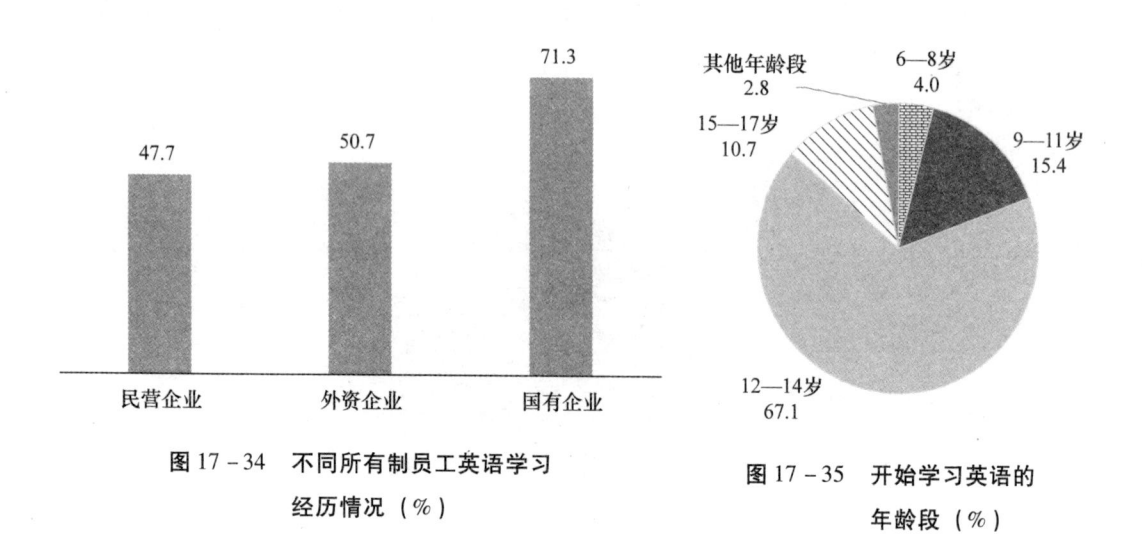

图17-34 不同所有制员工英语学习经历情况（%）

图17-35 开始学习英语的年龄段（%）

（2）英语使用频率

调查数据表明（图17-36），60.5%的员工在工作中基本不需要使用英语，26.3%的员工在工作中很少使用英语，8.8%的员工有时候会使用英语，4.5%的员工在工作中经常会使用英语。

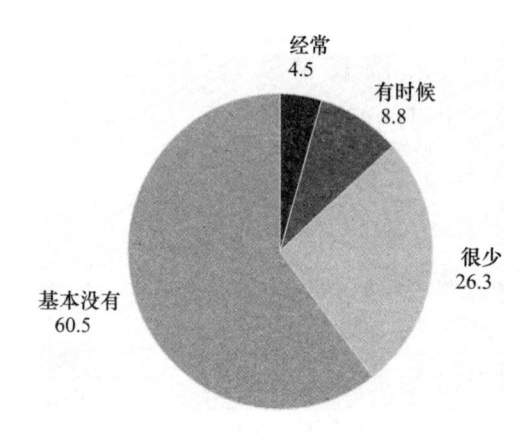

图17-36 工作中使用英语的频率（%）

（3）英语听说和阅读能力

在英语听说能力方面（图17-37），60.7%的员工不具备此能力，

36.4%的员工表示能力处于一般的水平,有2.9%的员工英语听说能力为"好"或者"非常好"。

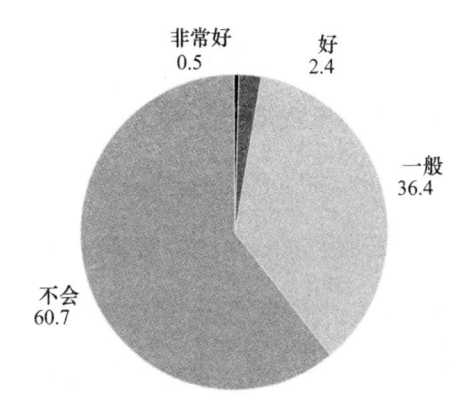

图 17-37 英语听说能力(%)

在阅读能力方面(图17-38),60.0%的员工不具备此能力,35.6%的员工阅读能力一般,有4.4%的员工将自己的英语能力评价为"好"或者"非常好"。

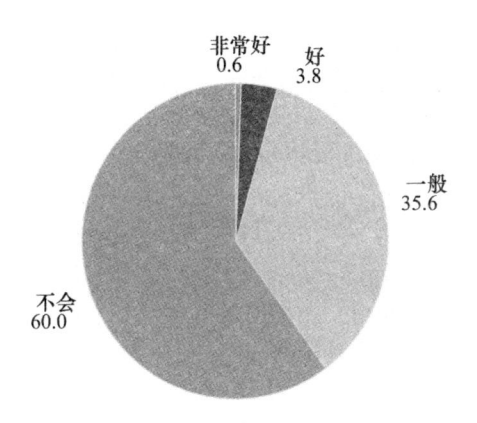

图 17-38 英语阅读能力(%)

从分行业的数据来看(图17-39),在听说能力方面,电子设备制造业员工将自身听说能力评价为"较高"[①] 的占比最高,为3.9%;其次是化工产品制造业,占比为3.4%;食品制造业占比最低,为1.9%。

---

① 此处的"较高"指将自身英语能力评价为"非常好"或者"好"。

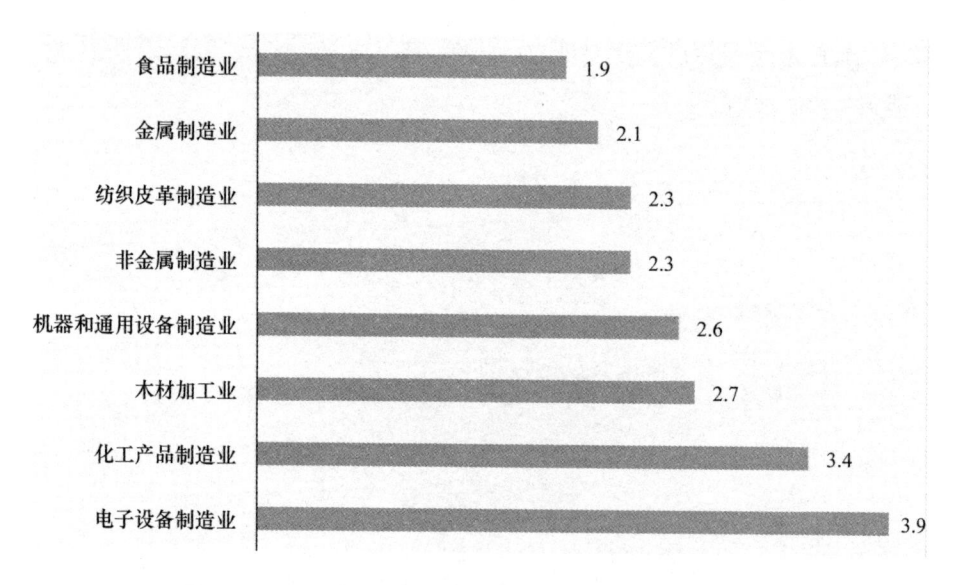

行业	占比
食品制造业	1.9
金属制造业	2.1
纺织皮革制造业	2.3
非金属制造业	2.3
机器和通用设备制造业	2.6
木材加工业	2.7
化工产品制造业	3.4
电子设备制造业	3.9

图 17-39　不同行业员工英语听说能力较高的占比（%）

在阅读能力方面（图 17-40），电子设备制造业员工将自身阅读能力评价为较高的占比最高，达 7.4%；其次是化工产品制造业，为 6.5%；食品制造业占比最低，为 2.6%。

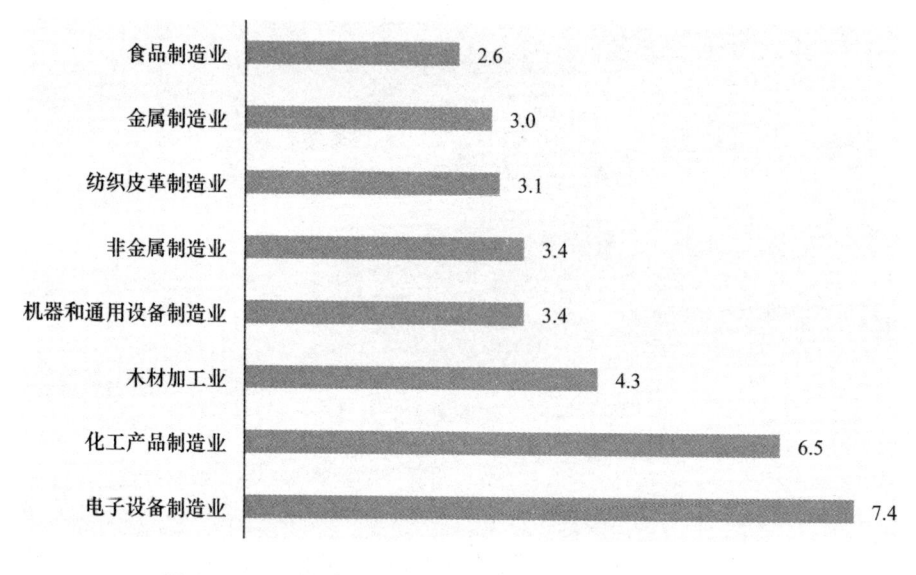

行业	占比
食品制造业	2.6
金属制造业	3.0
纺织皮革制造业	3.1
非金属制造业	3.4
机器和通用设备制造业	3.4
木材加工业	4.3
化工产品制造业	6.5
电子设备制造业	7.4

图 17-40　不同行业员工英语阅读能力较高的占比（%）

（4）常用语言使用情况

在普通话的使用方面，在非工作环境中的使用频率为 42.4%，工作环境中的使用频率为61.0%，较非工作环境高出18.6个百分点；家乡方言和当地方言在非工作环境中的使用率要高于工作环境。另外，不论是在工作环境还是非工作环境中，将外语作为常用语言的占比都比较低，分别为0.2%和0.03%（图17-41）。

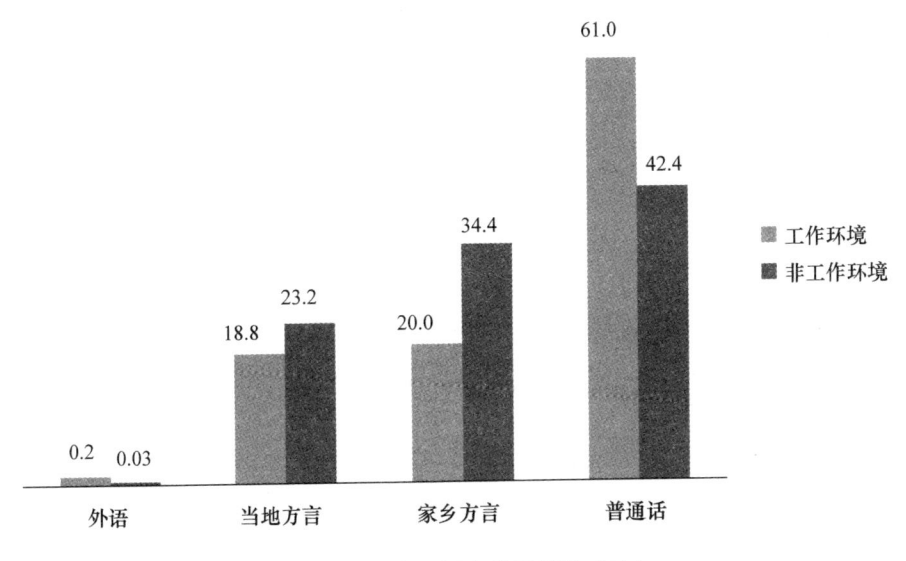

图17-41 常用语言使用情况（%）

4. 数理化使用能力

（1）使用数理化的频率

在对员工数理化使用频率的调查中发现（图17-42），69.4%的员工

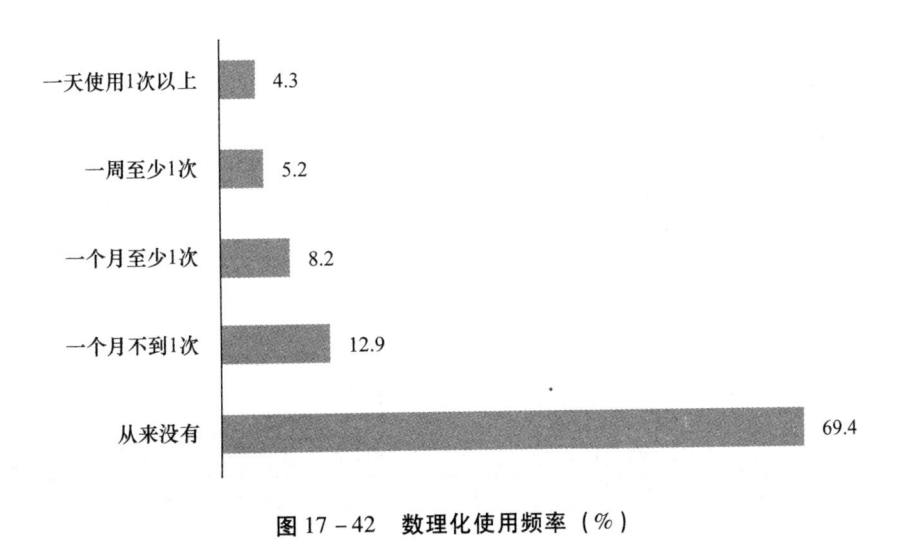

图17-42 数理化使用频率（%）

在工作中从来没有使用过高等数学（例如：线性代数、几何、微积分、概率论等）、物理、化学；12.9%的员工使用此类知识的频率为平均一个月不到1次；8.2%的员工一个月至少使用1次，5.2%的员工一周至少使用1次，4.3%的员工平均一天使用1次以上。

（2）不同行业对数理化能力的要求情况

从分行业数据来看（图17-43），化工产品制造业数理化使用频率高于一周至少1次的占比最高，为17.8%；其次是非金属制造业，占比为10.5%；纺织皮革制造业占比最低，为5.7%。

行业	占比(%)
纺织皮革制造业	5.7
食品制造业	7.1
木材加工业	7.3
金属制造业	10.2
机器和通用设备制造业	10.4
电子设备制造业	10.4
非金属制造业	10.5
化工产品制造业	17.8

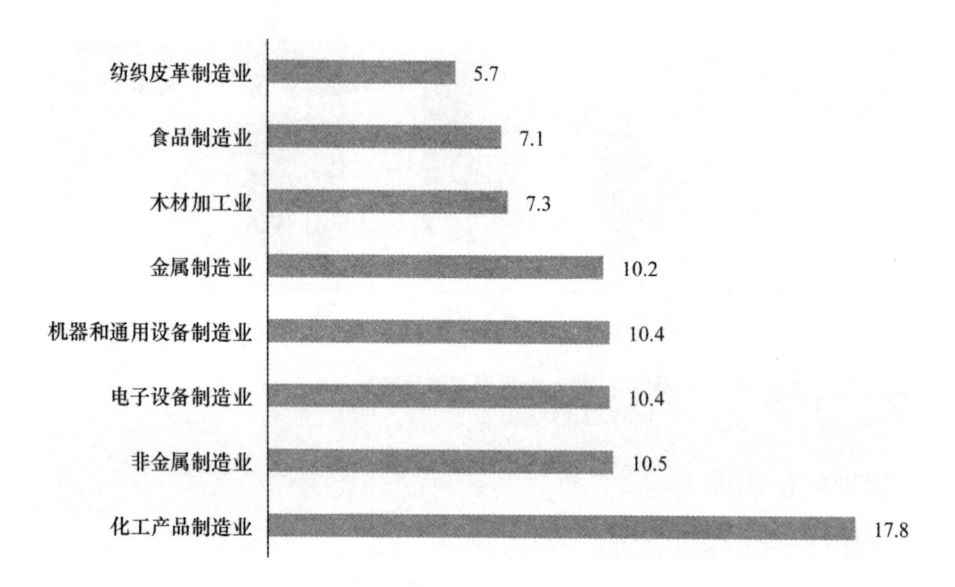

图17-43　不同行业员工数理化使用频率高于一周至少1次的占比（%）

5. 管理能力

（1）用于管理的时间分布

在对员工用于管理的时间分布的调查中发现（图17-44），47.0%的员工在工作中几乎不需要花费时间去监督管理其他员工，25.8%的员工用于监督管理其他员工的时间在半天以内，21.3%的员工为半天以上，5.9%的员工几乎全部时间都在用于监督管理其他人。

（2）不同规模企业对管理能力的要求情况

从不同规模企业的数据来看（图17-45），大型企业员工将半天以上时间用于管理他人的占比最高，为29.3%；其次是中型企业，占比为27.5%；小型企业占比最低，为24.4%。

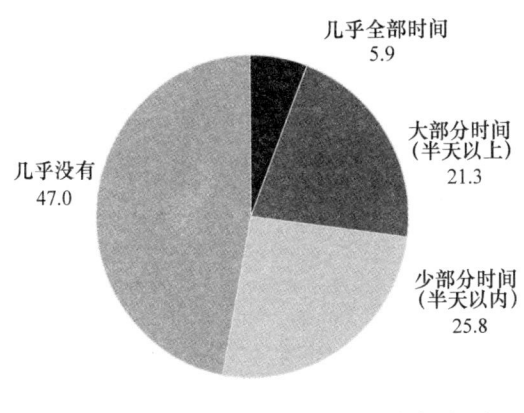

图 17-44 用于监督管理的时间分布（%）

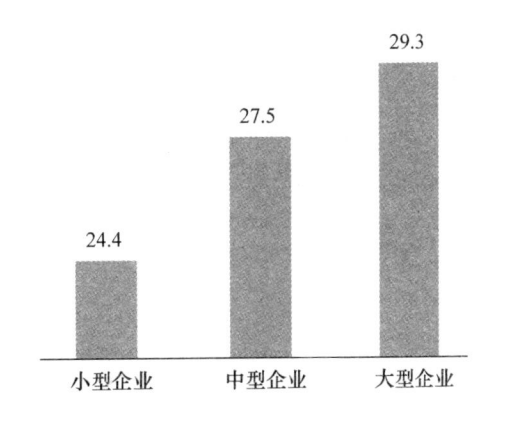

图 17-45 不同规模企业员工半天及以上时间用于管理的占比（%）

(3) 不同行业企业对管理能力的要求情况

从分行业的数据来看（图 17-46），化工产品制造业员工将半天及以上时间用于管理他人的占比最高，达 30.3%；其次是食品制造业，占比为 29.6%；木材加工业占比最低，为 25.4%。

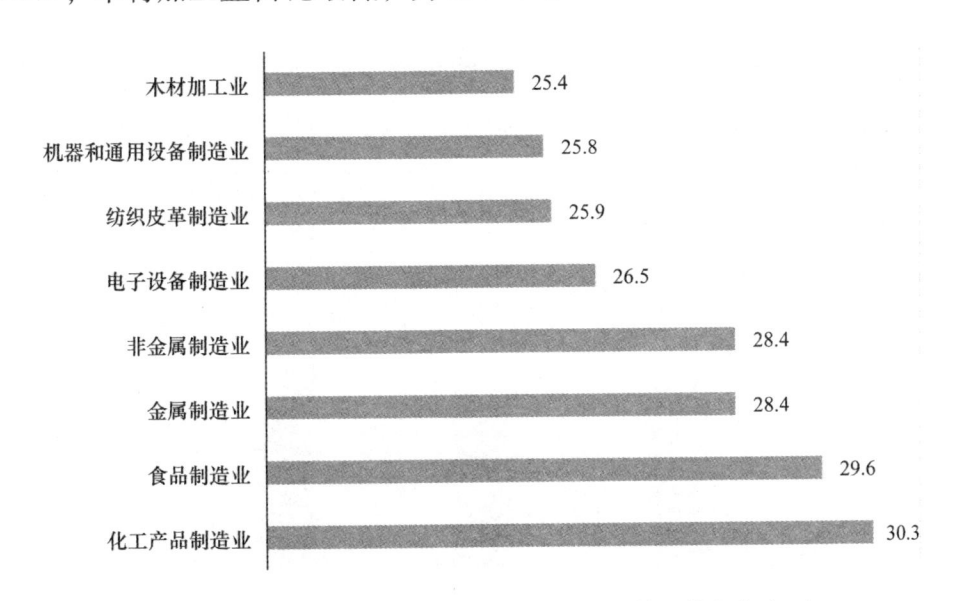

图 17-46 不同行业员工半天及以上时间用于管理的占比（%）

6. 问题解决能力

(1) 工作任务复杂程度的整体情况

调查数据表明（图 17-47），8.2% 的员工平均一天有 1 次以上会遇到比较难以解决的问题（需要至少 30 分钟才能找到一个好的解决方法），30.5% 的员工一周至少遇到 1 次；21.0% 的员工一个月会遇到至少 1 次；19.9% 的员工遇到的频率为平均一个月不到 1 次，20.5% 的员工表示从来没有遇到过此类问题。

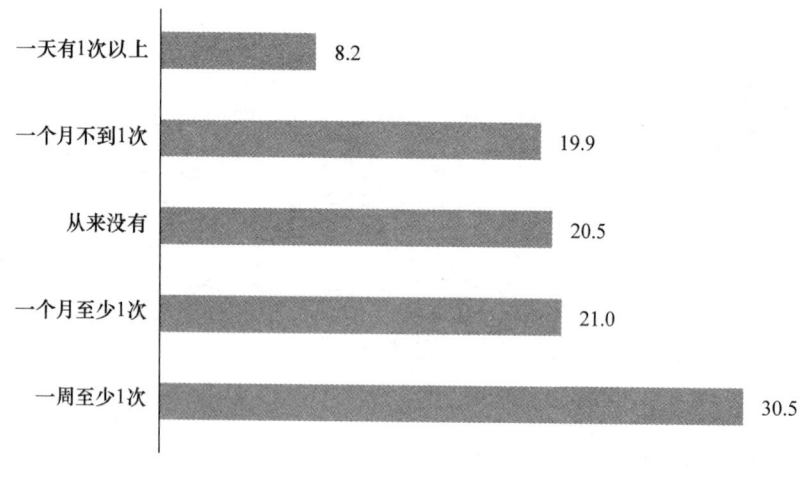

图 17-47　遇到困难问题的频率（%）

（2）不同所有制企业工作任务的复杂程度

从分所有制企业的数据来看（图 17-48），国有企业员工遇到困难问题的频率为一周至少 1 次的占比最高，为 45.8%，民营企业为 38.2%，外资企业占比最低，为 37.7%。

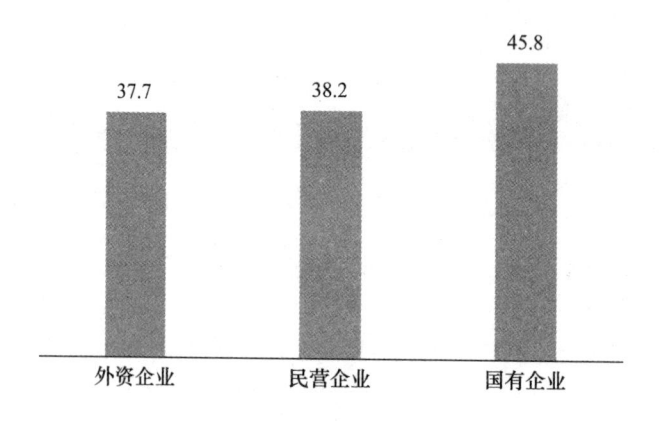

图 17-48　不同所有制企业员工遇到困难问题的频率高于一周至少 1 次的占比（%）

(3) 不同行业工作任务的复杂程度

从分行业的数据来看（图17-49），化工产品制造业员工遇到困难问题的频率在一周至少1次及以上的占比最高，达47.2%；其次是电子设备制造业，占比为44.7%；食品制造业的占比最低，为31.9%。

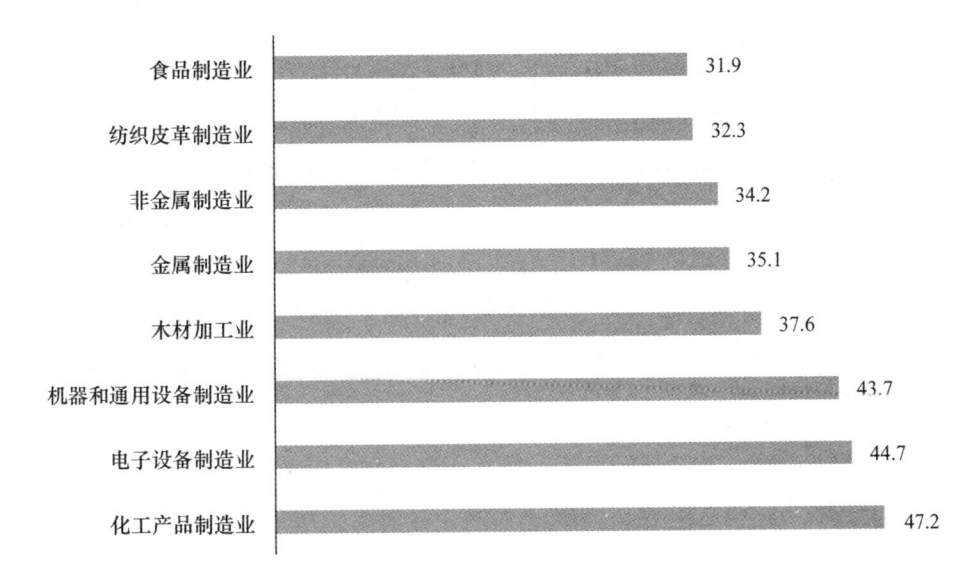

行业	占比(%)
食品制造业	31.9
纺织皮革制造业	32.3
非金属制造业	34.2
金属制造业	35.1
木材加工业	37.6
机器和通用设备制造业	43.7
电子设备制造业	44.7
化工产品制造业	47.2

图17-49 不同行业企业员工遇到困难问题的频率高于一周至少1次的占比（%）

(二) 程序性任务

1. 重复性任务

(1) 用于重复性劳动的时间分布

在工作任务的重复性方面（图17-50），34.6%的员工表示大部分时间（半天以上）都在进行重复性劳动；32.5%的员工半天以内的时间在进行重复性劳动；18.2%的员工几乎全部时间都在从事重复性劳动，14.8%的员工在工作中几乎没有重复性劳动。

(2) 不同所有制企业的工作重复性情况

从分所有制的数据来看（图17-51），外资企业员工半天及以上时间用于从事重复性劳动的占比最高，达53.5%；其次是民营企业，占比为52.7%；国有企业占比最低，为45.3%。

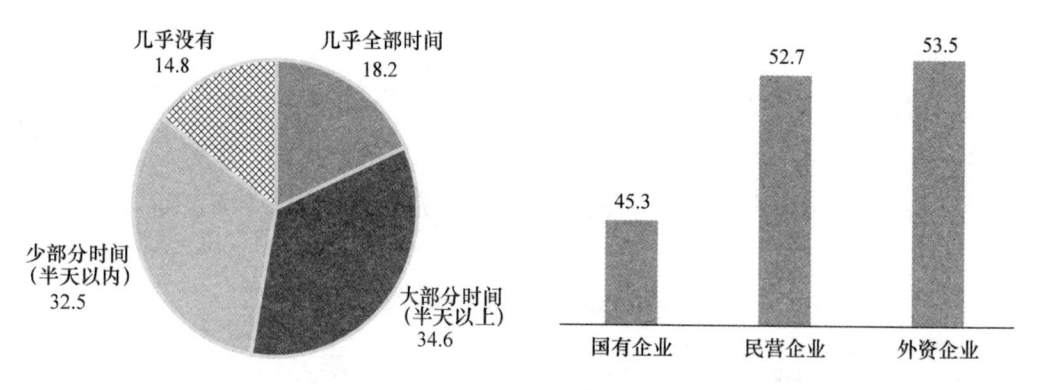

图 17-50 用于重复性劳动的时间（%）

图 17-51 不同所有制企业员工半天及以上时间用于重复性劳动的占比（%）

（3）不同行业的工作重复性情况

从分行业的数据来看（图 17-52），纺织皮革制造业员工半天及以上时间用于从事重复性劳动的综合占比最高，为 60.5%；其次是非金属制造业，占比为 55.2%；化工产品制造业占比最低，为 46.5%。

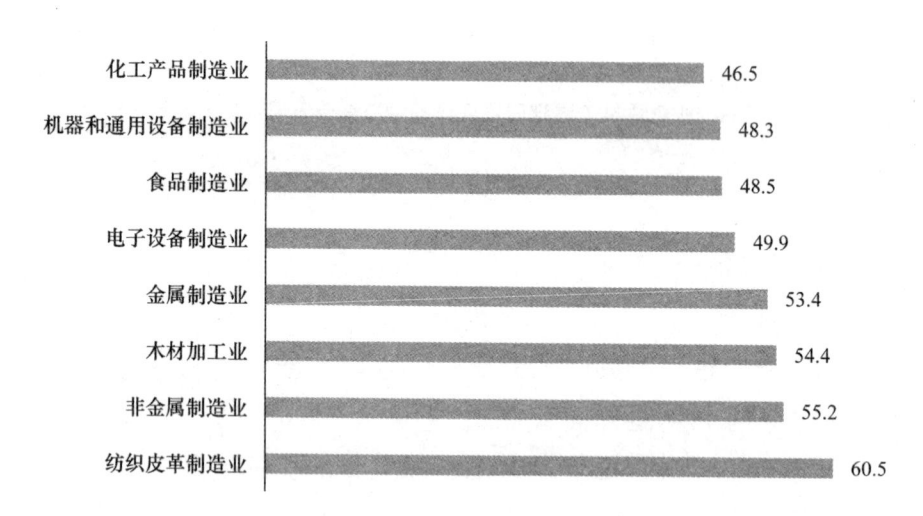

行业	占比
化工产品制造业	46.5
机器和通用设备制造业	48.3
食品制造业	48.5
电子设备制造业	49.9
金属制造业	53.4
木材加工业	54.4
非金属制造业	55.2
纺织皮革制造业	60.5

图 17-52 不同行业企业员工半天及以上时间用于重复性劳动的占比（%）

2. 人际交往

（1）团队合作的频率

在团队合作方面（图 17-53），60.2% 的员工经常需要进行团队合作，22.9% 的员工有时候需要团队合作，10.0% 的员工很少需要团队合作，6.9% 的员工在工作中基本没有团队合作。

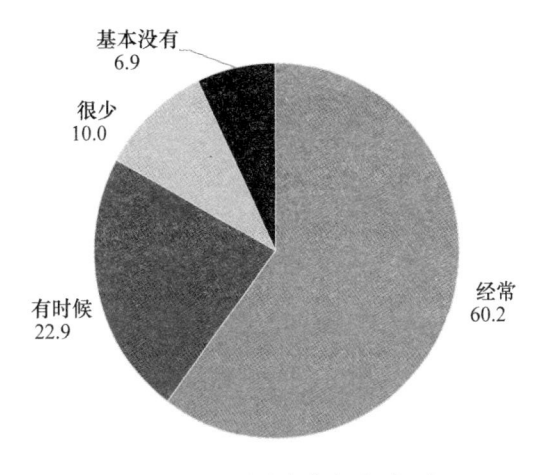

图 17-53 团队合作程度（%）

从分行业数据来看（图 17-54），化工产品制造业员工经常需要团队合作的占比最高，达 67.2%；其次是食品制造业，占比为 65.5%；纺织皮革制造业占比最低，为 52.8%。

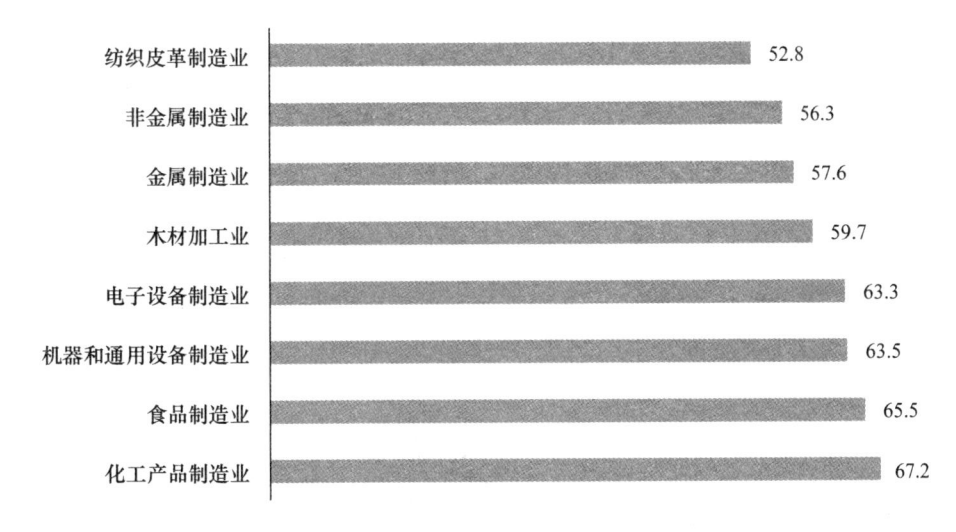

图 17-54 不同行业员工经常需要团队合作的占比（%）

（2）面对面交流的频率

在面对面交流方面（图 17-55），61.8% 的员工在工作中需要经常与他人进行面对面的交流接触，22.7% 的员工有时候需要面对面交流，10.3% 的员工很少需要，5.3% 的员工基本不需要面对面交流。

面对面交流的对象可以分为三种，包括顾客或客户、供应商或分包商、学生或学徒。调查数据表明（图17-56），员工与学生或学徒面对面交流程度较高[①]的占比最大，为43.1%，与顾客或客户和供应商或分包商交流程度较高的占比分别为36.5%和33.3%。

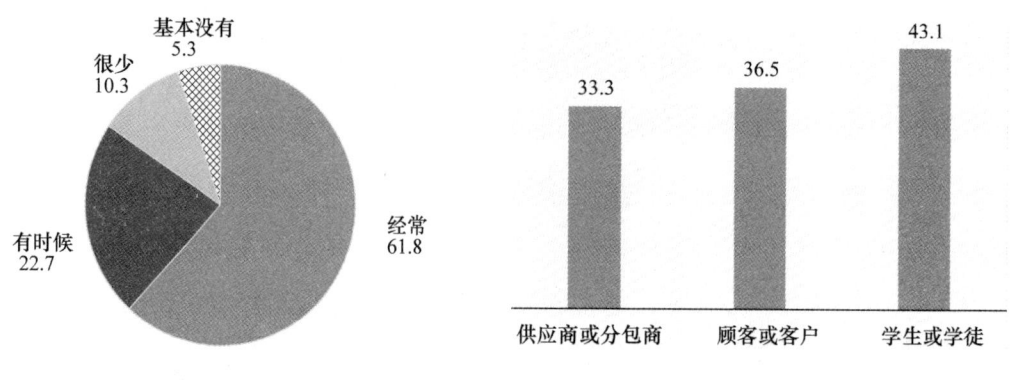

图17-55 面对面交流程度（%）

图17-56 与不同对象面对面交流的程度（%）

（三）体力性任务

1. 体力使用程度

（1）体力使用程度的整体情况

调查数据表明（图17-57），63.9%的员工在工作中需要使用体力（例如站立、搬运物件、操作机器或驾驶车辆以及手工制作或修理）。具体来说，30.2%的员工每天体力劳动投入时间在半天以内，19.9%的员工投入的时间在半天以上，13.8%的员工几乎全部时间都在从事体力性劳动。

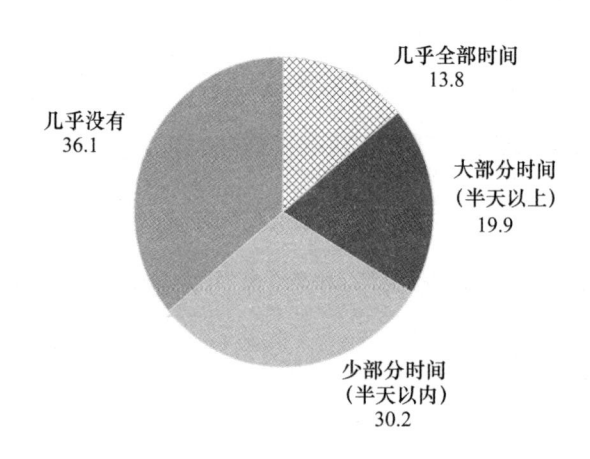

图17-57 体力使用程度（%）

---

① 此处的"较高"指面对面交流的程度为"经常"或"有时候"。

（2）不同行业员工的体力使用程度

从分行业的数据来看（图17-58），纺织皮革制造业员工半天及以上时间都用于从事体力劳动的占比最高，为41.8%；其次是木材加工业，占比为38.7%；食品制造业占比最低，为25.0%。

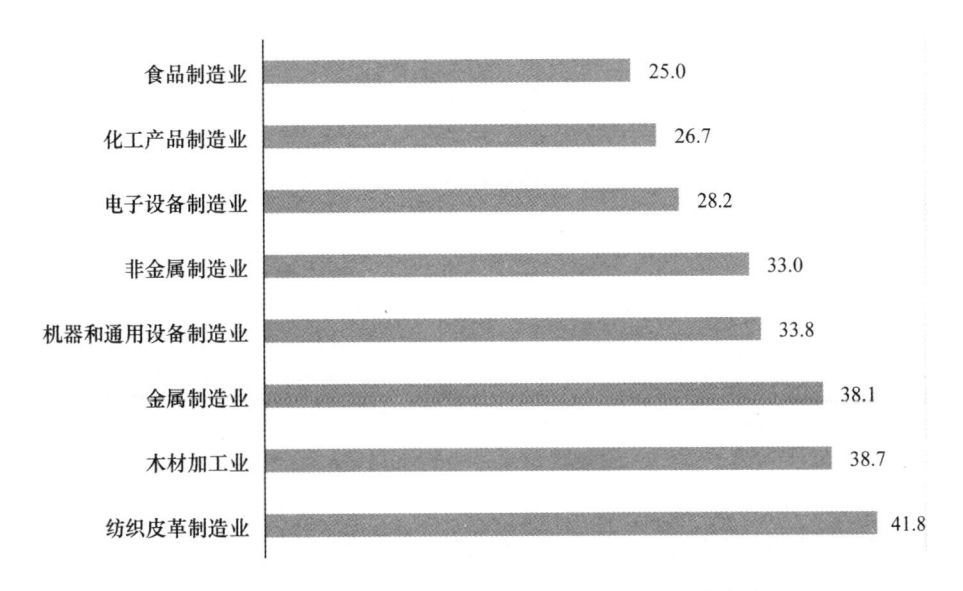

行业	占比
食品制造业	25.0
化工产品制造业	26.7
电子设备制造业	28.2
非金属制造业	33.0
机器和通用设备制造业	33.8
金属制造业	38.1
木材加工业	38.7
纺织皮革制造业	41.8

图17-58　不同行业员工体力劳动时间为半天及以上的占比（%）

2. 机器设备使用情况

调查数据表明，64.6%的员工在工作中不需要使用生产性机器设备（不包括办公室电脑、打印机等）（图17-59）。在需要使用的员工中（图17-60），55.4%的员工使用的是半自动的设备，手动占比为21.1%，全自动占比23.5%，同时这些设备中有41.9%属于数控机床（图17-61）。

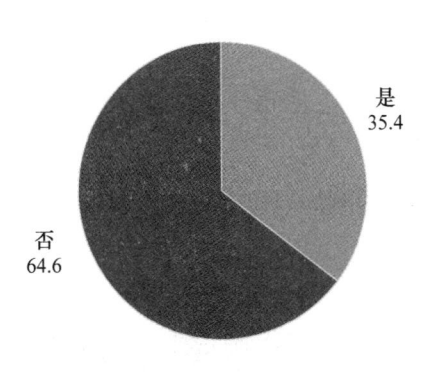

图17-59　是否需要使用生产性机器设备（%）
是 35.4；否 64.6

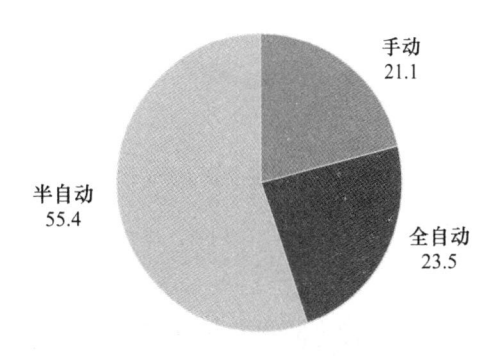

图17-60　生产性机器设备类型（%）
手动 21.1；半自动 55.4；全自动 23.5

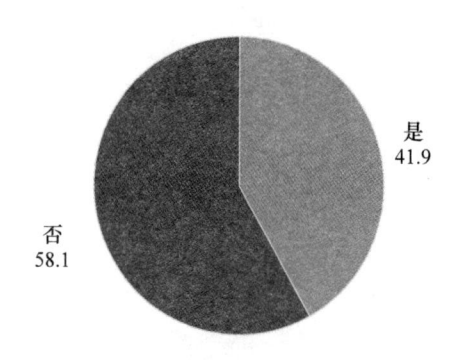

图 17 - 61 是否是数控机床 (%)

3. 电脑使用情况

（1）使用电脑的频率

在对电脑使用频率的统计中发现（图 17 - 62），50.3% 的员工需要经常使用电脑，13.0% 的员工偶尔使用电脑，36.7% 的员工在工作中不需要使用电脑。

从不同规模企业的数据来看（图 17 - 63），大型企业员工经常使用电脑的占比最高，为 63.4%；其次是中型企业，占比为 50.5%；小型企业占比最低，为 38.5%。

图 17 - 62 电脑使用频率 (%)

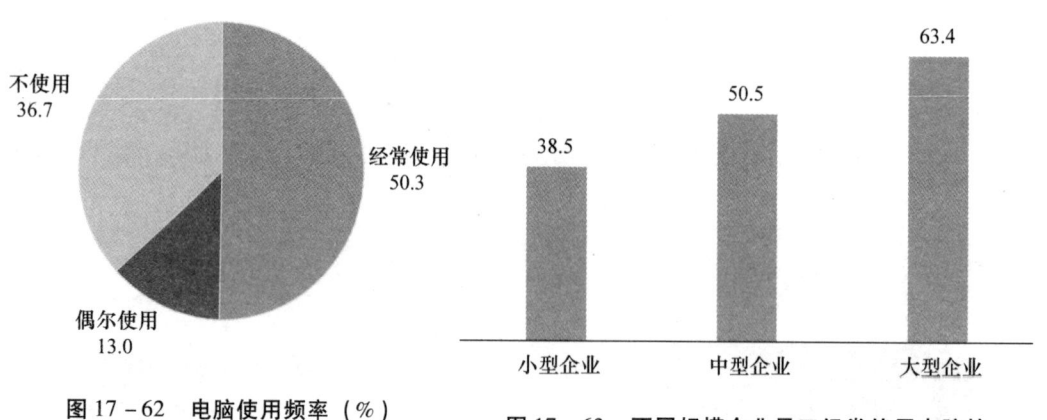

图 17 - 63 不同规模企业员工经常使用电脑的频率 (%)

从分行业的数据来看（图 17 - 64），机器和通用设备制造业员工经常使用电脑的占比最高，为 62.4%；其次是食品制造业，占比为 60.7%；化工产品制造业的占比最低，为 34.9%。

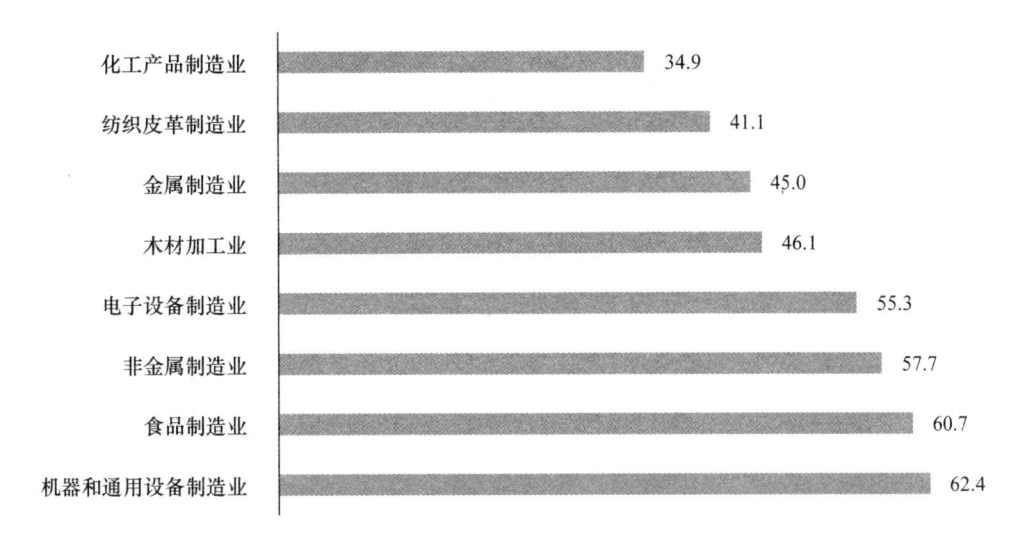

行业	频率
化工产品制造业	34.9
纺织皮革制造业	41.1
金属制造业	45.0
木材加工业	46.1
电子设备制造业	55.3
非金属制造业	57.7
食品制造业	60.7
机器和通用设备制造业	62.4

图 17-64　不同行业员工电脑使用频率（%）

（2）电脑的主要用途

在电脑的用途方面（图17-65），用于计算和生成报表/电子表格的占比最高，为54.2%；其次是使用企业内部信息系统及收发邮件，占比为15.1%；用于操控生产线和机械设备等以及日常文字或数据录入的占比分别为11.5%和7.4%；用于数据库及编程的占比最低，为0.7%。

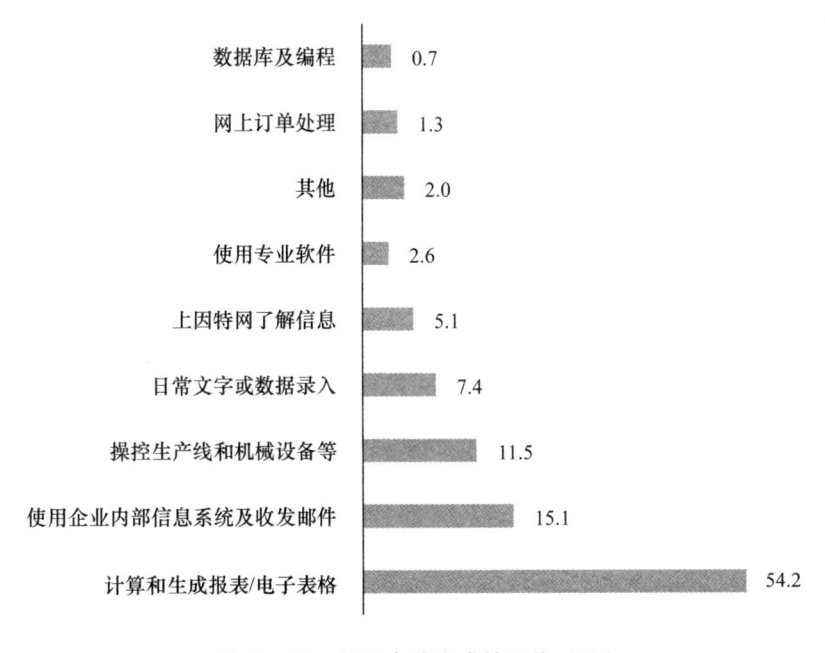

数据库及编程	0.7
网上订单处理	1.3
其他	2.0
使用专业软件	2.6
上因特网了解信息	5.1
日常文字或数据录入	7.4
操控生产线和机械设备等	11.5
使用企业内部信息系统及收发邮件	15.1
计算和生成报表/电子表格	54.2

图 17-65　使用电脑完成的工作（%）

四 健康状况

(一) 员工患有职业病的情况

在职业病的调查方面,有6.4%的员工表示患有职业病。

其中,其他员工中患有职业病的占比最高,为7.4%,其次是其他管理人员(6.7%)、销售人员(6.5%)和一线工人(6.4%),中高层管理人员和技术与设计人员中患有职业病的占比最低,均为6.2%(图17-66)。

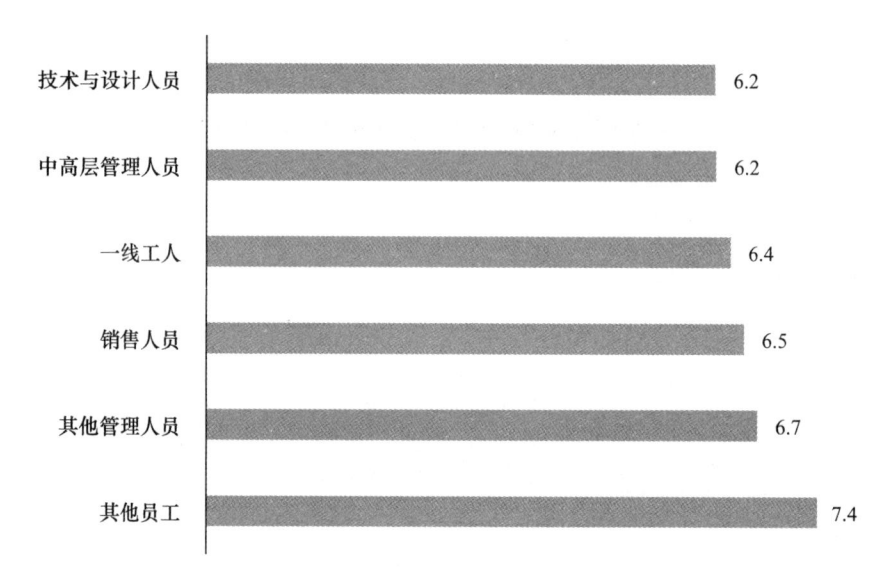

图17-66 不同职位类型员工患有职业病的情况(%)

从分行业的数据来看(图17-67),纺织皮革制造业患有职业病的占比最高,为9.9%;其次是机器和通用设备制造业,为8.5%;非金属制造业占比最低,为2.5%。

在对职业病类型的统计中发现(图17-68),"其他"类型的职业病占比最大,达37.2%,主要包括颈椎病、腰椎疼痛以及关节炎,其中颈椎病占比接近70%(图17-69);其次是职业性皮肤病、物理因素所致职业病、职业性眼病和职业性尘肺病及其他呼吸系统疾病,占比依次为17.3%、12.8%、12.3%、10.8%;职业性化学中毒、职业性放射性疾病、职业性传染病占比较低。

行业	%
非金属制造业	2.5
食品制造业	4.0
电子设备制造业	4.9
木材加工业	6.0
金属制造业	6.7
化工产品制造业	7.2
机器和通用设备制造业	8.5
纺织皮革制造业	9.9

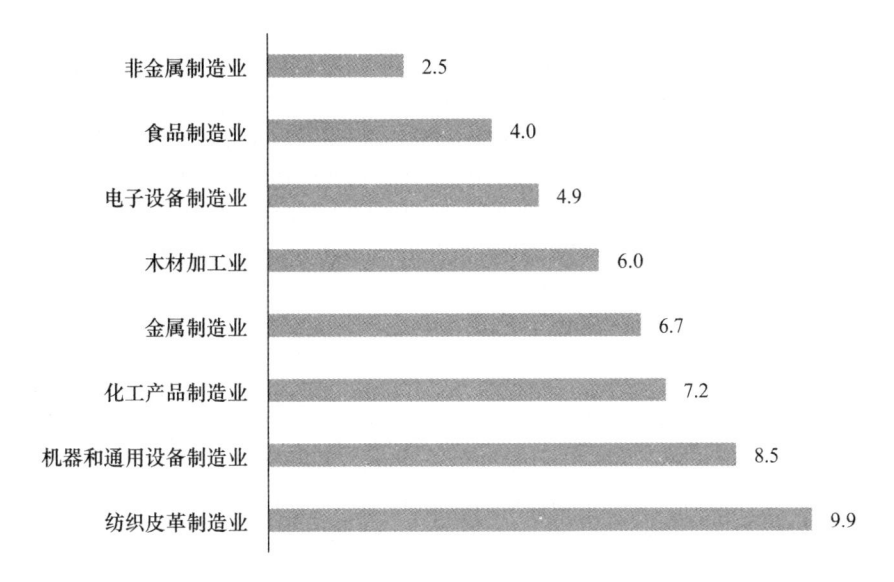

图 17-67　不同行业员工患有职业病的行业分布（%）

类型	%
职业性传染病	0.4
职业性放射性疾病	0.7
职业性化学中毒	1.1
职业性耳鼻喉口腔疾病	7.3
职业性尘肺病及其他呼吸系统疾病	10.8
职业性眼病	12.3
物理因素所致职业病	12.8
职业性皮肤病	17.3
其他	37.2

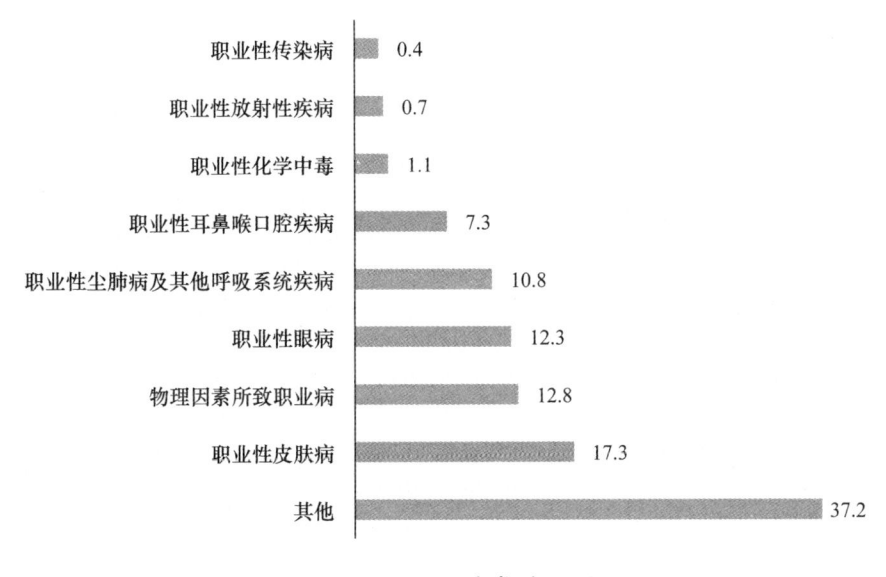

图 17-68　职业病类型（%）

（二）员工参与体育锻炼的情况

调查数据表明（图 17-70），55.7%的员工表示平时坚持体育锻炼（包括走路）。

从不同性别的统计来看（图 17-71），男性员工中坚持锻炼的占比为 61.0%，女性员工为 49.1%，比男性员工低 11.9 个百分点。

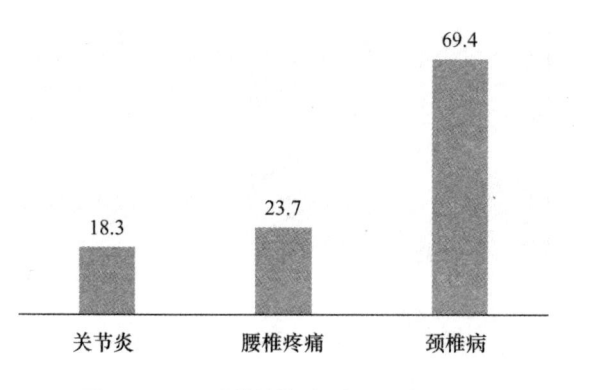

图 17-69 "其他"类型职业病(%)

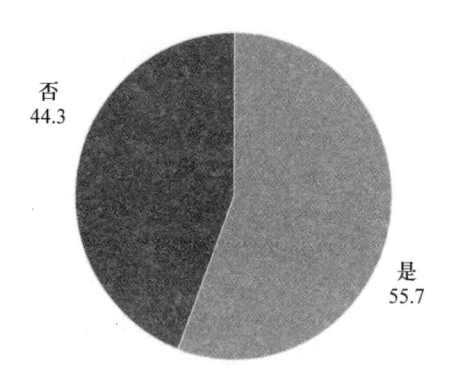

图 17-70 是否坚持锻炼(%)

从不同职位类型的统计来看(图 17-72),中高层管理人员中坚持参与体育锻炼的占比为 65.3%,较普通员工高出 13.5 个百分点。

从不同职位类型来看(图 17-73),中高层管理人员每周平均锻炼次数为 3.4 次,普通员工为 3.6 次。

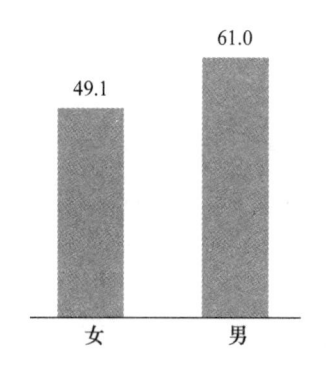

图 17-71 不同性别参与锻炼的情况(%)

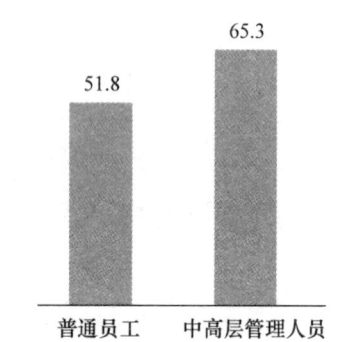

图 17-72 不同职位类型员工参与锻炼的情况(%)

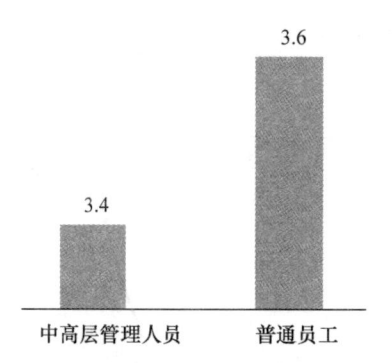

图 17-73 不同职位类型员工每周平均锻炼次数(次)

从分行业数据来看（图17-74），木材加工业与机器和通用设备制造业员工平均每周参与锻炼的次数最多，均为3.7次，纺织皮革制造业占比最低，为3.2次。

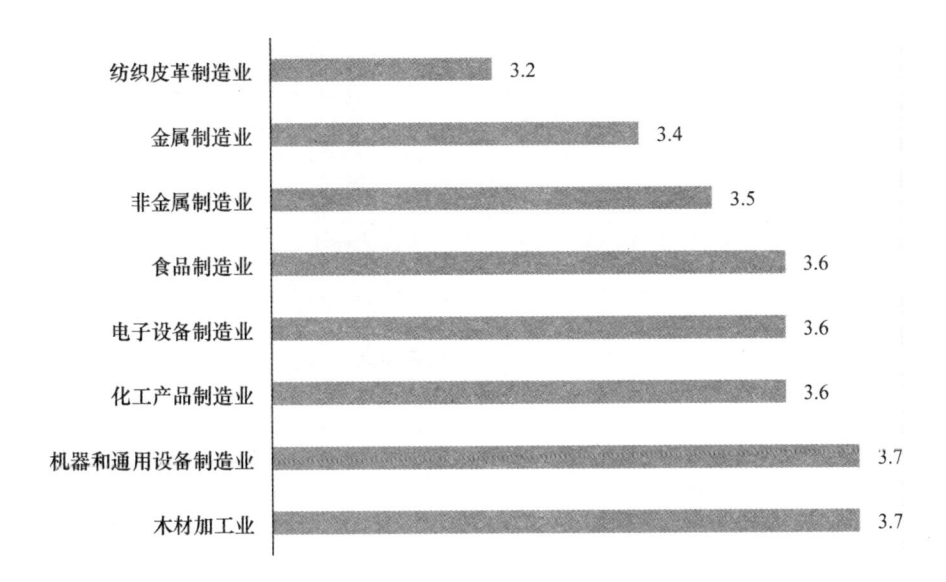

行业	次数
纺织皮革制造业	3.2
金属制造业	3.4
非金属制造业	3.5
食品制造业	3.6
电子设备制造业	3.6
化工产品制造业	3.6
机器和通用设备制造业	3.7
木材加工业	3.7

图17-74 不同行业企业员工每周平均锻炼次数（次）

（三）员工参与体检的情况

在体检方面（图17-75），70.3%的员工表示自工作以来参加过体检。

在体检的频率方面（图17-76），员工平均体检周期为13个月。其中，男性员工平均体检周期为13.4个月，女性员工为12.6个月。

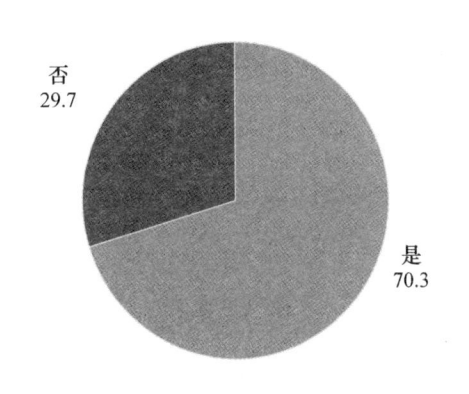

图17-75 工作以来是否体检过（%）

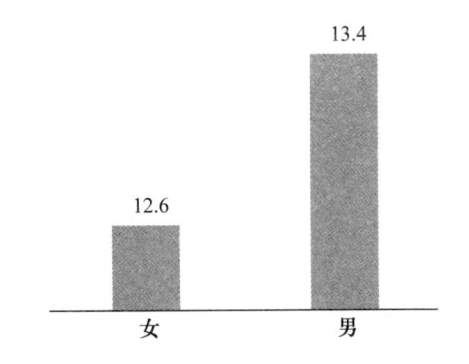

图17-76 不同性别员工的体检周期（月）

从不同职位类型的员工来看（图 17-77），中高层管理人员平均体检周期为 13.5 个月，普通员工为 12.9 个月。

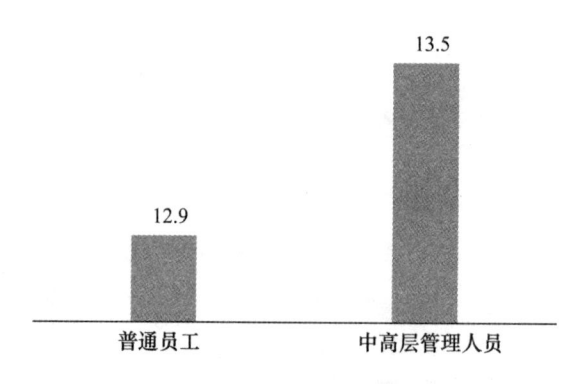

图 17-77　不同职位类型员工的体检周期（月）

（四）员工 BMI 状况

1. 员工 BMI 的整体状况

基于员工提供的身高和体重数据，测算出 BMI 值（单位为：千克/米^2），根据国家卫生和计划生育委员会颁布的《成人体重判定》行业标准，对员工的健康状况做出客观评价。具体划分标准为：BMI<18.5 为体重偏低，18.5≤BMI<24.0 为体重正常，BMI≥24.0 为体重偏高。调查数据表明（图 17-78），员工的平均 BMI 为 21.9，整体属于正常范围。其中 12.5% 的员工体重偏低，61.4% 的员工体重正常，26.2% 的员工体重偏高。

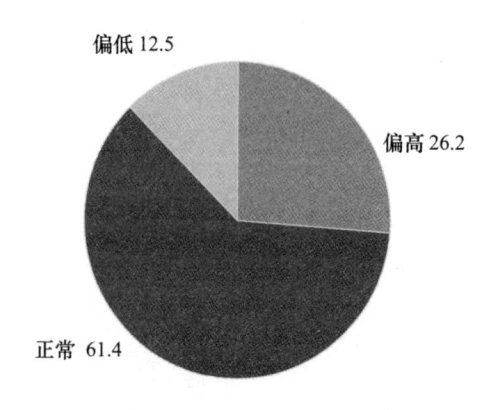

图 17-78　体重判定（BMI）（%）

2. 不同年龄段员工 BMI 状况

从不同年龄段员工来看（图 17-79），50—60 岁年龄段的员工平均 BMI 最高，为 22.8，其次是 40—50 岁的员工，平均 BMI 为 22.7，60 岁以上为 22.6，30—40 岁员工的平均 BMI 为 22.0，20—30 岁员工为 20.8，20 岁及以下最低，为 19.8。所有年龄段员工的平均 BMI 均处于体重正常的范围内。

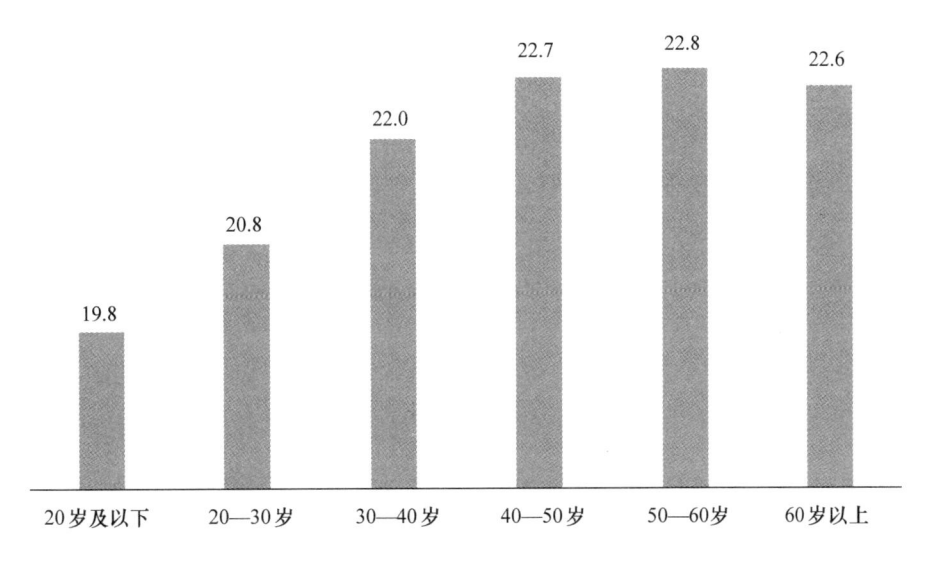

图 17-79 不同年龄段体重判定（BMI）（千克/米²）

3. 不同类型员工 BMI 情况

从不同类型员工来看（图 17-80），中高层管理人员平均 BMI 最高，为 22.3；接下来从高到低依次为：技术与设计人员、其他员工、一线工人、其他管理人员、销售人员，平均 BMI 分别为 22.0、21.9、21.9、21.3、20.8。

4. 不同行业员工 BMI 情况

从不同行业的情况来看（图 17-81），机器和通用设备制造业员工的平均 BMI 最高，为 22.2；其次是食品制造业和非金属制造业，二者均为 22.1；化工产品制造业最低，为 21.5。

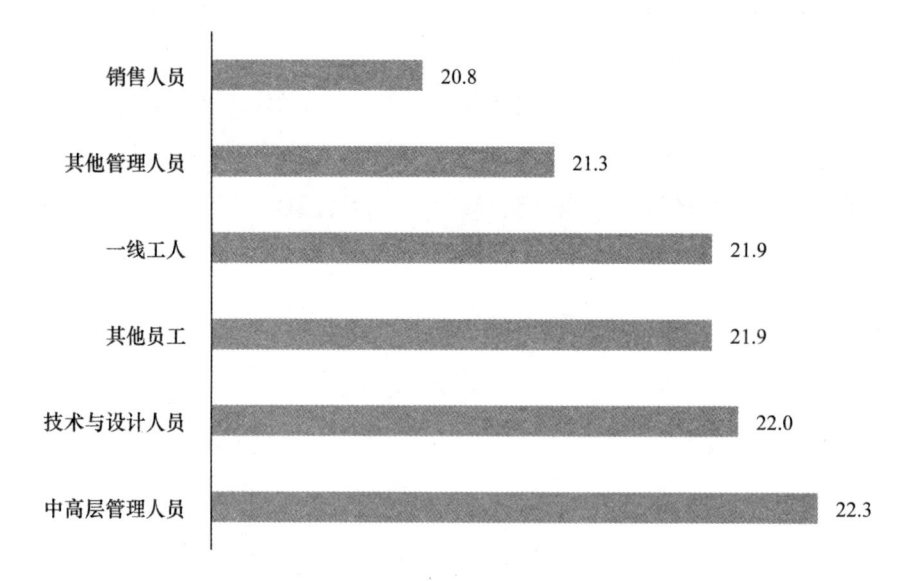

图17-80 不同类型员工体重判定（BMI）（千克/米²）

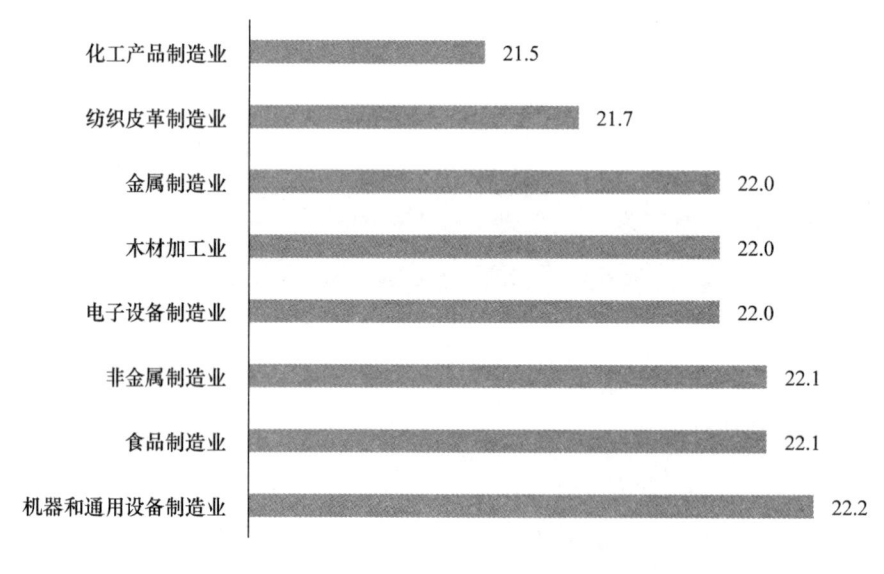

销售人员 20.8
其他管理人员 21.3
一线工人 21.9
其他员工 21.9
技术与设计人员 22.0
中高层管理人员 22.3

图17-81 不同行业员工体重判定（BMI）（千克/米²）

化工产品制造业 21.5
纺织皮革制造业 21.7
金属制造业 22.0
木材加工业 22.0
电子设备制造业 22.0
非金属制造业 22.1
食品制造业 22.1
机器和通用设备制造业 22.2

5. 不同规模企业员工BMI情况

从不同规模的企业来看（图17-82），小型企业员工的平均BMI最高，为22.1；中型企业员工的平均BMI为21.9；大型企业最低，为21.6。

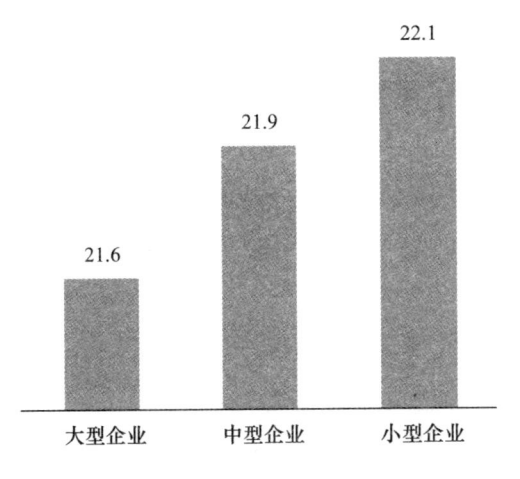

图 17 - 82　不同规模企业员工体重判定（BMI）（千克/米^2）

（五）员工中心型肥胖状况

中心型肥胖是指脂肪在腹部蓄积过多，通常用腰围进行判定。其中，男性腰围≥90厘米、女性腰围≥85厘米为中心型肥胖，85厘米≤男性腰围<90厘米，80厘米≤女性腰围<85厘米为中心型肥胖前期。调查数据表明（图17-83），在男性员工中，平均腰围为84.5厘米，其中15.7%的员工处于中心型肥胖前期，28.8%的员工为中心型肥胖；在女性员工中，平均腰围为74.4厘米，15.4%的员工处于中心型肥胖前期，13.6%的员工为中心型肥胖。

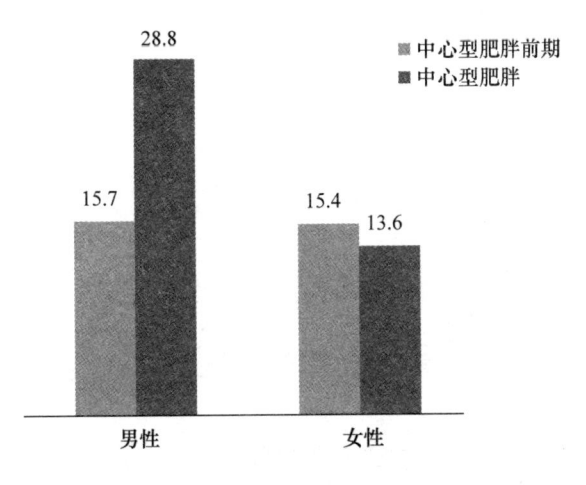

图 17 - 83　中心型肥胖分布（%）

从不同职位类型来看（图17-84），中高层管理人员中有32.7%的男性员工为中心型肥胖，占比在所有职位中最高；其次为其他员工中的男性员工，占比为28.5%；销售人员中占比最少，为23.4%。一线工人中有15.3%的女性员工为中心型肥胖，占比最高；其次为中高层管理人员，占比为14.3%；销售人员中的女性员工为中心型肥胖的占比最少，为7.0%。

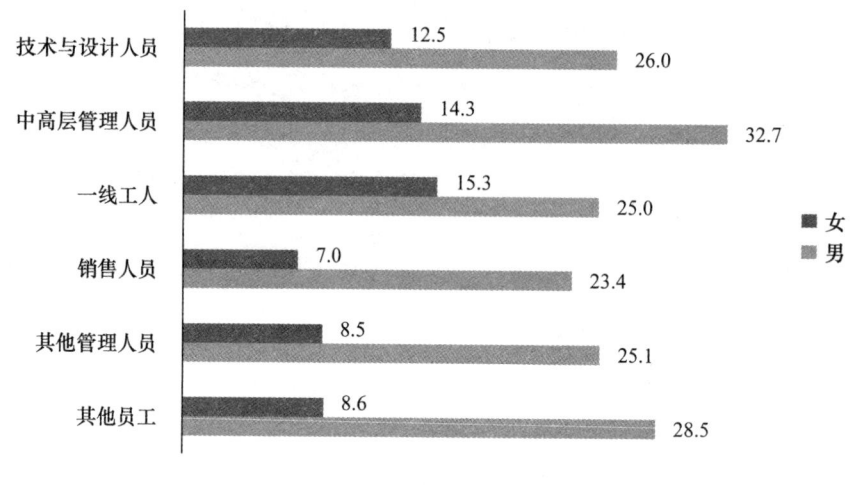

图17-84 不同职位类型中心型肥胖分布（%）

调查数据表明（图17-85），其他管理人员中有16.8%的男性员工为中心型肥胖前期，占比最高；其次为中高层管理人员，占比为16.4%；技

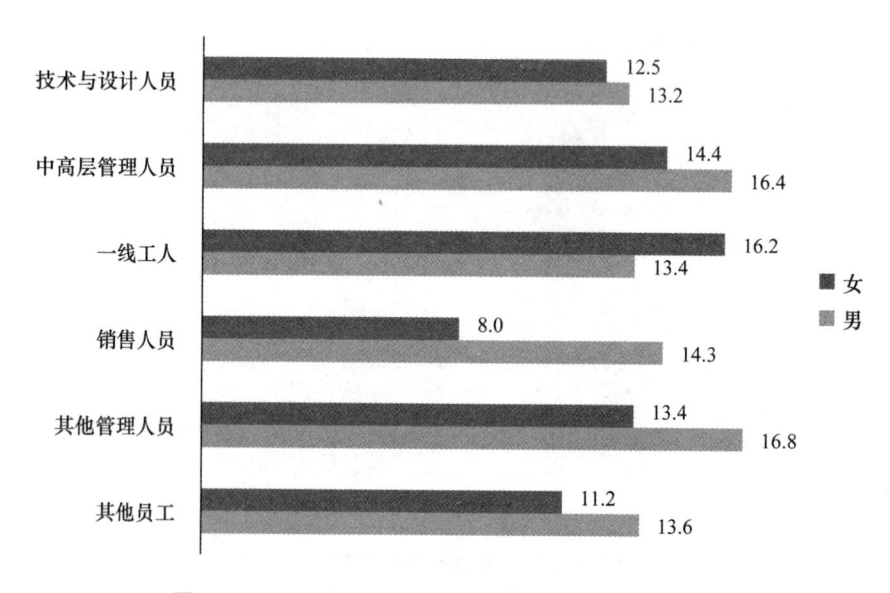

图17-85 不同职位类型中心型肥胖前期分布（%）

术与设计人员中的男性员工为中心型肥胖前期的占比最少，为13.2%。一线工人中有16.2%的女性员工为中心型肥胖前期，占比最高；其次为中高层管理人员，占比为14.4%；销售人员中的女性员工为中心型肥胖前期的占比最少，为8.0%。

第十八章
劳动力收入状况

本章所介绍的劳动力收入指税后月收入与不按月发放的税收收入（如奖金、年终奖等）之和，月收入即等于月工资加上月均奖金。本章分别从劳动者的个体特征和企业自身特征两个维度描述劳动力收入差异，其中，劳动力维度包括员工职位、受教育水平、性别、工龄和年龄五个方面，企业维度包括省份、所有制、规模、行业、进出口五个方面。

一 劳动力收入的基本情况

（一）收入总体水平

调查数据显示，2013 年企业员工月收入为 4417 元，2014 年为 4654 元，2015 年为 5045 元，2013—2014 年间增长率为 5.4%，2014—2015 年间增长率为 8.4%。可以看到劳动力收入水平呈现上升趋势，且增速在上涨。相对于 2014 年新进员工，2015 年的新进员工实际工资增长了 14.5%，高于工作两年以上员工的工资增长率。

（二）小时工资状况

2013 年企业劳动力平均小时工资为 16.5 元/小时，2014 年为 18.2 元/小时，同比增长 10.3%，2015 年员工小时工资达到了 19.0 元/小时，同比增长 4.4%，员工时薪总体呈逐渐上升态势。

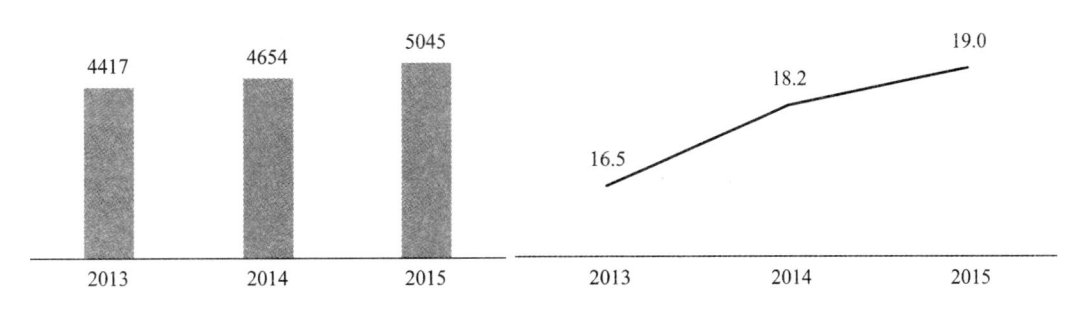

图 18 - 1　2013—2015 年间企业员工月均收入变化（元）

图 18 - 2　2013—2015 年间小时工资变化（元/小时）

（三）中国工资水平的国际竞争力

与其他国家相比，中国企业的劳动力优势正在丧失。调查数据表明，2015 年中国工人的实际收入为 5045 元/月，折合 810 美元/月（按 2015 年底名义汇率折算），远远低于美国的 4001 美元/月，但高于同期越南的 206 美元/月、马来西亚的 538 美元/月。与世界主流国家和地区相比，美国平均月薪 4001 美元，日本为 3503 美元，中国香港为 2541 美元。在发展中国家中，巴西约为 602 美元，马来西亚为 538 美元，泰国为 456 美元，墨西哥为 267 美元，越南为 206 美元，印度为 157 美元。可以看出，虽然中国相对发达国家依然具备劳动力价格优势，但随着人口红利消失，相较于劳动力成本更为低廉的东南亚国家及其他国家，中国工资水平的比较优势不再明显。

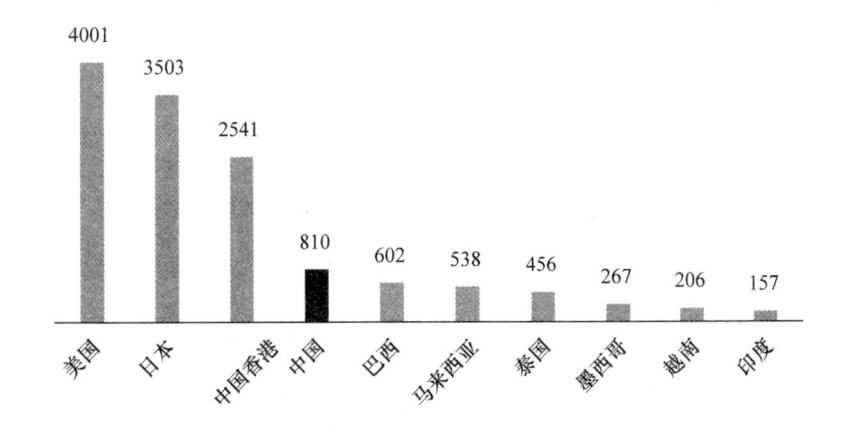

图 18 - 3　中国劳动力工资水平在国际上的竞争力（美元）

(四) 劳动力收入的主要构成部分

在员工2015年的收入中，72.8%的员工收入主要由固定工资构成，有11.5%的员工收入主要来源于计件工资，分别有7.8%和3.2%的员工收入的最主要来源是计时工资和绩效工资。除此之外，以补贴、提成、加班费、奖金等其他收入为最主要组成部分的员工占比为4.8%。

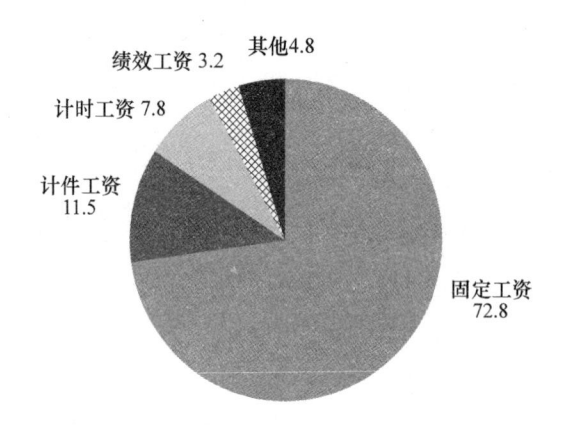

图18-4 员工2015年收入的最主要组成部分（%）

二 不同劳动力的收入差异

（一）职位差异

从分职位的数据看，中高层管理人员月收入最高，为7381元，技术与设计人员月收入为5382元，销售人员月收入为4758元，其他管理和办公室人员月收入为4503元，其他员工月收入为3735元，一线工人月收入为3661元。

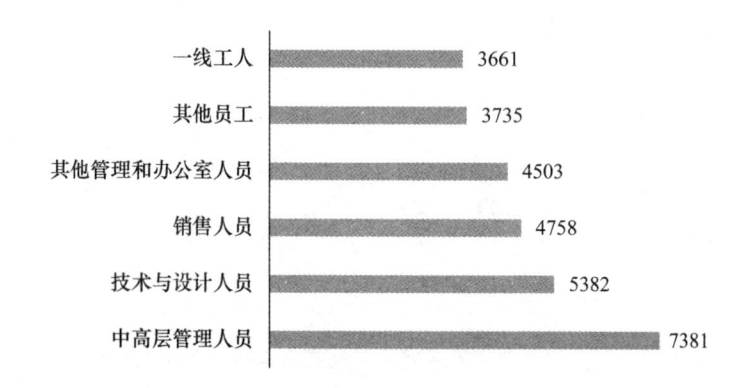

图18-5 企业不同职位员工的月收入（元）

（二）学历差异

从分学历的数据看，企业中大学本科及以上学历员工的月收入最高，为8442元，大专学历员工收入为5985元，高中及中专学历的员工收入为4770元，初中及以下学历的员工收入最低，为3676元。

（三）性别差异

从分性别的数据看，企业中男性员工的月收入为5781元，女性员工为4097元，男性员工月收入比女性员工高41.1%。

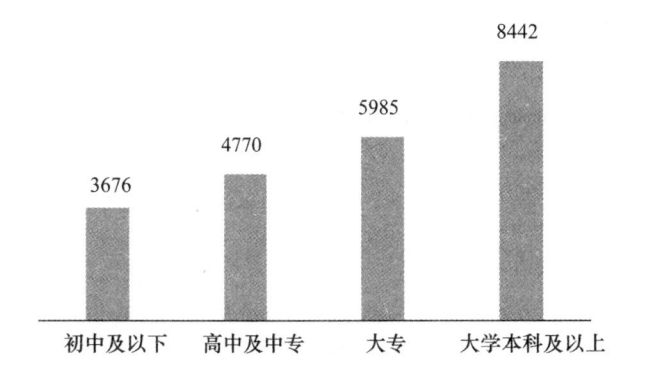

图18-6 企业不同学历员工月收入（元）

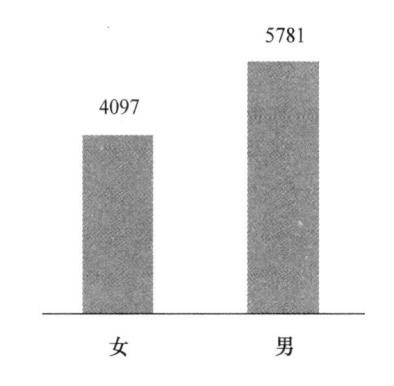

图18-7 企业不同性别的员工月收入（元）

在不同行业的企业中，食品制造业女性员工月收入为3650元，男性为5435元，男性比女性高48.9%；纺织皮革制造业女性为3491元，男性为5191元，男性比女性高48.7%；木材加工业女性为4372元，男性为5311元，男性比女性高21.5%；化工产品制造业女性为4816元，男性为5897元，男性比女性高22.4%；非金属制造业女性为4015元，男性为5377元，男性比女性高33.9%；金属制造业女性为3734元，男性为5772元，男性比女性高54.6%；机器和通用设备制造业女性为4260元，男性为5855元，男性比女性高37.4%；电子设备制造业女性为4630元，男性为6596元，男性比女性高42.5%。八大行业中，员工收入性别差异最小的是木材加工业，差距最大的是金属制造业。

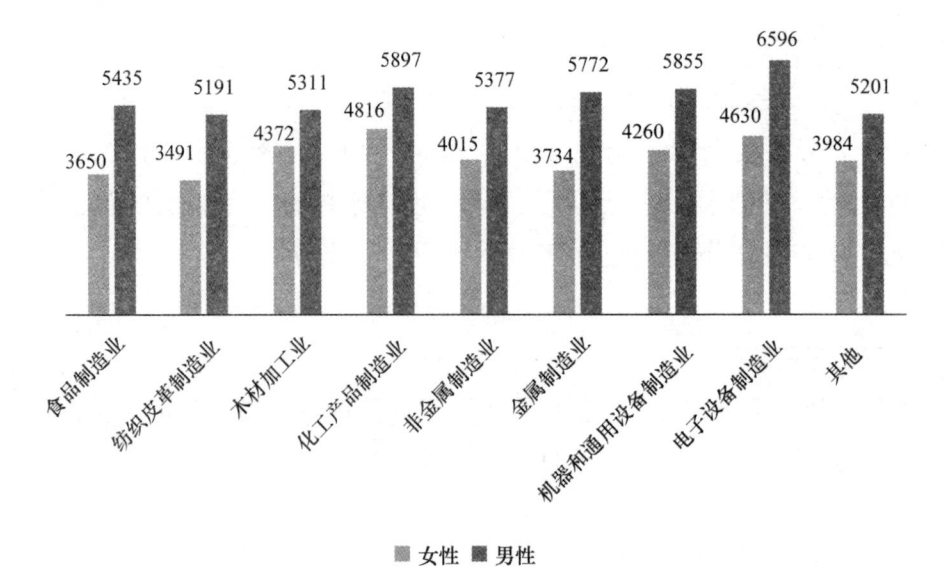

图 18-8　不同行业性别收入（元）

（四）工龄差异

从入职时间的数据看，入职时间在三年以上（2013 年以前包括 2013 年）的老员工月收入为 5093 元，入职时间在三年内（2013 年以后）的新员工月收入为 4074 元。

（五）年龄差异

从分年龄的数据看，30—39 岁员工的月收入最高，为 5207 元；30 岁以下员工月收入最低，为 4032 元；40—49 岁员工月收入为 4674 元；50 岁以上的员工月收入为 4631 元。

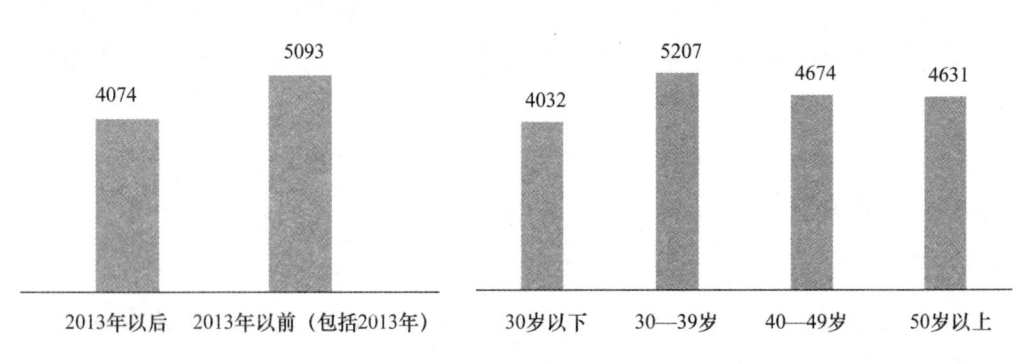

图 18-9　不同入职时间员工的月收入（元）

图 18-10　不同年龄员工的月收入（元）

三　不同类型企业的收入差异

（一）行业差异

从分行业的数据看，月收入水平最高的行业是电子设备制造业，为5708元，化工产品制造业员工月收入为5489元，机器和通用设备制造业员工月收入为5256元，金属制造业为5056元，木材加工业为4903元，非金属制造业为4890元，食品制造业为4641元，纺织皮革制造业为4148元。

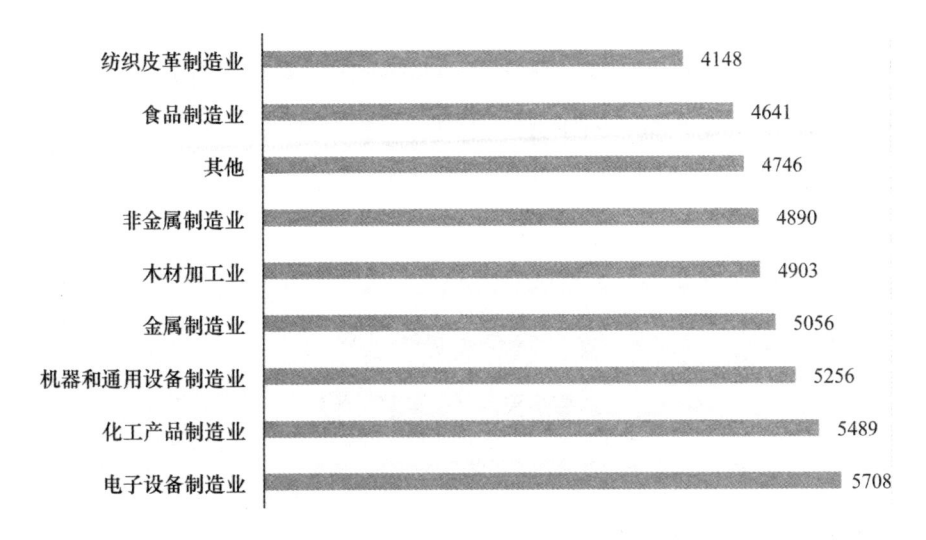

行业	月收入（元）
纺织皮革制造业	4148
食品制造业	4641
其他	4746
非金属制造业	4890
木材加工业	4903
金属制造业	5056
机器和通用设备制造业	5256
化工产品制造业	5489
电子设备制造业	5708

图18-11　不同行业企业员工的月收入（元）

（二）规模差异

从分规模的数据看，大型企业员工的月收入最高，为6456元；中型企业员工的月收入为5491元；小型企业员工月收入最低，为4330元。

（三）省份差异

从分省份的数据看，广东省员工月收入为5481元，湖北省员工月收入为4555元。

1. 职位差异

在两省不同职位的员工中，湖北省中高层管理人员月收入为6434元，其他管理和办公室人员月收入为4024元，技术与设计人员月收入为5136

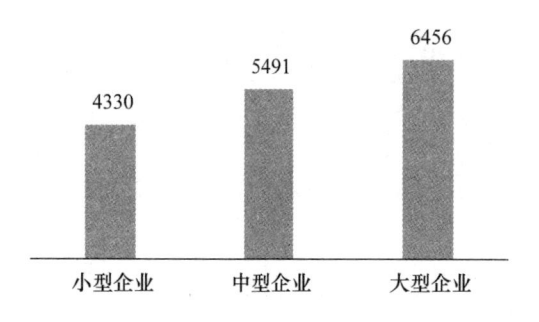

图 18-12　不同规模企业中员工的月收入（元）

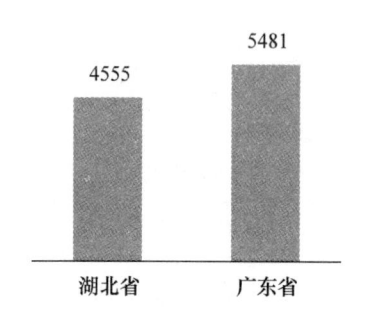

图 18-13　不同省份企业中员工的月收入（元）

元，销售人员月收入为 4117 元，一线工人月收入为 3388 元；广东省中高层管理人员月收入为 8323 元，其他管理和办公室人员月收入为 4907 元，技术与设计人员月收入为 5510 元，销售人员月收入为 5343 元，一线工人月收入为 3906 元。

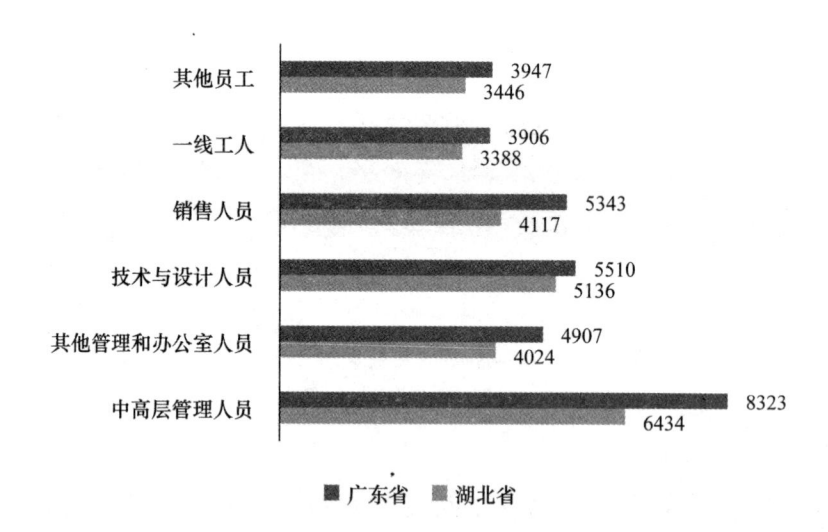

图 18-14　不同省份中不同职位员工的月收入（元）

2. 学历差异

在两省不同学历的员工中，广东省大学本科及以上学历员工月收入为 10686 元，大专学历为 6789 元，高中及中专学历为 5142 元，初中及以下学历为 3912 元；湖北省大学本科及以上学历员工月收入为 6635 元，大专学历为 5213 元，高中及中专学历为 4388 元，初中及以下学历为 3320 元。

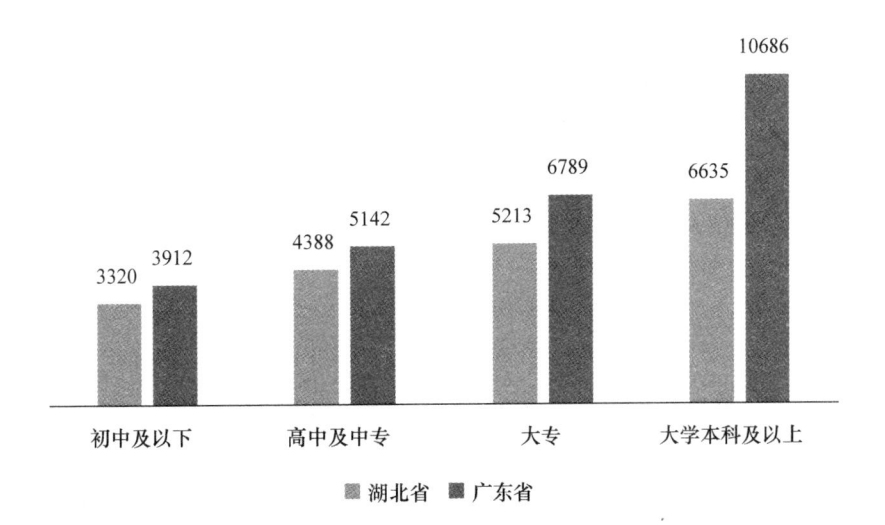

图 18-15　不同省份中不同学历员工的月收入（元）

3. 工龄差异

在两省不同工龄的员工中，广东省企业中 2013 年以前（包括 2013 年）入职的员工月收入为 5710 元，2013 年以后入职的员工月收入为 4387 元；湖北省企业中 2013 年以前（包括 2013 年）入职的员工月收入为 4847 元，2013 年以后入职的员工月收入为 3826 元。

4. 性别差异

在两省不同性别的员工中，广东省企业中男性员工月收入为 6303 元，女性为 4511 元，男性比女性高 39.7%；湖北省企业中男性员工月收入 5243 元，女性为 3577 元，男性比女性高 46.6%。

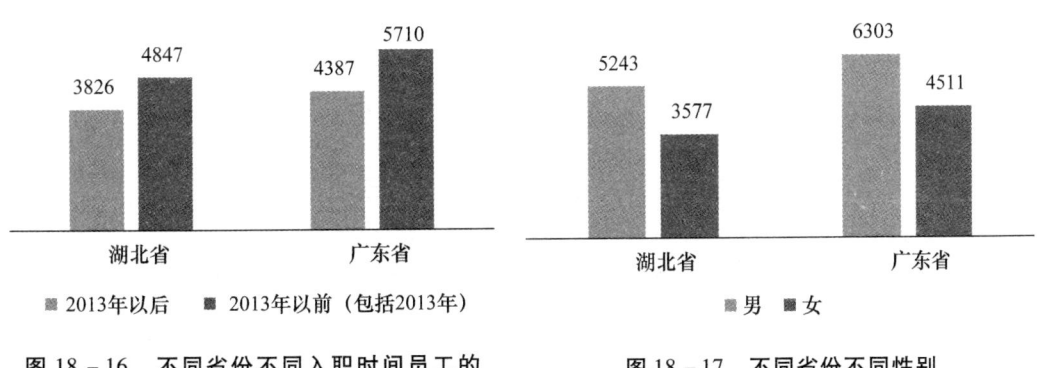

图 18-16　不同省份不同入职时间员工的月收入（元）

图 18-17　不同省份不同性别劳动者的月收入（元）

5. 年龄差异

在两省不同年龄的员工中，湖北省 30 岁以下员工月收入为 4135 元，30—39 岁为 4920 元，40—49 岁为 4473 元，50 岁以上为 4547 元；广东省 30 岁以下员工月收入为 4461 元，30—39 岁为 6248 元，40—49 岁为 5599 元，50 岁以上为 4978 元。

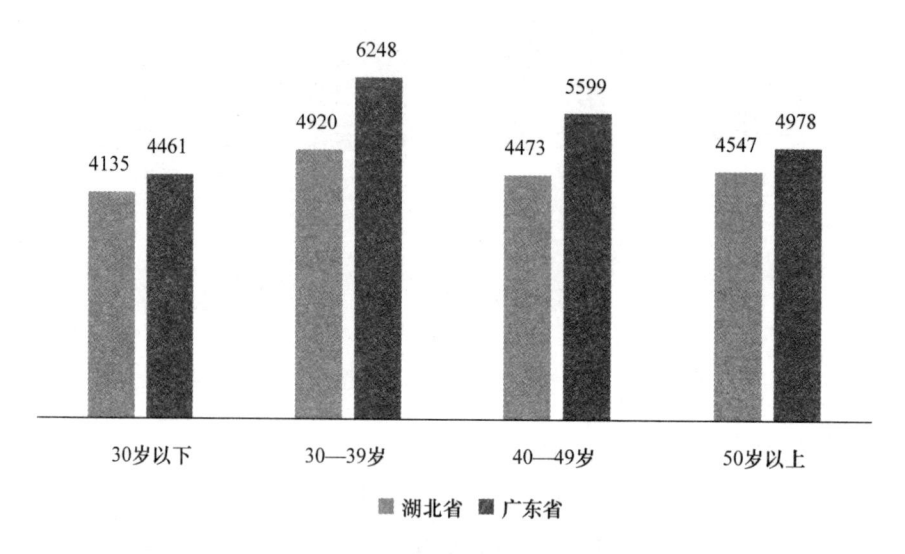

图 18-18　不同省份不同年龄劳动者的月收入（元）

（四）所有制差异

在不同所有制的企业中，国有企业员工月收入最高，为 6460 元；其次是外资企业，为 5687 元；民营企业员工月收入最低，为 4630 元。

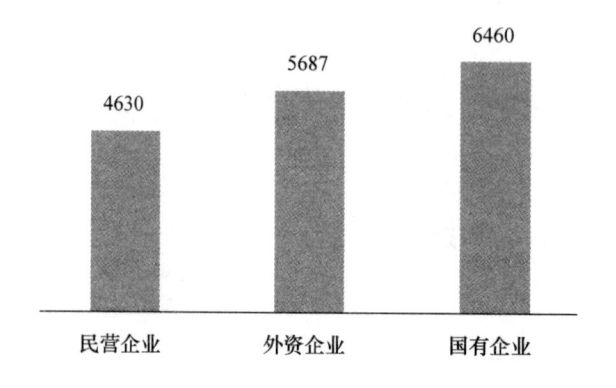

图 18-19　不同所有制企业员工的月收入（元）

1. 职位差异

在不同所有制企业的不同职位员工中，国有企业中高层管理人员月收入为 9708 元，技术与设计人员为 7392 元，一线工人为 4122 元；外资企业中高层管理人员月收入为 9117 元，技术与设计人员为 5802 元，一线工人为 3961 元；民营企业中高层管理人员月收入为 6519 元，技术与设计人员为 4802 元，一线工人为 3511 元。

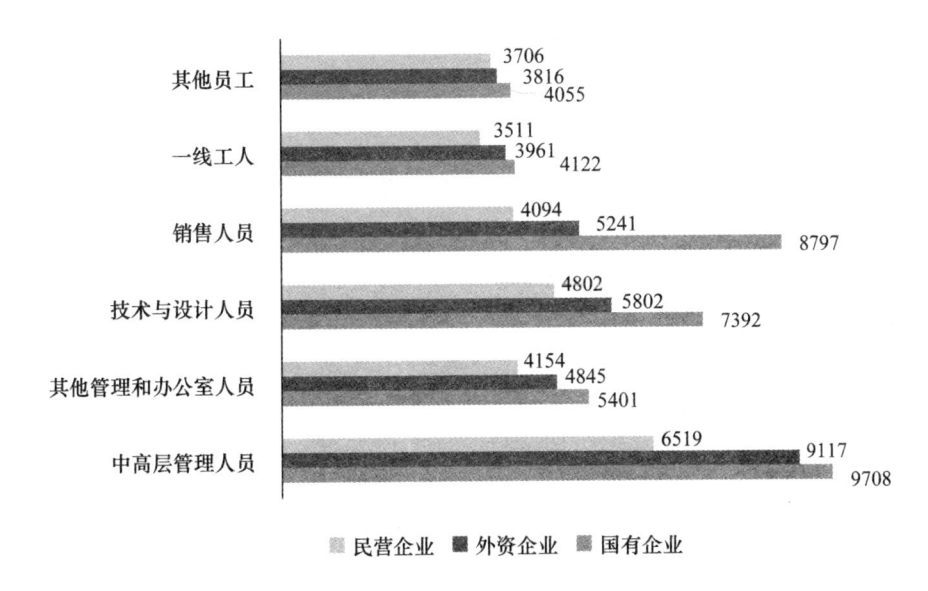

职位	民营企业	外资企业	国有企业
其他员工	3706	3816	4055
一线工人	3511	3961	4122
销售人员	4094	5241	8797
技术与设计人员	4802	5802	7392
其他管理和办公室人员	4154	4845	5401
中高层管理人员	6519	9117	9708

图 18－20　不同所有制企业不同职位员工的月收入（元）

2. 学历差异

在不同所有制企业的不同学历员工中，国有企业大学本科及以上学历员工月收入为 8947 元，大专学历为 6174 元，高中及中专学历为 5101 元，初中及以下学历为 3433 元；外资企业大学本科及以上学历员工月收入为 11664 元，大专学历为 6776 元，高中及中专学历为 5195 元，初中学历为 3884 元；民营企业大学本科及以上学历员工月收入为 7027 元，大专学历为 5523 元，高中及中专学历为 4563 元，初中及以下学历为 3611 元。

3. 性别差异

在不同所有制企业的不同性别员工中，国有企业中男性员工月收入为 6877 元，女性为 5555 元，男性比女性高 23.8%；外资企业男性员工月收入为 6661 元，女性为 4712 元，相差 41.4%；民营企业男性员工月收入为 5317 元，女性为 3706 元，相差 43.5%。

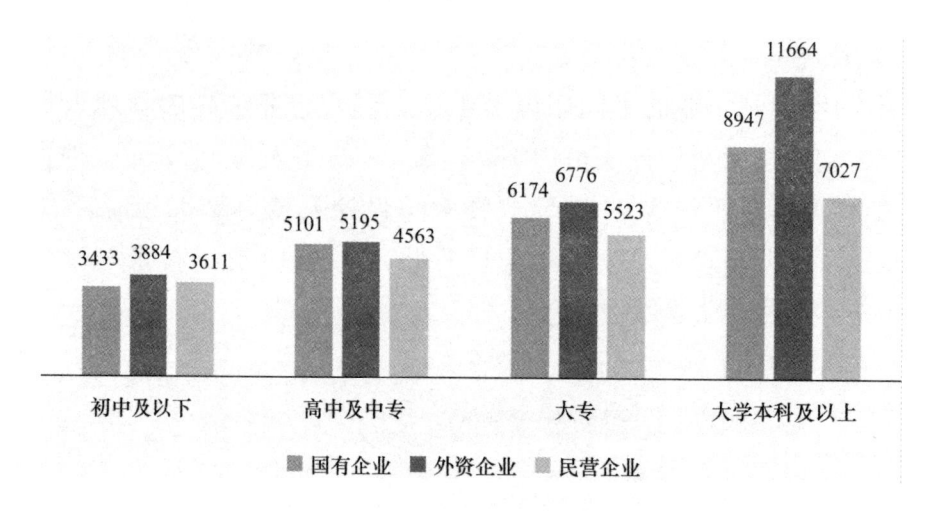

图 18-21 不同所有制企业中不同学历员工的月收入（元）

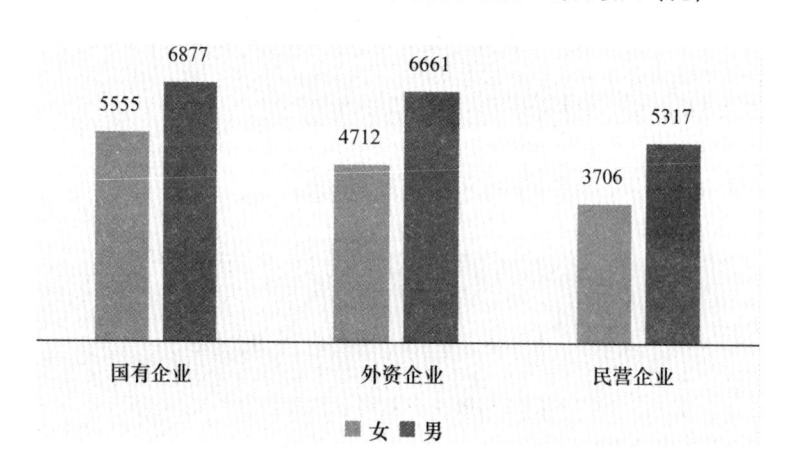

图 18-22 不同所有制企业中不同性别劳动者的月收入（元）

4. 工龄差异

在不同所有制企业的不同工龄员工中，外资企业中老员工（入职三年以上）月收入为5850元，比新员工高40.5%；民营企业中老员工月收入为4639元，比新员工高18.6%；国有企业中老员工月收入为6346元，比新员工低4.7%。

5. 年龄差异

在不同所有制企业的不同年龄员工中，月收入最低的均为30岁以下员工，国有企业中30岁以下员工月收入为5619元，外资企业中为4448元，国有企业月收入最高的是50岁以上员工，为7662元；外资企业和民营企业中月收入最高均是30—39岁员工，分别为6476元和5216元。

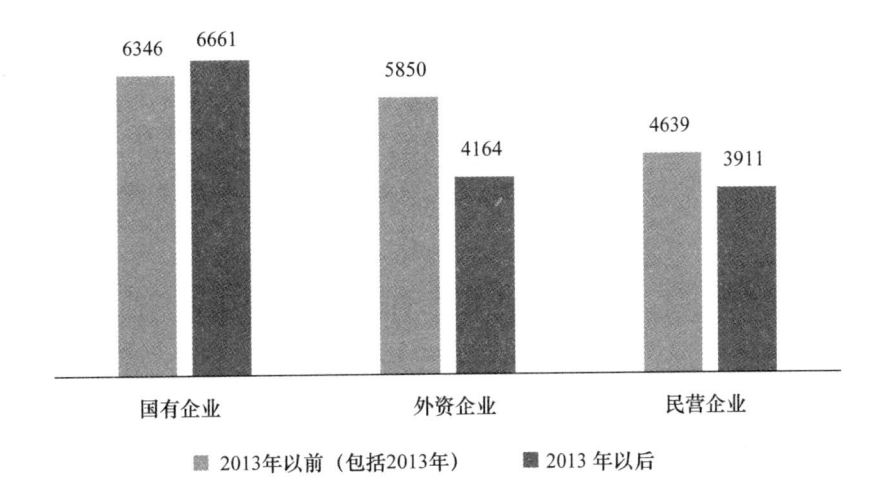

图 18-23　不同所有制企业中不同入职时间劳动者的月收入（元）

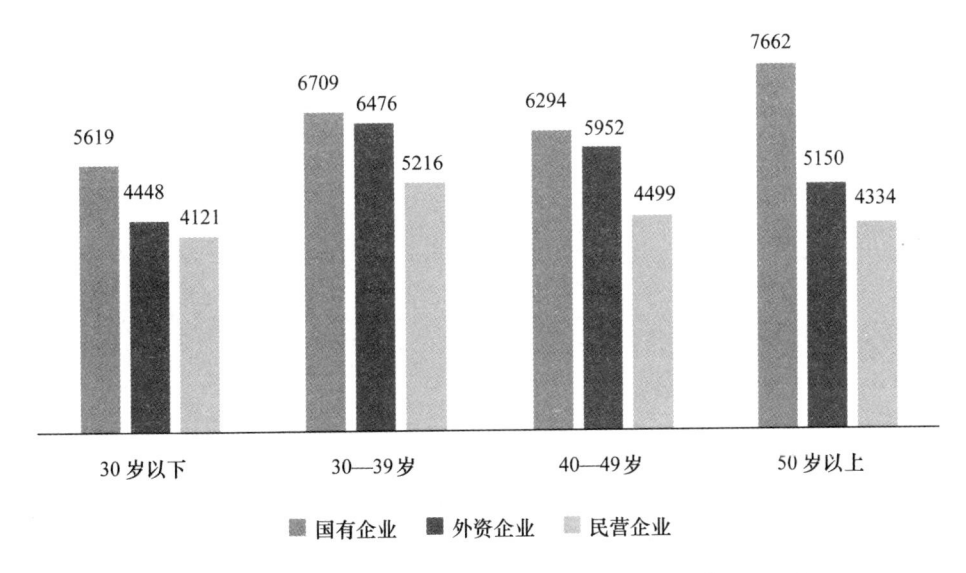

图 18-24　不同所有制企业中不同年龄劳动者的月收入（元）

（五）出口与非出口差异

从企业是否出口看，出口企业员工月收入为 5513 元，非出口企业为 4605 元；出口企业中，加工贸易企业员工月收入为 5337 元，非加工贸易企业为 5566 元。

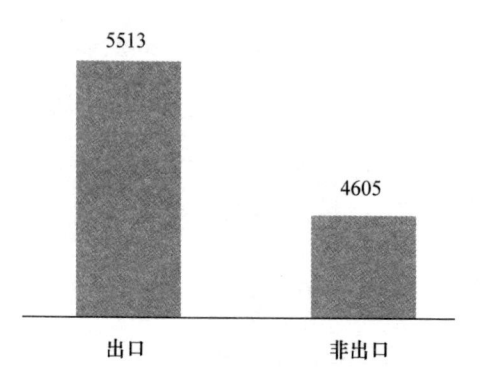

图 18-25 出口、非出口企业员工的月收入（元）

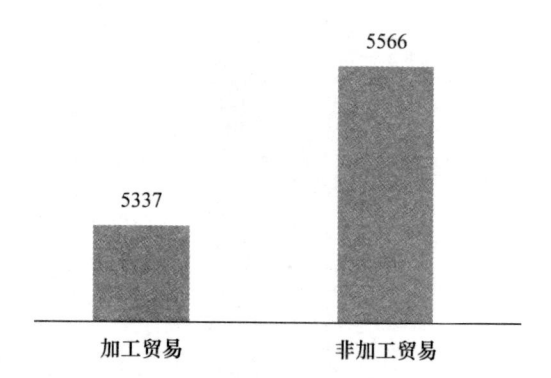

图 18-26 加工贸易、非加工贸易企业员工的月收入（元）

第十九章 员工工作状况

本章主要从员工的劳动合同签订状况、工作时间、岗位流动情况、入职时工资状况、中高层管理人员在企业内的管理控制权和工作满意度这六个方面来介绍员工的当前工作情况。

一 员工劳动合同签订状况

(一) 合同签订率

2016年,有78.2%的员工签订了劳动合同,21.8%的员工没有签订劳动合同。较之2015年,劳动合同签订率降低了7.1%。

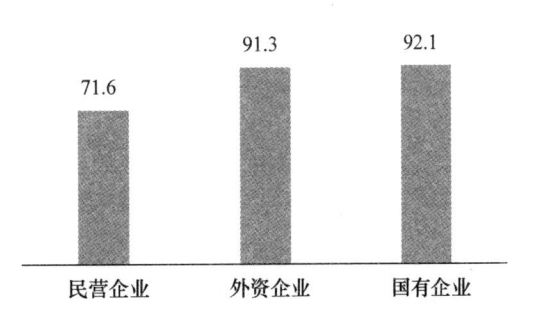

1. 不同所有制企业劳动合同签订率

从不同所有制来看,国有企业劳动合同签订率为92.1%,外资企业劳动合同签订率为91.3%,民营企业劳动合同签订率为71.6%。

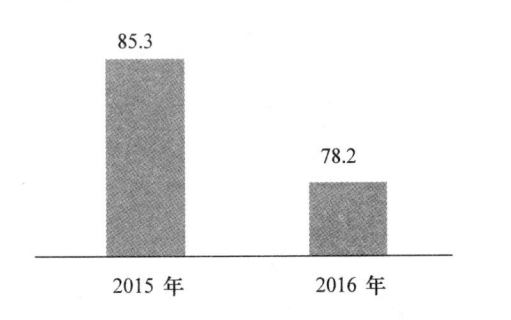

图19-1 员工劳动合同签订率(%)

图19-2 不同所有制企业劳动合同签订率(%)

2. 不同规模企业劳动合同签订率

从不同规模企业来看,大型企业员工的劳动合同签订率为90.9%;中型企业员工劳动合同签订率为81.9%;小型企业劳动合同签订率最低,为64.5%。

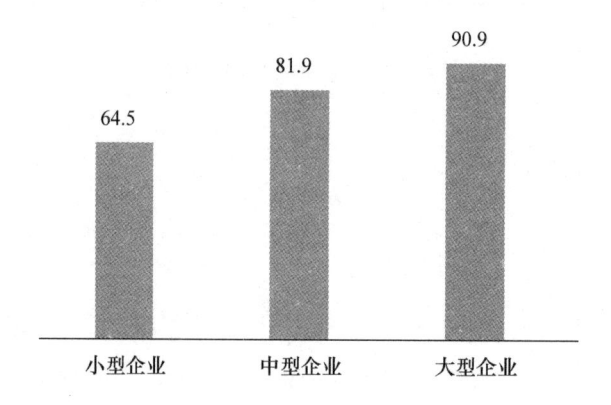

图19-3 不同规模企业劳动合同签订率(%)

3. 不同职位员工劳动合同签订率

从不同员工身份来看,技术与设计人员的劳动合同签订率最高,为85.3%;其次是其他管理人员,签订率为83.0%;中高层管理人员签订率为79.4%;其他员工签订率为77.4%;销售人员签订率为75.0%;一线工人中的劳动合同签订率最低,为74.4%。

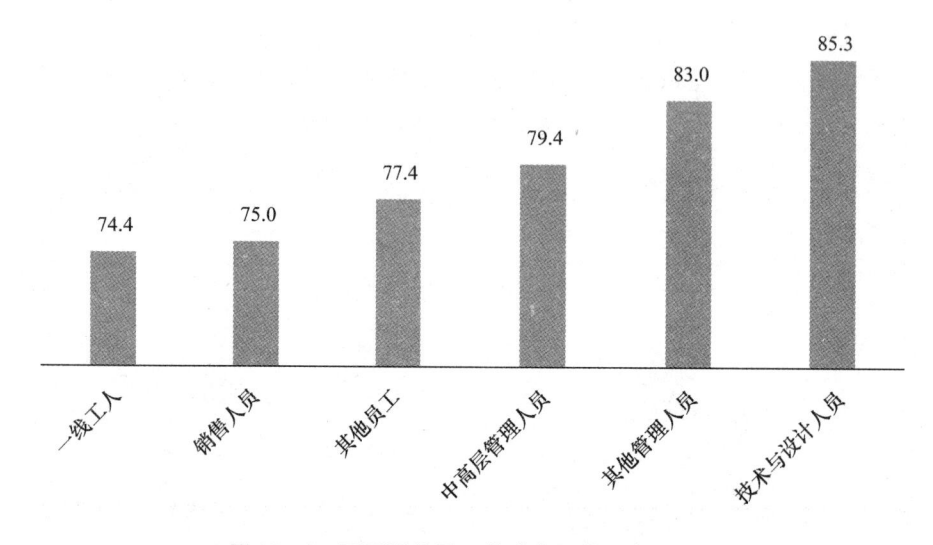

图19-4 不同职位员工劳动合同签订率(%)

4. 不同户籍类型员工劳动合同签订率

从员工户籍类型来看，本地员工劳动合同签订率为72.2%，外地员工劳动合同签订率为86.0%。

5. 不同户口类型员工劳动合同签订率

农业户口员工的劳动合同签订率为76.0%，非农户口员工的劳动合同签订率为81.5%。

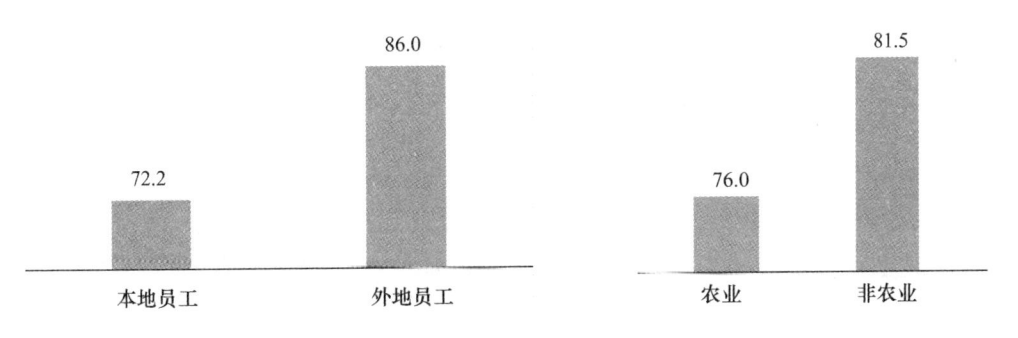

图19-5 本地与外地员工劳动合同签订率（%）

图19-6 农业户口与非农业户口员工劳动合同签订率（%）

6. 不同户籍及户口类型员工劳动合同签订率

在本地员工中，农业户口员工劳动合同签订率为69.9%，非农业户口员工劳动合同签订率为72.0%；在外地员工中，农业户口和非农业户口员工劳动合同签订率均为86.0%。

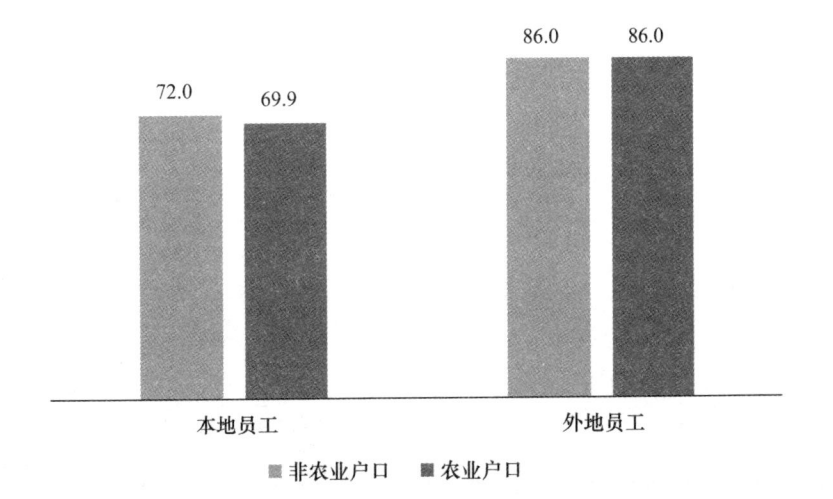

图19-7 不同户籍及户口类型员工劳动合同签订率（%）

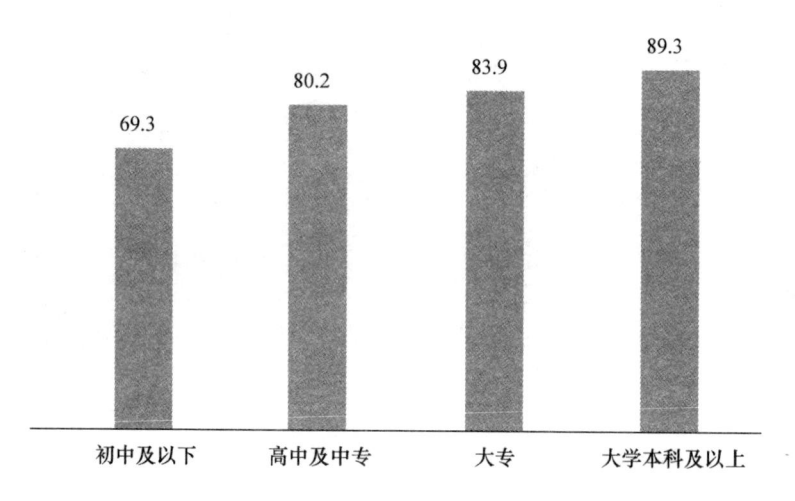

7. 不同学历员工劳动合同签订率

从不同员工学历来看，初中及以下学历员工劳动合同签订率为69.3%；高中及中专学历员工劳动合同签订率为80.2%；大专学历员工劳动合同签订率为83.9%；大学本科及以上学历员工劳动合同签订率为89.3%。

图19-8 不同学历员工劳动合同签订率（%）

8. 不同行业员工劳动合同签订率

从不同行业来看，劳动合同签订率最高的行业是化工产品制造业，为89.2%；其次是电子设备制造业，劳动合同签订率为85.7%；木材加工业中员工劳动合同签订率为83.9%；机器和通用设备制造业中员工劳动合同签订率为81.8%；非金属制造业和金属制造业中员工劳动合同签订率分别为78.1%和75.9%；劳动合同签订率最低的行业是食品制造业和纺织皮革制造业，分别为69.8%和64.1%。

9. 不同出口类型企业员工劳动合同签订率

从不同出口类型来看，出口企业劳动合同签订率为84.1%，非出口企业劳动合同签订率为72.8%；在出口企业中，加工贸易出口企业劳动合同签订率为84.8%，非加工贸易出口企业劳动合同签订率为83.0%。

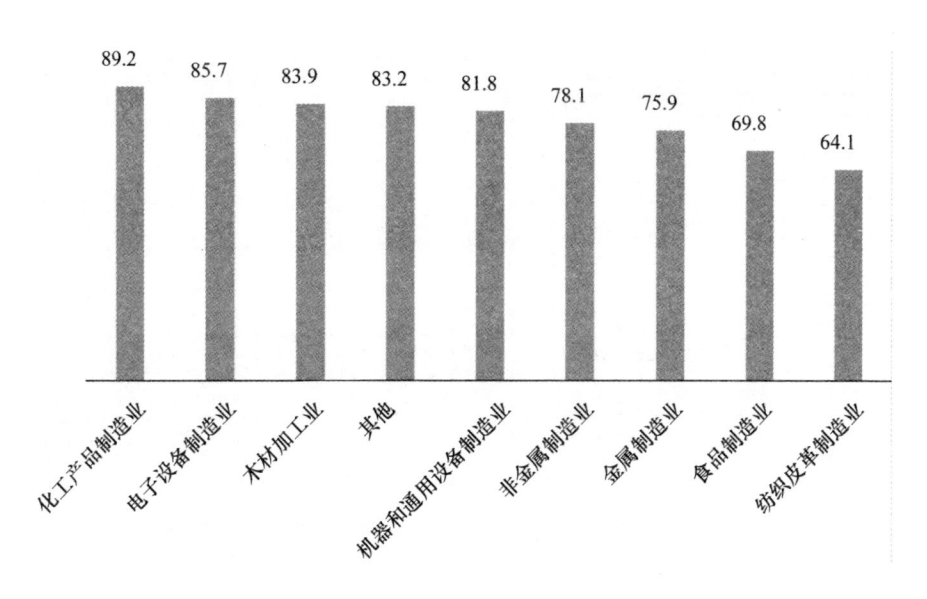

图 19-9　不同行业劳动合同签订率（%）

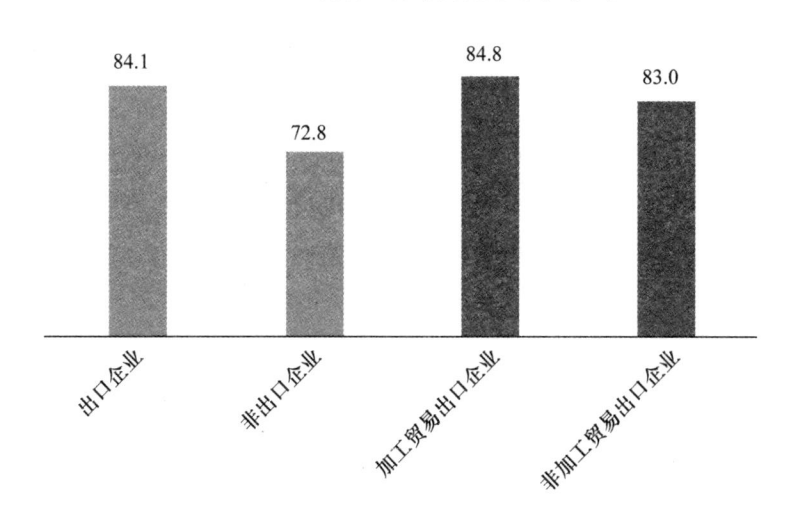

图 19-10　不同出口类型企业劳动合同签订率（%）

（二）员工签订的劳动合同类型

在我国劳动力市场上，员工所签订的劳动合同类型有"固定期限劳动合同、无固定期限劳动合同和以完成一定工作任务为期限的劳动合同"。在所有员工中，68.2%的员工签订的是"固定期限劳动合同"，30.7%的员工签订的是"无固定期限劳动合同"，1.1%的员工签订的是"以完成一定工作任务为期限的劳动合同"。

以完成一定工作任务为期限的劳动合同 1.1

无固定期限劳动合同 30.7

固定期限劳动合同 68.2

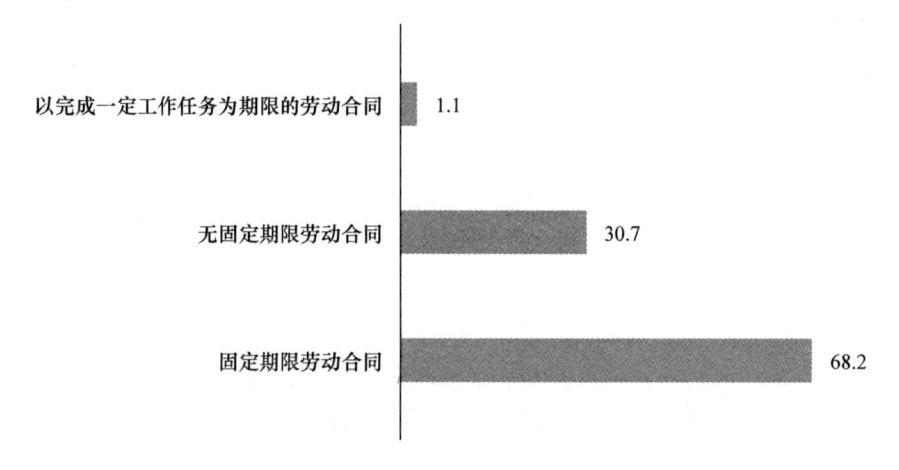

图 19-11 员工所签订的劳动合同类型（%）

二 工作时间

（一）每周工作天数

据统计数据显示，员工每周平均工作 5.8 天。从员工工作身份数据来看，一线工人和其他员工平均每周工作天数最多，为 5.9 天；中高层管理人员和技术与设计人员平均每周工作天数为 5.8 天；其他管理人员和销售人员平均每周工作 5.7 天。

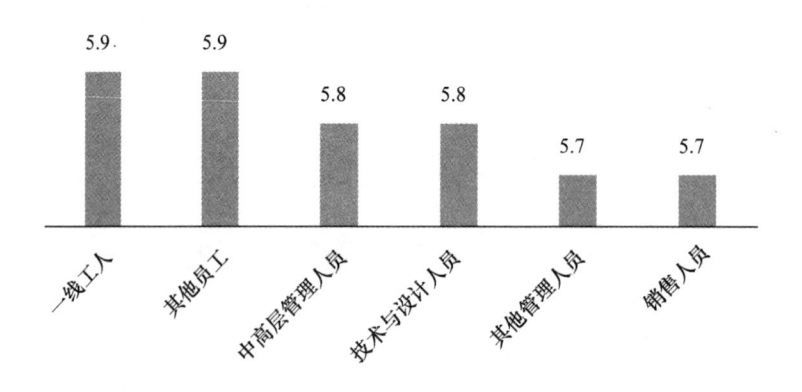

职位	天数
一线工人	5.9
其他员工	5.9
中高层管理人员	5.8
技术与设计人员	5.8
其他管理人员	5.7
销售人员	5.7

图 19-12 不同职位员工每周工作天数（天）

从不同规模企业来看，小型企业员工每周工作天数最多，为 5.9 天；其次是中型企业，员工平均每周工作 5.8 天；大型企业员工每周工作天数最少，为 5.7 天。

（二）每天工作时间

员工平均每天工作时长为 8.7 小时。从所有制来看，外资企业每天工作时间最长，为 9.0 小时；其次是民营企业，平均每天工作 8.6 小时；国有企业平均每天工作时间最短，为 8.4 小时。

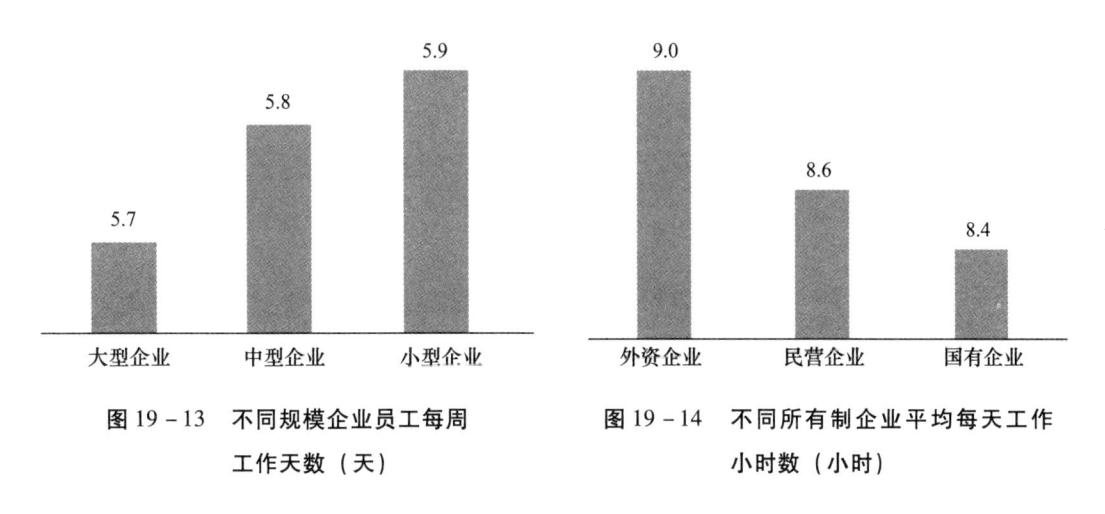

图 19-13　不同规模企业员工每周工作天数（天）

图 19-14　不同所有制企业平均每天工作小时数（小时）

从不同规模企业来看，大型企业员工每天工作时间最长，为 8.8 小时；其次是中型企业，员工每天工作 8.7 小时；小型企业员工每天工作时间最短，为 8.6 小时。

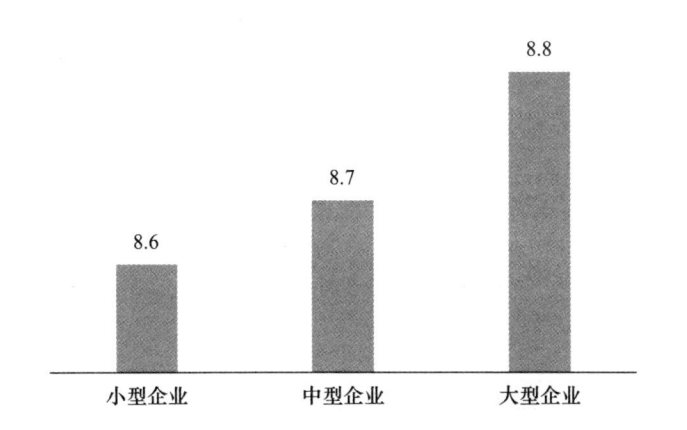

图 19-15　不同规模企业的员工平均每天工作小时数（小时）

从不同行业来看，纺织皮革制造业和电子设备制造业员工每天工作时间最长，均为 8.9 小时；木材加工业和金属制造业为 8.7 小时；接着是非金属制造业（8.6 小时）、机器和通用设备制造业（8.5 小时）；食品制造业与化工产品制造业员工每天工作时间最短，均为 8.4 小时。

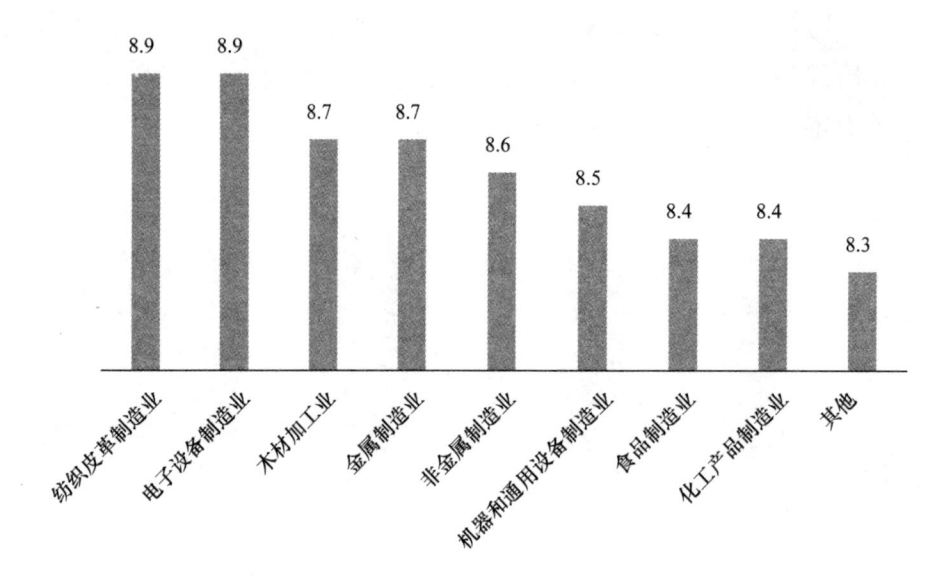

图 19-16　不同行业员工平均每天工作小时数（小时）

（三）每月加班天数

对员工每月加班情况进行调查统计发现，2016 年员工平均每月加班天数为 7.3 天，较 2015 年高出了 1.6 天。从省份数据来看，广东省员工平均一个月加班天数为 8.1 天，湖北省员工平均一个月加班天数为 6.4 天，低于广东省 1.7 天。

从分企业规模来看，大型企业员工平均每月加班天数最多，为 7.7 天；中型企业和小型企业每月加班天数均为 7.1 天。

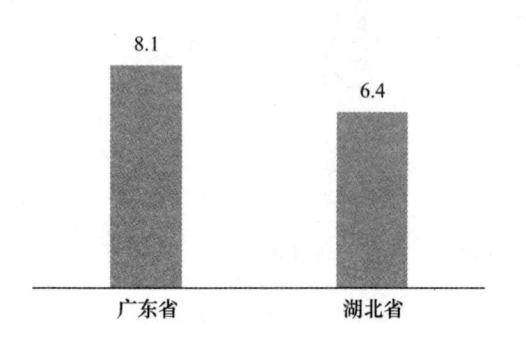

图 19-17　不同省份企业平均每月加班天数（天）

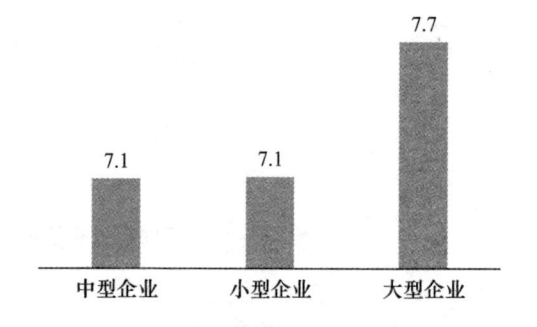

图 19-18　不同规模企业员工平均每月加班天数（天）

从不同行业来看,纺织皮革制造业员工平均每月加班天数最多,为8.9天;化工产品制造业员工平均每月加班天数最少,为4.8天。

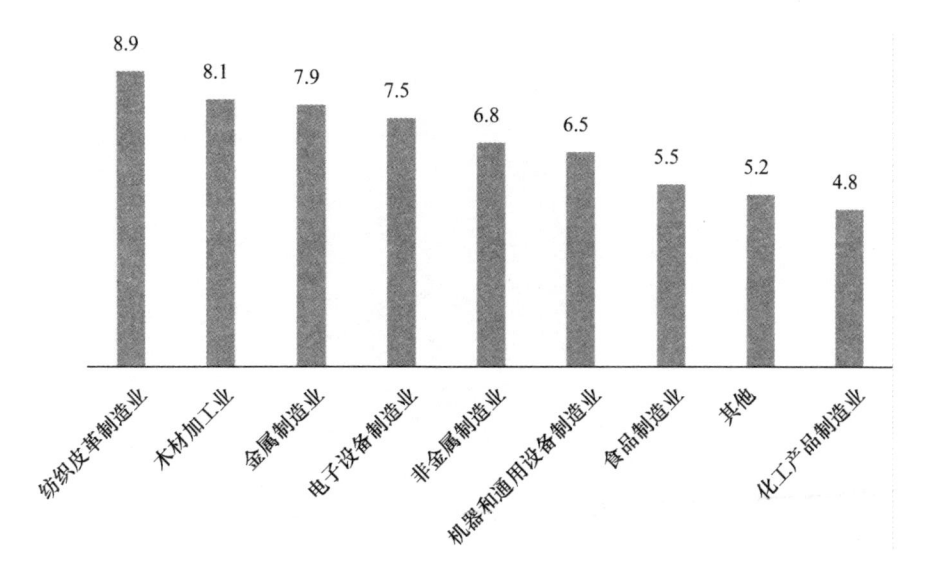

图19-19 不同行业员工每月加班天数(天)

从不同出口类型来看,加工贸易企业员工每月加班天数最多,为8.7天;其次是非加工贸易企业,为7.5天;非出口企业员工每月加班天数最少,为6.6天。

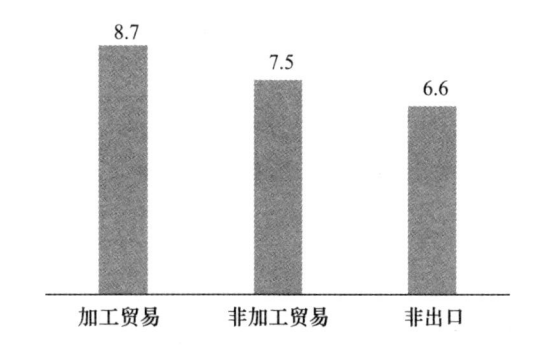

图19-20 不同出口类型企业员工每月加班天数(天)

三 岗位流动情况

(一)内部晋升情况

获得过内部晋升的员工占33.2%,未获得过内部晋升的员工占

66.8%。有过内部晋升经历的员工中，人均晋升次数为1.8次，且51.0%的员工获得过一次内部晋升。另有28.2%的员工获得过2次晋升，13.9%的员工获得过3次晋升，6.9%的员工获得过4次晋升。

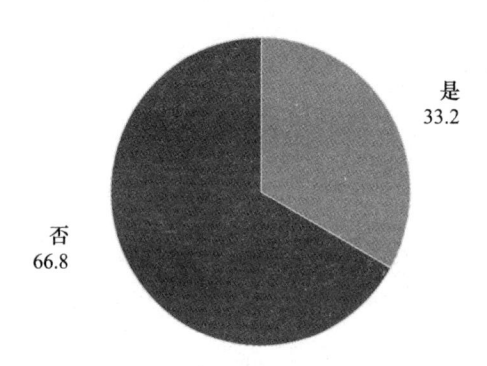

图 19-21　是否获得过内部晋升（%）

1. 不同学历员工内部晋升情况

进一步按员工学历划分，在获得过内部晋升的员工中，高中及中专学历员工占比最高，为38.3%；其次是大专及高职高专学历员工占22.8%；接着是初中及以下学历的员工占19.7%；大学本科及以上学历的员工占比最少，为18.2%。

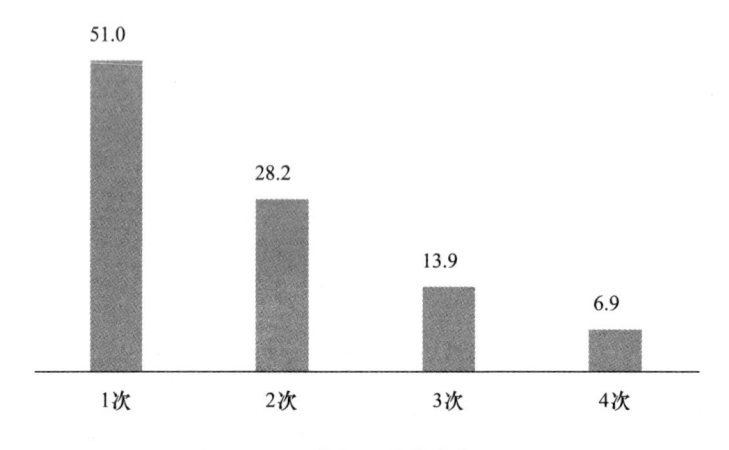

图 19-22　内部晋升的次数（%）

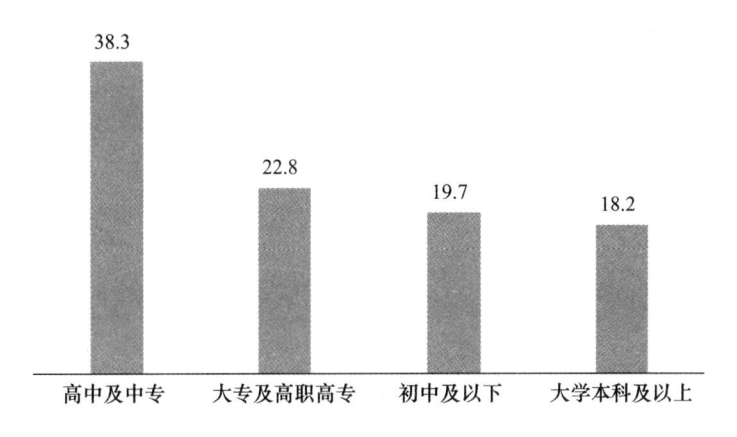

图 19-23　不同学历员工内部晋升情况（%）

2. 不同职位员工内部晋升情况

从员工身份来看，获得内部晋升的员工中，中高层管理人员占比最高，为 37.9%；其次是一线工人，占 27.9%；其他管理人员次之，为 19.0%；技术与设计人员占 8.3%；销售人员占 2.1%。

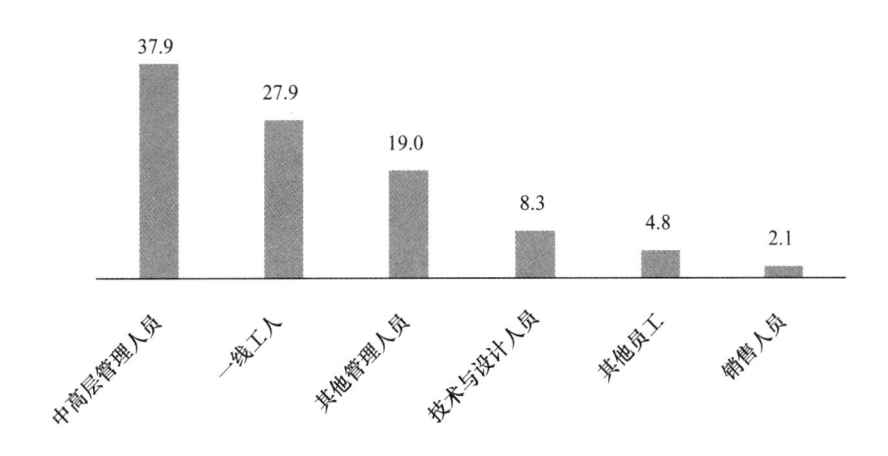

图 19-24　获得内部晋升的员工身份（%）

（二）首次晋升状况

从员工进入当前工作单位起，首次获得内部晋升平均历时 24.8 个月，较 2015 年增加了 5.8 个月。

1. 不同规模企业员工首次内部晋升情况

从不同企业规模来看，大型企业员工首次获得内部晋升历时 30.9 个月，中型企业员工历时 22.0 个月，小型企业历时 19.0 个月。

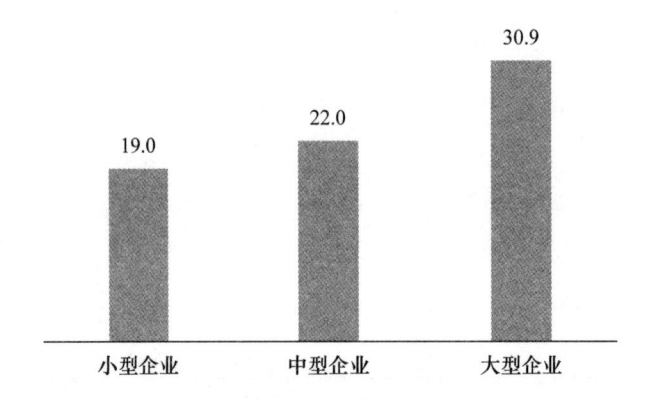

图 19-25　不同规模企业首次获得内部晋升历时（月）

2. 不同学历员工首次内部晋升情况

从员工学历来看，大学本科及以上学历员工历时最长，需要经过 29.1 个月获得首次内部晋升；其次是高中及中专学历员工，需历时 26.0 个月；大专及高职高专学历员工需经历 22.4 个月；初中及以下学历员工首次获得内部晋升历时最短，为 20.6 个月。

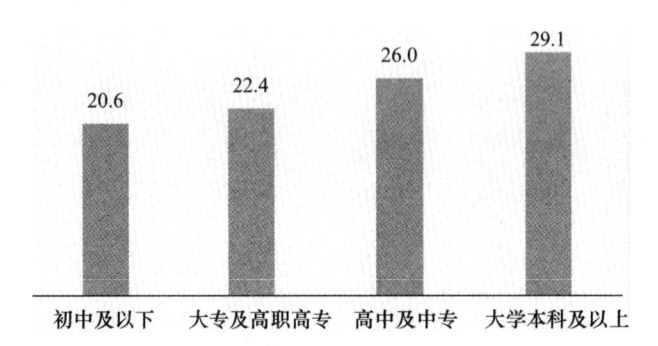

图 19-26　不同学历员工首次获得内部晋升历时（月）

四　入职时工资状况

（一）入职当年收入状况

为了反映员工在企业内的工资变化情况，我们调查了员工入职时的工资状况。2014 年入职的员工，入职时工资为 2895 元/月；2015 年入职的员工，入职时工资为 2986 元/月。按 CPI 指数调整以后，2015 年新员工工资较 2014 年新员工工资增长了 1.7%。

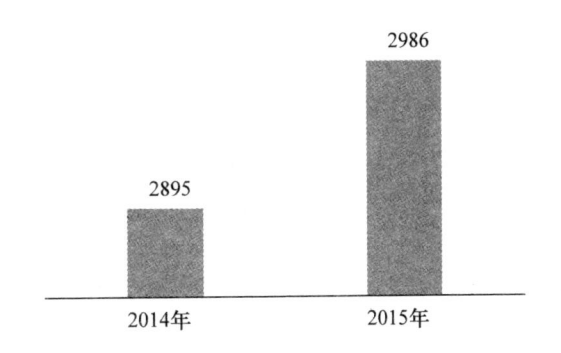

图 19-27　2014—2015 年入职的新员工收入状况（元/月）

（二）不同职位类型新员工收入增长状况

从员工身份来看，新员工中销售人员收入增加了 26.0%；其他管理人员收入增加了 4.1%；技术与设计人员收入增加了 2.3%；一线工人收入增加了 0.5%；中高层管理人员收入减少了 0.6%。

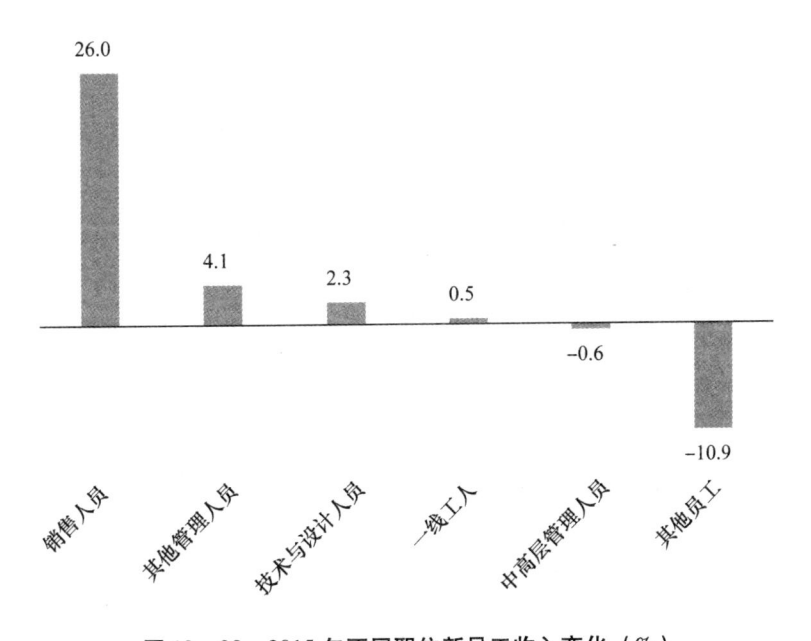

图 19-28　2015 年不同职位新员工收入变化（%）

（三）不同行业新员工收入增长状况

从不同行业来看，非金属制造业新员工收入增幅最大，为 20.6%；电子设备制造业，增加了 9.4%；纺织皮革制造业与食品制造业新员工收入减少幅度最大，分别降低 7.0% 和 9.8%。

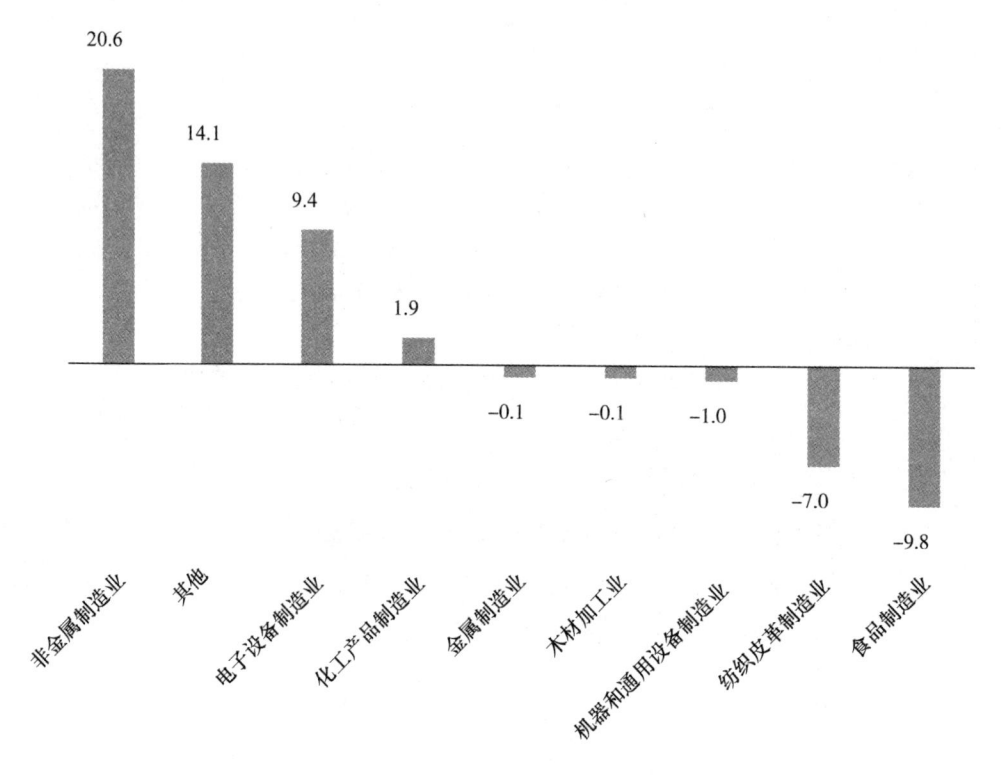

图 19-29 2015 年不同行业新员工收入变化（%）

（四）不同规模企业新员工收入增长状况

从不同企业规模来看，2015 年大型企业新员工收入增长率最高，为 8.9%；中型企业新员工收入增长率次之，为 4.2%；小型企业新员工收入增长率最低，为 3.5%。

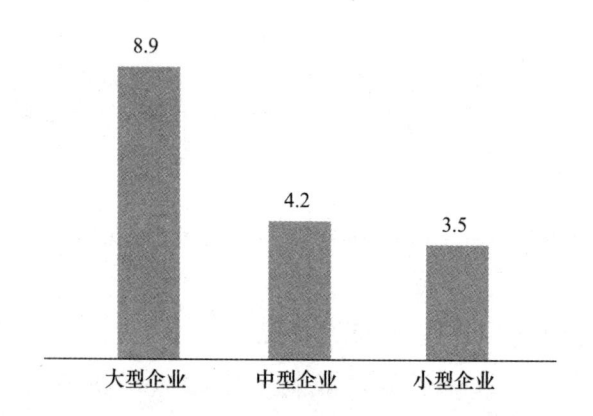

图 19-30 2015 年不同规模企业新员工收入变化（%）

五 中高层管理者参与企业决策状况

(一) 雇佣或解雇工人方面的管理权

据统计数据显示,在雇佣或解雇工人方面,37.8%的中高层管理者表示需要"与其他人共同决定";24.9%的中高层管理者表示"完全没有决定权";23.7%的中高层管理者表示他们"不是主要决策者";10.6%的中高层管理者则表示"主要由自己决定";3.0%的中高层管理者表示"完全由自己决定"。

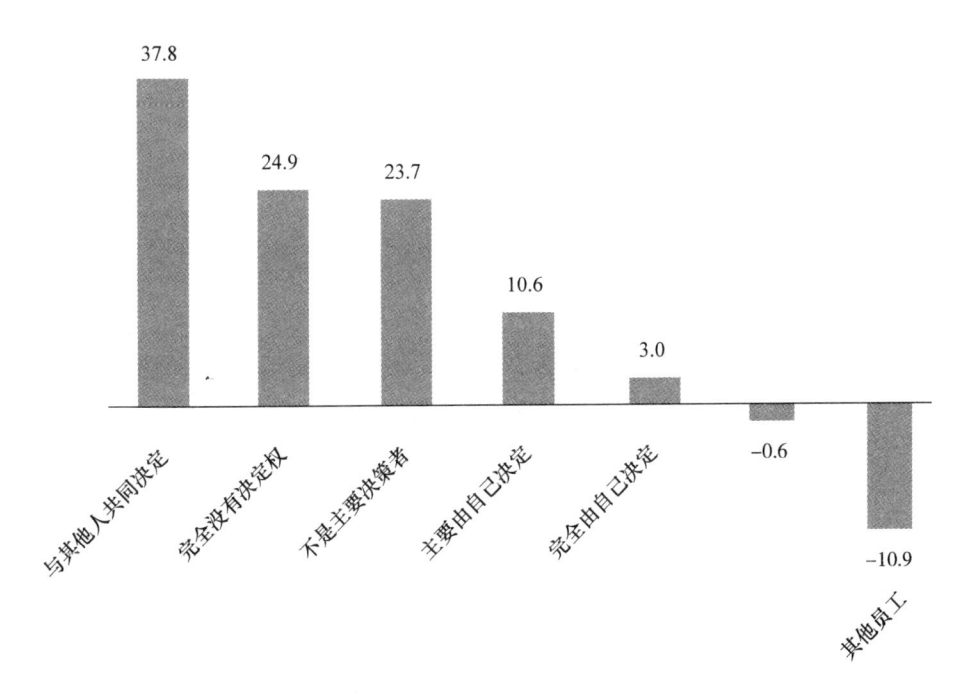

图19-31 在雇佣或解雇工人方面的管理控制权(%)

(二) 决定下级报酬方面的管理权

在决定下级报酬方面,34.6%的中高层管理者表示他们"不是主要决策者";30.1%的中高层管理者表示"完全由自己决定";26.1%的员工表示"主要由自己决定";7.1%的中高层管理者则表示"完全没有决定权";另有2.0%的中高层管理者表示需要"与其他人共同决定"。

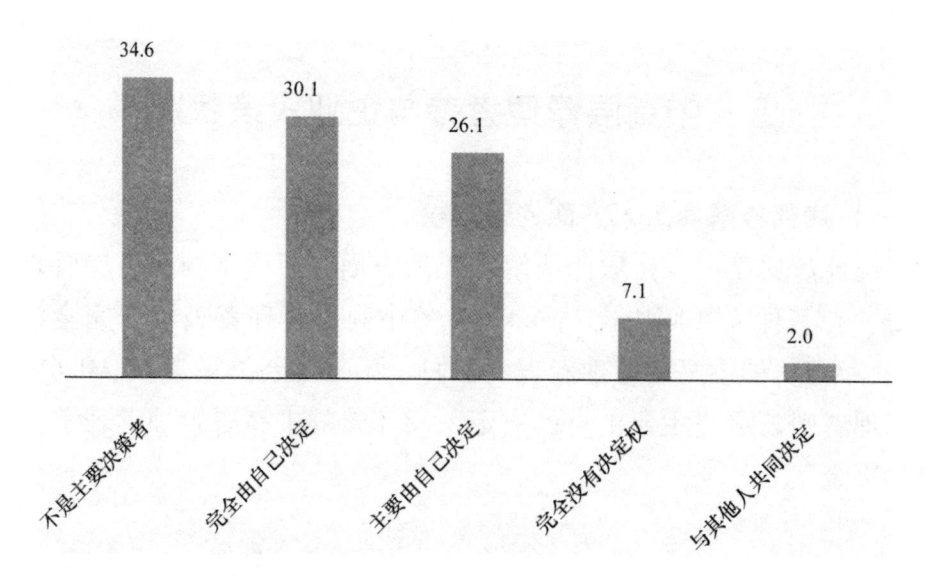

图 19 – 32　在决定下级报酬方面的管理控制权（%）

（三）企业重大决策投资方面的管理权

在企业重大决策投资方面，57.4% 的中高层管理者表示需要"与其他人共同决定"，21.4% 的中高层管理者表示"完全没有决定权"，18.2% 的中高层管理者则表示"主要由自己决定"，1.8% 的中高层管理者表示"完全由自己决定"，同时有 1.2% 的中高层管理者表示"不是主要决策者"。

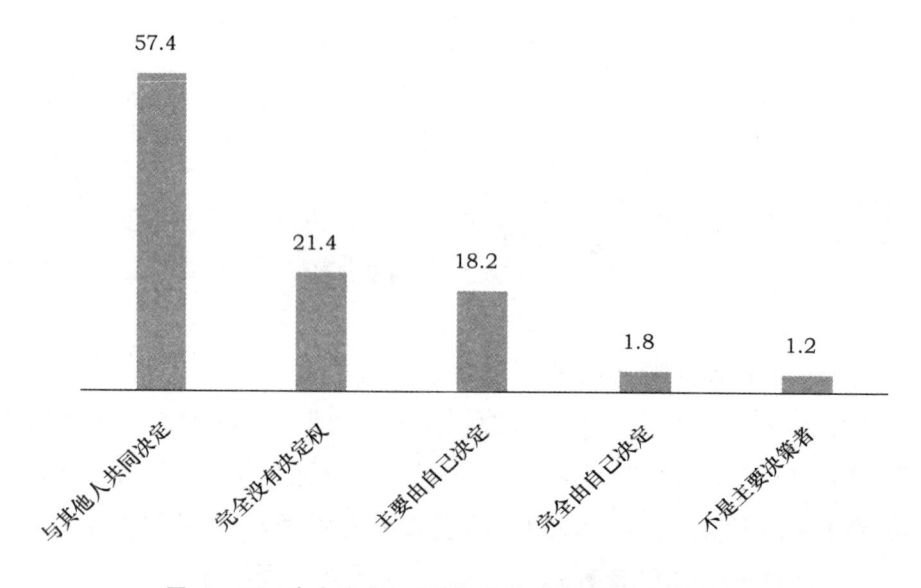

图 19 – 33　在企业重大决策投资方面的管理控制权（%）

（四）股份转让决策方面的管理权

在股份转让决策方面，76.4%的中高层管理者表示自己"不是主要决策者"，11.7%的中高层管理者表示"完全由自己决定"，9.4%的中高层管理者表示"主要由自己决定"，1.4%的中高层管理者表示需要"与其他人共同决定"，1.2%的中高层管理者表示"完全没有决定权"。

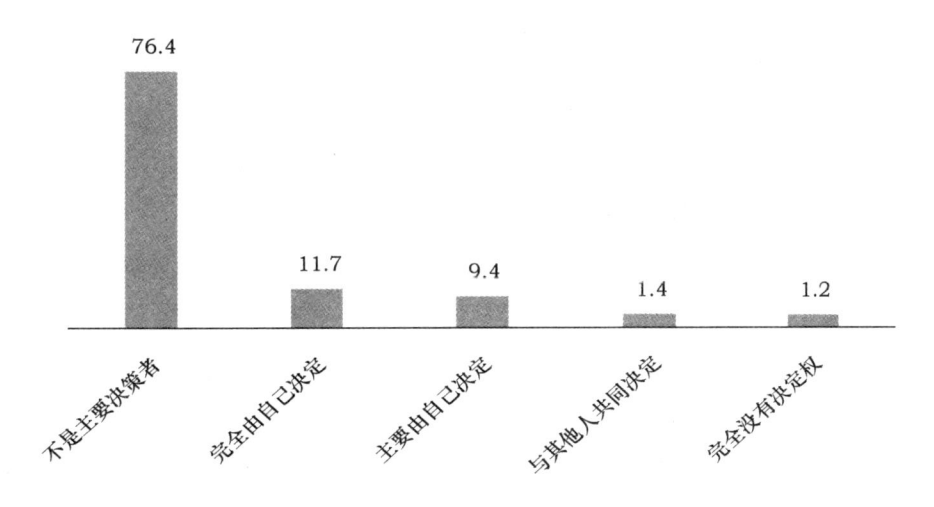

图19-34　在股份转让决策方面的管理控制权（%）

六　工作满意度

满意度调查数据结果显示，44.3%的员工对当前工作"一般满意"，40.5%的员工对当前工作"比较满意"，对当前工作"很满意"的员工占9.6%，"不太满意"的占4.7%，"很不满意"的占0.9%。

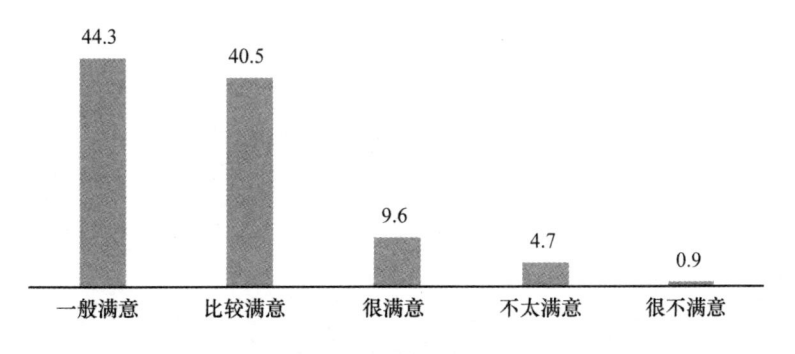

图19-35　当前工作满意度（%）

1. 不同性别员工满意度

从满意度得分情况来看,员工满意度平均得分为 70.6 分。从分性别数据来看,男性满意度平均得分为 70.5 分,女性满意度平均得分为 70.7 分。

2. 不同学历员工满意度

从学历来看,初中及以下学历的员工满意度评分为 71.5 分,高中及中专学历的员工满意度评分为 70.8 分,大专学历的员工满意度评分为 69.8 分,大学本科及以上学历的员工满意度评分为 68.8 分。

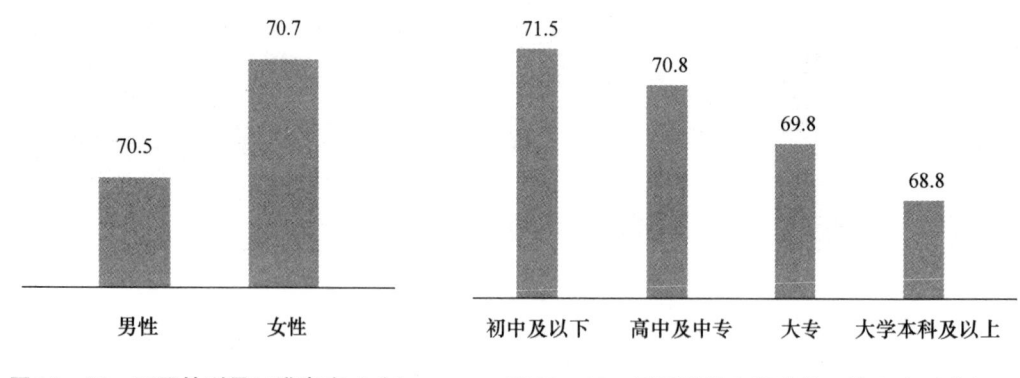

图 19 - 36 不同性别员工满意度(分)

图 19 - 37 不同受教育程度员工满意度(分)

3. 不同职位员工满意度

从员工身份来看,中高层管理人员对当前工作满意度评分最高,为 73.3 分;其他管理人员满意度评分为 70.0 分;销售人员满意度评分为 69.8 分;一线工人满意度评分为 69.7 分;技术与设计人员对当前工作满意度评分最低,为 66.8 分。

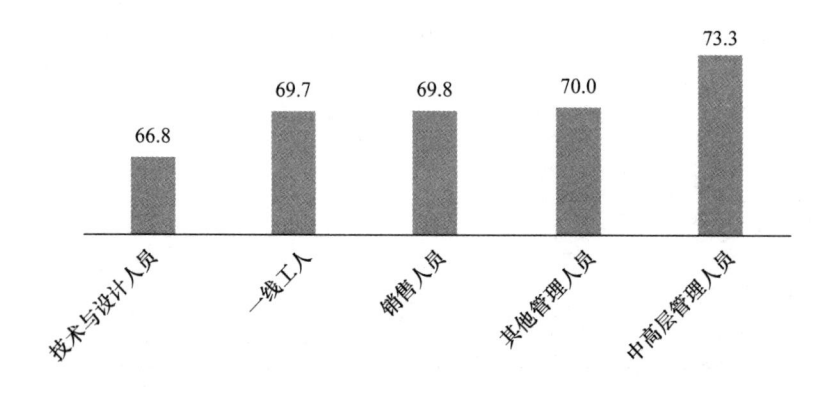

图 19 - 38 不同职位员工满意度(分)

4. 不同规模企业员工满意度

从企业规模来看，小型企业员工对当前工作满意度评分最高，为 72.0 分；其次是中型企业，满意度评分均为 70.3 分；大型企业员工满意度评分最低，为 69.5 分。

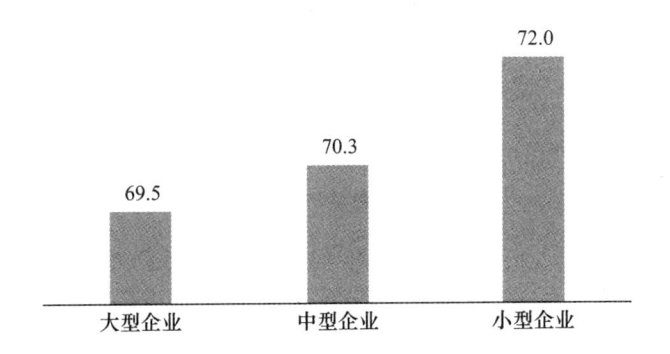

图 19-39 不同企业规模员工当前工作满意度（分）

5. 不同行业员工满意度

从行业来看，食品制造业员工对当前工作的满意度最高，为 74.2 分；其次是纺织皮革制造业，员工满意度评分为 71.5 分；非金属制造业员工满意度评分为 71.1 分；木材加工业和金属制造业员工满意度评分均为 70.6 分；化工产品制造业员工满意度评分为 70.4 分；机器和通用设备制造业员工满意度评分为 70.3 分；电子设备制造业员工对当前工作满意度评分最低，为 68.9 分。

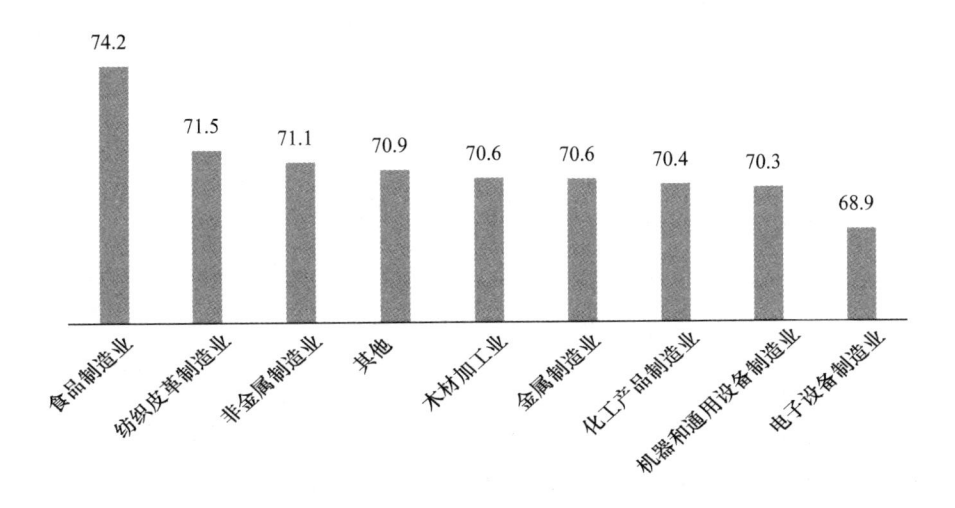

图 19-40 不同行业员工当前工作满意度（分）

第二十章
员工工作历史状况

本章统计了员工工作历史状况，主要统计员工更换工作总体情况以及员工更换工作与收入变化。员工更换工作总体情况包括员工更换工作次数、更换工作城市个数、更换职业个数、工作单位所有制变化、离职原因以及上一份工作时长；员工更换工作与收入变化包括上一份工作中收入变化、更换工作后起薪变化。在统计过程中考虑到员工个体特征的异质性（性别、年龄、学历、工作年限、是否为农业户口）、工作行业和工作职位的异质性以及地区异质性（省份），对不同类型员工工作历史进行描述和对比。

一　员工更换工作状况

（一）更换工作次数状况

1. 总体状况

调查数据表明，平均每人拥有过2.2份工作。未更换过工作的员工占61.8%，更换过1次工作的占4.3%，更换过2次的占10.8%，更换过3次的占12.6%，更换过4次及以上的占10.5%。

2. 个体差异

（1）从年龄段来看，30岁以下年龄段的员工平均拥有过2.3份工作，30—39岁为2.5份，40—49岁为2.4份，50岁以上为1.5份。

（2）从性别来看，男性员工平均拥有过2.6份工作，女性员工为2.4份。

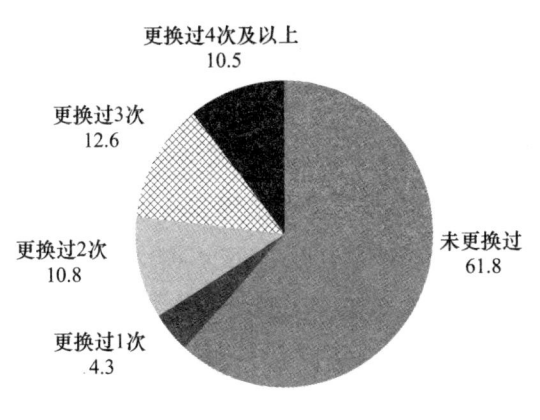

图 20-1　员工更换工作次数总体状况（%）

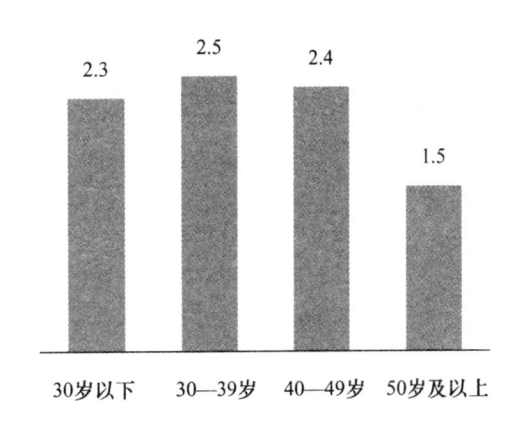

图 20-2　分年龄段员工拥有过的工作份数（份）

(3) 从学历来看，初中及以下、高中及中专学历的员工平均拥有过 2.6 份工作，大专学历为 2.5 份，大学本科及以上学历为 2.1 份。

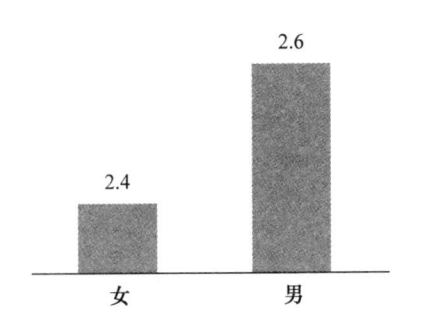

图 20-3　分性别员工拥有过的工作份数（份）

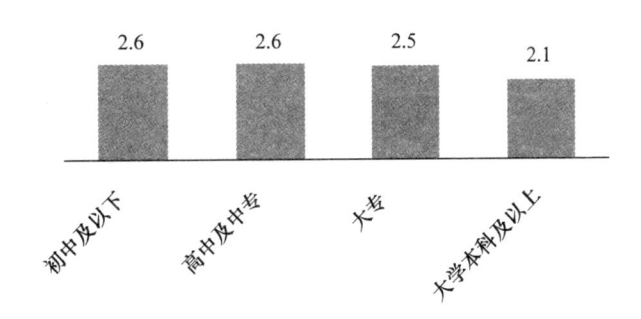

图 20-4　分学历员工拥有过的工作份数（份）

3. 行业差异

八大行业中，机器和通用设备制造业员工平均拥有过 2.4 份工作，食品制造业为 2.3 份，化工产品制造业、非金属制造业、纺织皮革制造业均为 2.2 份，木材加工业、电子设备制造业均为 2.1 份，金属制造业为 2.0 份。

4. 职位差异

一线工人平均拥有过 2.6 份工作，其他管理人员及办公室员工为 2.4 份，中高层管理人员为 2.4 份，销售人员为 2.3 份，技术与设计人员为 2.2 份。

图 20-5 分行业员工拥有过的工作份数（份）

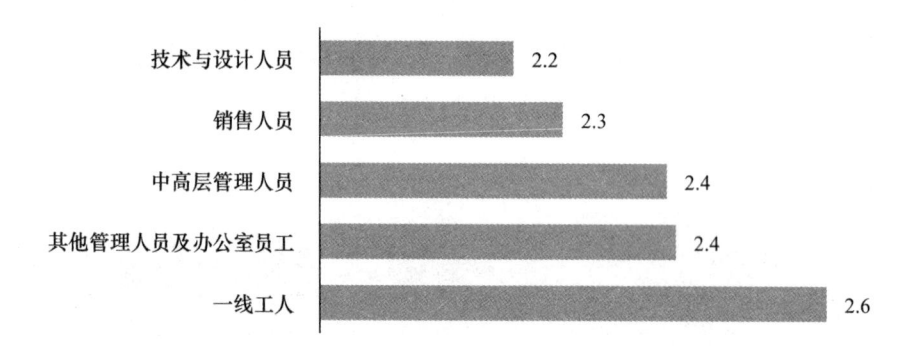

行业	份数
金属制造业	2.0
电子设备制造业	2.1
木材加工业	2.1
纺织皮革制造业	2.2
非金属制造业	2.2
化工产品制造业	2.2
食品制造业	2.3
机器和通用设备制造业	2.4

图 20-6 分职位员工拥有过的工作份数（份）

职位	份数
技术与设计人员	2.2
销售人员	2.3
中高层管理人员	2.4
其他管理人员及办公室员工	2.4
一线工人	2.6

5. 省份差异

湖北省员工平均拥有过 3.0 份工作，广东省为 1.7 份。

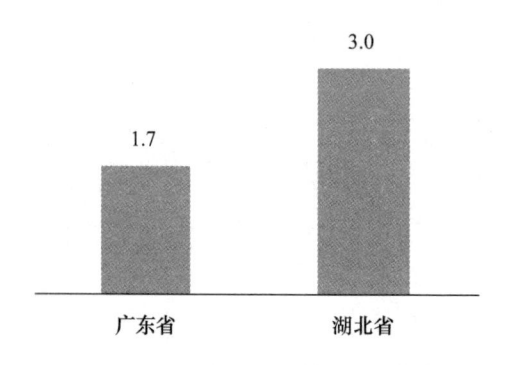

省份	份数
广东省	1.7
湖北省	3.0

图 20-7 分省份员工拥有过的工作份数（份）

(二) 更换工作城市状况

1. 总体状况

调查数据表明,平均每人在 1.7 个城市工作过。只在 1 个城市工作过的员工占 70.1%,在 2 个城市工作过的员工占 10.1%,在 3 个城市工作过的员工占 10.3%,在 4 个及以上城市工作过的员工占 9.5%。

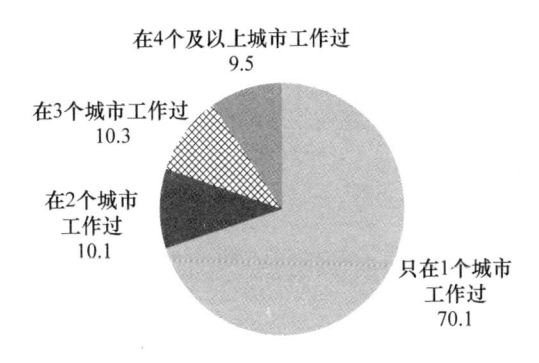

图 20-8 员工更换工作城市个数总体状况 (%)

2. 个体差异

(1) 从年龄段来看,30 岁以下员工平均在 1.8 个城市工作过,30—39 岁为 1.9 个,40—49 岁为 1.8 个,50 岁以上为 1.2 个。

(2) 从性别来看,男性员工平均在 2.0 个城市工作过,女性员工为 1.7 个。

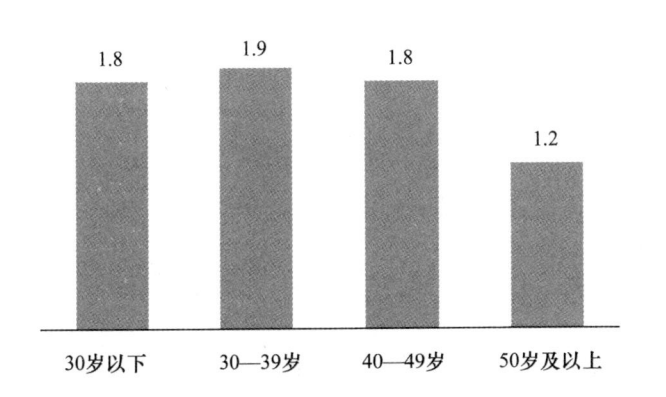

图 20-9 分年龄段员工工作城市个数 (个)

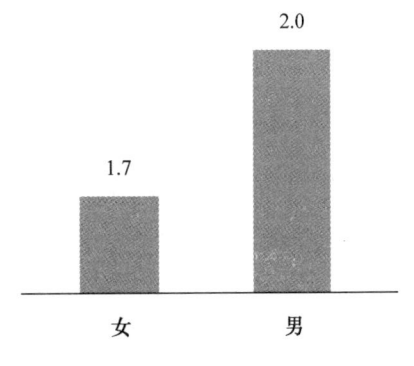

图 20-10 分性别员工工作城市个数 (个)

(3) 从学历来看，初中及以下学历员工平均在 1.8 个城市工作过，高中及中专、大专学历为 1.9 个，大学本科及以上学历为 1.7 个。

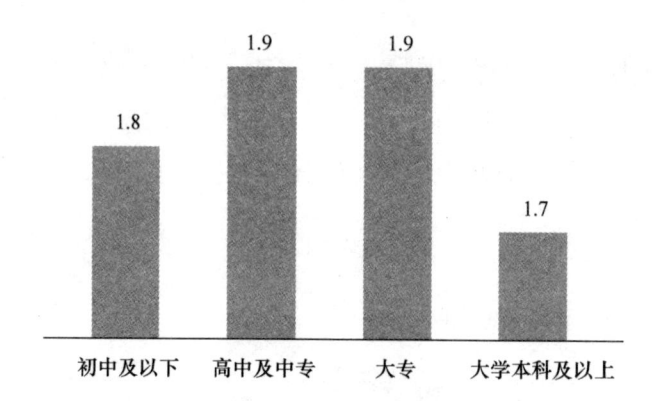

图 20-11 分学历员工工作城市个数（个）

3. 行业差异

八大行业中，机器和通用设备制造业员工平均在 1.9 个城市工作过，食品制造业为 1.8 个，非金属制造业、化工产品制造业、木材加工业均为 1.7 个，金属制造业、电子设备制造业、纺织皮革制造业均为 1.6 个。

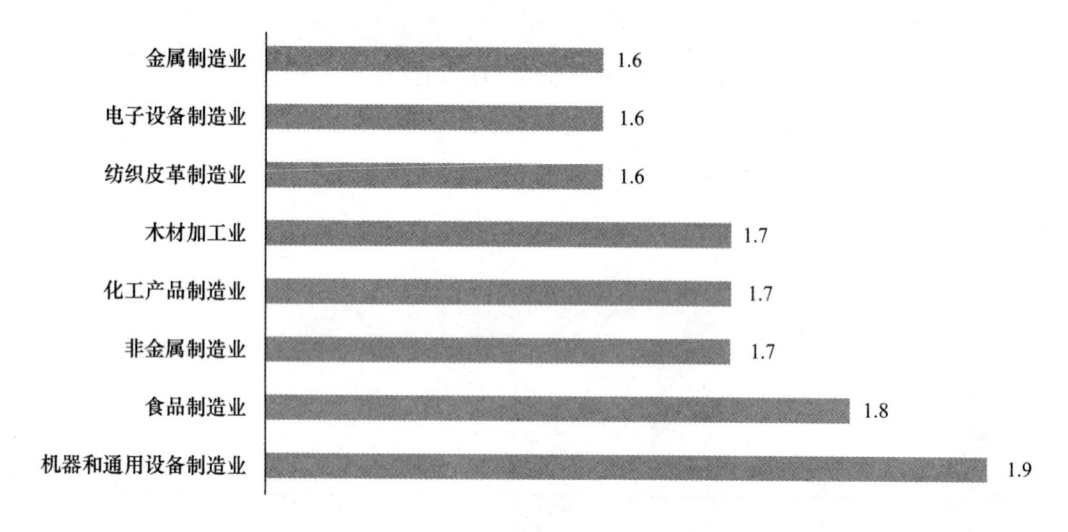

图 20-12 分行业员工工作城市个数（个）

4. 职位差异

中高层管理人员、一线工人平均在 1.9 个城市工作过，其他管理人员为 1.8 个，销售人员、技术与设计人员为 1.7 个。

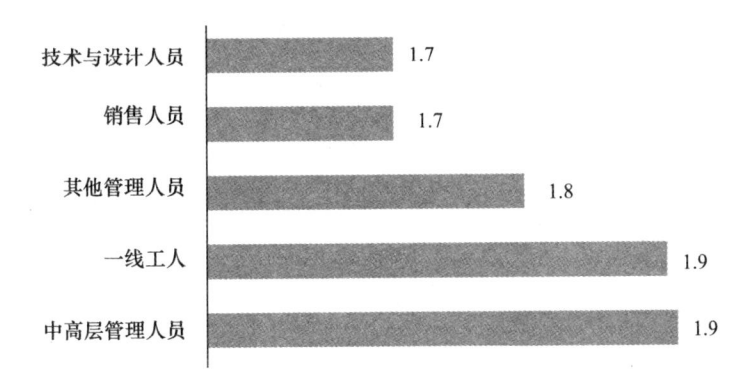

图 20-13　分职位员工工作城市个数（个）

5. 省份差异

广东省员工平均在 1.4 个城市工作过，湖北省为 2.2 个。

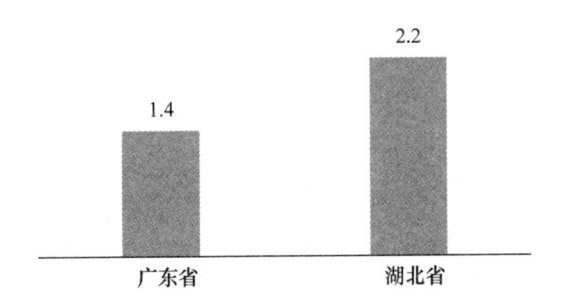

图 20-14　分省份员工工作城市个数（个）

（三）更换职业状况

1. 总体状况

调查数据表明，员工平均从事过 1.8 个职业。未更换过职业的员工占 66.4%，更换过 1 次职业的占 8.8%，更换过 2 次职业的占 12.9%，更换过 3 次及以上职业的占 11.9%。

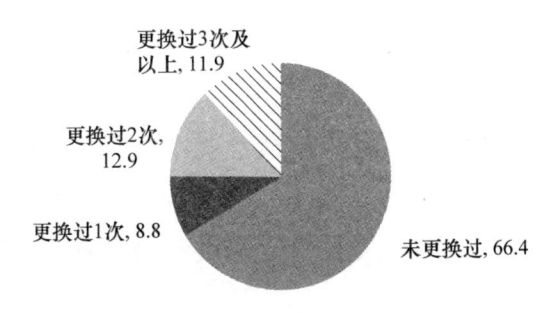

图 20-15　员工更换职业个数总体状况（%）

2. 个体差异

（1）从年龄段来看，30岁以下年龄段的员工平均从事过1.9个职业，30—39岁、40—49岁均为2.0个，50岁及以上为1.3个。

（2）从性别来看，男性员工平均从事过2.1个职业，女性员工为1.9个。

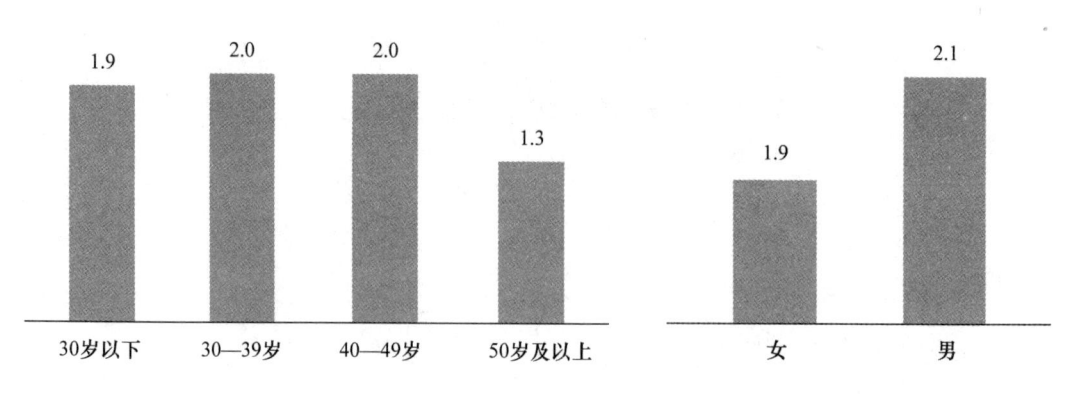

图20-16 分年龄段员工从事过职业（个）

图20-17 分性别员工从事过职业（个）

（3）从学历来看，初中及以下、大专学历员工平均从事过2.0个职业，高中及中专学历为2.1个，大学本科及以上学历为1.7个职业。

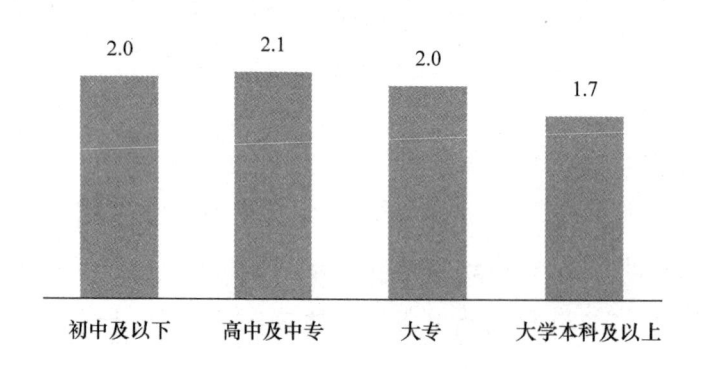

图20-18 分学历员工从事过职业（个）

3. 行业差异

八大行业中，机器和通用设备制造业员工平均从事过2.0个职业，食品制造业、化工产品制造业为1.9个，非金属制造业、木材加工业为1.8个，纺织皮革制造业、金属制造业和电子设备制造业均为1.7个。

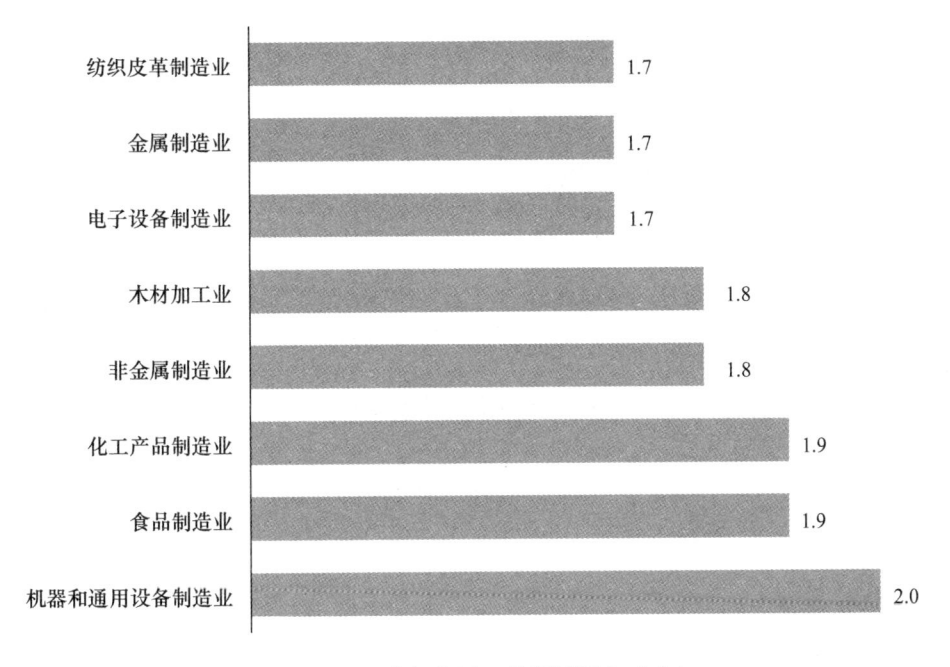

图 20-19 分行业员工从事过职业(个)

纺织皮革制造业 1.7
金属制造业 1.7
电子设备制造业 1.7
木材加工业 1.8
非金属制造业 1.8
化工产品制造业 1.9
食品制造业 1.9
机器和通用设备制造业 2.0

4. 职位差异

一线工人平均从事过 2.1 个职业,其他管理人员为 2.0 个,中高层管理人员、销售人员为 1.9 个,技术与设计人员为 1.8 个。

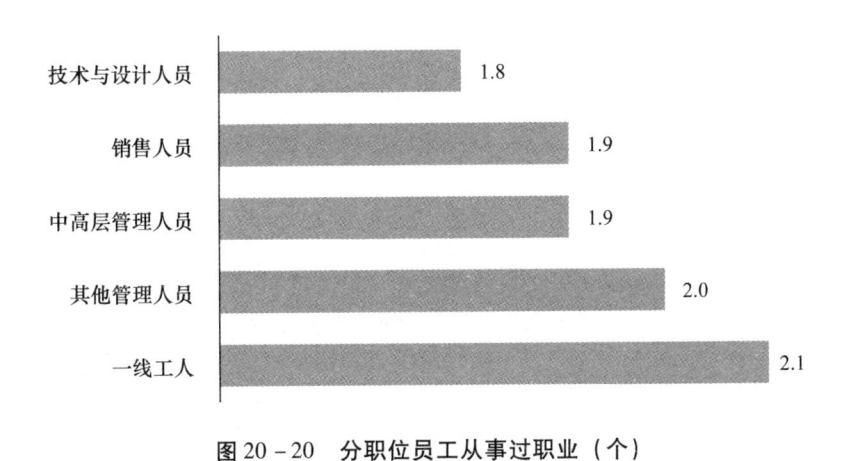

技术与设计人员 1.8
销售人员 1.9
中高层管理人员 1.9
其他管理人员 2.0
一线工人 2.1

图 20-20 分职位员工从事过职业(个)

5. 省份差异

广东省员工平均从事过 1.5 个职业,湖北省为 2.4 个。

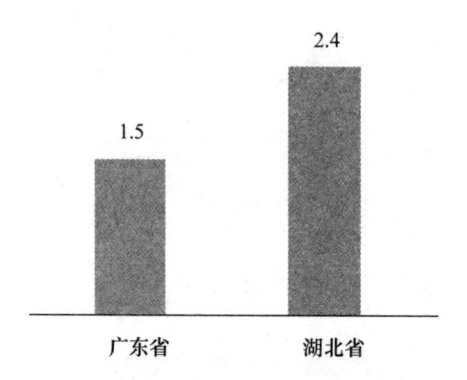

图 20-21　分省份员工从事过职业（个）

二　员工工作单位所有制变化情况

调查数据表明，有 38.2% 的员工更换过工作，其中 54.6% 的员工所在单位所有制发生变化。

当前工作为私营企业的员工中，有 55.4% 来自其他私营企业，占比最大；其次为个体、土地承包者、打零工者，占比为 17.5%；之后为国有企业，机关、事业单位，外资及港澳台，分别占 12.9%、7.4%、5.2%。

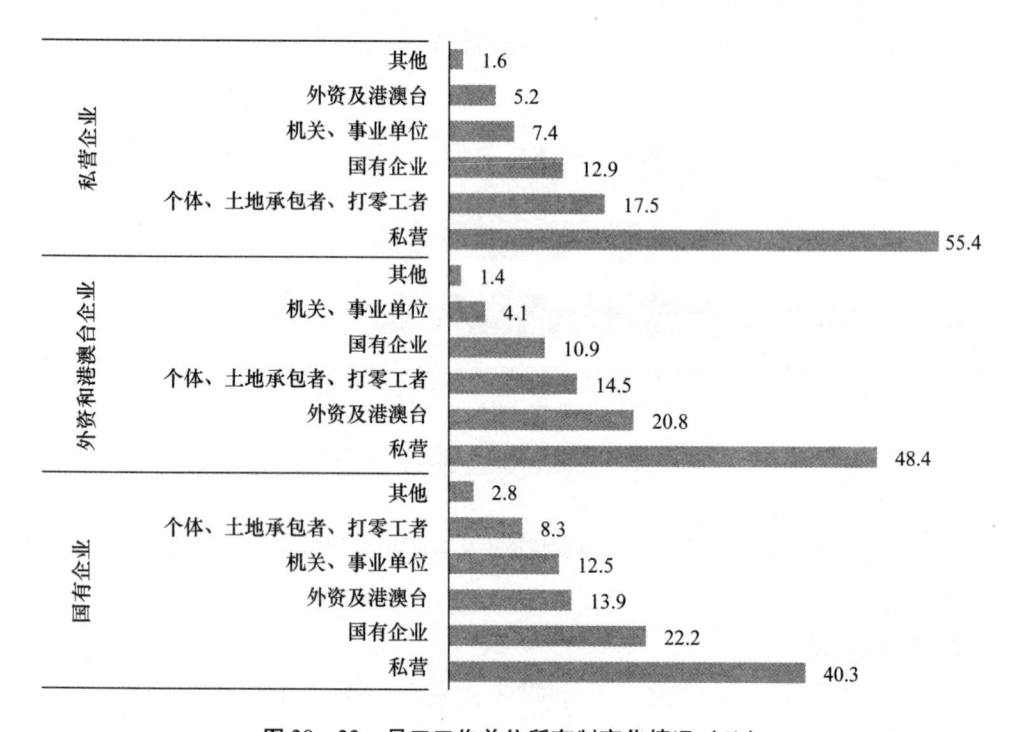

私营企业
- 其他　1.6
- 外资及港澳台　5.2
- 机关、事业单位　7.4
- 国有企业　12.9
- 个体、土地承包者、打零工者　17.5
- 私营　55.4

外资和港澳台企业
- 其他　1.4
- 机关、事业单位　4.1
- 国有企业　10.9
- 个体、土地承包者、打零工者　14.5
- 外资及港澳台　20.8
- 私营　48.4

国有企业
- 其他　2.8
- 个体、土地承包者、打零工者　8.3
- 机关、事业单位　12.5
- 外资及港澳台　13.9
- 国有企业　22.2
- 私营　40.3

图 20-22　员工工作单位所有制变化情况（%）

当前工作为外资及港澳台企业的员工中，有48.4%来自私营企业，占比最大；其次为其他外资及港澳台企业，占比为20.8%；之后为个体、土地承包者、打零工者，国有企业，机关、事业单位，分别占14.5%、10.9%、4.1%。

当前工作为国有企业的员工中，有40.3%来自私营企业，占比最大；其次为其他国有企业，占比为22.2%；之后为外资及港澳台，机关、事业单位，个体、土地承包者、打零工者，分别占13.9%、12.5%、8.3%。

三　员工离职原因

（一）总体状况

员工离开上一份工作的最主要原因是"寻求更好的工作"，有66.4%的人选择该原因；第二位原因是企业"停产、半停产、亏损、破产"，占比11.5%；第三位原因是"兼并重组、减人增效、被除名、工作外包"，占比7.7%；第四位原因是"其他"，占比7.7%；第五位原因是"家庭原因"，占比6.7%。

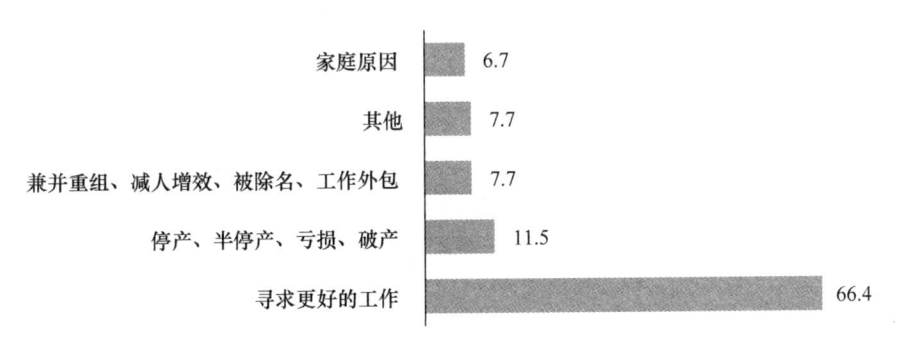

图20-23　员工离开上一份工作的原因（%）

（二）年龄差异

随着年龄段的降低，"寻求更好的工作"这一原因的比例在逐渐上升，50岁及以上占比为51.3%，40—49岁为58.5%，30—39岁为71.3%，30岁以下为76.5%。

随着年龄段的降低，"停产、半停产、亏损、破产"和"兼并重组、减人增效、被除名、工作外包"这两类原因的比例在下降，50岁及以上占比分别为 17.6%、12.4%，40—49 岁分别为 16.1%、10.7%，30—39 岁分别为 8.7%、5.7%，30 岁以下分别为 6.9%、4.7%。

随着年龄段的降低，"家庭原因"的重要程度在上升，40—49 岁和 50 岁及以上为第五位原因，30 岁以下和 30—39 岁为第三位原因。

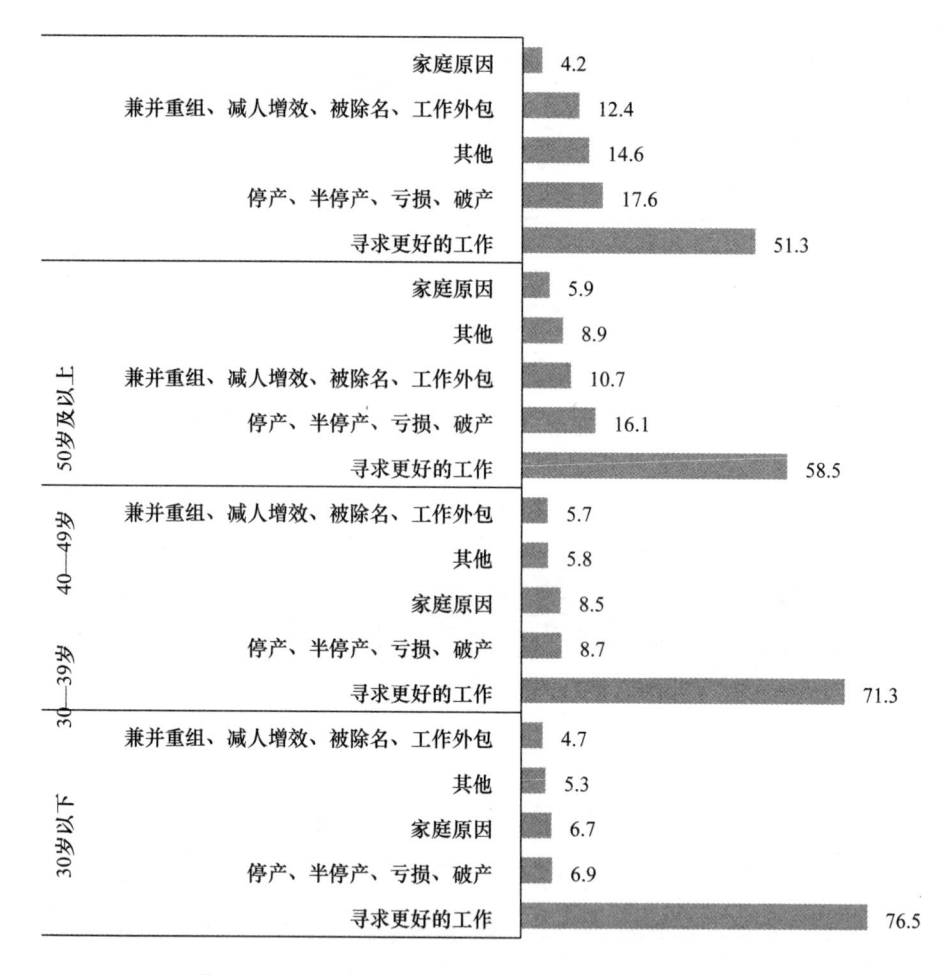

图 20-24　分年龄段员工离开上一份工作的原因（%）

四　员工上一份工作时长

（一）总体状况

员工上一份工作平均工作时长为 5.2 年，男性为 5.7 年，女性为 4.6 年。

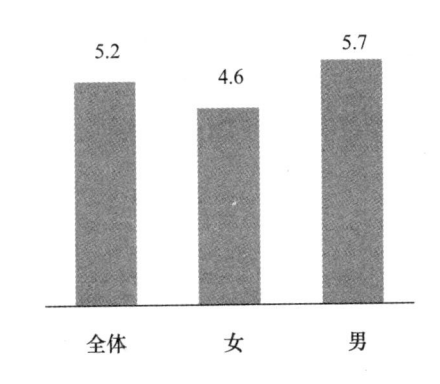

图 20-25 分性别员工上一份工作时长（年）

（二）年龄差异

30岁以下员工上一份工作时长为1.9年，30—39岁为3.6年，40—49岁为6.9年，50岁及以上为12.3年。

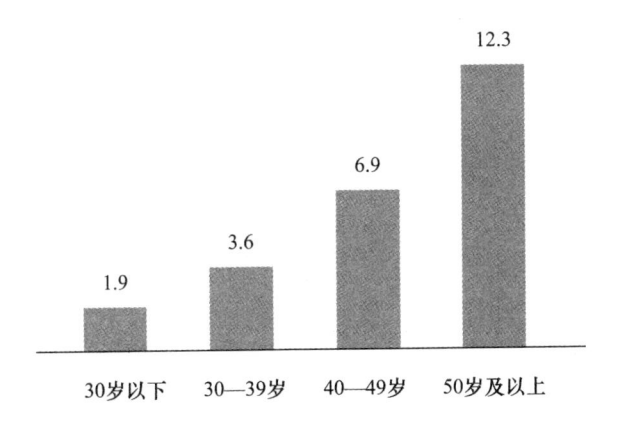

图 20-26 分年龄段员工上一份工作时长（年）

（三）学历差异

初中及以下学历员工上一份工作时长最长，为5.9年；高中及中专学历为5.6年，大专学历为4.2年；大学本科及以上学历最短，为3.3年。

（四）员工前三份工作工作时长变化状况

在拥有过两份工作的员工中，上一份工作（该员工的第一份工作）的平均时长为8.4年；在拥有过三份工作的员工中，上一份工作（第二份工作）的平均时长为6.7年；在拥有过四份工作的员工中，上一份工作（第三份工作）的平均时长为 4.2 年。由此可以看出，员工第一份工作的平均时长最长，在前三份工作以内，每换一次工作，平均工作时长递减。

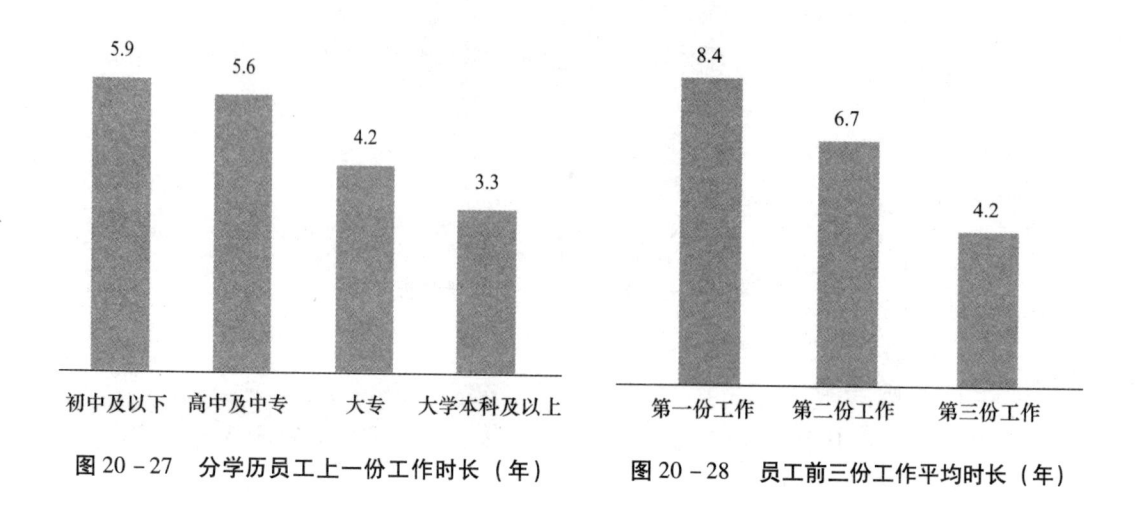

图 20-27　分学历员工上一份工作时长（年）

图 20-28　员工前三份工作平均时长（年）

五　员工上一份工作收入变化

（一）总体状况

按照上一份工作时长分组，统计员工上一份工作开始和结束时的收入变化。假如员工离开上一份工作的原因是"停产、半停产、亏损"和"破产"，则将其视为异常样本剔除。当上一份工作时长在 3 年以内时，员工工作结束时的收入（工资与奖金之和）相比于开始时上涨了 21.5%；当在 3—5 年之间时，上涨了 52.7%；当在 5—10 年之间时，上涨了 70.6%。

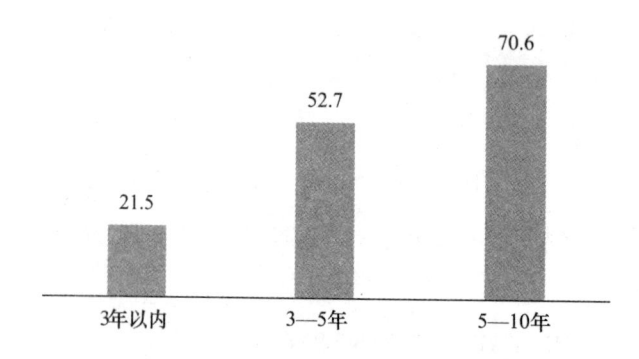

图 20-29　不同工作时长下员工收入涨幅（%）

（二）学历差异

按照学历分组，并将上一份工作时长控制在3年以内，统计上一份工作收入变化。初中及以下学历员工收入平均上涨了16.5%，涨幅最小；大学本科及以上学历员工上涨了25.2%，涨幅最大。

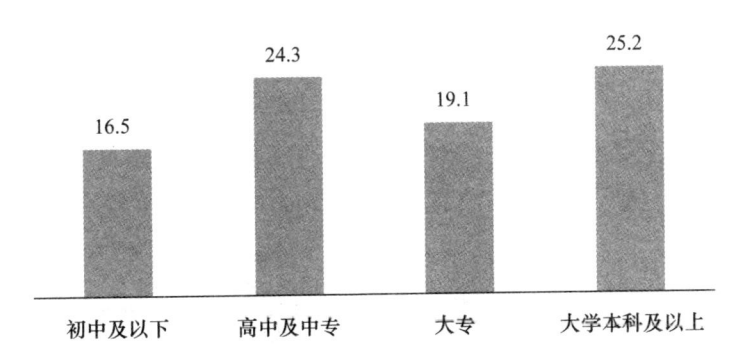

图20-30　分学历员工收入涨幅（%）

六　员工更换工作后起薪变化

（一）总体状况

按照两份工作开始的时间间隔分组，统计员工更换工作后开始时的收入变化。当两份工作开始时的时间间隔在3年以内时，员工工作开始时的收入（工资与奖金之和）上涨了52.9%；当在3—5年之间时，上涨了73.3%；当在5—10年之间时，上涨了121.2%。

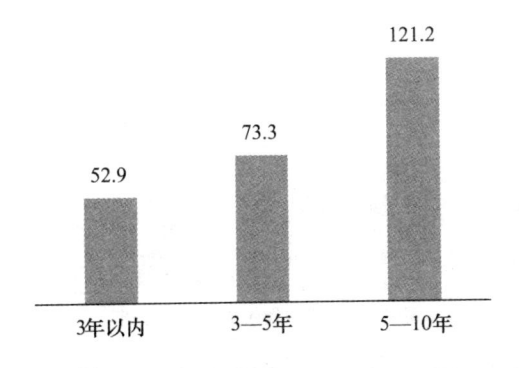

图20-31　不同时间间隔下员工更换工作后起薪变化（%）

(二) 户口性质差异

按照是否为农业户口进行分组,并将时间间隔控制在 3 年以内,统计员工工作开始时的收入变化。农业户口员工收入上涨 31.5%,非农业户口员工上涨 84.5%。

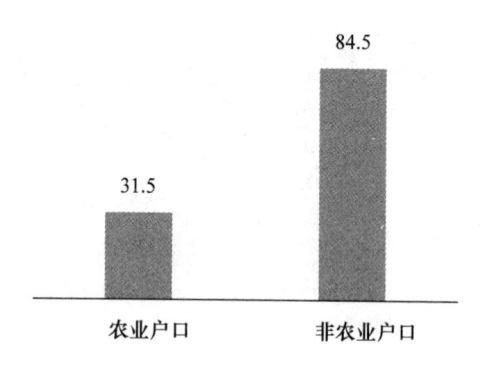

图 20-32　农业与非农业户口员工更换工作后起薪变化 (%)

(三) 学历差异

按学历分组,并将时间间隔控制在 3 年以内,统计员工工作开始时的收入变化。小学及以下学历员工工作开始时收入平均上涨了 128.4%,初中学历员工上涨了 57.3%,高中及中专学历员工上涨了 47.4%,大专/高职学历员工上涨了 50.1%,大学本科及以上学历员工上涨了 45.3%。

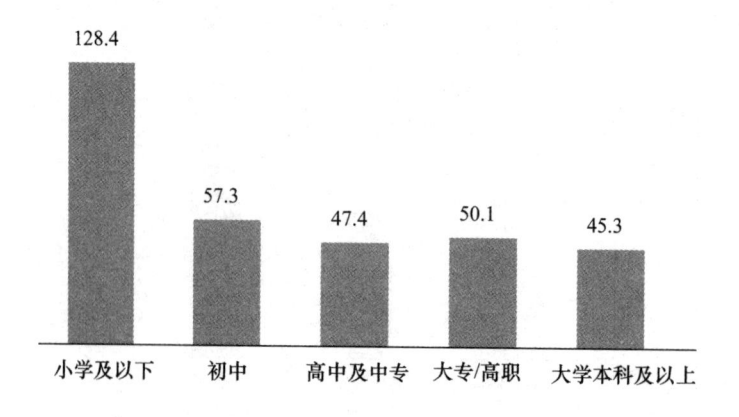

图 20-33　分学历员工更换工作后起薪变化 (%)

第二十一章
社会保险与福利状况

社会保险与福利状况包括以下几个部分：社会保险状况，该部分包括企业实际社保支出情况、社保参保率和住房公积金状况；补充保险状况，该部分包括企业年金状况、补充医疗保险状况和补充养老保险状况；企业福利支出状况，该部分包括不同所有制企业的人均福利支出情况、不同规模企业人均福利支出情况以及不同行业企业的人均福利支出情况。

一 社会保险状况

（一）社保参保率

1. 企业社保参保率

调查数据显示，企业平均社保参保率为76.7%，其中广东省的社保参保率为81.1%，高于湖北省72.4%的社保参保率。

从不同所有制企业来看，民营企业的社保参保率最低，为69.8%；国有企业的社保参保率最高，为97.4%；外资企业的社保参保率处于国有企业和民营企业之间，为92.8%。

从不同规模企业来看，大型企业社保参保率最高，为93.6%；小型企业社保参保率最低，为69.3%；中型企业的社保参保率处于大型企业和小型企业之间，为86.5%。

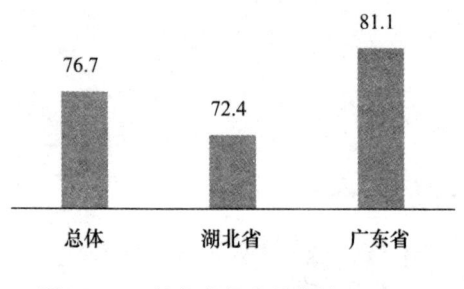

图 21-1　社保参保率总体情况（%）

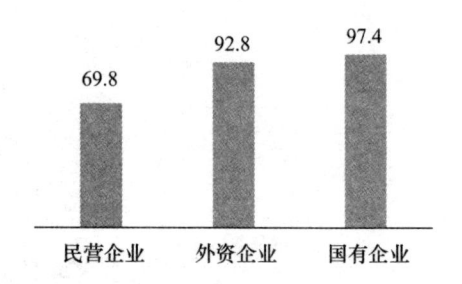

图 21-2　不同所有制企业社保参保率（%）

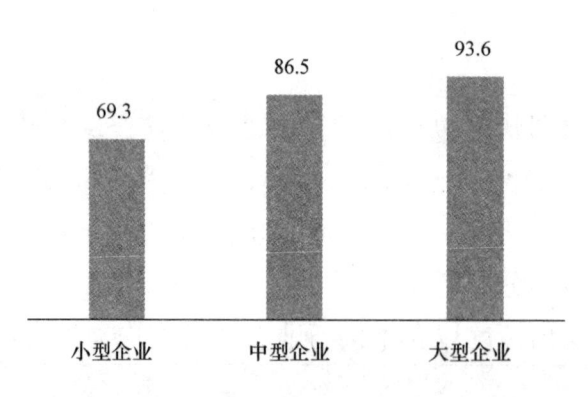

图 21-3　不同规模企业社保参保率（%）

从不同行业企业来看，各行业社保参保率从高到低依次是电子设备制造业（86.9%）、机器和通用设备制造业（85.5%）、化工产品制造业（82.6%）、木材加工业（76.3%）、非金属制造业（75.0%）、金属制造业（74.0%）、食品制造业（66.5%）和纺织皮革制造业（64.7%）。

2. 员工社保参保率

企业社保参保率是企业层面关于社保参保的数据，而员工社保参保率是所抽样的员工对是否参与社保的回答汇集的数据。员工回答的情况与企业层面基本一致。

民营企业的社保参保率最低，五项保险的参保率均低于其他所有制企业。国有企业的生育保险参保率为76.6%，其余四项保险参保率均在90%以上，外资企业的员工各类社会保险的参保率处于国有企业和民营企业之间。

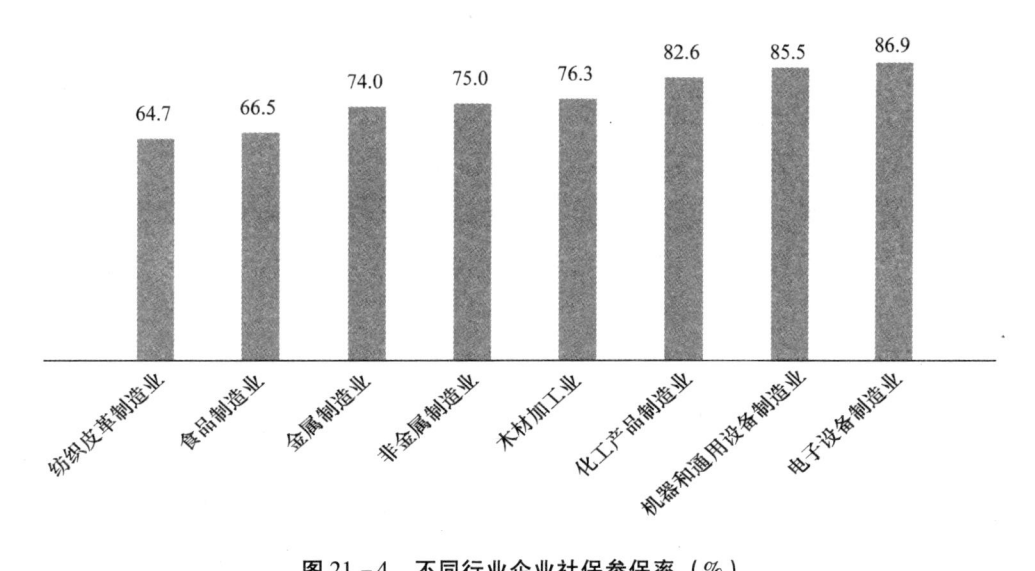

图 21-4　不同行业企业社保参保率（%）

表 21-1　　　　　　　　不同所有制企业员工社保参保率（%）

	国有企业	民营企业	外资企业	总体
养老保险	99.4	82.7	95.6	88.2
医疗保险	99.0	77.4	95.1	84.4
失业保险	91.7	55.2	81.4	65.3
工伤保险	93.2	70.0	88.0	76.8
生育保险	76.6	45.4	63.3	52.7

从不同规模企业看，大型企业员工的五项社会保险参保率均高于中型企业和小型企业。小型企业员工的五项社保参保率均处于最低水平，中型企业员工参保水平居中。

表 21-2　　　　　　　　不同规模企业员工社保参保率（%）

	小型企业	中型企业	大型企业
养老保险	80.4	94.6	96.7
医疗保险	74.5	93.3	96.5
失业保险	52.0	77.1	84.7
工伤保险	67.7	84.6	91.2
生育保险	80.4	94.6	96.7

从不同行业企业看,养老保险参保率最高的行业为化工产品制造业（93.8%）,医疗保险参保率最高的行业为电子设备制造业（92.5%）,失业保险参保率最高的行业为化工产品制造业（74.8%）,工伤保险参保率最高的行业为电子设备制造业（83.9%）,生育保险参保率最高的行业为化工产品制造业（63.6%）。五项保险参保率最低的行业均为纺织皮革制造业。

表21-3　　　　　　　不同行业企业员工社保参保率（%）

	养老保险	医疗保险	失业保险	工伤保险	生育保险
食品制造业	85.1	80.7	64.5	75.1	56.5
纺织皮革制造业	77.7	68.7	45.2	58.2	37.2
木材加工业	91.6	90.0	71.8	81.5	53.2
化工产品制造业	93.8	90.1	74.8	83.0	63.6
非金属制造业	83.6	81.8	61.4	79.0	48.4
金属制造业	90.4	82.8	62.3	77.7	48.1
机器和通用设备制造业	89.6	87.4	69.3	80.5	55.8
电子设备制造业	93.5	92.5	74.5	83.9	60.7

3. 户口差异

城镇职工五项保险的参保率均高于农民工。对于养老保险和医疗保险,城镇职工的参保率高于农民工5%—6%。工伤保险参保率两者的差异是9.1%,失业保险参保率两者差异为16.5%,生育保险参保率两者差异为17.8%,农民工的工伤保险参保率高于失业保险和生育保险的参保率。

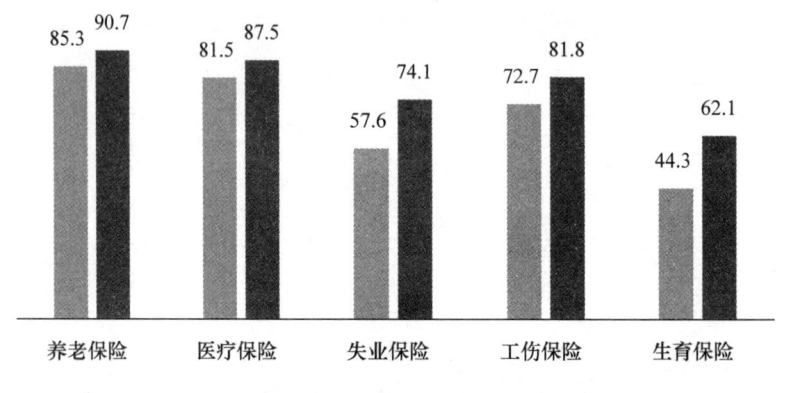

图21-5　农民工和城镇职工社保参保率对比（%）

4. 户籍差异

调查数据显示，外地农民工的社保参保率高于本地农民工。外地农民工五项保险参保率均高出本地农民工10个以上百分点，其中，失业保险参保率差距最大，外地农民工的这一指标比本地农民工高出24.3%，差距最小的生育保险参保率，外地农民工比本地农民工高出13.8%。

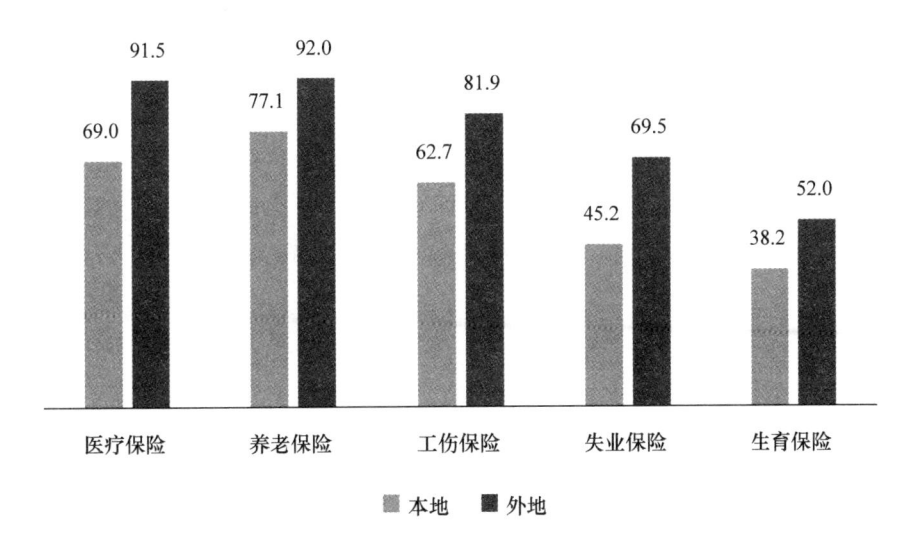

险种	本地	外地
医疗保险	69.0	91.5
养老保险	77.1	92.0
工伤保险	62.7	81.9
失业保险	45.2	69.5
生育保险	38.2	52.0

图 21-6 本地外地农民工社保参保率对比（%）

（二）企业实际社保支出情况

1. 企业实际社保支出占工资成本比重

调查数据显示，企业的五项社会保险支出为企业工资成本的19.6%，其中，广东省的企业承担社保缴费率低于湖北省，两者相差4.4%，广东省为17.4%，湖北省为21.8%。

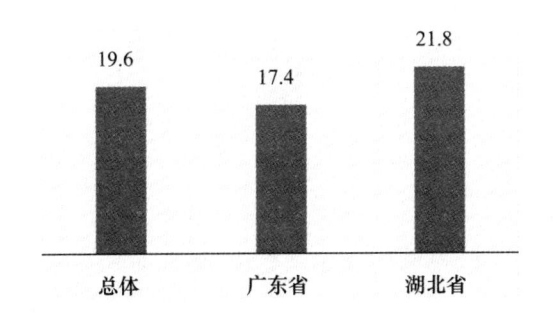

	总体	广东省	湖北省
	19.6	17.4	21.8

图 21-7 企业社保缴费率总体情况（%，2015 年）

从不同行业企业来看,机器和通用设备制造业企业的社保缴费率最高,为23.7%,木材加工业企业最低,为17.5%。金属制造业以及纺织皮革制造业的企业社保缴费率处于平均水平(18.8%)之下,分别为17.8%和17.7%。化工产品制造业、非金属制造业、电子设备制造业以及食品制造业的企业社保缴费率处于平均水平(18.8%)之上,分别为20.0%、19.6%、19.6%和19.4%。

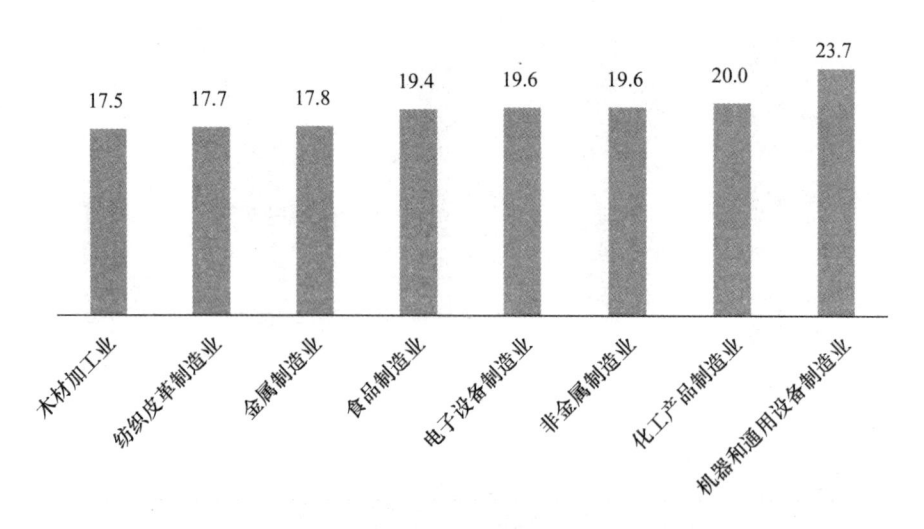

图21-8 不同行业企业社保缴费率(%,2015年)

2. 企业实际社保支出占企业总成本比重

总体来说,企业社会保险支出占企业总成本的比重为3.8%。湖北省企业的社保支出占总成本比例高于广东省0.2个百分点。

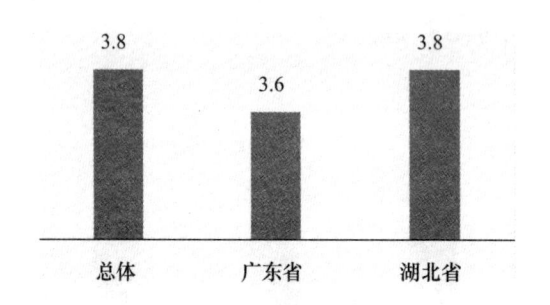

图21-9 社保支出占企业总成本比重(%,2015年)

从不同行业企业来看,各行业的企业社保支出占企业总成本比重从高到低依次是纺织皮革制造业(4.4%)、机器和通用设备制造业(4.2%)、非金属制造业（4.1%）、电子设备制造业（3.6%）、木材加工业（3.5%）、金属制造业（3.2%）、食品制造业（2.8%）和化工产品制造业（2.7%）。

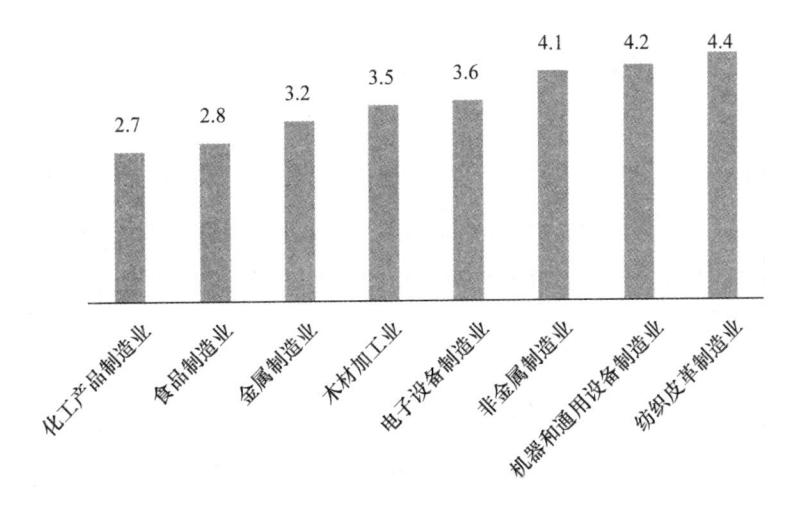

图 21-10　不同行业企业社保支出占总成本比重（%，2015 年）

（三）住房公积金状况

1. 住房公积金总体状况

调查数据显示，有30.6%的员工拥有住房公积金，其余69.4%的员工没有住房公积金。广东省员工中有32.5%拥有企业为其提供的住房公积金，湖北省有28.6%的员工享有企业为其提供的住房公积金。

2. 所有制差异

国有企业有75.4%的员工表示企业为其提供了住房公积金，外资企业有46.4%的员工享有企业提供的住房公积金，民营企业只有18.9%的员工享有企业提供的住房公积金。

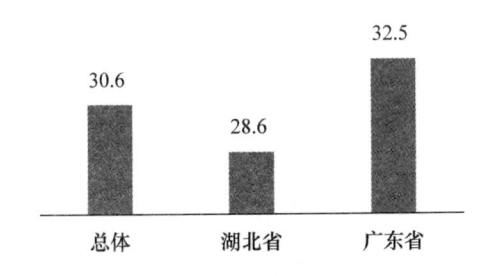

图 21-11　住房公积金总体情况（%）

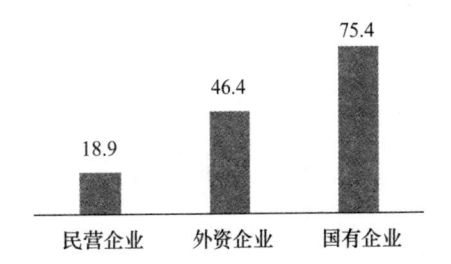

图 21-12　不同所有制企业住房公积金覆盖情况（%）

3. 企业规模差异

调查数据显示，不同规模企业住房公积金覆盖水平差异大，小型企业有15.5%的员工有住房公积金，中型企业有39.2%的员工有住房公积金，大型企业有60.4%的员工有住房公积金。

4. 学历差异

调查数据显示，初中及以下学历的员工有13.3%拥有住房公积金，高中及中专学历的员工中有30.4%拥有住房公积金，大专或高职学历员工中有40.0%有住房公积金，而大学本科及以上学历的员工超过一半都有住房公积金（67.3%）。

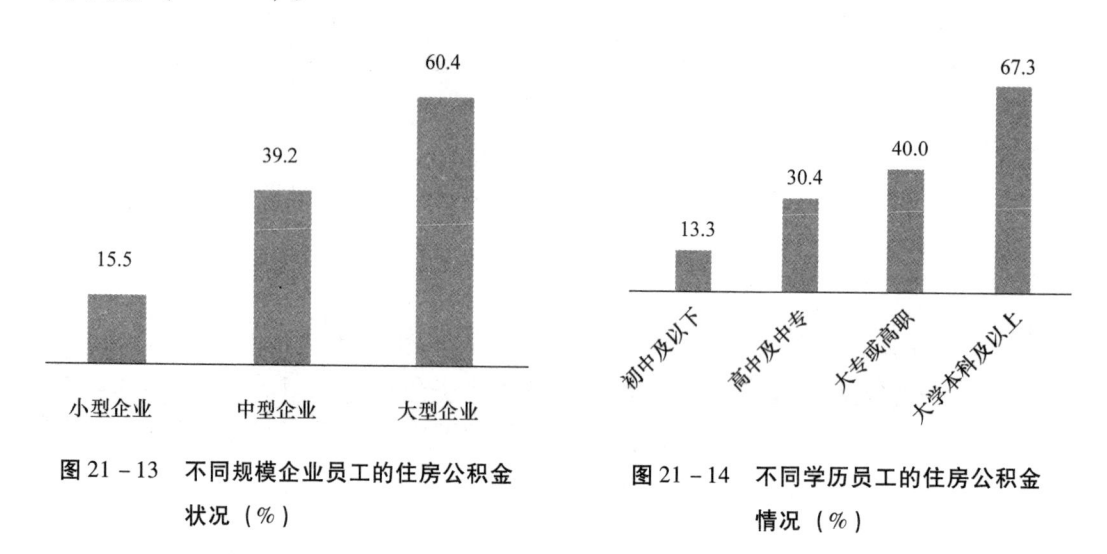

图21-13 不同规模企业员工的住房公积金状况（%）

图21-14 不同学历员工的住房公积金情况（%）

5. 户口差异

从不同户口性质来看，农业户口的员工有28.3%拥有住房公积金，非农业户口的员工有41.9%拥有住房公积金。

二 补充保险状况

（一）企业年金状况

1. 企业年金总体状况

数据显示，有14.8%的员工享有企业年金。广东省接受调查的员工中有14.6%拥有企业为其提供的企业年金，湖北省有15.1%的员工享有企业为其提供的企业年金。

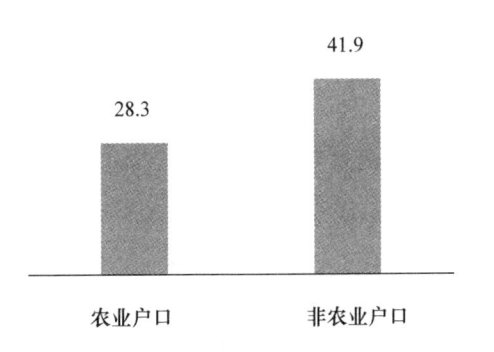

图21-15 不同户口性质员工的住房公积金状况（%）

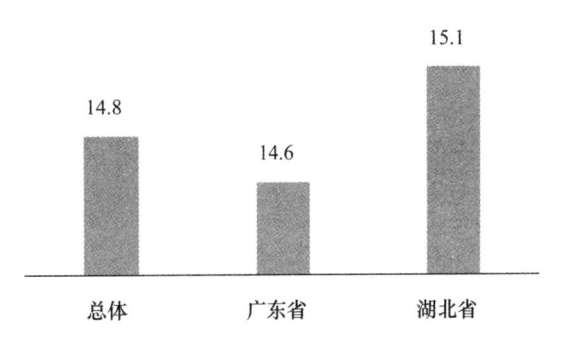

图21-16 企业年金总体状况（%）

2. 学历差异

调查数据显示，29.2%的大学本科及以上学历的员工拥有企业年金。18.4%的大专或高职学历员工拥有企业年金，15.0%的高中及中专学历的员工拥有企业年金，初中及以下学历的员工覆盖水平最低，为8.1%。

3. 所有制差异

从不同所有制来看，国有企业有38.8%的员工拥有企业年金，分别是民营企业和外资企业的3.2倍和2.7倍，民营企业有12.2%的员工拥有企业年金，外资企业的覆盖率为14.5%。

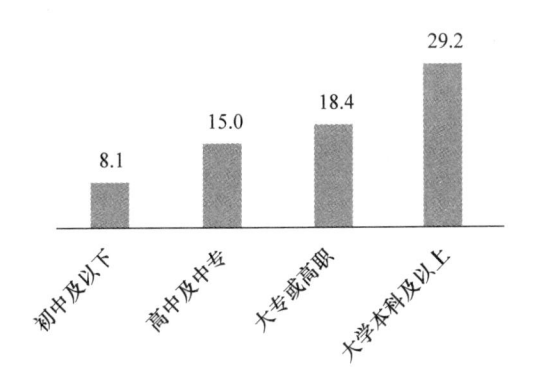

图21-17 不同学历员工的企业年金拥有状况（%）

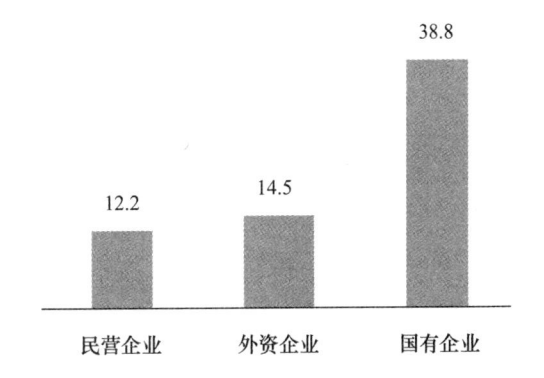

图21-18 不同所有制企业员工年金状况（%）

4. 企业规模差异

数据显示，大型企业、中型企业、小型企业的企业年金平均覆盖水平由高到低，依次是25.7%、15.3%、10.7%。大型企业年金覆盖水平高于小型企业的15.0%。

（二）补充医疗保险状况

调查数据显示，参与调查的员工中有38.7%的员工只有雇主为其提供的基本医疗保险，剩下61.3%的员工有补充的其他类型医疗保险。其中，拥有新型农村合作医疗保险的员工占比最高，为36.1%，13.5%的员工拥有城镇居民医疗保险，参与商业医疗保险的员工占比10.0%，其余1.7%的员工是其他类型的补充医疗保险。

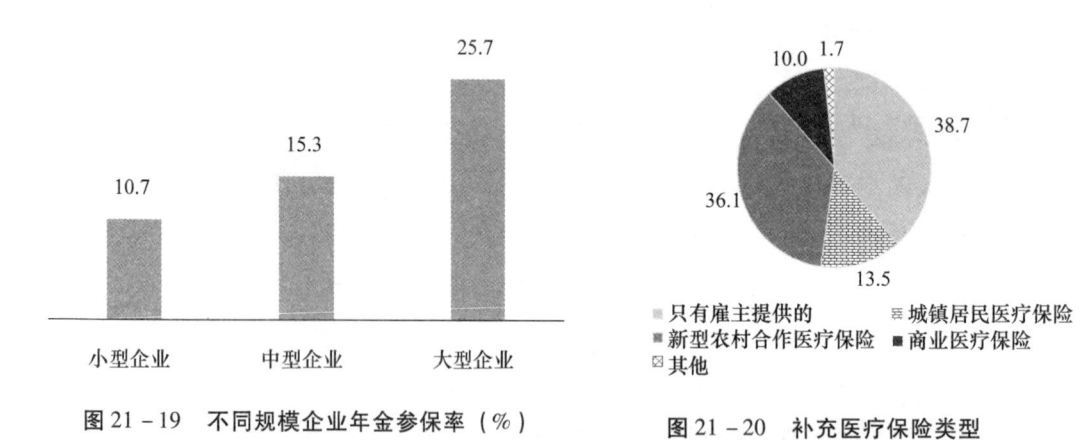

图21-19 不同规模企业年金参保率（%）

图21-20 补充医疗保险类型占比（%）

（三）补充养老保险状况

调查数据显示，参与调查的员工中有高达60.1%的员工只有雇主为其提供的基本养老保险，剩下不足一半的员工有补充的其他类型养老保险。其中，拥有新型农村养老保险的员工占比最高，为19.4%，10.7%的员工拥有城镇居民养老保险，参与商业养老保险的员工占比7.2%，其余2.6%的员工是其他类型的补充养老保险。

三 企业福利支出状况

调查数据显示，2013年、2014年、2015年企业的人均福利支出均值分别为2122.6元、2294.4元、2379.3元，总体上，2013—2015年企业的人均福利支出逐年递增。

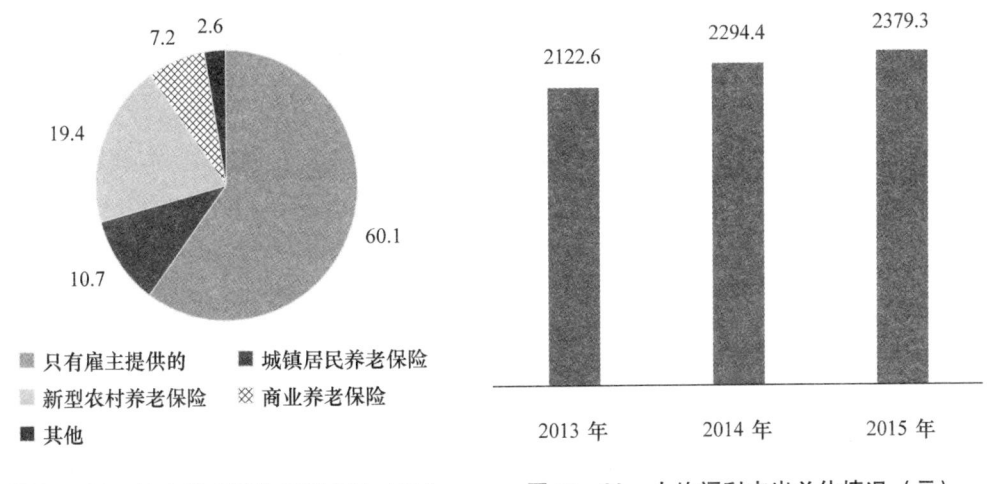

图 21-21　补充养老保险类型占比（%）　　图 21-22　人均福利支出总体情况（元）

分省来看，在 2015 年，湖北省的人均福利支出为 2066.3 元，广东省的人均福利支出为 2704.0 元。2014 年，湖北省的人均福利支出为 1974.9 元，广东省的人均福利支出为 2590.4 元。2013 年，湖北省的人均福利支出为 1865.4 元，广东省的人均福利支出为 2351.3 元。广东省连续三年的人均福利支出均值都是湖北省的 1.3 倍左右。

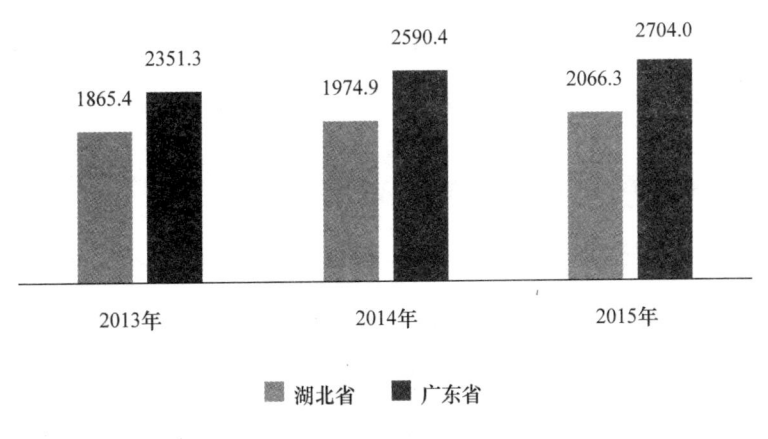

图 21-23　人均福利支出分省情况（元）

（一）所有制差异

2015 年，国有企业的人均福利支出最高，为 4121.6 元；外资企业的人均福利支出为 2810.5 元；民营企业的人均福利支出最低，为 2126.6 元；国有企业是外资企业的 1.5 倍，是民营企业的 1.9 倍。

（二）企业规模差异

2015年，大型企业的人均福利支出最高，为2949.9元；中型企业的人均福利支出为2714.9元；小型企业的人均福利支出最低，为2129.3元。中型企业高出小型企业27.5%，大型企业高出小型企业38.5%。

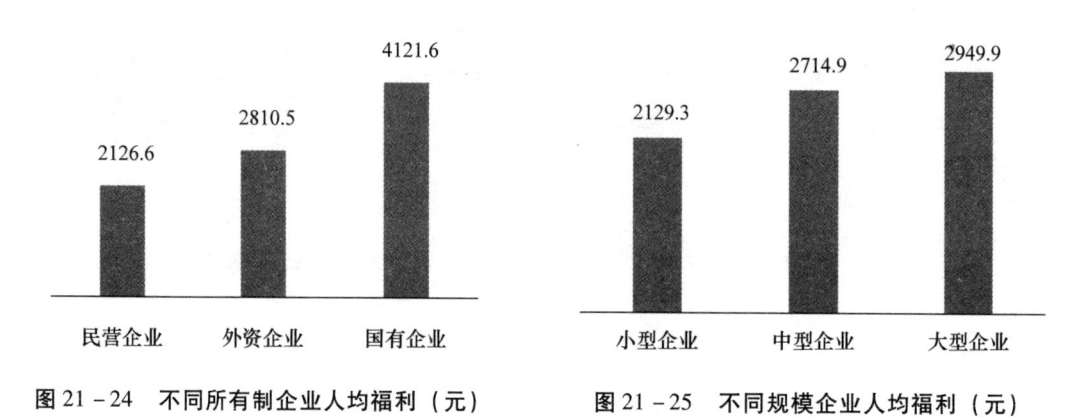

图21-24 不同所有制企业人均福利（元）

图21-25 不同规模企业人均福利（元）

（三）行业差异

行业人均福利支出从高到低依次是：电子设备制造业（2839.9元）、化工产品制造业（2561.5元）、机器和通用设备制造业（2555.0元）、食品制造业（2532.3元）、木材加工业（2398.6元）、金属制造业（2376.1元）、非金属制造业（2247.1元）和纺织皮革制造业（1657.0元）。

图21-26 不同行业企业人均福利支出（元）

2015年，各行业企业的人均福利支出均有所增长。企业人均福利支出增长率从高到低依次是：电子设备制造业（33.7%）、纺织皮革制造业（22.1%）、金属制造业（21.4%）、非金属制造业（17.8%）、食品制造业（15.5%）、化工产品制造业（10.9%）、木材加工业（10.4%）、机器和通用设备制造业（5.5%）。

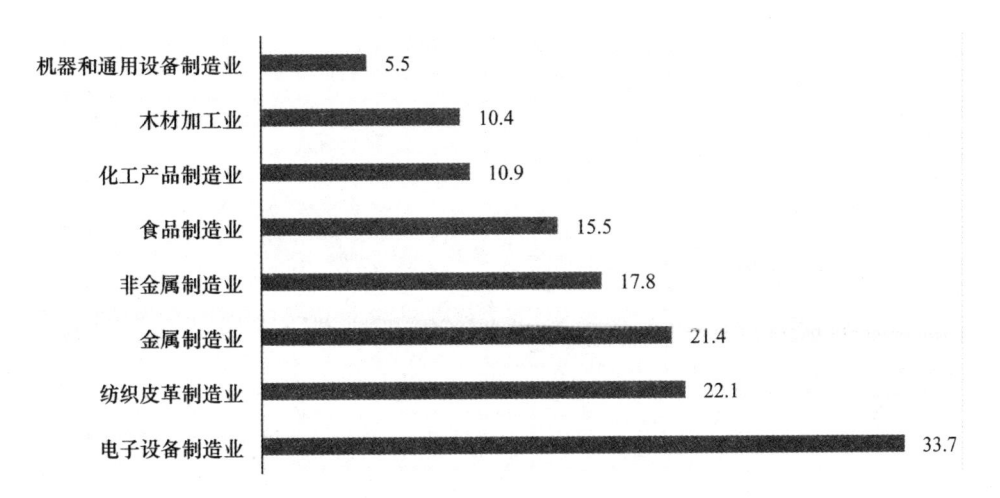

图 21-27 不同行业企业人均福利支出增长率（%）

第二十二章
员工管理效率

本章描述的是2016年CEGS的员工管理效率[①]状况,它是衡量企业总体管理效率的重要维度。本章是基于CEGS员工绩效管理行为对管理效率进行描述,具体指标包括企业发生生产问题时的处理方式、员工绩效考核办法、企业生产计划安排等共计16个问项。基于来自企业一线的中国企业—劳动力匹配数据,本章将从员工管理效率概况、不同维度的员工管理效率状况和管理效率四个维度的具体得分情况三部分进行描述说明。

一 一般状况

员工问卷引入了世界管理效率标准量表(WMS调查)对管理效率的评估办法(Bloom,2015),采用了16个管理效率问项,具体包括企业管理在目标规划、绩效激励、考核监督和管理实施4个维度的问题。每个问项进行0—1的等距赋值,最终计算的管理效率为各维度分项的算术平均值。基于此,本次CEGS调查随机抽取了两省(广东省和湖北省)企业员工,对2010年和2015年的管理效率进行了问卷调查,并获得了11422名员工的有效信息,其中普通员工仅回答2015年数据,中高层管理者回答2010年和2015年两年数据。

调查显示(表22-1),2010年员工管理效率得分为0.538,2015年员工管理效率得分为0.543。

[①] 以下简称为管理效率。

表 22-1　员工管理效率得分描述性统计

	观测值	平均值	中位数	标准差	最小值	最大值
2010 年	2404	0.538	0.55	0.16	0	1
2015 年	8704	0.543	0.56	0.14	0	1

为了方便衡量总体管理效率，图 22-1 给出了 2016 年 CEGS 年度报告的前文企业维度的管理效率和本章员工维度的管理效率得分，2010 年和 2015 年企业维度的管理效率得分分别为 0.52 分和 0.54 分。可以看出，2010 年到 2015 年员工维度的管理效率提升幅度较大。

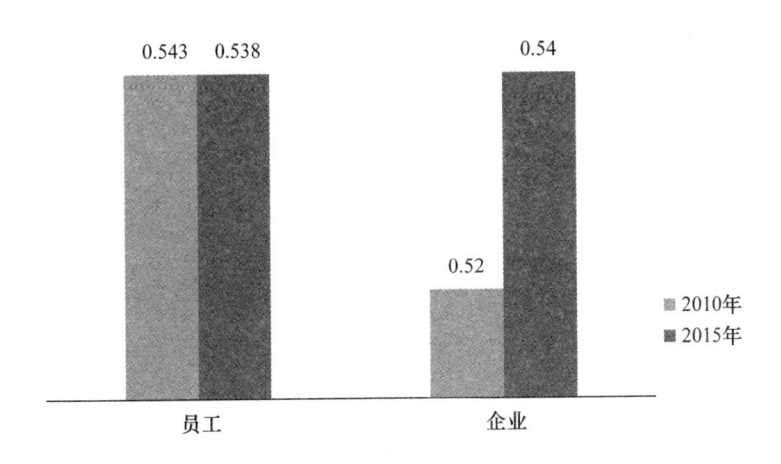

图 22-1　员工和企业维度的管理效率得分（分）

二　不同维度差异

（一）省份差异

基于不同的省份分析（图 22-2），广东省 2010 年和 2015 年管理效率均为 0.54 分；湖北省 2010 年管理效率为 0.54 分，2015 年管理效率为 0.55 分，整体得分提高了 0.01 分。

（二）员工身份差异

CEGS 详细调查了员工的工作身份，2010 年员工管理效率问卷仅由中高层管理人员填写，2015 年按照中高层管理人员 30%、一线工人 70% 的抽样原则进行填写，基于此可以得到 2015 年不同身份员工的管理效率得分情况（图 22-3）。调查显示，2015 年中高层管理人员管理效率得分为 0.58 分，高出平均管理效率 0.04 分；普通员工管理效率得分为 0.53 分，低于平均管理效率 0.01 分。

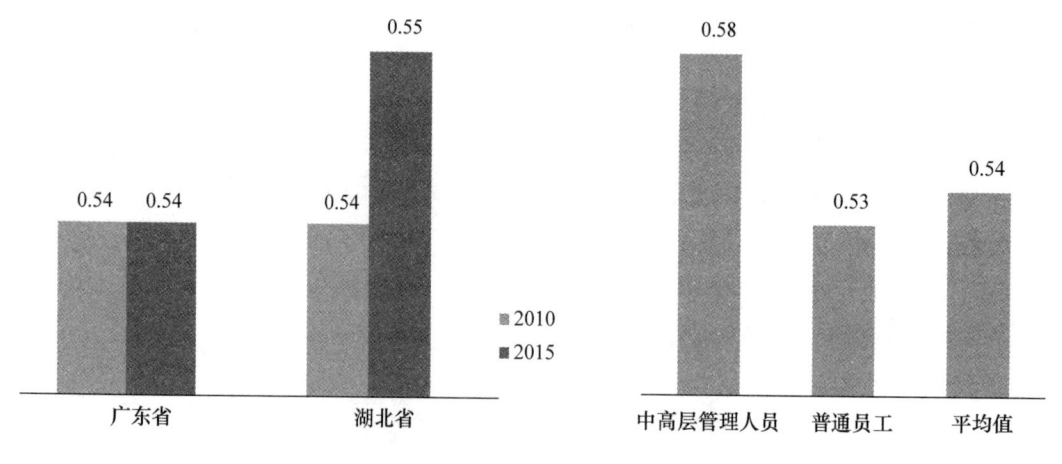

图 22-2　2015 年不同省份员工管理效率得分差异（分）

图 22-3　2015 年不同员工身份员工管理效率得分差异（分）

同时，调查显示（图 22-4），在不同员工身份中，管理效率得分从高到低依次为中高层管理人员（0.58 分）、其他管理人员（0.56 分）、销售人员（0.56 分）、技术与设计人员（0.55 分）、其他员工（0.53 分）和一线工人（0.51 分）。

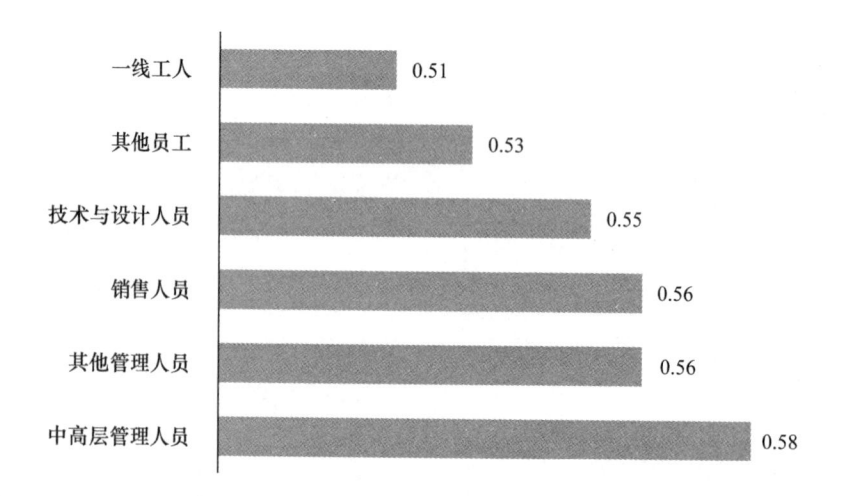

图 22-4　2015 年不同员工身份员工管理效率得分差异（分）

（三）所有制差异

基于不同所有制类型企业分析员工管理效率（图22-5），国有企业管理效率得分最高，为0.58分；外资企业管理效率得分为0.55分；民营企业管理效率得分最低，为0.54分。

（四）企业管理维度分析

企业管理是包括目标规划、绩效激励、考核监督和管理实施4个维度的问题。基于这4个不同维度的管理效率得分分析（图22-6），管理效率得分由高到低分别为管理实施（0.70分）、绩效奖励（0.65分）、目标规划（0.53分）和考核监督（0.42分）。

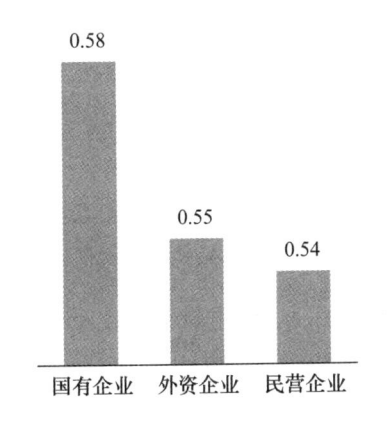

图22-5 2015年不同所有制类型企业管理效率得分差异（分）

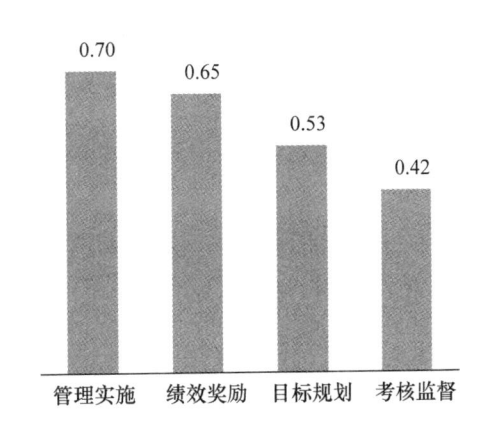

图22-6 2015年管理维度管理效率得分差异（分）

三 管理效率不同方面的得分

（一）管理实施

管理实施内容具体包括企业在生产中出现生产问题时的解决方式和考核指标的陈列方式两个问项。2015年，管理实施维度的管理效率得分为0.70分，远高于其他三个维度。

表22-2给出了两个问项的具体得分，调查数据表明，管理效率得分更高的企业在遇到生产问题时，半数以上的企业选择对生产问题进行处理

并预防可能发生的问题，也会将标有重要考核指标的展示板陈列出来。

表22-2　　　　　　　　2015年管理实施维度得分情况

	平均值	中位数	标准差	最小值	最大值
生产问题解决办法	0.80	1	0.29	0	1
考核指标陈列方式	0.60	0.5	0.41	0	1

（二）绩效奖励

绩效激励内容具体包括不同身份员工获得绩效奖金比例和升职机会4个问项。表22-3给出了4个问项的具体得分，在获得绩效的比例上，普通员工获得绩效的比例平均得分和中位数差异较大，有少数员工有更好的机会获得绩效奖励，但仍有超过半数的员工获得绩效的比例低于三分之一；同时有过半数的员工在升职机会得分评分较高，认为"升职主要靠能力和业绩"。

表22-3　　　　　　　　2015年管理实施维度得分情况

	平均值	中位数	标准差	最小值	最大值
普通员工获得绩效比例	0.47	0.25	0.36	0	1
管理层获得绩效比例	0.56	0.5	0.35	0	1
普通员工升职机会	0.75	1	0.33	0	1
管理层升职机会	0.77	1	0.31	0	1

（三）目标规划

调查结果显示，管理效率在目标规划维度是低于平均管理效率得分的。目标规划内容具体包括用作考核的业绩指标个数、生产计划安排情况、生产计划难易程度、管理层业绩奖金发放标准和非管理层业绩奖金发放标准五个问项。图22-7给出了目标规划的具体得分情况，可以看出，目标规划总体得分较低的主要原因是员工业绩奖金发放标准得分偏低。

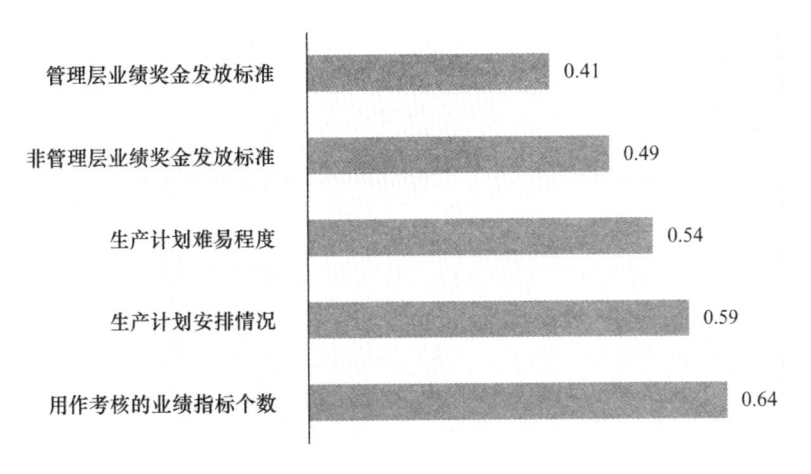

图 22-7　目标规划具体得分（分）

指标	得分
管理层业绩奖金发放标准	0.41
非管理层业绩奖金发放标准	0.49
生产计划难易程度	0.54
生产计划安排情况	0.59
用作考核的业绩指标个数	0.64

进一步分析员工业绩奖金发放标准得分偏低的原因，可以看出（图22-8、图22-9），非管理层员工业绩发放情况两极分化比较严重，24%的人表示没有绩效奖金，也有23%的人表示会根据个人生产计划完成情况发放个人业绩奖金。相较于非管理层而言，管理层拥有业绩奖金的比例更高，同时也有37%的员工表示个人的业绩奖金是根据公司的生产计划决定的。

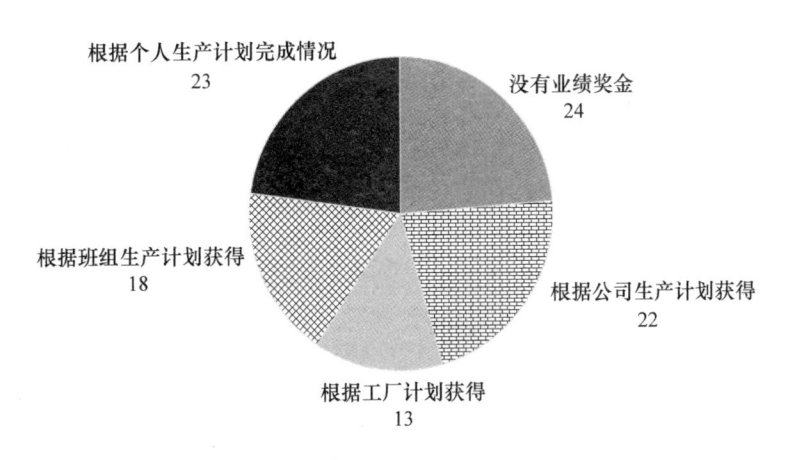

图 22-8　非管理层业绩奖金发放标准得分情况（%）

- 根据个人生产计划完成情况　23
- 没有业绩奖金　24
- 根据公司生产计划获得　22
- 根据工厂计划获得　13
- 根据班组生产计划获得　18

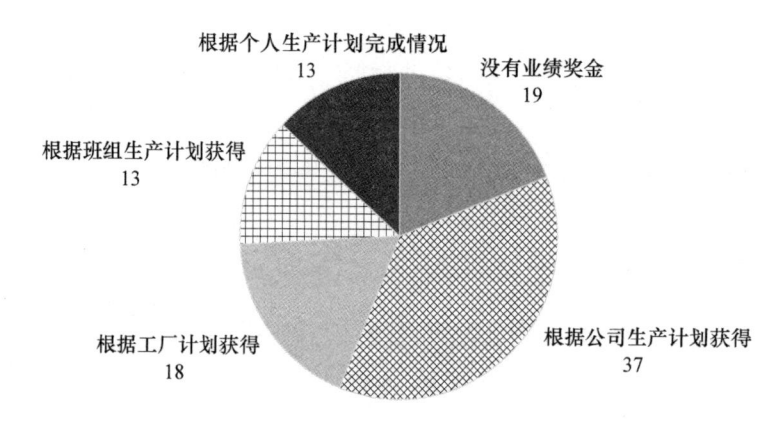

图 22-9 管理层业绩奖金发放标准得分情况（%）

（四）考核监督

考核监督得分来自于企业管理过程中对于不同员工完成业绩情况的监督力度，包括员工对生产计划的了解程度、未完成业绩一线工人和管理层职工辞退情况、普通员工与管理层查看考核指标频率等 5 个问项。调查结果显示，管理效率在考核监督维度的得分（0.42 分）是低于平均管理效率得分和其他 3 个维度的管理效率得分的。

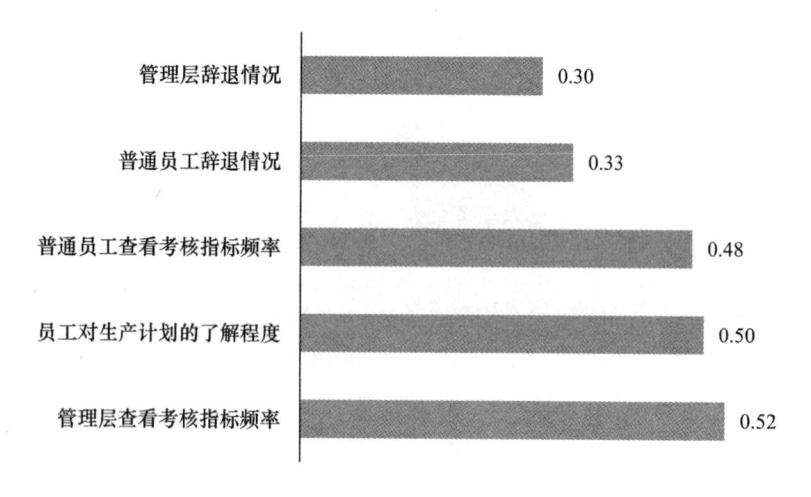

图 22-10 考核监督具体得分（分）

图 22-10 给出了 2015 年考核监督的具体得分。调查发现，在企业管理的考核监督中，普通员工辞退得分为 0.33 分，管理层员工辞退得分为 0.30 分。数据显示（图 22-11），在被发现业绩和工作任务不达标后，管

理层和普通员工分别有64%和63%的人表示不会被辞退。在被辞退的员工中，有23%和29%的人表示会在业绩不达标的6个月内辞退。

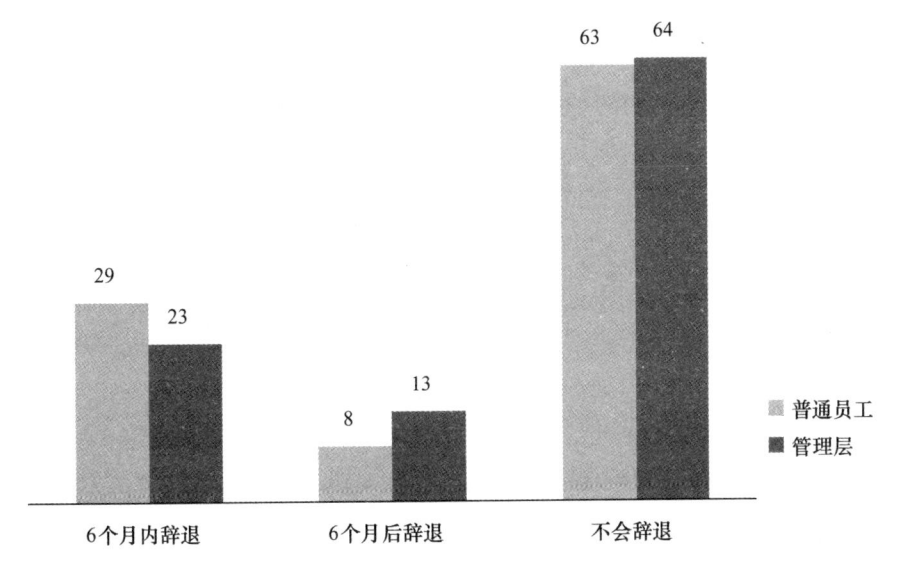

图22-11 考核不合格管理办法（%）

第二十三章
冒险精神与人格特征

大五人格、冒险精神等人格特征是重要的人力资本内容。结合现有的研究和2016年CEGS调查的问卷内容，本章将企业员工与管理层冒险精神及大五人格的统计结果统计如下。

一 冒险精神及风险偏好

(一) 冒险精神

冒险精神采用受访员工对于自身冒险程度的主观评价作为测算指标。问卷设置了一个数轴，并按由低到高顺序分成从0—10的不同等级，0代表"绝对不做冒险的事"，10代表"非常喜欢做冒险的事情"。按不同得分"0—3"、"4—6"、"7—10"分为低、中、高三个得分组。调查数据显示，员工的平均冒险精神得分为3.5分。

1. 总体状况

图23-1中显示了所有有效样本的冒险程度选择分布。其中，"0—3"分段占比接近总调研人数的50%，高分段占比13%。

2. 受教育水平差异

较高学历的员工具有较高的冒险精神。其中，高中、中专学历员工较初中及以下学历员工的冒险精神高出了50%，大专学历员工较高中、中专学历员工高出了25%，本科及以上学历员工较大专学历员工高出了13%。

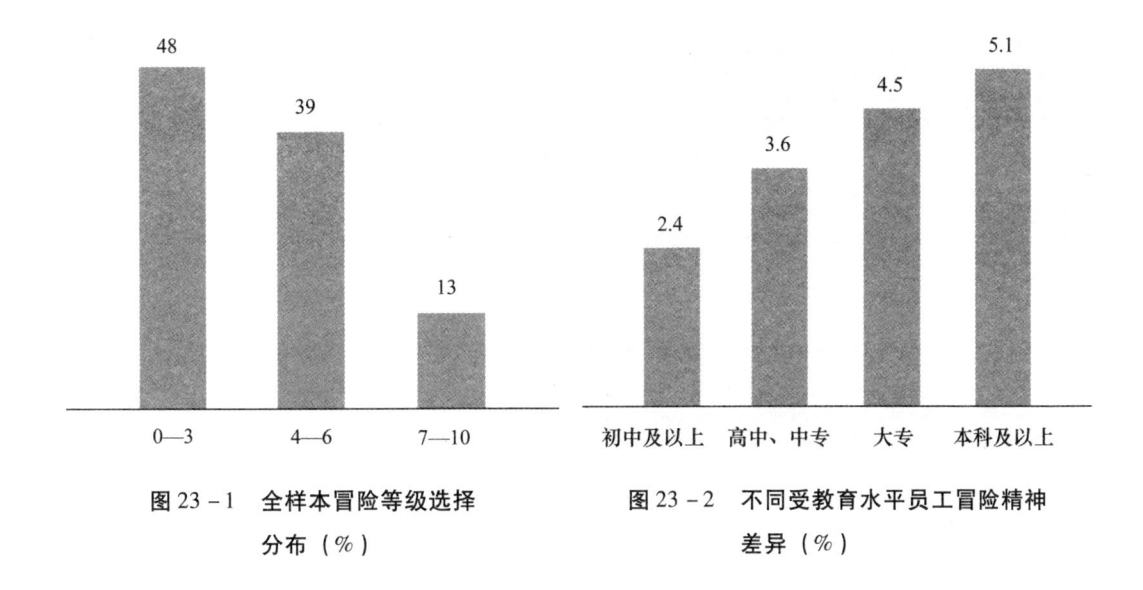

图 23-1　全样本冒险等级选择分布（%）

图 23-2　不同受教育水平员工冒险精神差异（%）

3. 年龄差异

调查数据显示，16—29 岁年龄段分组的员工冒险精神得分最高，为 4.2 分；其次为 30—44 岁年龄段分组的 3.6 分；45 岁及以上年龄段分组的冒险精神得分在 2.5 分以下。

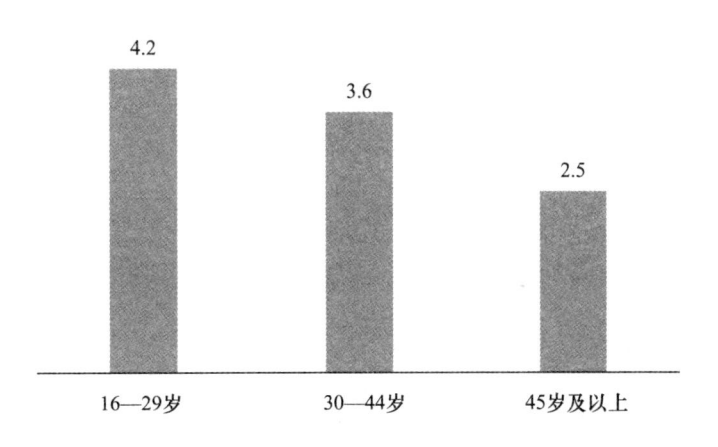

图 23-3　不同年龄段员工冒险精神差异（分）

4. 行业差异

调查数据显示，不同行业中员工冒险精神排在前三的行业分别为：电子设备制造业（3.9 分）、食品制造业（3.7 分）、化工产品制造业（3.7 分）。八大行业中，冒险精神最高的电子设备制造业均值高出最低值的纺织皮革制造业 1 分。

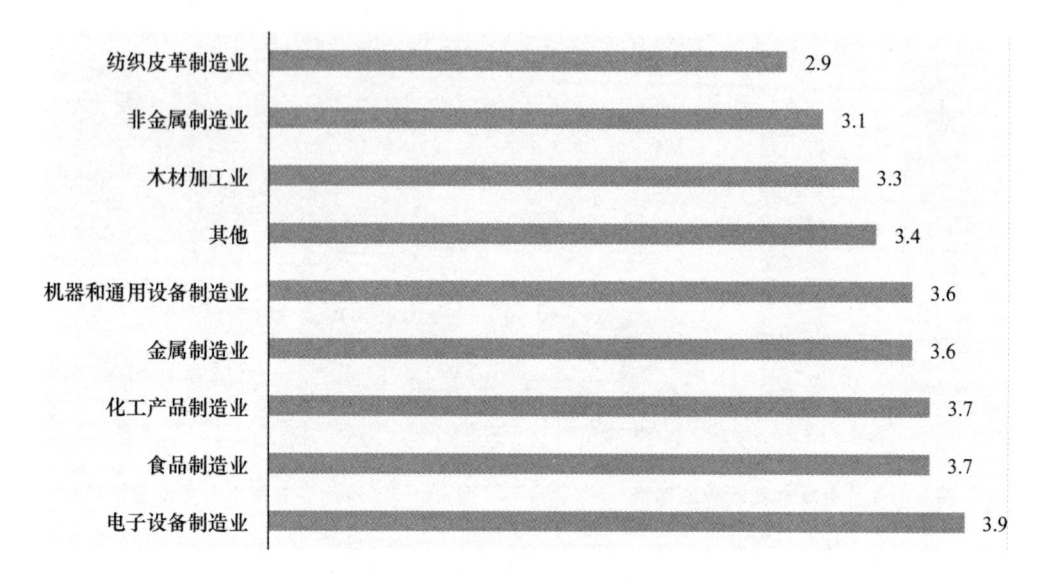

行业	分值
纺织皮革制造业	2.9
非金属制造业	3.1
木材加工业	3.3
其他	3.4
机器和通用设备制造业	3.6
金属制造业	3.6
化工产品制造业	3.7
食品制造业	3.7
电子设备制造业	3.9

图 23-4　不同行业员工冒险精神差异（分）

5. 岗位差异

调查数据显示，相较于其他身份员工，一线工人冒险精神最低，为 2.6 分；销售人员最高，为 4.4 分。

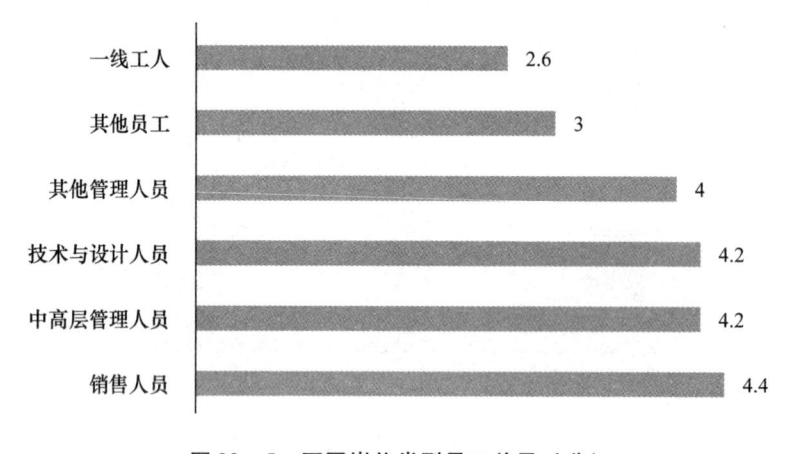

岗位	分值
一线工人	2.6
其他员工	3
其他管理人员	4
技术与设计人员	4.2
中高层管理人员	4.2
销售人员	4.4

图 23-5　不同岗位类型员工差异（分）

（二）风险偏好

风险偏好指数是根据受访员工样本对于"彩票购买博弈"问项的选择内容进行计算的。假设有一张彩票，有 50% 的概率中奖 100 元，有 50% 的概率不中奖。受访员工根据自身的风险偏好程度填写自己愿意购买的彩票总金额（按 0 元到 1000 元分为 10 个区间）。如果某员工选择购买 1000 元的上述彩票，则该员工的风险偏好指数记为1000，表明该员工的风险偏好水平较高。相应地，如果该员工选择不购买彩票，则该员工的风险偏好指数记为0，表明该员工是一个绝对的风险厌恶者。

1. 总体状况

与冒险精神相类似，我们按不同选择"0—300"、"400—600"、"700—1000"分为低、中、高三个得分组。

图23-6展示了所有有效样本的风险偏好选择分布。其中，"0—300"分段占员工总数的74%，具有较高风险偏好的员工占比为6%。

2. 教育差异

高学历的员工具有较高的风险偏好。调查数据显示，本科及以上学历员工风险偏好得分最高为304分，学历最低员工组得分为148分，两者差值达156分。

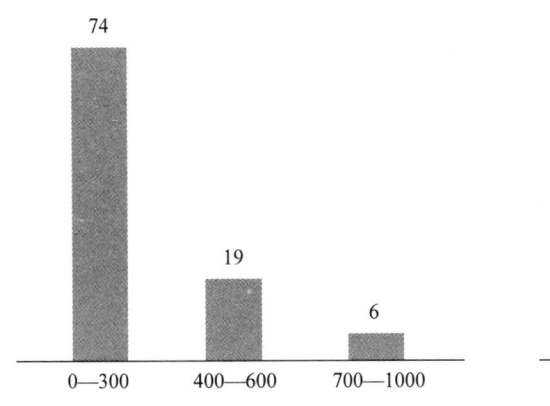

图23-6 全样本风险偏好选择分布（%）

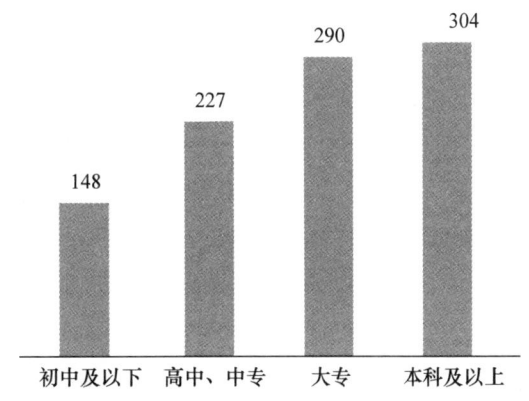

图23-7 不同受教育水平风险偏好差异（分）

3. 年龄差异

调查数据显示，16—29岁年龄段分组的员工冒险精神得分最高，为262分；其次为30—44岁年龄段分组的229分；45岁及以上年龄段分组的冒险精神得分为161分，低于低年龄段组101分。

4. 行业差异

调查数据显示，不同行业中员工冒险精神排在前三的行业分别为：电子设备制造业（251分）、化工产品制造业（237分）、机器和通用设备制造业（235分）。

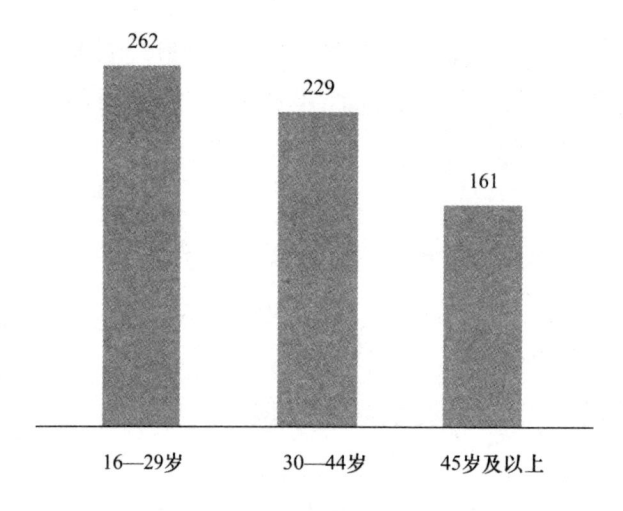

图 23-8　不同年龄段员工差异（分）

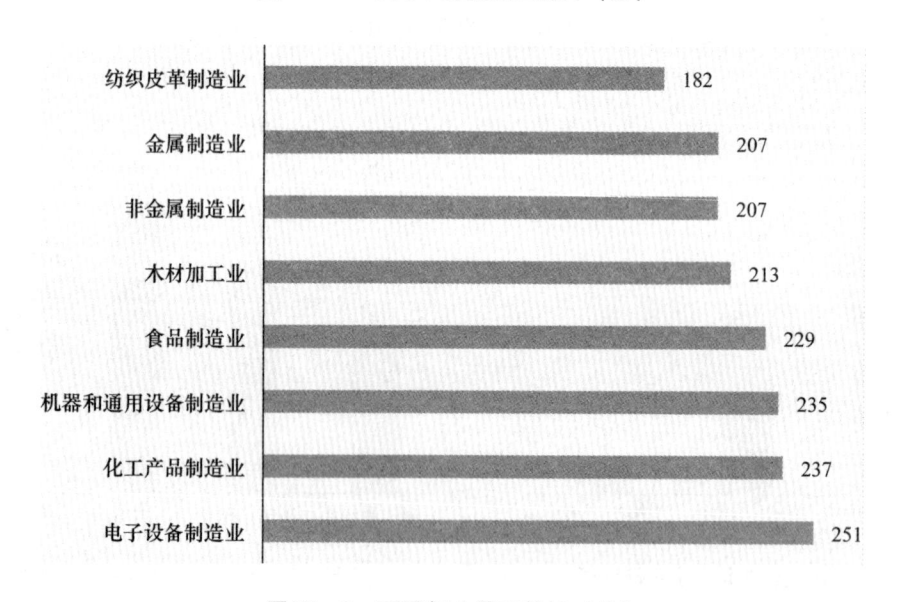

年龄段	分
16—29岁	262
30—44岁	229
45岁及以上	161

图 23-9　不同行业员工差异（分）

行业	分
纺织皮革制造业	182
金属制造业	207
非金属制造业	207
木材加工业	213
食品制造业	229
机器和通用设备制造业	235
化工产品制造业	237
电子设备制造业	251

5. 岗位差异

调查数据显示，相较于其他身份员工，一线工人冒险精神最低为176分，销售人员最高为285分，两者相差109分。管理人员和技术与设计人员得分均高于总体均值。

二　员工人格特质

CEGS 调研问卷对企业员工人格特质调查所采用的量表为加州大学伯克

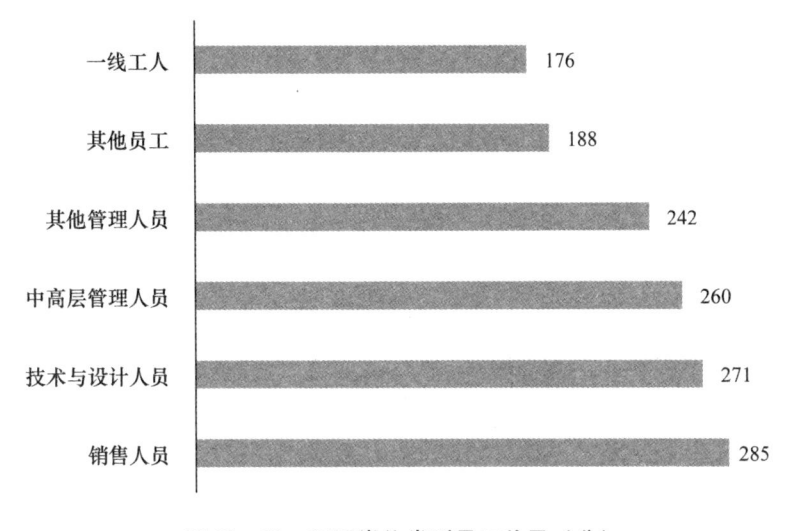

图 23-10　不同岗位类型员工差异（分）

一线工人　176
其他员工　188
其他管理人员　242
中高层管理人员　260
技术与设计人员　271
销售人员　285

利分校"人格特质实验室"主任 John 等设计的大五人格量表（BIF-44），该量表将人格特质区分为外向性、神经质、开放性、顺同性、严谨性等 5 个方面，共有 44 个项目，采用 Likert 5 点评分法，5 为最高分，表示最倾向于某种人格特质，1 为最低分，表示最不具有某种人格特质。44 个项目中，有 28 个项目为正向计分，16 个项目为反向计分。

（一）不同维度的总体得分

总体上，员工的严谨性、顺同性特质比较突出，得分为 3.6 分、3.7 分，外向性、开放性得分较低，均为 3.2 分，神经质最低，为 2.7 分，与 2015 年调研结果一致。

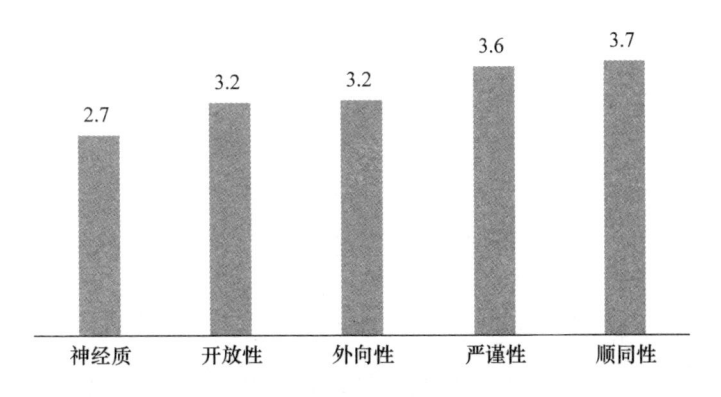

神经质　2.7
开放性　3.2
外向性　3.2
严谨性　3.6
顺同性　3.7

图 23-11　不同维度的总体得分（分）

(二) 外向性人格特质

外向性人格一般热衷于人际交往，表现为热情、爱说话、充满自信、喜欢交友。

1. 性别差异

调查数据显示，男性外向性得分为 3.24 分，女性为 3.12 分。

2. 年龄差异

调查数据显示，60 岁及以上员工的外向性得分最高为 3.28 分，30 岁及以下员工外向性得分最低为 3.15 分。

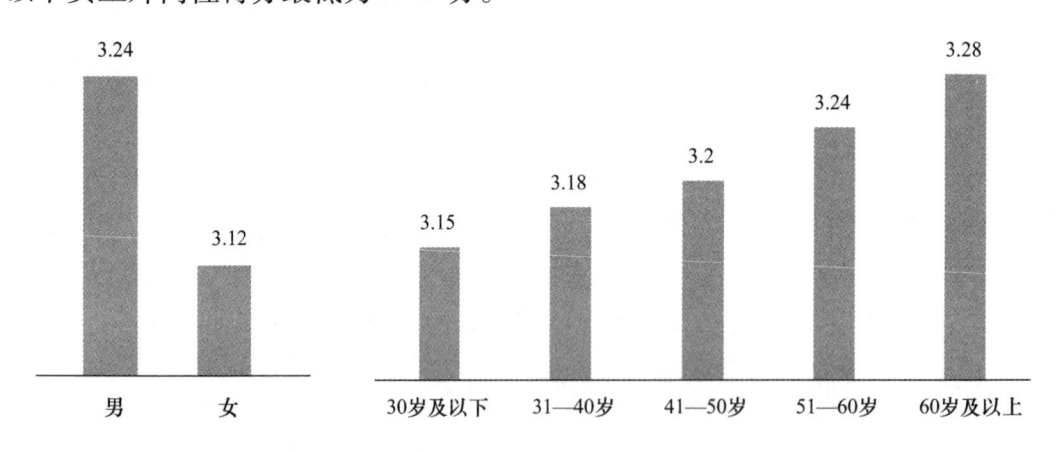

图 23-12　外向性得分性别差异（分）

图 23-13　外向性得分年龄差异（分）

3. 户籍差异

调查数据显示，非农业户口员工均值较高，为 3.20 分；农业户口员工的外向性人格特质均值为 3.17 分。

4. 学历差异

调查数据显示，初中及以下学历员工外向性人格均值为 3.15 分，高中、中专学历员工得分为 3.17 分，大专学历员工得分为 3.25 分，本科及以上学历员工得分为 3.20 分。

(三) 顺同性人格特质

顺同性是一种在社交场合愉快和包容的倾向。顺同性得分高的人善解人意、周到、友好、大方、乐于助人，他们对于人性具有乐观的看法。

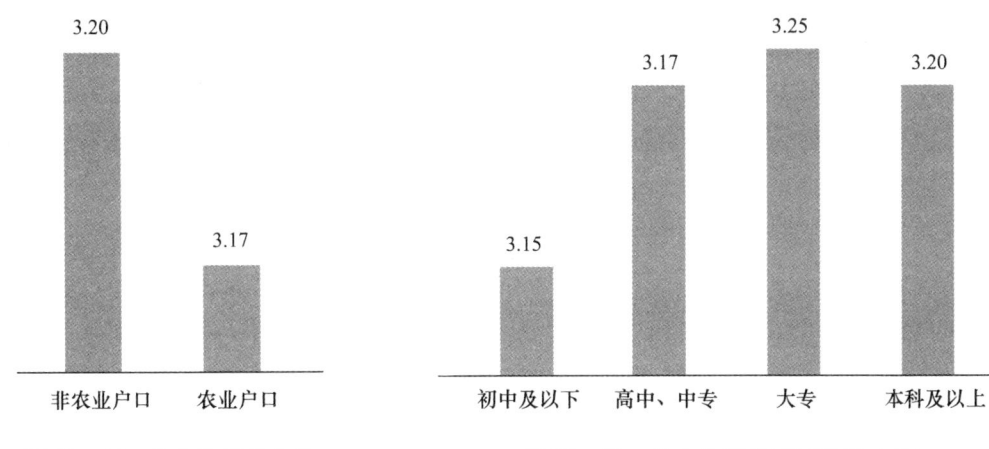

图 23 - 14 外向性得分户籍差异（分）

图 23 - 15 外向性得分学历差异（分）

1. 性别差异

调查数据显示，男性员工的顺同性得分为 3.71 分，女性员工得分为 3.72 分。

2. 年龄差异

调查数据显示，60 岁及以上员工的顺同性得分最高，为 3.82 分，30 岁及以下员工顺同性得分最低，为 3.65 分。

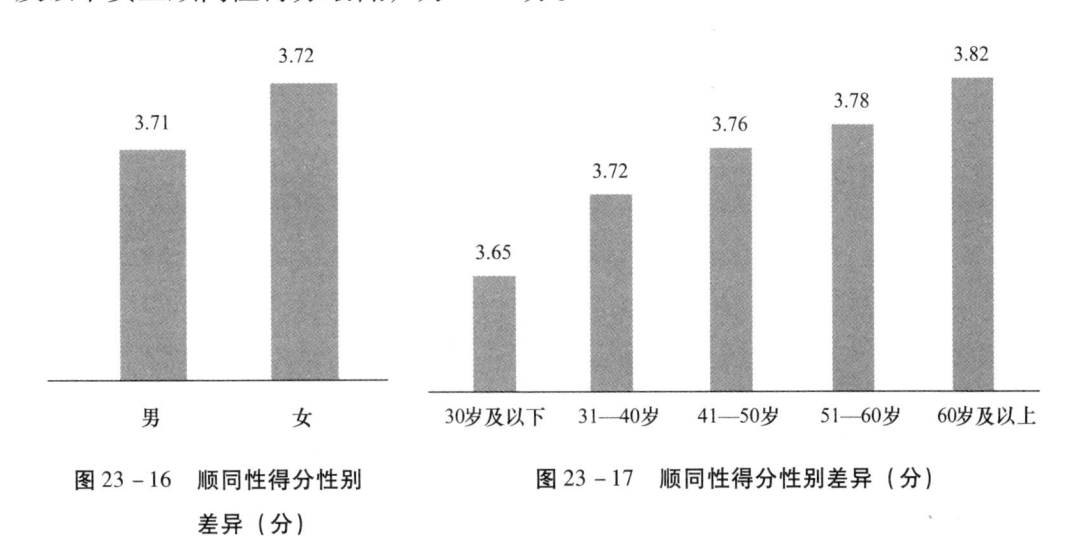

图 23 - 16 顺同性得分性别差异（分）

图 23 - 17 顺同性得分性别差异（分）

3. 户籍差异

与外向性人格相类似，非农业户口员工顺同性均值为 3.74 分，相比之下，农业户口员工的顺同性人格特质均值较低，为 3.70 分。

4. 学历差异

调查数据显示，初中及以下学历员工顺同性人格均值为 3.68 分，高中、中专学历员工得分为 3.73 分，大专学历员工得分为 3.74 分，本科及以上学历员工得分最高，为 3.72 分。

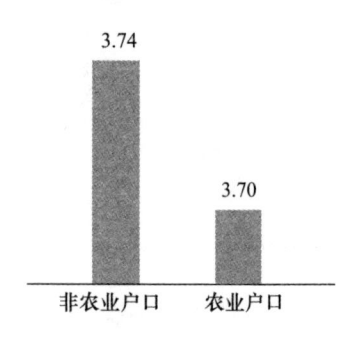

图 23-18　顺同性得分户籍差异（分）

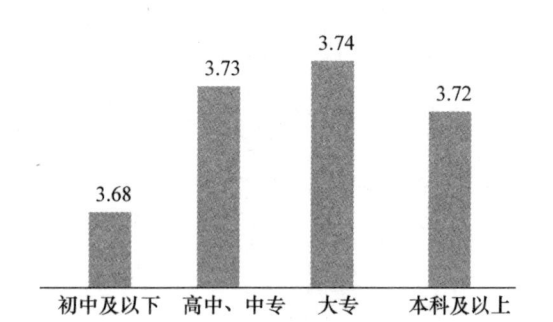

图 23-19　顺同性得分学历差异（分）

（四）严谨性人格特质

严谨性是细致小心，或按照原则支配自己的行动的人格特质。它包括自律、细心、彻底性、条理性、审慎性。

1. 性别差异

调查数据显示，男性员工的严谨性得分为 3.67 分，女性员工得分为 3.61 分。

2. 年龄差异

调查数据显示，41—50 岁、51—60 岁年龄段员工的严谨性得分最高，均为 3.73 分，30 岁及以下员工严谨性得分最低，为 3.51 分。

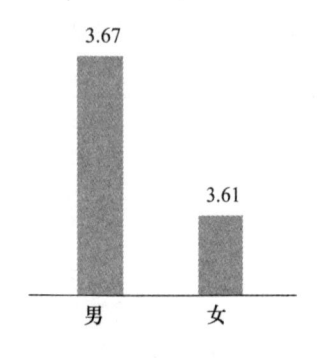

图 23-20　严谨性得分性别差异（分）

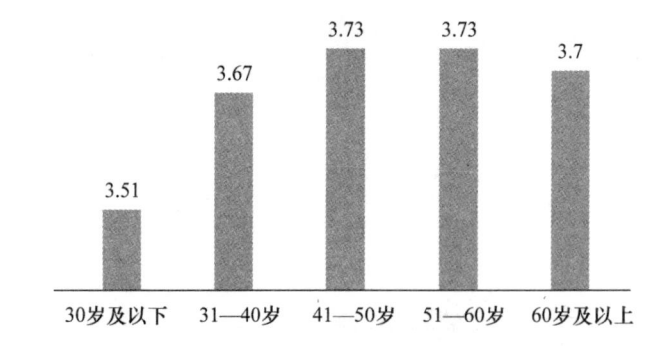

图 23-21　严谨性得分年龄差异（分）

3. 户籍差异

调查数据显示，非农业户口员工的严谨性人格特质均值为 3.68 分，农业户口员工的严谨性人格特质均值为 3.61 分。

4. 学历差异

调查数据显示，高中及以上的三类分组严谨性人格特质均值没有明显的差异，分别为 3.67 分、3.67 分、3.66 分。初中及以下学历分组的员工这一人格特质均值为 3.59 分，略微低于其他三类。

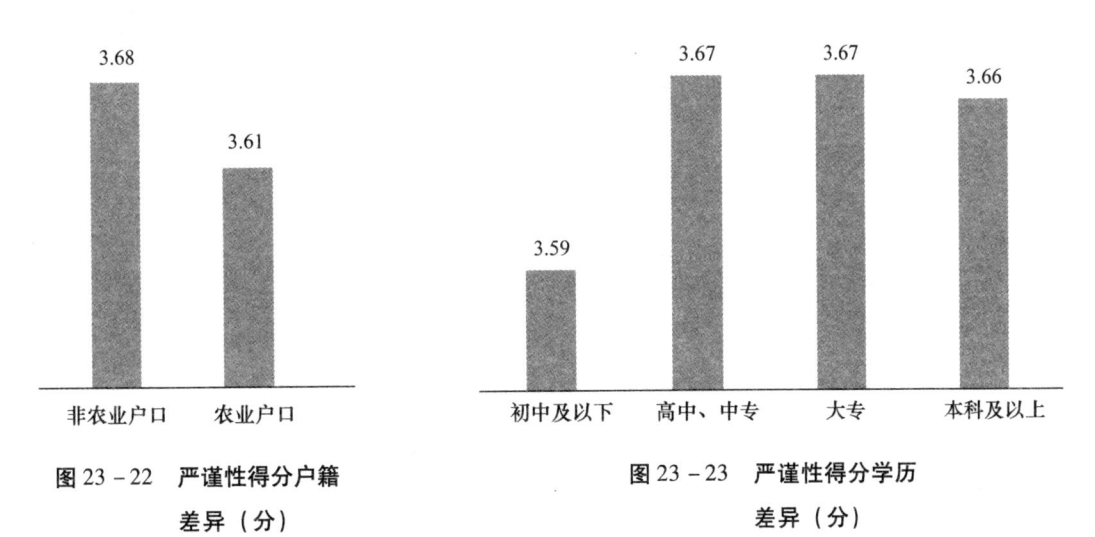

图 23-22　严谨性得分户籍差异（分）

图 23-23　严谨性得分学历差异（分）

（五）神经质人格特质

神经质得分高的人比一般人更容易情绪化，其情绪波动大，且更常有以下情绪：焦虑、担忧、害怕、愤怒、挫折、羡慕、忌妒、罪恶感/内疚感、抑郁和孤独感。

1. 性别差异

调查数据显示，女性员工神经质得分为 2.79 分，大于男性员工的 2.66 分。

2. 年龄差异

调查数据显示，60 岁及以上员工的神经质得分最低为 2.56 分，30 岁及以下员工神经质得分最高为 2.80 分。年龄较高员工的情绪控制、延迟满足感的倾向更为明显。

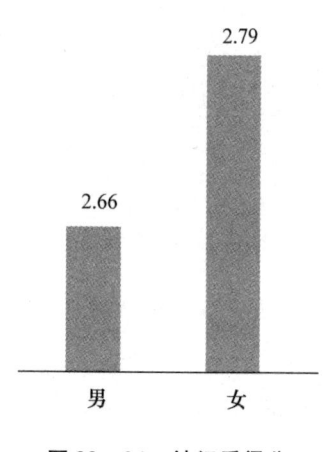

图 23-24　神经质得分性别差异（分）

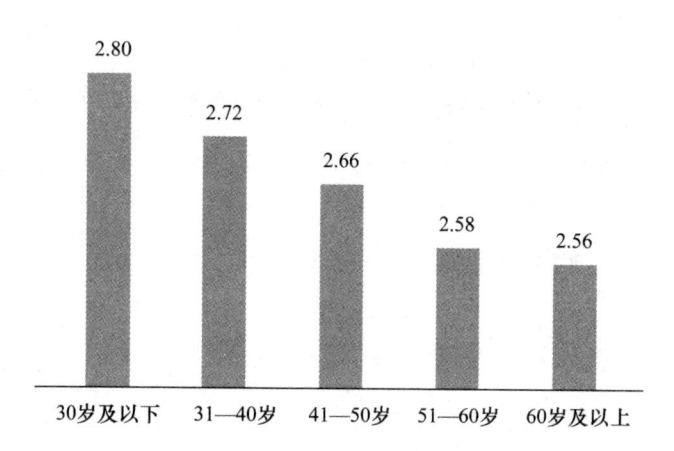

图 23-25　神经质得分年龄差异（分）

3. 户籍差异

调查数据显示，农业户口员工神经质均值得分高于非农业户口员工。

4. 学历差异

调查数据显示，初中及以下学历至本科及以上学历员工得分依次为 2.71 分、2.70 分、2.72 分、2.76 分。

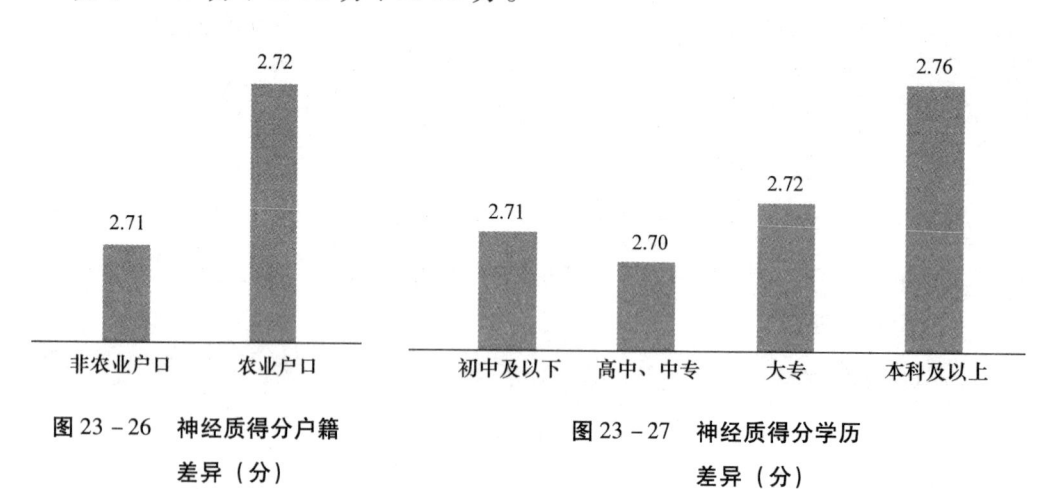

图 23-26　神经质得分户籍差异（分）

图 23-27　神经质得分学历差异（分）

（六）开放性人格特质

开放性包括活跃的想象力、审美感受性、对内心感受的专注性、对种类的偏好，以及对知识的好奇心。

1. 性别差异

调查数据显示，男性开放性得分为 3.21 分，高于女性的 3.09 分。

2. 年龄差异

调查数据显示，60岁及以上员工的开放性得分最低为2.99分，30岁及以下员工神经质得分最高为3.19分。

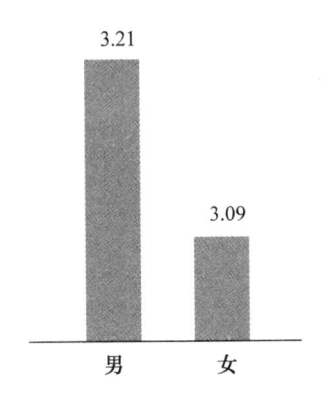

图23-28 开放性得分性别差异（分）

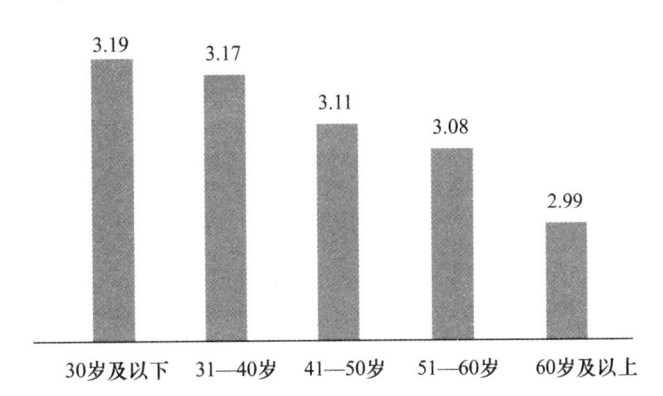

图23-29 开放性得分年龄差异（分）

3. 户籍差异

调查数据显示，非农业户口员工的开放性人格特质均值为3.21分，农业户口员工为3.1分。

4. 学历差异

调查数据显示，初中及以下学历员工开放性人格均值为3.00分，高中、中专学历员工得分为3.17分，大专学历员工得分为3.25分，本科及以上学历员工得分最高为3.32分。

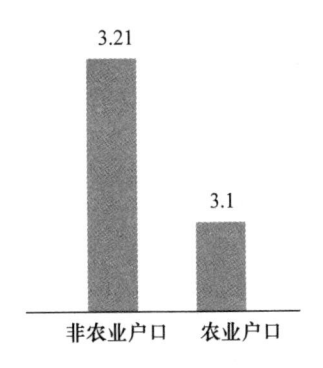

图23-30 开放性得分户籍差异（分）

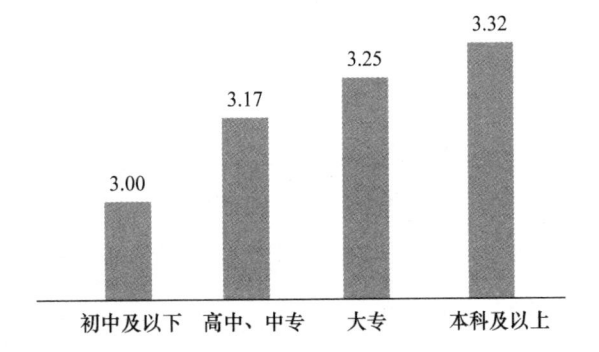

图23-31 开放性得分学历差异（分）

参考文献

中华人民共和国国家卫生和计划生育委员会. WS/T 428-2013. 成人体重判定 [S]。

钞小静、沈坤荣：《城乡收入差距、劳动力质量与中国经济增长》，《经济研究》2014年第6期。

陈斌开、张鹏飞、杨汝岱：《政府教育投入、人力资本投资与中国城乡收入差距》，《管理世界》2010年第1期。

邓翔、朱海华、路征：《劳动力流动与工资收入差距：理论和实证分析》，《人口研究》2018年第42（04）期。

胡兵、乔晶：《农民收入区域差异影响因素的实证分析与判断》，《社会科学研究》2005年第5期。

李睿、田明：《进城农民工工作稳定性对收入变化的影响》，《北京师范大学学报》（社会科学版）2013年第5期。

李实、尚列：《国有大中型企业间职工收入差距的分析》，《经济研究》1993年第3期。

李昕、关会娟：《各级教育投入、劳动力转移与城乡居民收入差距》，《统计研究》2018年第3期。

陆铭、陈钊：《城市化、城市倾向的经济政策与城乡收入差距》，《经济研究》2004年第6期。

买提依明·祖农、田新民、李厚锐：《我国企业员工收入的影响因素实证分析》，《现代管理科学》2014年第7期。

彭文慧：《社会资本、劳动力流动与农民收入区域差异》，《当代经济研究》2014年第1期。

卿石松、郑加梅：《"同酬"还需"同工"：职位隔离对性别收入差距的作用》，《经济学》（季刊）2013年第1期。

沈寒英：《影响广州市职工收入分化的因素分析》，《经济前沿》2002年第5期。

王海港、李实、刘京军：《城镇居民教育收益率的地区差异及其解释》，《经济研究》2007年第8期。

王美艳：《中国城市劳动力市场上的性别工资差异》，《经济研究》2005年第12期。

王修华、邱兆祥：《农村金融发展对城乡收入差距的影响机理与实证研究》，《经济学动态》2011年第2期。

王秀刚、程静：《从劳动力受教育程度角度看收入分配问题》，《新视野》2012年第6期。

杨娟、赖德胜、邱牧远：《如何通过教育缓解收入不平等？》，《经济研究》2015年第9期。

Becker Gary S., 1962, "Investment in Human Capital: A Theoretical Analysis", *Journal of Political Economy*, 70 (5): 9–49.

Bloom N., Sadun R., Van Reenen J., "Do Private Equity Owned Firms Have Better Management Practices?", *The American Economic Review*, 2015, 105 (5): 442–446.

Costa, P. T. & McCrae, R. R. (1992), "NEO Personality Inventory Professional Manual. Odessa", FL: Psychological Assessment Resources.

David H. Autor, Michael J. Handel, "Putting Tasks to the Test: Human Capital, Job Tasks, and Wages", *Journal of Labor Economics*, 2013 (02), Vol. 31: 59–97.

Hallahan, T. A., R. W. Faff and M. D. McKenzie, "An Empirical Investigation of Personal Financial Risk Tolerance", *Financial Services Review*, 2004. 13 (1): p. 57.

Hanna, S. D., M. S. Gutter and J. X. Fan, "A Measure of Risk Tolerance Based On Economic Theory", *Journal of Financial Counseling and Planning*, 2001. 12 (2): p. 53.

Jeronimus, B. F., Riese, H., Sanderman, R., Ormel, J., "Mutual Reinforcement Between Neuroticism and Life Experiences: A Five-Wave, 16 - Year Study to Test Reciprocal Causation", *Journal of Personality and Social Psychology*, 2014, 107 (4): 751 - 764.

Kristen Keith, Abagail McWilliams, 1999, "The Returns to Mobility and Job Search by Gender", *Industrial and Labor Relations Review*, 52 (3): 460 - 477.

Maertz C., Campion M., 2004, "Profiles in Quitting: Integrating Process and Content Turnover Theory", *Academy of Management Journal*, 47 (4): 566 - 582.

Mattila, J. P., 1974, "Job Quitting and Frictional Unemployment", *American Economic Review*, Vol. 64, pp. 235 - 239.

McCrae, R. R. & John, O. P. (1992), "An Introduction to the Five-Factor Model and Its Applications", *Journal of Personality*, 60, 175 - 215.

Ormel J., Jeronimus B. F., Kotov R., et al., "Neuroticism and Common Mental Disorders: Meaning and Utility of a Complex Relationship", *Clinical Psychology Review*, 2013, 33 (5): 686 - 697.

O'Connell, Matthew, Mei-Chuan Kung, "The Cost of Employee Turnover", *Industrial Management*, Jan. 2007, Vol. 49, Issue 1, pp. 14 - 19.

Parsons, D. O., 1972, "Specific Human Capital: an Application to Quit Rates and Layoff Rates", *Journal of Political Economy*, Vol. 80, pp. 1120 - 1143.